Hildegard Gantner-Schlee
Hieronymus Annoni
1697–1770

Quellen und Forschungen zur Geschichte und Landeskunde
des Kantons Basel-Landschaft, Band 77

Hildegard Gantner-Schlee

Hieronymus Annoni
1697–1770

Ein Wegbereiter
des Basler Pietismus

Den Einwohnerinnen und Einwohnern
von Muttenz gewidmet

2001
des Kantons Basel-Landschaft

Kommission «Quellen und Forschungen»:

Dr. Hans Utz, Ettingen, Präsident
Dr. Elsi Etter, Itingen
lic. phil. Doris Huggel, Pfeffingen
lic. phil. Pascale Meyer, Basel
lic. phil. Regula Nebiker, Liestal
Dr. Kaspar Rüdisühli, Binningen
Fritz Sutter, Pratteln
lic. phil. Dominik Wunderlin, Basel
Max Zoller, Schönenbuch

Redaktion:

lic. phil. Doris Huggel, Pfeffingen
Fritz Sutter, Pratteln
Dr. Hans Utz, Ettingen

Gestaltung: Albert Gomm SGD, Atelier für Buchgestaltung, Basel
Satz und Druck: Hochuli AG, Muttenz
Bindearbeiten: Grollimund AG, Reinach

 Diese Publikation wurde mit Mitteln aus dem Lotteriefonds ermöglicht

© Copyright  2001

ISBN 0480-9971
ISBN 3-85673-270-5

Inhaltsverzeichnis 5

- 8 Lebensdaten zu Hieronymus Annoni
- 11 Zum Thema
- 12 Der Nachlass Annonis
- 14 Literatur zu Annoni
- 16 Das Staatskirchentum Basels zu Beginn des 18. Jahrhunderts
- 20 Die Anfänge des Pietismus in der Schweiz
- 22 Familiäre Herkunft
- 24 Schul- und Studienzeit
- 26 Theologische Ausbildung und Frömmigkeit
- 29 Als Hauslehrer in Schaffhausen 1719–1726
  - 29 Die Familie Im Thurn
  - 31 Bekehrung
  - 34 Annoni als Lehrer und Erzieher
  - 41 Schaffhauser Pietisten
  - 42 Johann Konrad Ziegler als Seelenführer
  - 47 Annoni wird des Separatismus verdächtigt
  - 50 Im *Schmelzofen* der Krankheit
- 53 Religiöse Unruhen in Basel
- 57 Als Vikar in Sissach 1726
- 61 Verbundenheit mit den Erweckten im Kanton Basel
- 65 Wieder als Hauslehrer in Schaffhausen 1726–1732
  - 65 Juditha Stockar
  - 66 Erweiterung des schweizerischen Beziehungsnetzes
- 69 Reise durch die Schweiz vom Juli 1730 bis zum Oktober 1731
  - 71 Reisevorbereitungen
  - 74 Aufenthalt in Neuenburg
  - 77 Aufenthalt in Lausanne
  - 78 Zur Kur im Bad Leuk
  - 79 Reise über Bern, Luzern, Altdorf, Schwyz, Einsiedeln und Glarus nach Chur
  - 84 Reise durch Graubünden
  - 87 Heimweg nach Schaffhausen
- 89 Die erste persönliche Begegnung mit Herrnhutern
- 91 Tod der Judith Im Thurn
- 93 Aufenthalt in den Wittgensteiner Grafschaften 1733
- 104 Wieder in Basel
  - 104 Basels Erweckte suchen Anschluss an die Herrnhuter Brüdergemeine

- 106 Heirat und Ehe mit Esther Zwinger, verwitwete Gottfried
- 112 Redaktionsarbeiten für Samuel Lutz
- 118 Reise durch das Elsass, die Niederlande und Deutschland 1736
  - 119 Höfischer Prunk und die schönen Künste
  - 121 Universitäten und Professoren
  - 121 Begegnung mit Auswanderern
  - 125 Begegnung mit Juden und der Judenmission
  - 128 Begegnung mit Gerhard Tersteegen
  - 130 Begegnung mit Nikolaus Ludwig Graf Zinzendorf und Aufenthalt in Herrnhut
  - 136 Begegnung mit weiteren erweckten Persönlichkeiten
  - 139 Fazit der Reise
- 140 Bewerbung um eine Pfarrstelle
- 143 Annoni als Verfasser und Herausgeber geistlicher Lieder
- 151 Annoni als Verfasser religiöser und profaner Gedichte
- 155 Als Pfarrer in Waldenburg 1740–1747
  - 155 Die Aufgaben eines Landpfarrers und eines Landvogts
  - 160 Schwieriger Beginn
  - 163 Als Hirt unter Schafen und Hirten
  - 170 Konflikte mit dem Landvogt
  - 173 Konflikte mit den Herrnhutern
  - 178 Familiäres
  - 180 Krank an Leib und Gemüt
  - 181 Glaubensnöte als Ursache von Krankheiten
  - 183 Schwierigkeiten und Konflikte als Ursache von Krankheiten
  - 184 Arzneien für Leib und Gemüt
- 186 Luzerner Glaubensvertriebene
- 188 Abschied von Waldenburg und Einzug in Muttenz
- 192 Die Muttenzer Amtszeit 1747–1770
  - 195 Die Einkünfte als Quelle von Verdruss
  - 197 Freunde und Gegner
  - 199 Annoni wird als *Separatistenmacher* verdächtigt
  - 205 Zuspruch von nah und fern
  - 207 Die *Gesellschaft guter Freunde*
  - 209 Die Herrnhuter als Konkurrenz
  - 211 Annonis Urteil über einen Selbstmörder und eine *unzeitige Niederkunft*
  - 214 Annonis Gutachten über die Ursachen dörflicher Missstände

216 Die Visitation von 1765
217 Die Sorge um die Seelen
220 Die Predigten
227 Des Pfarrers Naturalien-Sammlung
230 Das letzte Lebensjahrzehnt
234 Würdigung
237 Publikationen von Hieronymus Annoni
239 Hinweise
    239 zur Transkription
    239 zu den Quellenangaben
    239 zu den Personennamen
240 Abkürzungen
241 Ungedruckte Quellen
243 Literatur
252 Personenregister
257 Ortsregister
259 Abbildungsnachweis
260 Dank

8   Lebensdaten zu Hieronymus Annoni

1697	am 12. September in Basel geboren
1703	Tod des Vaters
1714–1719	Studium der Theologie in Basel November 1715 bis November 1716 Hauslehrer in Liestal
1719	am 24. April Ordination zum Prediger
1719–1933	Hauslehrer der Familie Im Thurn in Schaffhausen April–November 1726 Vikariat in Sissach Juli 1730 bis Oktober 1731 Reise durch die Schweiz
1733	Aufenthalt in den Wittgensteiner Grafschaften
1734	am 30. November Heirat mit Esther Zwinger, verwitwete Gottfried
1736	Reise durch das Elsass, die Niederlande und Deutschland
1739	Herausgabe des Gesangbuchs *Erbaulicher Christenschatz*
1740–1747	Pfarrer in Waldenburg 1743 Herausgabe des *Christlichen Gesangbuchs*
1747–1770	Pfarrer in Muttenz 1760 Tod der Ehefrau
1770	am 10. Oktober gestorben in Muttenz

Porträt Hieronymus Annoni.
Von unbekannter Hand,
Gouache mit Deckweiss,
21,3 : 14,6 cm.

Hieronymus Annonis Monogramm

Zum Thema

Die Bedeutung, welche Hieronymus Annoni für die Frömmigkeitsgeschichte Basels und seiner Landschaft hatte, trug ihm die Bezeichnung als *Vater des baslerischen Pietismus* ein.[1] Annonis Einfluss auf seine Zeitgenossen beruhte nicht auf theologischer Gelehrsamkeit, sondern auf seiner Überzeugungskraft in der direkten Begegnung. Als Theologe hatte sich Annoni mit den innerhalb der protestantischen Kirchen geführten Auseinandersetzungen um die Rechtgläubigkeit zu befassen. Doch schon als Student war er mit der als Pietismus bezeichneten Frömmigkeitsbewegung in Berührung gekommen, welche als Reaktion auf den dogmatischen Theologenstreit die Erneuerung individueller Frömmigkeit und christlicher Lebensführung anstrebte. Als Besitzer einer umfangreichen Bibliothek war Annoni belesen, auch war er auf seinen Reisen zahlreichen Gelehrten begegnet, doch suchte er sowohl in der Lektüre wie auch im Gespräch vor allem die *Erbauung*, die geistliche Ermunterung und Stärkung, und nicht den intellektuellen Diskurs. Der Erbauung sollten auch die zahlreichen geistlichen Lieder dienen, die Annoni dichtete. In der vorliegenden Biographie spielen auch aus diesem Grund Fragen der theologischen Lehre, wie sie seinerzeit an Universitäten und im theologischen Schrifttum erörtert wurden, nur eine geringe Rolle. Vielmehr interessiert die Frage, inwiefern Annonis Lebensführung durch seine spezifische Frömmigkeit geprägt war. Es soll nicht nur festgestellt werden, welche Glaubenssätze und Meinungen der Theologe in Predigten, Liedern und Versen vertreten hat, sondern auch wie er sich in jeweils gegebenen Lebensumständen verhalten hat.[2]

---

1 Wernle I 1923, S. 339.
2 Brecht 1993 (Einleitung), S. 7: «Bei manchen Pietisten besteht die historische Aufgabe zum Teil oder vorrangig in der Darstellung ihrer Theologie, weil sie gerade auf diese Weise wirksam geworden sind. In anderen Fällen wird man jedoch dadurch weder der Frömmigkeit und dem Verhalten des Einzelnen noch deren Verbindungen untereinander oder der Rolle pietistischer Kreise inner- oder ausserhalb der Kirche völlig gerecht. Darum darf die Theologie auch nicht überbewertet werden, zumal der theologische Befund, wie sich in den Erörterungen der Forschung gezeigt hat, nicht immer eindeutig ist, sondern widersprüchlich sein kann. Daneben verdienen die Frömmigkeit und das entsprechende Verhalten des Einzelnen sowie deren Verbindung untereinander oder die Rolle pietistischer Kreise inner- und ausserhalb der Kirche gleiche Beachtung. Somit gilt es auf den Zusammenhang theologischer Eigentümlichkeiten mit dem praktischen Lebensvollzug und der umgebenden Gemeinschaft besonders zu achten.»

Der Nachlass Annonis

1. Die wichtigste Quelle für die vorliegende Arbeit ist der umfangreiche handschriftliche Nachlass.[3] Dieser enthält im Wesentlichen:

- Familienpapiere und Personalakten (darunter u.a. Nachlass-Inventare der Eltern, Inventare über das von Hieronymus Annoni und Esther Zwinger in die Ehe eingebrachte Gut, die Leichenrede und Personalia, Kassenbücher aus den Jahren 1730, 1731, 1735–1770),
- Predigten, Unterlagen zu Kinderlehren, Betstunden und Katechismusunterricht,
- Gedichte und Lieder,
- Autobiographisches (darunter u.a.: *Curriculum vitae meae 1697–1721* und *Vitae curriculum 1721–1728*, Fragment aus einem *Sissacher Diarium 1726*, tagebuchartige Aufzeichnungen aus den Jahren 1732–1734 und 1736–1755,
- Aufzeichnungen von einer Schweizerreise 1730/31,
- Aufzeichnungen von einer Reise durch das Elsass, die Niederlande und Deutschland 1736,
  Schreibkalender mit Notizen von 1733 und 1759–1770,
- Rund 1100 an Annoni gerichtete Briefe aus den Jahren 1720–1770.

Die Korrespondenz vermittelt einen Einblick in das geographisch weitgespannte Beziehungsnetz unter den Pietisten in ganz Europa und ergänzt in idealer Weise die autobiographischen Aufzeichnungen. Wahrscheinlich gibt es keinen zweiten Nachlass eines schweizerischen Landpfarrers aus jenen Jahrzehnten des 18. Jahrhunderts, der eine solche Vielfalt aufweist wie dieser. Ihm sind Annonis äussere Lebensstationen in ihren Bedingtheiten ebenso zu entnehmen wie dessen körperliche und geistig-gemüthafte Zustände.

Im Druck erschienen zu Annonis Lebzeiten drei Predigten, seine Lieder und einige Gedichte. Alle anderen Aufzeichnungen waren nicht für die Öffentlichkeit bestimmt.

2. Als eine weitere Quelle aus dem Nachlass ist die Bibliothek Annonis zu nennen, die in ihrem Umfang noch weitgehend erhalten, heute in die Bestände der Öffentlichen Bibliothek Basel (Universi-

---

3 Dieser befindet sich in der Handschriftenabteilung der UB Basel.

tätsbibliothek) integriert ist.[4] Sie dokumentiert sozusagen die geistige Vorratskammer ihres einstigen Besitzers. Handschriftliche Eintragungen auf Vorsatzblättern zeichnen jene Bücher und Schriften aus, die ihm besonders wichtig waren. Leider konnte nur in wenigen Fällen das Erwerbungsjahr eines Buches ausfindig gemacht werden.

3. Annoni besass auch eine bedeutende Sammlung von Fossilien und Mineralien, die er im Verlaufe von mehr als dreissig Jahren zusammengetragen hatte. Diese vermachte er der Universität, um Basel zu einer weiteren Attraktion zu verhelfen.[5] Sie bildete den Grundstein zum späteren Naturhistorischen Museum Basel. Auch diese Sammlung wirft ein bezeichnendes Licht auf ihren einstigen Besitzer.

All die genannten Dokumente und Zeugnisse dienten als Quellenmaterial für die vorliegende Biographie. Sie sind darüber hinaus eine der wichtigsten Quellen zum schweizerischen Pietismus der in Frage stehenden Zeit.

---

4 Annoni vermachte seine Bibliothek testamentarisch der 1756 in Basel gegründeten *Gesellschaft guter Freunde*. (Nachlass, Annex zum Nachlass Nr. 7). Jene Bücher allerdings, so schrieb er dazu, «die nur auf Gelehrtheit [und nicht auf Erbauung] zielen, kan man gegen andere zu diesem Instituto schicklichere Bücher vertauschen, oder auch an junge Studierende von guter Hoffnung verschenken». Das heisst, dass im vorhandenen Bestand die wissenschaftlichen Bücher – es dürfte sich vor allem um medizinische und pharmazeutische Literatur gehandelt haben – fehlen. Mit der Bibliothek vermachte Annoni demselben Kreis einen Geldbetrag zur Anschaffung weiterer Literatur. In den Katalogen der Bibliothek (Nachlass, Annex zum Nachlass Nr. 8 und 9) sind die späteren Erwerbungen eingetragen. Die letzten Ankäufe wurden zur Zeit des Ersten Weltkriegs getätigt. Zu jener Zeit dürfte der gesamte Bestand in die Universitätsbibliothek gelangt sein, wo er mit der Signatur «d'Ann...» gekennzeichnet wurde. Es ist anzunehmen, dass vor diesem Zeitpunkt einige entlehnte Bücher nicht mehr zurückgegeben wurden. So tauchte ein mit Annonis Initialen versehenes Buch in der Sammlung des Kantonsmuseums Baselland auf. Ausserdem fehlen einige der religiösen Schriften, die Annoni in seinen Aufzeichnungen erwähnte, mit Vorliebe verschenkte und sicher auch selbst besessen hat.
5 Nachlass A III, Nr. 1.

14 Literatur zu Annoni

Die früheste Biographie verfasste der Basler Theologieprofessor Christoph Johannes Riggenbach zu Annonis 100. Todestag im Jahre 1870.[6] Seine Darstellung beruht im Wesentlichen auf Annonis autobiographischen Aufzeichnungen und auf Archivalien der Reformierten Kirche Basels, die sich heute im Staatsarchiv Basel-Stadt befinden. Sowohl im Text als auch im Anhang publizierte Riggenbach eine grosse Auswahl aus Annonis Liedern, wobei er einige als zu drastisch empfundene Ausdrücke *milderte*.[7] Umfang und Stil dieser Darstellung entsprechen weitgehend den zahlreichen im 19. Jahrhundert verfassten Biographien, welche Lebenswege frommer Männer und Frauen als beispielhaft nachzeichneten.

Zwölf Jahre später erschien eine im Charakter vergleichbare Biographie, verfasst vom Basler Pfarrer Abel Burckhardt, der damit eine von einem verstorbenen Verwandten bereits begonnene Arbeit zu Ende führte.[8] Abel Burckhardt fühlte sich hierzu in besonderem Masse berufen, da sein Urgrossvater Johann Rudolf Burckhardt sowohl Vikar als auch Stiefschwiegersohn des Muttenzer Pfarrers gewesen war und als erster dessen schriftlichen Nachlass betreut hatte.[9] Auch Abel Burckhardts Darstellung folgt weitgehend Annonis eigenen Aufzeichnungen und entspricht damit dem von Riggenbach gezeichneten Porträt. Wilhelm Hadorn, der Annonis Leben und Wirken in seiner umfassenden Geschichte des Pietismus in der Schweiz würdigte, fusste auf den vorangegangenen Darstellungen, ohne zusätzliche Primärquellen berücksichtigt zu haben.[10]

Erst Paul Wernle sichtete auch die umfangreiche Korrespondenz Annonis.[11] Im Vorwort zu seinem dreibändigen Werk über den schweizerischen Protestantismus im 18. Jahrhundert wies er auf die Bedeutung hin, welche diese Quelle für seine Untersuchungen gehabt hatte.[12] Im ersten, dem Pietismus und der vernünftigen Orthodoxie gewidmeten Band fasste Wernle das Leben und Wirken Annonis auf 25 Seiten zusammen. Ein Blick in das Personenregister belegt

---

6 Riggenbach 1870.
7 Riggenbach 1870, S. 61.
8 Burckhardt 1882.
9 Wahrscheinlich stammte die begonnene Arbeit aus dessen Feder.
10 Hadorn 1901.
11 Wernle I 1923.
12 Wernle I 1923, S. VI.

jedoch, wie gründlich er Annonis Korrespondenz und autobiographische Aufzeichnungen für die Darstellung des gesamten Themenbereichs ausgeschöpft hatte.

Verschiedene ältere und neuere Aufsätze sind ausgewählten Themen zu Annonis Leben und Wirken gewidmet. So wurden Ausschnitte aus Annonis Reiseberichten bekannt gemacht. Paläontologen befassten sich mit Annoni als Sammler von Versteinerungen, und Hymnologen würdigten den Liederdichter und Gesangbuchautoren.[13] Im Nachlass Annonis haben Forscher verschiedenster Fachbereiche immer wieder Material gefunden. Doch die zusammenfassenden Darstellungen von Annonis Leben und Wirken in der jüngeren kirchen- und lokalgeschichtlichen Literatur beruhen weitgehend auf Christoph Johannes Riggenbachs und vor allem auf Paul Wernles Arbeiten.[14]

---

13 Die entsprechende Literatur ist in den jeweiligen Kapiteln vermerkt.
14 Sofern jüngere Aufsätze keine neuen Erkenntnisse zu Annonis Biographie enthalten, wurde auf deren Nennung verzichtet. Ebenso wurde darauf verzichtet, stets auf Riggenbach und Wernle hinzuweisen.

16 Das Staatskirchentum Basels zu Beginn des 18. Jahrhunderts

In der alten Eidgenossenschaft gab es nach der Reformation in den reformierten Gebieten soviele Kirchen wie Stände. So wie in den deutschen Territorien der jeweilige Landesherr über die Konfession seiner Untertanen bestimmte und dadurch ein buntes Nebeneinander konfessionell geprägter Landeskirchen herrschte, so hatte jeder reformierte schweizerische Ort[15] seine eigene Kirchenorganisation, zumeist auch sein eigenes Bekenntnis. Als gemeinsame Plattform dienten die evangelischen Tagsatzungen. Mit dem Ersten Helvetischen Bekenntnis von 1549 und dem Zweiten Helvetischen Bekenntnis von 1566 sollte zumindest in den wichtigsten Glaubensfragen eine Übereinstimmung hergestellt werden.[16] Als ein Jahrhundert später – ausgehend von der Hochschule von Saumur – die Lehre von der Prädestination, der Erbsünde und von der Schriftinspiration in Frage gestellt wurde und sich ein Geist der Milde, der Toleranz und freieren Weltlichkeit unter den Theologen regte, einigten sich die reformierten Kirchen der Schweiz 1675 nochmals auf ein gemeinsames Bekenntnis, die *Formula consensus ecclesiarum Helveticarum*. Mit diesem ganz der calvinistischen Orthodoxie folgenden Bekenntnis sollte den neuen Strömungen begegnet werden. Alle angehenden Theologen hatten sich auf die Konsensusformel zu verpflichten. Basel verzichtete allerdings bereits ab 1686 darauf und sagte sich 1723 endgültig von der Konsensusformel los. In den meisten anderen Kantonen blieb sie während etlicher Jahrzehnte in Kraft.

In Basel übte das zünftisch organisierte Ratsregiment als oberster Hüter von Recht und Ordnung, von Rechtgläubigkeit und Moral die Schirmherrschaft über die Kirche aus. Grundlage des Verhältnisses von Kirche und Staat bildete die 1529 erlassene Reformationsordnung. Diese im Verlauf der folgenden Jahrhunderte mehrfach erneuerte Ordnung fasste die obrigkeitlichen Mandate und Verordnungen zusammen. Intention der zahlenmässig zunehmenden Sittenmandate war es, das Tun und Lassen der Bürger und Nichtbürger in der Stadt, mehr aber noch das der Untertanen auf der Landschaft, bis in alle Einzelheiten zu regeln. Mit dem Selbstverständnis,

---

15 Bis zu Beginn des 19. Jahrhunderts war es üblich, Kantone auch als Ort oder Stand zu bezeichnen.

16 Unter dem lutherfreundlichen Antistes Simon Sulzer trat Basel dem Zweiten Helvetischen Bekenntnis nicht bei. Das geschah erst 1644.

Hüter eines gottgefälligen Staats- und Kirchenwesens zu sein, sahen sich die *Gnädigen Herren* dazu legitimiert und verpflichtet, alles zu ahnden, was ihre Autorität auch als moralische Instanz hätte gefährden können. Da sich die Mitglieder der eigentlichen Regierung, des Kleinen Rates, zunehmend aus wenigen Familien rekrutierten, zeichnete sich auch in Basel die gesamteuropäische Tendenz zu absolutistischen Verhältnissen ab. Die Kluft zwischen weltlicher Obrigkeit und Untertanen vergrösserte sich zunehmend, und die Kirche diente der Obrigkeit als Instrument, die Untertanen zu disziplinieren.[17]

Den alt-reformierten Geist dieses Staatskirchentums beschreibt Paul Wernle folgendermassen:

«Es ist der Geist eines Systems, für das Religiöses und Bürgerliches, Kirche und Staat aufs engste zusammengehören, ja beinahe sich decken und deshalb die Religion als Bürgerpflicht und Bedingung aller Bürgerrechte erscheint, folglich vom Staat mit allen Mitteln gefordert, begünstigt, ja erzwungen wird. Von der Kindertaufe an bis zum kirchlichen Begräbnis erstreckt sich ein System kirchlicher Handlungen und Einwirkungen, denen kein Staatsangehöriger sich entziehen darf und die in keine Willkür des Individuums gestellt sind. Die Religion ist nicht Privatsache, sondern Staats- und Bürgersache.»[18]

Im alt-reformierten Staatskirchentum wurde religiöser Nonkonformismus mit politischer Opposition gleichgesetzt und geahndet.

Während des *konfessionellen Zeitalters* der Dogmenstreitigkeiten herrschte die Doktrin vor, dass nur die konfessionelle Einheitlichkeit die staatliche gewährleiste. Dennoch fehlte es nicht an mahnenden Stimmen, welche zu religiöser Toleranz aufriefen. Innerhalb der protestantischen Kirchen gab es immer wieder Einzelne oder Gruppen, welche sich in aller Stille oder unter lautstarkem Protest von ihrer Kirche trennten. Als Dissidenten hatten sie mit Verfolgung und Bestrafung zu rechnen. Viele wanderten in die Niederlande aus, wo teilweise Religionsfreiheit gewährt wurde.

Um 1670 setzte in Deutschland sowohl in der reformierten als auch in der lutherischen Kirche jene Frömmigkeitsbewegung ein, welche schon von den Zeitgenossen mit dem Begriff *Pietismus* bezeichnet wurde und deren herausragendes gemeinsames Merkmal die

---

17 Vgl. dazu Staehelin, Adrian 1958 und Sallmann 1998.
18 Wernle I 1923, S. 90.

privaten Zusammenkünfte, Konventikel genannt, waren.[19] Insbesondere Philipp Speners 1675 veröffentlichten *Pia Desideria* bewirkten, dass sich das Konventikelwesen rasch ausbreitete. Nach dem Vorbild der urchristlichen Gemeinden kamen Männer und Frauen in Privathäusern zusammen, um in der Bibel zu lesen, zu beten und zu singen und sich gegenseitig im Glauben zu bestärken, in ihren Worten: um sich zu *erbauen* und in der *Gottseligkeit zu üben*. Derartige Zusammenkünfte, welche oft die sozialen Schranken durchbrachen und das seelsorgerliche Monopol der Kirche antasteten, waren den meisten Obrigkeiten suspekt. Verbote blieben zumeist wirkungslos und förderten den *Separatismus*, die schroffe Abkehr von Kirche und Staat. Der Pietismus in seinen verschiedensten Ausprägungen vom kirchenkonformen bis zum kirchenfeindlichen Habitus, dem sogenannten *Radikalpietismus*, brachte eine bis dahin unbekannte Fülle an Erbauungsschriften hervor, welches die *Erweckten* zu Stadt und Land über mehrere Generationen und über alle Landes-, Sprach- und Konfessionsgrenzen hinweg miteinander verband.[20]

In pietistischen Kreisen bildete sich eine Sondersprache heraus mit bevorzugten, meist biblisch verankerten Redewendungen und Sprachbildern. Wurde sie im 19. Jahrhundert in ihrer als *gesalbt* empfundenen Ausprägung spöttisch als *Sprache Kanaans* bezeichnet, so unterschied sie sich im späten 17. und frühen 18. Jahrhundert wohl weniger deutlich von der Sprache orthodoxer Christen. Polemische Schriften, insbesondere die der Radikalpietisten, unterschieden sich in Schärfe und Deutlichkeit der Wortwahl keineswegs von denen orthodoxer Streiter. Heute zögen sie wahrscheinlich Ehrverletzungsklagen nach sich.

Der religiöse Aufbruch im letzten Drittel des 17. Jahrhunderts ist vor dem Hintergrund des Dreissigjährigen Krieges (1618–1648) zu sehen, dessen Verwüstungen im materiellen wie auch geistig-sozialen Leben noch viele Jahrzehnte lang nachwirkten. Auch die Pestzüge der ersten Jahrhunderthälfte waren nicht vergessen. Frankreichs teilweise Annektierung etlicher linksrheinischer Gebiete seit 1679, dessen Besetzung und Verwüstung der Pfalz und blutige Verfolgungen der Hugenotten nach der Aufhebung des Edikts von Nantes 1685 hatten Zerstörungen und Scharen von Glaubensflüchtlingen

---

19 Die beste Übersicht über die Geschichte des Pietismus in den verschiedenen Ländern Europas im 17. und 18. Jahrhundert, dazu die entsprechende Literatur bieten: Geschichte des Pietismus. Bd. 1 und 2. 1993/1995 (siehe: Literatur).
20 Vgl. dazu Schrader 1989.

mit sich gebracht. Der grosse Türkenkrieg und der Nordische Krieg verbreiteten im ausgehenden 17. Jahrhundert Unsicherheit und Ängste. Dazu kam die stets vorhandene Lebensbedrohung durch Seuchen und Missernten. Die Allgegenwärtigkeit von Bedrohung und Vergänglichkeit, von Not, Elend und Verwahrlosung breiter Bevölkerungsschichten förderte die religiösen Strömungen der Verinnerlichung, die Sehnsucht nach unmittelbarer Gottes- und Gnadenerfahrung und das Bedürfnis nach Geborgenheit in kleinen Gruppen Gleichgesinnter. Dies umso mehr, als die Zeichen der Zeit eschatologisch gedeutet wurden als untrügliche Indizien für die baldige Wiederkunft Christi, für den Anbruch seines *Tausendjährigen Reiches* auf Erden oder für das nahende *Weltgericht*.

Die Anfänge des Pietismus in der Schweiz

In der Schweiz nahm das Konventikelwesen im letzten Jahrzehnt des 17. Jahrhunderts seinen Anfang. Berner und Zürcher Theologiestudenten waren mit spezifisch pietistischer Frömmigkeit vertraut geworden, sei es während eines Auslandaufenthaltes, sei es durch Schriften, Briefe oder mündliche Berichte. Sie waren erfüllt vom Gedanken, die Kirche bedürfe dringend einer zweiten Reformation. In eindringlichen Predigten und seelsorgerlichem Eifer riefen sie zu Busse, Heiligung und christlichem Lebenswandel auf. Zu Stadt und Land fanden sie grossen Zulauf. Das verletzte nicht nur die Vorschrift, dass man den Gottesdienst in der eigenen Gemeinde zu besuchen habe, sondern verärgerte auch die gemiedenen Amtsbrüder. In Gottesdiensten konnte es geschehen, dass Besucher in ein Zittern verfielen. Prophetisch auftretende Mägde verkündigten den Anbruch des *Tausendjährigen Reiches* und verursachten dadurch Unruhe und Ängste. Es bildeten sich spontane Konventikel. Der Orthodoxie zuwiderlaufende religiöse Schriften mystischer und quietistischer Natur zirkulierten. Die Obrigkeiten sahen sich durch all diese Erscheinungen vor eine zusätzliche Herausforderung gestellt, denn noch immer war es ihnen trotz drakonischer Strafen nicht gelungen, das seit seiner Entstehung im frühen 16. Jahrhundert bekämpfte Täufertum zu besiegen.[21]

In Zürich und Bern wurden Gutachten erstellt, welche die allgemeine Gefährlichkeit des Pietismus bezeugten. Bern, welches zu jener Zeit wieder verschärft gegen die Täufer vorging, fällte in einem Pietistenprozess 1699 harte Urteile gegen Pfarrer und Laien. Von nun an mussten alle Amtsträger der Stadt Bern dem Pietismus abschwören.

Durch welche Personen oder Schriften im Einzelnen auch immer vermittelt, um 1700 gab es wohl in allen reformierten Kantonen Theologen und Laien, welche von der neuen Erweckungsbewegung ergriffen waren. Auch dort, wo sie sich nicht sogleich in Konventikeln zusammenfanden, waren sie einander bekannt, nahmen sie Anteil am Schicksal ihrer *Brüder* und *Schwestern* nah und fern. Trotz obrigkeitlichem Argwohn und zum Teil strengen Repressionen wie Konventikelverbot, Bücher- und Briefzensur gewann die Bewegung

---

21 Eine detaillierte Darstellung der Vorgänge in Bern bietet Dellsperger 1984. Zu den Vorgängen in Zürich vgl. Hanimann 1990.

insgesamt an Boden. Spätestens im zweiten Jahrzehnt des 18. Jahrhunderts hatten in allen grösseren reformierten Städten der deutschsprachigen Schweiz Pietistenverhöre oder -prozesse stattgefunden.

In Basel befasste sich die Obrigkeit im ersten Jahrzehnt des 18. Jahrhunderts vereinzelt, gegen Ende des zweiten Jahrzehnts dann vermehrt mit religiösen Dissidenten. Sie wurden ohne weitere Unterscheidung entweder als *Pietisten*, *Separatisten* oder *Wiedertäufer* benannt, hatten sie doch auch die meisten Merkmale gemeinsam: sie verweigerten die vorgeschriebene Teilnahme am Abendmahl und den Eid und widersetzten sich dem sonntäglichen Militäraufgebot. Zu Stadt und Land hatten sich Männer und Frauen durch Zusammenkünfte und den Besitz mystischer, *dunkler* Schriften verdächtig gemacht. Unruhe hatte auch das Auftreten sogenannter *Inspirierter* aus Deutschland gebracht, die als Sprachrohr Gottes den Obrigkeiten der Schweiz grosse Strafgerichte prophezeiten und den baldigen Anbruch des *Tausendjährigen Reiches* verkündigten. Die verschiedenartigen religiösen Aufbrüche versetzten auch die *Gnädigen Herren* Basels in Alarmzustand. Im Januar 1718 setzte der Basler Rat nach dem Vorbild Berns eine Religionskammer ein, die streng darüber wachen sollte, dass sich weder durch fremde Lehrer noch durch verderbliche Schriften Irrtümer in Glaubensfragen einschleichen könnten.[22] Mögen die religiösen Dissidenten damals zahlenmässig auch unbedeutend gewesen sein, so verursachten sie doch ein erhebliches Aufsehen, welches durch die obrigkeitlichen Repressionen gegen sie nur noch verstärkt wurde.

Zu dieser Zeit erneuter Massnahmen gegen Männer und Frauen, welche für sich beanspruchten, *wahre Christen* zu sein im Unterschied zu den *Maulchristen* und *Heuchlern*, und die dafür Spott und Verfolgung auf sich nahmen, absolvierte Hieronymus Annoni sein Theologiestudium in Basel. Der Konflikt zwischen der dem reformierten Protestantismus genuinen Forderung von Gewissens-, Glaubens- und letztlich auch Kultusfreiheit und dem ebenfalls biblisch begründeten Gebot des Gehorsams gegen eine christliche Obrigkeit sollte Annonis ganzes Leben begleiten.

---

22 Der Religionskammer gehörten die vier Hauptpfarrer und vier Deputaten an.

Familiäre Herkunft

Hieronymus Annoni kam am 12. September 1697 in Basel zur Welt.[23] Er war das dritte von fünf Kindern des Uhrmachers und Ratsherrn Nikolaus Annoni und dessen Ehefrau Maria Salome Burckhardt. Da der um vier Jahre ältere Bruder Nikolaus bereits im Alter von fünf Jahren verstarb, wuchs Hieronymus als einziger Sohn mit den drei Schwestern Anna Katharina, Maria Salome und Maria Sophia auf. Die Familie bewohnte das Haus *zum schwarzen Rad* in der Steinenvorstadt. Der Vater war ein angesehener Mann, der sein Handwerk in Wien und Augsburg gelernt hatte. Als ruhmvoll galt die Tatsache, dass er dem französischen König Ludwig XIV. eine seiner kunstvollen Uhren verkauft und eigenhändig im Versailler Schloss, im Zimmer der Königin, aufgestellt hatte. Nikolaus Annoni galt als frommer und gottesfürchtiger Mann. Er entstammte einem adeligen Geschlecht aus Oberitalien.[24] Sein Ururgrossvater, der Handelsmann Christoph Annoni, war in der zweiten Hälfte des 16. Jahrhunderts als Glaubensflüchtling nach Basel eingewandert. Dieser war der Stammvater der Basler Annoni, die sich auch d'Annone[25] schrieben, und von denen im 17. Jahrhundert mehrere Vertreter als Söldner in fremden Diensten standen.

Die Mutter des Hieronymus entstammte der kinderreichen Familie des Hieronymus und der Sibylla Burckhardt-Frey. Als Jüngste war sie mit neun Jahren bereits Vollwaise geworden. Stärker als über die Familie des Vaters waren Hieronymus und seine Geschwister über die Familie der Mutter in das verwandtschaftliche Netz eingebunden, welches die meisten Basler Bürger zu Beginn des 18. Jahrhunderts miteinander verband.

Im Jahre 1703 verstarb der Vater Nikolaus Annoni im Alter von fünfzig Jahren, ein Vierteljahr vor der Geburt seines jüngsten Kin-

---

23 Zur familiären Herkunft siehe Nachlass B I, S. 1–7: Genealogia Annonia. – Siehe auch Leu 1747, S. 236 und Leu 1787, S. 59–61. – Für seinen Sohn Hieronymus schrieb der Vater den Segenswunsch ins Verzeichnis seiner Kinder, dass «dieses Kind, wie es äusserlich mit dem Taufwasser besprengt worden, also auch innerlich die Kraft und Wirkung des heiligen Geistes empfinden, auch an den lieben Kindes, unsres Herrn und Heilandes Jesu Christi, Leyden, Tod, Auferstehung und Himmelfahrt Anteil haben möge». Als Paten hatten die Eltern gebeten: den Bruder der Mutter Hieronymus Burckhardt, Johanniter-Schaffner, den Schwager der Mutter Johannes Strübin, Schulmeister in Bubendorf, und Rosina Kippel, eine Verwandte väterlicherseits. – Zur Kinder- und Jugendzeit siehe Nachlass B I, S. 9–29: Curriculum vitae meae 1697–1721.
24 Der Stammsitz war Schloss Tanaro in der Nähe von Alessandria.
25 Es kommen auch folgende Schreibweisen vor: d'Anone und Anony.

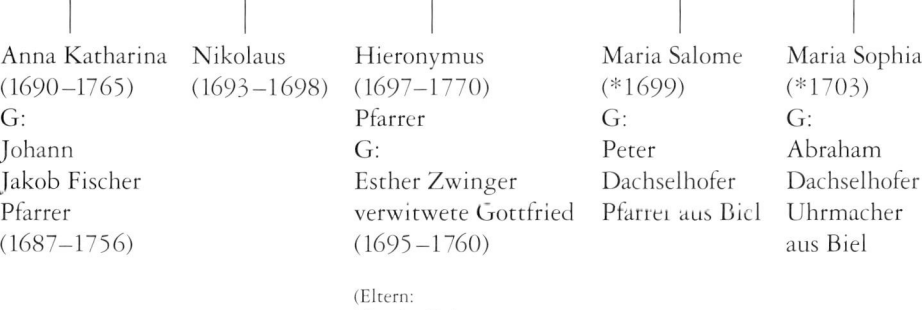

des. Mit seinem Tod verlor die Familie die väterliche Fürsorge und materielle Basis.[26] Um der Witwe hilfreich beizustehen, trug sich Marie-Sophie von Planta, geborene Comtesse von Rosen, als Patin der jüngsten Tochter an. Frau von Planta, selbst verwitwet und eine der vornehmsten Frauen in Basel, gehörte zu den frühesten Pietisten, die in Basel aktenkundig wurden.[27] Sie sollte eine wichtige Rolle im Leben des Hieronymus spielen. Ebenfalls zur Entlastung der verwitweten Mutter nahm Johannes Strübin seinen damals fünfjährigen Patensohn Hieronymus zu sich nach Bubendorf. Er erteilte ihm den ersten Unterricht.

26 Nachlass A I 5: Inventar und Auskauf über Nikolaus Annonis Hinterlassenschaft, datiert vom 23. November 1703. Nach diesem Inventar hinterliess der Verstorbene ausser der Liegenschaft, in welcher die Familie wohnte, kein nennenswertes Vermögen.
27 Vgl. StA D3 Kirchenarchiv A 16, Nr. 7. Bericht einiger Deputaten vom 18.01.1718, den Umgang mit dem deutschen Pietisten Gmehlin betreffend: «Nicht weniger rühmen die meisten dieser Leuthen, sonderlich Weibs=Persohnen, die Gottseligkeit und Guthätigkeit der Mme de Planta, von dero sie, wan sie von Zeit zu Zeit zu ihro kommen, viell Gutes hören, auch etwan in Gegenwart ihrer Haussgenossen und anderer das Gebett helffen verrichten: Diese Dame thue den Nothleydenden gar viell Guts, wie sie dan auch Gmehlin offeriren lassen, wan er in etwas Mangell hätte, ihme Handreichung zu thun.» – Marie-Sophie von Planta war verheiratet gewesen mit Meinrad von Planta von Wildenberg, der als Oberstleutnant 1693 in der Schlacht bei Nerwinde umgekommen war. Das Ehepaar von Planta hatte das Schloss Wildenstein oberhalb von Bubendorf BL besessen und den sogenannten Plantabau errichten lassen.

24 Schul- und Studienzeit

Als es galt, in das Gymnasium einzutreten, kehrte Hieronymus wieder in die Stadt zurück. In dieser Zeit, etwa in seinem zehnten Altersjahr, verletzte sich der Knabe einen Fussknochen derart, dass er während der folgenden neun Jahre immer wieder unter bedrohlichen Folgen zu leiden hatte. Nachdem er sich im März 1711 an der Basler Universität eingeschrieben hatte und somit als *Studiosus philologiae et philosophiae* galt, musste er ein halbes Jahr aussetzen, um den Fuss in Bubendorf von einem *Bauern-Arzt* behandeln zu lassen, was allerdings ohne Erfolg blieb. Im Mai 1713 wurde Annoni zum *Laureatus* und im September 1714 zum *Magister philosophiae* promoviert.[28] Nach dem Abschluss dieses Grundstudiums begann Annoni das Studium der Theologie, welches er 1719 im Alter von 22 Jahren abschloss. Vom November 1715 bis zum November 1716 hatte er das Studium unterbrochen und in Liestal als *Informator* (Hauslehrer) gewirkt.[29] Ein halbes Jahr nach seiner Ordination zog Annoni nach Schaffhausen, um dort die Stelle eines Hauslehrers anzutreten. Abgesehen von einem halbjährigen Vikariat in Sissach und gelegentlichen Besuchen kehrte er erst 1733 wieder in seinen Heimatkanton zurück.

Die Angaben über seine Kinder-, Schul- und Studienzeit sind dem *Curriculum vitae meae* zu entnehmen, welches Annoni als ein *Bekehrter,* wahrscheinlich in den 1730er-Jahren, nach vorhandenen Notizen verfasste.[30] Die Aufzeichnungen entsprachen dem in pietistischen Kreisen verbreiteten Bedürfnis, den religiösen Werdegang schriftlich festzuhalten. Im Lichte der Bekehrung wurde das vorangegangene Leben zumeist in düstern Farben als sündig und verworfen geschildert. Annoni beklagte insbesondere die Studienjahre als eine verlorene Zeit, in welcher er sich «mehr im Danzen, Fechten, Spielen, Musiciren und Debauchiren [ausschweifenden Leben] als in fleissiger Zubereitung zu dem wichtigen Predig-Amt» geübt habe.[31] Die

---

28 Wackernagel 1975, S. 415: Nr. 2410 «1711 17. III. stud. phil.; 1713 9.V.b.a.; 1714 16.V. stud. theol.; 1714 18.IX.m.a.; 1719 20.IV.S.M.C.»
29 Annoni unterrichtete Johann Rudolf Burckhardt, den Sohn des Spitalpflegers.
30 Nachlass B I, fol. 9r–29r.
31 Vgl. Brief von H. A. Leucht (ein Basler Studienfreund) an Annoni, Zwingen, 21.03.1721 (F II, 514): HA sei in der Jugend von besonderen Sünden verschont geblieben. «Du wirst dich aber nicht beschämen, wenn ich dein vorig freygeführtes Leben hierdurch bemerkhe. Dann die Frequentierung derjenigen Compagnien, welche vornehmlich zu dem Tanzen, Fechten, Musiciren, Trinkhen, und Communicirung der weltlichsten Liedern incliniert gewesen, haben zwahr wohl gelehrt, einen der Welt angenehmen honnet=et galant homme zu agiren, seynt aber dem wahren Christenthumb höchst ohnanständig und zumahlen dem Character deines Heyligen Officii zu wieder gewesen.»

Ursache für seine Verfehlungen sah er einerseits in der sündigen Natur des Menschen begründet und andererseits in der fehlenden väterlichen Zucht. Die schmerzliche Erfahrung, ohne väterliches Vorbild aufgewachsen zu sein, spornte später Annonis pädagogischen Eifer an.

Nach seinen eigenen Aussagen hatte Annoni das Theologiestudium eher aus Verlegenheit denn aus Überzeugung gewählt.³² Ein Theologiestudium galt damals als eine nützliche Basis für weitere Studien verschiedenster Fachrichtungen. Der Eintritt in ein seelsorgerliches Amt war nach Studienabschluss keineswegs gesichert, da es weitaus mehr Theologen als Pfarr- oder Vikarstellen gab.

Während seines Studiums litt Annoni immer wieder unter Glaubenszweifeln und religiösen *Skrupeln*, die durch die oben skizzierten religiösen Unruhen genährt wurden. In seiner Not vertraute er sich dem Basler Theologieprofessor Samuel Werenfels an.³³ Dieser erteilte ihm den Rat, fleissig in der Bibel zu lesen, Jean-Frédéric Osterwalds *Compendium theologiae christianae* zu kopieren und sich durch die Lektüre von Hermann Reinhold Paulis *Predigten* auf das Predigtamt vorzubereiten. Diese Lektüre stärkte Annonis Glauben, deutete ihm das Christenwesen seiner Zeit als *im Verfall begriffen* und machte ihm die grosse Verantwortung eines Predigers bewusst. So zügellos und und oberflächlich, wie im Nachhinein beschrieben, war die Studienzeit wohl kaum verlaufen, doch war es nicht zu dem gekommen, was Pietisten als *Durchbruch, Bekehrung, Erweckung* oder *Wiedergeburt* bezeichneten.³⁴

---

32 Lieber hätte Annoni eine militärische Laufbahn eingeschlagen. Daran hinderten ihn aber das Fussleiden und seine Armut. So hoffte er zu Beginn des Studiums, zumindest einmal als Feldprediger ausziehen zu können.
33 Zu Werenfels siehe: Barth 1936.
34 Annoni bezeichnete sich als einen *Cras-Schreier* (Morgen-Schreier), der die Bekehrung immer hinausgeschoben habe.

Theologische Ausbildung und Frömmigkeit

Wie aus dem *Curriculum vitae meae* zu schliessen ist, waren es im Wesentlichen Marie-Sophie von Planta und Samuel Werenfels, die Annonis religiöse Entwicklung beeinflussten. Beide vertraten, wenn auch mit unterschiedlichen Voraussetzungen und Möglichkeiten, eine Frömmigkeit der *praxis pietatis*. Frau von Planta nahm sich des vaterlosen jungen Mannes an.[35] Sie sprach ihm *erbaulich* zu und versorgte ihn mit Traktaten.[36] Im Hause der Frau von Planta lebte auch der aus dem Wiesental stammende ehemalige lutherische Pfarrer Matthias Pauli, der die Funktion eines Hauskaplans ausübte. Beiden blieb Annoni bis zu deren Lebensende verbunden. Wenn es Frau von Planta auch nicht gelungen war, den Studenten *in eine christliche Ord-*

---

35 Den 16-Jährigen nahm sie zur Linderung seines Fussleidens zu einer Kur ins lothringische Plombière mit, wo zur selben Zeit auch Samuel Werenfels eine Kur absolvierte. Den Studenten lud sie immer wieder in ihr Haus in der St. Johanns-Vorstadt ein.

36 Nachlass B I, fol. 19v: Diese waren aber «nicht nach meinem Geschmack, und meistens wircklich schlechtes Zeug.»

Annonis gereimter Kommentar,
Frontispiz und Titelblatt aus:
Johann Arndt: Der Kern Oder Kurtzer
Begriff Derer herrl. und geistreichen
Bücher Vom Wahren Christenthum ...
Basel 1726.

Die Summ des Evangeliums,
Der Kern des Wahren Christenthums
Ist Jesu Bild und Sinn und Leben.
Wer so, wie Jesus, glaubt und thut,
Der trifft es recht und hat es gut.
Ihm wird das Himmelreich gegeben.
Wer sich nur halb und halb bekehrt,
Und nicht, wie Jesus, lebt und lehrt,
Der fehlet sein und sitzt darneben.
Ach theure Seelen, lasst uns dan
Mit Ernst alltäglich himmelan
Aug, Ohr, Mund, Hand und Hertz erheben!

nung zu bringen, so hatte sie ihm das Beispiel tätiger Frömmigkeit gegeben und ihn davor bewahrt, in die allgemein verbreitete Verketzerung der Pietisten einzustimmen.[37]

Samuel Werenfels, ein weit über Basel hinaus angesehener Theologe, vertrat eine theologische Richtung, welche später als *vernünftige Orthodoxie* oder *Übergangstheologie* bezeichnet wurde. Gemeint ist damit der Übergang von der alten Orthodoxie zur Aufklärung einerseits und zum Pietismus andererseits. Beide Geistesströmungen wurzeln in der vernünftigen Orthodoxie, welche den Offenbarungsglauben als einen der Vernunft gemässen postulierte. Die Vertreter dieser Richtung – neben Werenfels waren dies der Neuenburger Jean-Frédéric Osterwald und der in Genf lehrende Jean Alphonse Turrettini – distanzierten sich weitgehend von dogmatischen Auseinandersetzungen und drangen auf eine Erneuerung der christlichen Lebensführung. Sie setzten sich ein für Gewissensfreiheit, für Toleranz – zumindest zwischen Reformierten und Lutheranern – und für eine

37 Nachlass B I, fol. 19v.

relative Lehrfreiheit der Geistlichen. Sie verschoben den Akzent von der Lehre und Theorie auf die Ethik, Moral und Praxis. Frömmigkeit galt ihnen mehr als Gelehrsamkeit. In dieser Haltung stimmten sie mit den hervorragenden Exponenten des Pietismus Philipp Jakob Spener und August Hermann Francke überein, welche stets dem Glauben die Priorität vor dem Wissen gaben.[38] Samuel Werenfels blieb auch in späteren Jahren für Annoni eine massgebliche Instanz.[39] Als Werenfels 1740 verstarb, ehrte Annoni ihn mit einem Gedicht, das im Anhang zur Leichenrede publiziert wurde.[40]

38 Die biblische Metapher, nach welcher ein Senfkorn oder Quäntlein Glaube hundert Säcken voll Gelehrsamkeit oder einem Zentner historischen Wissens vorzuziehen sei, gehörte zum beliebten Zitatenschatz akademisch gebildeter Pietisten.
39 Als Annoni 1726 in Gewissensnot geriet, weil er zum ersten Mal in Basel den Bürgereid leisten sollte, wandte er sich hilfesuchend an Werenfels, der ihm seine Bedenken nehmen konnte. In den späten 1730er-Jahren trafen die beiden immer wieder in den Häusern frommer Basler zusammen.
40 StA BS LA 1740 Juni 5. Die erste der sieben Strophen lautet: «Samuel, du Knecht des Herren, / Fährest Lebens=satt davon. / Und nun singet, Dir zu Ehren, / Einen düstern Trauer=Thon / Manches Hertz, so Dich geliebet, / Und das jetz dein Tod betrübet. / Ach! ein Tod der unsrer Statt / Mehr, als mancher glaubet, schadt.»

Als Hauslehrer in Schaffhausen 1719–1726

Die Familie Im Thurn

Nach überstandenen *Unpässlichkeiten*, die Annoni als *Früchte des bisherigen unordentlichen* Lebens und als Mahnung zu Busse und Umkehr deutete, reiste der 22-jährige Kandidat der Theologie im November 1719 zur Schaffhauser Familie Im Thurn. Der Vater der Familie, Junker Johann Friedrich Im Thurn, gewesener Oberst, war im April desselben Jahres verstorben. Als Hauslehrer hatte Annoni somit auch die Aufgabe eines väterlichen Erziehers für die elfjährige Tochter Agnes und den fünfjährigen Sohn Johann Georg Friedrich (im folgenden Text: Johann Georg) zu übernehmen. Seine *Patronin* war Judith Im Thurn, geborene Stockar von Neuforn. Der Junker und Gerichtsherr Georg Joachim Im Thurn, ein Bruder des verstorbenen Hausherrn, stand ihr als Stütze zur Seite. Die Familie besass in Schaffhausen das stattliche *Haus zur schwarzen Straussfeder*[41] und in der Nähe von Unterstammheim das malerisch auf einem Bergkegel gelegene Schloss Girsberg.[42] Das Schloss befand sich zwar auf Schaffhauser Bo-

41 Heute Löwengässchen Nr. 3. Vgl. Frauenfelder 1942.
42 Fietz 1938, S. 408–411.

Schloss Girsberg.
Kupferstich aus David Herrliberger:
Topographie der Eydgnossschaft,
Bd. 1. Zürich 1754.

den, gehörte aber zur Kirchgemeinde des zürcherischen Unterstammheim. Die Wintermonate ausgenommen, verbrachte die Familie die übrigen Jahreszeiten zumeist auf dem Schloss.

Als Annoni seine Stelle antrat, weilte die Familie Im Thurn noch auf Girsberg. Sie lebte dort in einfachen bürgerlichen und nicht, wie Annoni gehofft hatte, in *galanten* Verhältnissen. Der Informator wurde von allen Hausgenossen freundlich aufgenommen und im schönsten Zimmer untergebracht. Nun ging es ans *Informiern, Studieren und Einrichten einer guten conduite*, d.h. ans Erlernen angemessener Umgangsformen.[43] Viele Kenntnisse, die Annoni seinen Zöglingen beizubringen hatte, musste er sich zunächst selbst aneignen. Der gesellschaftliche Umgang mit den Verwandten der Hausherrin war Annonis *Wachstum in litteris et moribus* (Wissenschaften und guten Sitten) förderlich.

43 Dies geschah mit Hilfe der in Halle erschienenen Schrift «Handleitung zu Wohl anständigen Sitten».

Frontispiz und Titelblatt aus:
Thomas a Kempis: Sämbtliche Vier Geistreiche Bücher Von der Nachfolge Jesu Christi ... Basel 1731.

Bekehrung

Im Herbst 1720 wurde Annoni von einer schweren Krankheit ergriffen. Alles deutete auf seinen baldigen Tod hin. Da Annoni dies als Folge seines *unartigen Lebenswandels* deutete, geriet er in grosse Not wegen der zu erwartenden Höllenstrafe. Nun endlich geriet er in den immer wieder aufgeschobenen *Busskampf*, der von Glaubenszweifeln, quälenden Träumen, *hypochondrischen Bangigkeiten* und *dickem Geblüt* begleitet war. Verzweifelt bemühte sich Annoni, nach gedruckten Anleitungen sein Leben zu bessern. Er verfasste ein Sündenbekenntnis und *Tägliche Lebens- und Prüfungsregeln*, dazu die beiden Gebete *Einfältige Bitten zu Gott für mich und andere* und *Ein täglich Gebett zu meinem eigenen Gebrauch*.[44] Doch, so bekannte Annoni, sei er bei allem

---

44 Nachlass B I, fol. 49r–54v: Eine Bekendtnuss und Abbitte der Sünden; B I, fol. 46r–48v: Tägliche Lebens- und Prüfungsregeln; B I, fol. 33v–34v: Einfältige Bitten ...; B I, fol. 37v–45v: Ein täglich Gebett ...

THOMÆ à KEMPIS
Sämbtliche
Vier Geistreiche Bücher
Von der

Nachfolge
Jesu Christi,

Nebst einer
Einleitung
zu Lesung dieses Büchleins,
auch zu End eines jeden Buchs angehängten und in Reimen verfaßten
Summa jeden Capitels, mit Sprüchen
H. Schrifft, erbaulichen Anmerckungen, einem Register der vornehmsten Materien und schönen Kupffern versehen.

Alles zum besten derer, so Christen in
der That und Wahrheit zu werden Verlangen
tragen.

Von neuem aus der correcten Frantzösischen Edition des berühmten Hrn. Poirets
übersetzt.

_____

BASEL,
Bey Johann Conrad von Mechel, 1731.

gesetzlichen Verhalten nur ein Pharisäer geblieben. Schliesslich sei ihm nur das *Beichten* und *Betteln* übrig geblieben: «Ens entium miserere mei!» (Sein alles Seienden [Allmächtiger] erbarme Dich meiner!).

Die Täglichen *Lebens- und Prüfungsregeln* enthalten in zwölf Abschnitten Anweisungen, wie der Tageslauf vom Erwachen bis zur Nachtruhe einzurichten sei.[45]

Das zu seinem täglichen Gebrauch aufgesetzte Gebet ist ein mit Bibelzitaten durchsetztes Bussgebet. Es beginnt mit Danksagungen, geht über in Klagen über die eigene Verdorbenheit und schliesst mit der Bitte um Gnade und Errettung:

«Ich bin nicht nur untüchtig, träg und verdrossen zu allem Guten, sondern auch geneigt zu allem Bösen, und habe Unrecht in mich gesoffen wie Wasser. Mein ganzes Haupt ist kranck, mein ganzes Hertz ist matt, von den Fusssohlen an biss auf den Scheitel ist nichts Gesundes an mir [...]. Ach komme nun, mich in Grund verdorbenen Menschen zu erneuern und zu wiedergebähren [...]. Gib mir doch recht zu erkennen die Tiefe meines Verderbens, zusamt der Menge und Abscheulichkeit meiner Sünden, so dass ich dadurch rechtschaffen gedemühtigt, zerknirscht und mit heisser Reue nach Heil und Gnade begierig werde [...]. O verwandle doch meine ganze Natur aus einer unreinen in eine keusch und reine, aus einer ungeduldigen in eine gelassene, aus einer stolzen und zornmüthigen in eine sanft- und demühtige, damit ich also durch deine Gnade werde eine neue Creatur an Herz, Muht und Sinn.»

In seinem *Sündenbekenntnis* bekannte Annoni, gegen alle zehn Gebote verstossen zu haben. Er bezeugte, zur Erkenntnis seiner von Grund auf verderbten Natur gelangt zu sein: «[...] ich bin ein ärgerlicher Greuel-Mensch, ein vergiffteter Schlangensame, ein verfluchtes Sünden-Aas.» Er beteuerte, alles Böse zu bereuen und schrie förmlich um Barmherzigkeit und Gnade. Die Selbstanklagen sind jedoch sehr allgemein gehalten. Sie enthalten kaum konkrete Angaben.

Das *Sündenbekenntnis* sowie die anderen Texte widerspiegeln das damals verbreitete und biblisch begründete Menschenbild, nach wel-

---

45 Darin heisst es u.a.: «4. Hierauf an die von göttlicher Fürsehung uns auferlegte Berufs-Arbeit freudig gehen, solcher mit Fleis und Gedult treulich abwarten und unter derselben öfters sich mit Heiligen Seufzern und Begierden in die Höhe schwingen. Damit alles mit dem H. Gott angefangen, gemittelt und vollendet werde [...].
7. Die Angebohrne Verderbnus, Welt- und Eigenliebe, welche sich bald grob, bald subtil regen, zurückhalten, kreuzigen. Gute Triebe und Regungen hingegen aufkommen lassen und der Zucht des Heiligen Geistes Luft machen, folgen, damit derselbe sein Werck stets anfangen, fortsezen und vollenden kan [...].
11. In solcher Heiliger Beschäftigung [Gebet] sich schliesslich entkleiden, zu Bette legen und einschlafen. Nach Nohtdurft ruhen, Faulheit und Fantasien vermeiden und auf die Träume als Zeugen unserer geist- und leiblichen Beschaffenheit, acht haben.»

chem der Mensch in seiner irdischen Natur von Grund aus verdorben sei. Alles, was des Menschen Herz an das irdische Leben bindet, galt danach als *Eigenliebe* und somit als Sünde. Annonis Sündenregister entspricht in weiten Teilen dem, was heute als normaler und somit notwendiger physischer und psychischer Entwicklungsprozess angesehen wird. So spielt z.B. die Sexualität eine wichtige Rolle als Ursache mannigfacher sündhafter Gedanken, deren sich auch Annoni bezichtigte. Konkretisiert hatte sie sich im Onanieren, das Annoni als das Laster umschreibt, welches ihm seine Gesundheit geraubt habe. Die Vorstellung, dass das Onanieren selbst noch die Nachkommenschaft schädigen könne, lag in der damals noch unangefochten herrschenden Säftelehre begründet. Die Angst vor den schädlichen Folgen der *Selbstbefleckung* führte dazu, dass dieses Thema einen breiten Raum in der medizinischen, pädagogischen und frommen Traktaten-Literatur des 18. Jahrhunderts einnahm. Eindringlich warnte Annoni seine Schützlinge vor diesem Laster.

Annonis Busskampf gipfelte nicht in dem erlösenden Erlebnis der Gnadengewissheit, so wie August Hermann Francke seine Wiedergeburt im Jahre 1687 beschrieben und damit die Abfolge des Geschehens in fast dogmatischer Weise für Bekehrungswillige seiner und späterer Generationen festgehalten hatte: Erkenntnis der eigenen Verderbtheit – Reue und Busse – Gnadenerlebnis. Wer nach dieser Anleitung bekehrt worden war, konnte Tag und Stunde seiner Wiedergeburt nennen.

Alle dem Gnadenerlebnis vorausgehenden Schritte hatte Annoni zurückgelegt, doch die Wiedergeburt geschah nicht, wie in Autobiographien oder der Exempelliteratur so häufig beschrieben, als einmaliges Ereignis, sondern als ein mehrwöchiger Prozess. In der Lektüre von Osterwalds *Katechismus* und *Ganzer Pflicht des Menschen*, von Richard Baxters Schriften und Jakob Christoph Iselins *Buss-, Glaubens- und Dankpredigten* fand er Hilfe und Trost. In seiner Predigt vom 8. Dezember 1720 in der Kirche von Unterstammheim bekannte sich Annoni zu seinem abgelegten *Bekehrungs-Gelübde*.[16] Wahrscheinlich

---

46 Nachlass C 1 1. Predigt über 2. Tim. 2,19. In seiner Predigt verglich Annoni den schlimmen Zustand der Christen mit jenem unter Andersgläubigen und rief zur Umkehr auf. Der Schluss lautete: «O armseliges Christenthum, das von solchen Heyden, Türcken und Juden-Missgeburten gleichsam wimmelt! O miserables Gottes-Volck, das soviele Teufels-Kinder heget! O erschröckliche Kirchgemeinden, in denen man die Gerechte für denen Ungerechten kaum erblicken kan! [...] Ich einmal soll und will es in Gottes Namen thun [sich um die Gotteskindschaft bemühen]. Dencke, sage, mache dan die böse Welt von mir, was sie wolle. Es bleibet dabey: Ich und mein Haus wollen dem Herrn dienen. Wer nun mit mir will, der komm! Und wer Lust und Ernst hat, der seufze schliesslich 'Nun mein Gott! Ich will erwachen. Ich verlass den Sünden-Schlaf'.»

wählte sich Annoni damals den Leitspruch *Jehova auxilium meum* (Gott ist meine Hilfe). Wie sich aber zeigen sollte, verfiel auch der Bekehrte immer wieder in quälende Glaubenszweifel und Höllenängste.

Annoni als Lehrer und Erzieher

In seinem *Sündenbekenntnis* klagte Annoni, in Liestal und Basel grosse Schuld auf sich geladen zu haben, weil er damals ohne Verantwortungsbewusstsein junge Leute unterrichtet habe.[47] Nun, als Bekehr-

47 «Ich habe mich versündiget an denen vielen mir anvertrauten Disciplen [Schülern], indem ich denselben weder mit dem Leben und Exempel, noch mit Lehren und Vermahnen auff eine rechtschaffene Weiss vorgestanden bin. Vielmehr gabe ich ihnen durch meine Trägheit, Ungerechtigkeit, Unkeuschheit, Eitelkeit, Zornmüthigkeit und andere sündtliche Auffführung unzehliche Ärgernuss, verseumete also die Gelegenheiten, Erbauung zu schaffen, setzete meine Pflichten beiseits, verursachete ihnen einen unwiderbringlichen Schaden, mir aber ladete ich eine unerträgliche Last der Verantwortung wegen ihrer Verseumnis und Verderbung auff den Hals.»

Frontispiz und Titelblatt aus:
Jean-Frédéric Osterwald:
Ursprung Der Verderbniss und alles gottlosen Wesens... Bautzen 1716.

ter, wollte er seinen Pflichten in christlicher Weise nachkommen. Er setzte eine Anleitung zur religiösen Kindererziehung auf mit dem Titel *Einfaltige Gedancken wie man junge Kinder zu der Frommheit oder Gottseligkeit anführen solle.*[48] Annoni nannte vier Mittel, die zum Ziele führten: das Gebet, den Unterricht, die Bücher und das Exempel. Aus den längeren Abhandlungen seien einige Gedanken herausgezogen:

1. Zum Gebet: Es sei die Pflicht der Eltern und Informatoren, für die ihnen anvertrauten Kinder zu beten. Beim Jüngsten Gericht müssten sie Rechenschaft darüber ablegen, wie sie ihre Verantwortung wahrgenommen hätten. Kleinen Kindern solle man zunächst «einfaltige Gebättlein, Seuffzer und Hertzens-Sprüche in das Gedächtnuss trucken.»[49] Später solle man ihnen beibringen, «ihr Hertz mit eigenen Worten ausszuschütten, und nach ihrer Seelen Nothdurfft zu bitten.»

---

48 Nachlass B I, fol. 89r–94v.
49 Unter einem Seufzer verstand man ein kurzes Stossgebet.

**Ursprung
Der
Verderbniß
Und
alles gottlosen Wesens
So heutiges Tages unter den Christen
im Schwange gehet,
Vor diesem
von J. F. Osterwald,
in Frantzösischer Sprache,
beschrieben,
Anitzo aber
Zum gemeinen Besten ins Teutsche
übersetzet,
Von
M. Adam Bernd,
Pred. und Catech. in Leipzig.

Budißin,
Verlegts David Richter,
Buchhändler, 1716.**

2. Zum Unterricht: Darunter sei nicht nur die Unterweisung in Glaubenssätzen zu verstehen, sondern die Erkenntnis der Pflichten gegen Gott, den Nächsten und sich selbst. Dies geschehe im öffentlichen Gottesdienst. Da aber «wegen der heutigen grossen Verderbnuss, welche neben anderen Ständen auch die so genandten Geistlichen gewaltig mitgenommen» habe, die meisten Predigten kaum verständlich seien, müsste man sie hinterher mit den Kindern besprechen. An besonderen Tagen sollten die Kinder zusätzlich unterrichtet werden, damit ihnen der Heilige Geist eingepflanzt werde. Das *Lehren, Mahnen, Straffen* müsse jederzeit fortgeführt werden. «Da muss man nicht schonen seiner Worten, nicht sparen seine Müh, nicht allzu barmhertzig, gelind, willfahrend oder liebreich seyn, noch mit Drohen und Schlägen alsobald zufahren.»

3. Zu den Büchern: Es gelte, in den Kindern die Liebe zur Heiligen Schrift und anderen gottseligen Büchern zu wecken. Dies geschehe durch das Erzählen der biblischen Geschichten mit Hinweis auf die daraus zu ziehenden Lehren.[50] Es müssten den Kindern die Vorzüge dieser Bücher aufgezeigt werden vor den *weltlichen Historien, politischen Geschichten, lustigen Streichen, heidnischen Fabeln und eitlen Romanen*, welche einen verderblichen Einfluss auf die jungen Leute hätten. Besser sei es, ihnen solche Bücher zu geben, «welche den streitenden Lebenslauff und siegenden Ausgang frommer Christen ihnen erzehlen.» Dadurch bekämen sie einen Abscheu vor dem Laster.

4. Zum Exempel: Eltern und Lehrer müssten durch ihre Lebensführung ein gutes Beispiel geben, sonst sei alles vergeblich.

Die Anleitung schliesst mit einer Klage über die eigene mangelhafte Erziehung:

«Wan diese Mittel mit Auffrichtigkeit und möglichem Fleiss gebraucht werden, so bin ich versicheret, dass die liebe Jugend ein gantz ander Ansehen gewinnen werde, als sie nun insgemein hat. Die Aufferziehung wird solcher massen eine Pflantz-Schul des Heiligen Geistes seyn; und die Früchten davon werden sich in den zukönfftigen Zeiten herrlich offenbahren. Ach, dass solches bej mir von Anfang her wäre in Acht genommen worden! Wie viele Sünden und Greuel-Thaten würde ich weniger begangen haben? Wie würde nun mein Leib so viel gesünder und stärcker, mein Verstand so viel fertiger und meine Neigungen so viel unschuldiger seyn? Wie viel besser würde es nun umb mich innerlich und äusserlich stehen! Ich weiss, wie viel gute Triebe und Anzeigungen bej mir sich öffters eingestellt haben, welche man hätte zu meinem Heil anwenden können, wan man besser auff mich acht gegeben hätte. Ich weiss, es wäre in mir alles Böse untertruckt worden, wan man auff vorbeschriebene Weiss mit mir verfahren wäre. Dan obschon ich nicht kan sa-

---

50 Annoni ersetzte für seinen Religionsunterricht den Heidelberger Katechismus durch einen von ihm selbst zusammengestellten historischen Katechismus, der wahrscheinlich in erster Linie biblische Geschichten und weniger dogmatische Lehrsätze zum Auswendiglernen enthielt.

gen, das man mich überahl verwahrloset und niemahlen gelehrt, vermahnet und gezüchtiget habe, so kan ich doch gewüss sagen, dass das an mir Gethane nicht genug gewesen seye und dass man hätte mehr thun sollen und können.»

Mit einem *Poetischen Nota-Bene* erteilte Annoni 1723 seinem neunjährigen Schüler Ratschläge für einen Gott wohlgefälligen Tageslauf in gereimter Form.[51] Alle Ratschläge für seine beiden Zöglinge fasste Annoni 1726 in den beiden Schriften zusammen *Rath und Warnung an meinen Discipulum* und *Eine Erinnerungs-Schrifft an Meine Discipulam*.[52]

Seinen Schüler Johann Georg ermahnte Annoni, für Körper und Seele Sorge zu tragen, wobei der Seele der Vorrang gebühre. Johann Georg solle zu jeder Zeit beten, was allerdings nicht zur andachtslosen Gewohnheit, noch zum heidnischen Plapperwerk oder hochmütigen Heuchlerwesen führen dürfe. Annoni empfahl ihm folgende Lektüre: Schades *Einführung zum Wahren Christentum*, Gottfried Arnolds *Paradiesischer Lustgarten*, das Neue Testament und den Psalter, Franckes *Anleitung zur Lesung der Heiligen Schrift*, Osterwalds *Betrachtungen*, Stehelins *Catechetischen Hausschatz*.[53]

«Für deinen Leib aber als eine gleichfahls theure Gabe deines Gottes lieget dir ob zu sorgen, in so fern derselbige eine Wohnung der Seelen ist und ein Instrument, durch welches die Verherrlichung Gottes und der Menschen Heil und Nutz befördert werden kan und muss.» Zum Bereich des Leibes zählte Annoni die *civilitas* (Höflichkeit und gute Manieren). Diese seien aus der *Handleitung zu wohlanständigen Sitten*[54] und im Umgang mit guten Menschen zu erlernen und nicht aus närrischen Romanen, Helden- oder Liebesgeschichten. Zum Bereich des Leibes zählte Annoni auch Gewohnheiten, Gebärden und Sprache. Johann Georg solle die *Muttersprache* – gemeint ist die Schriftsprache – beherrschen und nicht in der bäurischen Mundart reden. Nebst der *Muttersprache* sei das Französische heutzutage unentbehrlich für junge Leute. «Nur hat ein Christ, der die Welt zwar gebrauchen, aber nicht missbrauchen soll und der in der Welt leben, aber derselben sich nicht gleichstellen muss, diese Warnung nöthig: dass er sich vor der französischen Galanterie, Hoffahrt, Wohllüstigkeit, Leichtsinnigkeit usw. hüte und überhaupt ihre Moden und Maniren und anderst annemme oder guthheisse, als in so fern selbige dem Chistenthum nicht zuwider, der gesunden Vernunfft ge-

51 Nachlass B I, fol. 68r–72v.
52 Nachlass B I, fol. 73r–80v und 81r–88v.
53 Francke 1694. Diese Schrift befindet sich nicht mehr in Annonis Bibliothek, obwohl Annoni sie sicher besessen hat.
54 Nützliche und nöthige Handleitung Zu Wohlanständigen Sitten / Wie man sich In der Conversation, auf Reisen / im Briefschreiben und Einrichtung der Geschäfte sittig / bescheiden / ordentlich und klüglich verhalten solle: Zum Gebrauch des Paedagogii Regii zu Glaucha an Halle abgefasset. Halle 1706.

mäss, und dem Leibe gesund oder commod sind.» Das Latein, die Sprache der Gelehrten, könne nicht entbehrt werden, es sei ein notwendiges Übel. Auch Hebräisch, Griechisch und Italienisch seien zu empfehlen. Die Sprachen seien das Werkzeug, sich wissenschaftliche Schätze anzueignen. Das Studium historicum übertreffe alle anderen Wissenschaften an Nutzen und Notwendigkeit. Der durch die Beschäftigung mit der Wissenschaft ermattete Leib könne sich am besten bei erbaulichen Gesprächen und bei der Lektüre von Lebens- und Reisebeschreibungen oder von Zeitschriften aus der gelehrten Welt erholen. Zur Erholung des Gemüts empfiehlt Annoni Spaziergänge oder Ausritte.

Im Hinblick auf einen späteren Aufenthalt in der Fremde folgen Warnungen vor einem sinnenfreudigen Leben. Die Gerichte Gottes über die Gewarnten würden schlimmer ausfallen als über diejenigen, welche nicht gewarnt worden seien. Wiederum wies Annoni auf seine eigene Jugendzeit als ein abschreckendes Beispiel hin: «Dan ich bin gewüss, wo ich auf gleiche Weiss wie du wäre erzogen, unterwiesen und angeführt worden, ich würde niemahlen meinen Leib mit solchen Excessen so verderbet und meine Seele so sehr beflecket haben, als es aber in Ermangelung solcher Education [Erziehung] geschehen ist.»

Nach der Rückkehr aus der Fremde solle Johann Georg seiner Mutter eine Stütze sein, dem Vorbild seines verstorbenen Vaters nacheifern und für das leibliche und geistliche Wohl seiner Dienstleute sorgen. Er solle gut sein gegen alle Armen und eifrig für alle frommen Christen unter allen Sekten und Nationen.[55] «Betrachte dieses Leben nur als eine Reise nach der Ewigkeit [...] optime vivit qui quotidie moritur» (am besten lebt, wer täglich stirbt).

Die für Agnes Im Thurn niedergeschriebenen Ratschläge sind oft detaillierter als die an ihren Bruder gerichteten. Für das Beten z.B. empfahl er ihr die von ihm selbst aufgesetzten Gebete und Seufzer und die Gebete Gottfried Arnolds. Vor allem aber solle sie aus dem Herzen beten und sich dabei vorstellen, sie würde Gott mit leiblichen Augen sehen. Herz und Worte müssten im Gebet übereinstimmen. «Zeiget euere Andacht, Demuth und Ehrerbietigkeit im Gebätt auch mit eueren äusseren Geberden, faltet bej Verrichtung desselben euere Hände zusammen, dass sie nichts anderes verrichten können, richtet die Augen gen Himmel oder schliesset sie vor frömden Bildern zu. Fallet, wan es Zeit, Ort oder Gesundheit leidet auff euere Knie und bettet mit lauter Stimme. Dan obschon ein leises Gebätt oder ein solches, welches ligend, sitzend oder stehend geschiehet zu seiner Zeit auch ein Gebätt seyn mag, so ist doch nicht zu leugnen, dass die erstere Weiss besser und Gott angenehmer seye.»

Bei den eher körperbezogenen Anweisungen ermahnte Annoni zu Schamhaftigkeit und Keuschheit. In der Kleidung sei nicht auf Pracht und Mode, sondern auf Sauberkeit und Bequemlichkeit zu achten. «Eueren Leib und dessen Glieder, Angesicht, Hände, Füsse und dergleichen haltet gleich-

---

55 Unter Sekten wurden damals die christlichen Konfessionen verstanden.

fahls rein. Doch meidet dabey die zu viele Verschwendung der Zeit, sampt allem unerlaubten Schmücken. Wer hierin zu viel thut, der verrathet sein weltgesinnetes Hertz, und in einem besudelten Leib wohnt öffters auch eine befleckte Seele. Der Mittelweg ist der beste.»

Zu meiden seien unzüchtige Reden, undeutsche oder närrische Worte, vor allem aber die «dem Weiblichen angebohrne Plauderhaftigkeit, die öffters noch mit dem Lügen und Auffschneiden begleitet ist.» Beim Sprechen sollte die Stimme weder zu leise noch zu laut sein. Die Gebärden und Körperhaltung sollten natürlich sein. «Enthaltet euch von bäurischem Johlen und Schreien, wie auch vor ungeschicktem Lachen und Springen.» Agnes solle keinen krummen Rücken machen und nicht bei jeder Gelegenheit in Tränen ausbrechen. «Alles affectirte Wesen ist närrisch und ein Zeichen, dass man an der Vernunft nicht viel Übriges habe.»

Beide Erziehungsschriften setzte Annoni auf, bevor er im Februar 1726 seinen Dienst bei der Familie Im Thurn quittierte, um in Sissach ein Vikariat anzutreten. Niemand ahnte damals, dass der Abschied nicht für immer sein und der Hauslehrer bereits im November desselben Jahres seinen Dienst in der Familie Im Thurn wieder aufnehmen würde. Auch diese Schriften sollten zur Gottseligkeit führen. Darum warnte der Autor vor allem, was Herz und Sinnen an die Welt fesseln könnte. Allerdings, um dereinst dem Vaterland dienen zu können, wurde dem Junker eine wissenschaftliche Ausbildung zugestanden. Dichtkunst und Musik liess der Autor gelten, sofern sie der Erbauung dienten. Doch alle fiktive, die Phantasie anregende Literatur, Theater, Tanz und Spiel, nicht religiös motivierte Geselligkeit, modische Kleidung, jegliche Form von Üppigkeit und sinnlichem Genuss erschien ihm als sündig. Damit vertrat Annoni die für den Pietismus bezeichnende Auffassung, dass die Adiaphora als Sünde zu gelten hätten.[56] In dieser Bewertung unterschieden sich die Wiedergeborenen von den Weltkindern.

Als Vorbild für seine Erziehungsschriften dürften Annoni vor allem pädagogische Schriften August Hermann Franckes gedient haben.[57] Franckes Ziel war es, die seinen Institutionen anvertrauten Kinder zu Christen zu erziehen, welche sich dereinst als gut ausgebildete Berufsleute zum Wohle ihrer Mitmenschen und des Gemeinwesens einsetzen könnten. Vom weitverbreiteten Elend zutiefst be-

---

56 Die Adiaphora (Mitteldinge) sind jene Handlungen, die nach der stoischen und christlichen Sittenlehre weder geboten noch verboten sind.
57 Z.B.: Kurtzer und Einfältiger Unterricht / Wie Die Kinder zur wahren Gottseligkeit / und Christlichen Klugheit anzuführen sind / ehemals Zu Behuf Christlicher Informatorum entworffen / und nun auff Begehren zum Druck gegeben ... Halle 1702.

wegt, ging es ihm nicht nur um das Seelenheil der Einzelnen, sondern auch um die Verbesserung der geistigen und materiellen Verhältnisse insgesamt.

Als ein weiteres Vorbild darf die 1716 erschienene Publikation *Ursprung der Verderbniss...* von Jean-Frédéric Osterwald gelten.[58] In ihr äusserte sich der Autor ausführlich zu Fragen der Erziehung und religiösen Unterweisung. Da sich die natürliche Bosheit und die Leidenschaften bereits in frühester Kindheit entwickelten, so mahnte Osterwald, gelte es diese frühzeitig zurückzudrängen zugunsten der Ausbildung des Verstandes, der Vernunft und christlicher Tugenden. Den grössten Wert legte Osterwald auf die Erziehung zur Vernunft, die dem Autor als vorzüglichstes Merkmal eines Christen galt. Immer wieder gebrauchte auch Annoni die Worte *Vernunft* und *vernünftig* im Sinne eines den Umständen angemessenen Verhaltens.

Die Erziehung zum Gehorsam gegen Gott und Menschen bildete für Osterwald wie auch für Francke die Basis aller erzieherischen Arbeit. Geschaffen wird sie durch das *Brechen des Eigenwillens*. Doch, so betonte Osterwald, alle erzieherischen Massnahmen, auch die Züchtigungen mit der Rute, würden ohne Liebe und glaubwürdiges Vorbild nutzlos bleiben.

Mit eindringlichen Worten warnte Osterwald, dass derjenige, der nicht in früher Kindheit zu christlichen Tugenden erzogen worden sei, mit zunehmendem Alter immer verdorbener werde. Zwar gäbe es vereinzelt auch Beispiele für eine späte Veränderung zu guten Sitten: «Gott bekehrt manchmal grosse Sünder, auch wenn sie zu Jahren kommen, durch viel Trübsal, durch Kranckheit, durch Schmertzen. Allein dergleichen Bekehrungen geschehen nicht offt [...].»[59] Meistens sei die Veränderung nur eine natürliche Folge des Alters oder eine Verlagerung auf weniger augenfällige Laster, aber keine Bekehrung des Herzens. Diese düstere, mit bereits entwicklungspsychologischen und nicht primär religiösen Argumenten untermauerte Prognose muss Annoni zu Herzen gegangen sein. Sollten Versäumnisse in der Kindheit so schwer wiegende, im Grunde

---

58 Osterwald 1716. – Eine weitere pädagogische Schrift Osterwalds aus Annonis Bibliothek ist: Osterwald, J. F.: Treu=gemeynte Warnung Vor der Unreinigkeit Darinne nicht nur aller dahin gehörigen Laster mit sich führende Schande und daraus entstehender Schade aus der Natur so wohl als aus der Heil. Schrifft vorgestellet sondern auch wie solche zu vermeiden und die edle Tugend der Keuschheit zu erlangen kräftige Mittel angewiesen werden. Hamburg 1723. Annonis Exemplar ist jedoch nicht ganz aufgeschnitten, d.h. nur teilweise, wenn überhaupt, gelesen worden.
59 Osterwald 1716, S. 533.

irreversible Folgen haben, so musste die Möglichkeit der Bekehrung, der radikalen Umkehrung, in Frage gestellt werden.

Schaffhauser Pietisten

In Schaffhausen hatte Johann Georg Hurter, Pfarrer der Kirche auf der Steig, im Jahre 1709 nach dem Vorbild Franckes eine Armenschule samt dazugehörendem Waisenhaus errichtet. Pietistische Frömmigkeit hatte mit diesem Werk in Schaffhausen unangefochten in die Tat umgesetzt werden können. Sie wurde geduldet, solange sie sich des Konventikelwesens enthielt. Doch im Frühjahr 1716 begannen Johann Georg Hurter, Salomon Peyer, Matthäus Jetzeler, Johann Kaspar Deggeller, Johann Rudolf Hurter und der Junker Johann Konrad Ziegler – sie alle waren Pfarrer oder Kandidaten der Theologie – Privatversammlungen abzuhalten. Damit zogen sie den Unmut ihrer Amtsbrüder und der Obrigkeit auf sich.[60]

Im November desselben Jahres erschien der Inspirierte Johann Adam Gruber in Schaffhausen, und die sechs Theologen folgten seinen *Aussprachen* (prophetischen Reden), in denen er das nahe Weltende und fürchterliche Gerichte Gottes auch über schweizerische Obrigkeiten und Kirchen prophezeite. Die Theologen wurden dazu aufgerufen, Grubers Inspirationen zu verurteilen und keine Konventikel mehr abzuhalten. Beides wurde verweigert. Es erfolgten Verhöre, Verwarnungen, Rechtfertigungen und Ultimaten. Der Dekan beriet sich persönlich in Zürich, Bern und Basel, denn überall drohten Ruhe und Ordnung in Kirche und Staat durch Pietisten, Separatisten und Inspirierte gestört zu werden. Im März 1717 wurden die des Pietismus und Separatismus bezichtigten sechs Theologen endgültig vom Pfarramt ausgeschlossen, weil sie das Konventikelverbot nicht anerkannten. Die nun Separierten rechtfertigten ihren Ungehorsam mit der Gewissensfreiheit.[61]

In einer anonym erschienenen Schrift mit dem Titel *Zeugnis der Wahrheit* ging der nun von einem geistlichen Amt ausgeschlossene

---

60 Zur pietistischen Bewegung in Schaffhausen siehe Steinemann 1942, S. 187–201.
61 Vgl. Species facti, betreffend den Pietismum und die Inspirationssache zu Schaffhausen. Im nahmen Jesu. UB Basel, Hss VB Mscr. C 63 Nr. 3. – Da verleumderische Gerüchte über diese Theologen und die Konventikel in Umlauf gesetzt wurden, veröffentlichten sie 1717 ein Traktat von Gisbert Voetius, «durch welche auss Gottes H. Wort, der gesunden Vernunfft, und der Übung der ersten Christen erwiesen wird, dass heilsbegieriger leuthen Zusammenk. niemahlen gefährlich, sondern vielmehr erbaulich seye». – Vgl. auch Schalch 1836, S. 63ff.

Johann Konrad Ziegler schonungslos mit den gegnerischen Pfarrern ins Gericht.[62] Er warf ihnen vor, sich nur um die Reichen zu kümmern, den Sündern mit Komplimenten falsche Hoffnungen zu machen, statt sie mit schärferer Kirchendisziplin zu strafen. Anstelle einer herzlichen Bruderliebe zu ihren Amtsbrüdern hegten sie sündliche Triebe, Neid, Herrschsucht und feindselige Parteilichkeit in ihren Herzen. Mit ihrem Lebenswandel erregten sie öffentliches Ärgernis durch Wucher, fleischliche Üppigkeit und Trunkenheit. Kostbarer Hausrat, Kleiderpracht, unnützes Geschwätz, lautes Geschrei und Gelächter verrieten ihre weltliche Gesinnung. Dem Autoren galten die kirchlichen wie die weltlichen Amtsträger als durch und durch verdorben. Eindringlich mahnte er sie zur Busse.

Als Annoni nach Schaffhausen kam, war die Atmosphäre nach all dem Vorgefallenen äusserst angespannt. Auch auf der Landschaft hatte die Zahl derer zugenommen, welche sich weigerten, den Gottesdienst zu besuchen. Überall war die Verfolgung der Unbotmässigen verschärft worden.[63] Die separierten Theologen setzten ihre Privatversammlungen dessen ungeachtet fort. Sie hatten unter angesehenen kirchentreuen Familien ihre Sympathisanten, zu denen auch Judith Im Thurn-Stockar zählte.

Johann Konrad Ziegler als Seelenführer

Von entscheidender Bedeutung für Annonis Frömmigkeit wurde die Freundschaft mit dem um fünf Jahre älteren Junker Johann Konrad Ziegler.[64] Dieser hatte in Heidelberg Theologie, Philosophie und Me-

---

62 Ziegler 1721, S. 37f.: «Aussert der Kirchen gehen sie ihren zeitlichen Geschäfften / Händeln / Gütern / Einkünfften / und Ergötzlichkeiten nach: trachten sich und die ihrigen leiblich zu versorgen und zu befördern: verwickeln sich in burgerliche / Regierungs= Ehe= und Streit=Sachen / die doch andere eben so wol verrichten könten; darum / weil es Geld und Credit einträgt; und machen sich damit sovil zuschaffen / dass die Hirten= und Seel=Sorge darüber am Nagel hangen bleibt. [...] Sie lassen die arme / blinde / elende Seelen in der Unwissenheit und Sünden=Koth stecken / in den Stricken des Welt=Geistes / der Ehr=Sucht / Geitzes / und Fleisches=Lust ligen / ja unter dem Druck mancherley Noth / Kümmernussen und Anfechtungen schmachten und sterben.» – Der Titel *Zeugnis der Wahrheit* war damals für polemische Schriften sehr beliebt.
63 Vgl. StA SH Kirche Y III (alte Signatur: Harder Nr. 108): Pietismus und Separatismus. Handschriftliche Aufzeichnungen der Ereignisse zwischen 1707 und 1777.
64 Vgl. Nachlass E II: darin u.a. 39 Briefe von Ziegler an Annoni und «Klag- und Trost-Gedicht über den zwar frühzeitigen aber gewiss seligen Hinscheid des weiland nach Geist und Leib recht edlen und in göttlichen und menschlichen Wissenschaften grundgelehrten Herrn Joh. Conradi Zieglers von Schaffhausen, welcher den 13. Februar 1731 morgens früh zu seiner Leibes und Seelen-Ruhe eingegangen. / Dem Grossen, Heiligen und Guten Gott, der aus armen Erden-Würmern solche schöne Geschöpfe machen kan, zu Lob

dizin studiert und sich danach bei den Täufern im holländischen Rijnsburg aufgehalten. Sein Haus stand allen frommen Durchreisenden, Rat- und Hilfesuchenden offen, weshalb er den Spottnamen *Wirt der Pietisten* erhielt. Dank seiner finanziellen Unabhängigkeit konnte Ziegler gleichermassen Privatstudien obliegen und praktische Nächstenliebe leisten. Über ihre Freundschaft schrieb Annoni:

> «Fürnemlich aber machte ich eine gesegnete Bekandtschafft mit Herrn oder Junker Johan Conrad Ziegler zur Gems, einem noch jungen, sehr gelehrten und gottseligen Theologo, welchen ich ehmals in dem Buchladen angetroffen und lieb gewonnen hatte. – Dieser theure Mann, der um der Pietisterey willen wider alle Billichkeit nebst andern von dem Ministerio Sancto ausgeschlossen worden und mithin in seinem Vatterland zimlich verachtet, ja bej vielen sehr verhasst war, wurde von mir (wiewohl eine geraume Zeit nicht ohne Scheu und Forcht vor den Leuten) fleissig besucht und in der ersten Visite – da ich ihme mein geist- und leibliches Anligen entdeckete und er mir das 33. Capitel Hiobs zum Trost vorgelegt – so köstlich erfunden, dass ich seiner nicht satt werden können, und mich in seine intime Freundschaft recht eingedrungen. – Er eröfnete mir auch williglich Hertz und Hauss, versahe mich mit schönen Büchern, machte mich von meinem schulfüchsischen Zeuge frey und nüchtern, und gienge mir mit geist- und leiblichem Raht und Wohl-Thun dergestalten nach, dass ich ihne als einen Vatter und Bruder respectirte und zwischen uns eine recht zärtliche Liebe gegründet wurde, wofür der erbarmende Menschen-Freund gelobet seye in Ewigkeit.»[65]

In Ziegler hatte Annoni einen Seelenführer gefunden, einen Vertrauten und Berater für alle geistlichen und leiblichen Nöte. Verehrungs- und liebevoll nannte er ihn einen *schweizerischen Timotheus* und *Bruder Jonathan*.[66] Zieglers Vorbild dürfte Annoni in zwei Punkten

und Ehre, denen hinterlassenen Verwandten und Bekandten zu stätem erbaulichem Andencken, denen Spöttern aber zu heilsamer Nachricht mit seufzendem Herzen, thränendem Auge und trauernder Feder aufgesezt und aus der Ferne mitgetheilet von einem Hinterlassenen Armen Bruder.»

65 Nachlass B I, fol. 28r–28v. – Ziegler wurde von seinen Pietistenfreunden geliebt und verehrt. Vgl. S. Lutz an Annoni, Amsoldingen, 22.04.1732 (F II, 527) und Lutz, Posaunenstimme, S. 36: «Ein anderer empfing ein helles schönes Licht, auch klaren verstand der heiligen Schrift, blieb in der Demut, führte ein englisch Leben, kämpfte redlich um ein ganz reines Herz, erwartete alle Zeit vor seinem Ende eines heissen Schmelzofens; Jesus aber fuhrte seinen hochedlen Geist süssiglich ein in die selige Ruhe seiner ewigen Herrlichkeit. Sein Name war Johann Konrad Ziegler, ein ausserordentlich hübscher Mann, eines durchaus unsträflichen Wandels, voll Weisheit und Gnade, ein beflissener Schüler des heiligen Geistes Jesu.» – Wernle bezeichnete Ziegler als «den Heiligen unter den Frommen», kritisierte allerdings dessen «Sündenwinselei und geistliche Erotik». (Wernle I 1923, S. 213). – Beispiele für die ins Geistliche transponierte Erotik enthalten u.a. Zieglers Briefe an Anna Escher-Gossweiler, von 1729–1730. (ZBZH, Handschriften Msc. S 352 Acta pietistica.)

66 Timotheus war einer der engsten Gefährten des Apostels Paulus. Jonathan war der älteste der drei Söhne Sauls. Er wurde ein ergebener Freund des David.

wesentlich beeinflusst haben: in der Furcht vor der Übernahme eines Pfarramtes und im Ideal der Ehelosigkeit.

Sicher war es diesem Seelenführer zu verdanken, dass Annoni während seiner Schaffhauser Zeit die für die religiöse Erneuerungsbewegung massgebliche Literatur kennenlernte, so u.a. die älteren Mystiker Johannes Tauler, Thomas a Kempis und Jakob Böhme, die «Klassiker» Johann Arndt, Jean de Labadie und Philipp Jakob Spener, die französische Quietistin Jeanne Marie de Guyon, deren Anhänger Pierre Poiret, die englische Propagandistin eines philadelphischen Gemeinschaftsideals Jane Leade und die Radikalpietisten Heinrich Horche, Johann Wilhelm und Johanna Eleonore Petersen und Christian Hoburg. Von prägender Wirkung waren insbesondere die radikalpietistischen Autoren Johann Henrich Reitz und Gottfried Arnold.

Johann Henrich Reitz gehörte zu den schroffen Kritikern der institutionalisierten Kirchen und war aus religiösen Gründen seines

Titelblatt und
gereimter Kommentar aus:
(Johann Konrad Ziegler): Eines Jesum liebenden Hertzens innige
Passions=Andachten ... Zürich 1730.

Hofpredigeramtes enthoben worden. Von ihm las Annoni die *Historie der Wiedergebohrnen*. Darin vereinigte der Autor Berichte über erweckte Männer und Frauen verschiedenster Epochen, Länder, Konfessionen oder religiöser Bewegungen und Standeszugehörigkeit. Die im Geiste Wiedergeborenen galten Reitz als Vertreter der wahren, Zeiten, Länder und Kulturen übergreifenden Kirche im Unterschied zu den in weltliche Händel verstrickten institutionalisierten Kirchen. Reitz' Werk erlebte, von anderen Autoren erweitert, bis zur Mitte des 18. Jahrhunderts sechs Auflagen. Insbesondere in radikalpietistischen Kreisen gehörte es zur wichtigsten Erbauungsliteratur.[67] Es begründete die im Pietismus beliebte Literaturgattung der Sammelbiographie. Lebensläufe von Menschen, die trotz aller Anfechtungen und Irrwege schliesslich zur Gottseligkeit gelangt waren, sollten Gottes unmittelbares Wirken bezeugen und als Exempel dienen.

67 Schrader 1982 und Schrader 1989.

Jesus Christ von Nazaret,
Der auf Kreuz zum Himmel geht
Und zur Rechten Gottes steht,
Ist der Christen Conterfet.
Er ruffet, Er ziehet, Er heilet die Armen.
Er will sich der Krancken und Sünder erbarmen.
Doch wan sie im Glauben und Lieben erwarmen,
Und gleichfals geduldig den Kreuzblock umarmen.
Auf dan, Ihr geworben Seelen!
Kriechet aus den Sünder-Hölen!
Bannet aus der zarten Brust
Augen-, Fleisches-, Hoffarts-Lust!
Richtet aus dem Welt-Getümmel
Aug und Herz und Fuss gen Himmel!
Lebt und sterbet Jesu gleich
Sünden-arm und tugend-reich!
Schmücket euch als Gottes Braute,
So wird sterben, kähms auch heute,
Euch zur frohen Himmelfahrt,
Die euch mit dem Höchsten paart.
Herr, durch deine Allmachts-Hände
Wirck es, mittle und vollende!

Spezialisierte Sammlungen berichteten zum Beispiel über die *letzten Stunden* und *Bekehrungen auf dem Totenbett*, über Bekehrungen von zum Tode verurteilten Missetätern oder Bekehrungen im frühen Kindesalter.

Der lutherische Kirchenhistoriker Gottfried Arnold hatte seinen Lehrstuhl an der Universität Giessen nach kurzer Zeit aufgegeben aus Abscheu vor dem eitlen Getriebe. In grosser Gelehrsamkeit beschrieb er die Geschichte des frühen Christentums und deutete diese als Geschichte der wahren Kirche Christi, deren Verfall mit der Erhebung des Christentums zur Staatsreligion durch Kaiser Konstantin begonnen habe. In seiner *Unpartheiischen Kirchen- und Ketzerhistorie* prangerte er die institutionalisierte Kirche mit ihren gesetzlichen Werken und äusserlichen Zeremonien als die eigentliche Verfolgerin vieler Gottseliger an. Wie Christus und seine Jünger müsse die kleine Schar der wahren Christen unter dem Kreuz der Kirche leiden. Arnold glaubte nicht daran, dass die Kirche durch eine weitere Reformation gerettet werden könne. Er erwartete ihre baldige Zerstörung und Wiedererrichtung durch Christus und vollzog den *Auszug aus Babel*. Wie andere Chiliasten seiner Zeit erwartete Arnold die eschatologische Wende im Jahr 1700. Für viele Zeitgenossen und spätere Interpreten seines umfangreichen literarischen Werkes blieb es unverständlich, dass sich der *Babelstürmer* nach dem Ausbleiben der Wende verheiratete und in den Pfarrdienst trat.[68] Das weitere Leben des nach wie vor kirchenkritischen Arnold war durch vielfache Anfeindungen und Abweisungen, unermüdliche Arbeit und mancherlei Schicksalsschläge gekennzeichnet. Arnold starb 1714, kurz nachdem die Werber des preussischen Königs Friedrich Wilhelms I. seine Konfirmanden während des Pfingstgottesdienstes vom Abendmahlstisch zu den preussischen Fahnen gerissen hatten.

Gottfried Arnolds Wirkung als Kirchenhistoriker und -kritiker, als Vermittler mystisch-spiritualistischer Traditionen aus dem gesamten europäischen Bereich, als Dichter tief empfundener Kirchenlieder und als unerschütterlicher Glaubenszeuge war bereits zu seinen Lebzeiten weitreichend.[69] Auch wenn dies bisher nur vereinzelt nachgewiesen ist, so dürften Arnolds Schriften einen wesentlichen

---

68 Vgl. Büchsel 1970, S. 195ff. Büchsel stellt jedoch Arnolds Heirat und Übernahme eines Kirchenamtes als konsequente Folge seiner religiösen Entwicklung dar.
69 So fand er bereits zwei Jahre nach seinem Tod Aufnahme in: Johann Henrich Reitz: Historie der Wiedergebohrnen. IV. Theil. Idstein 1716, S. 259–276. – Zu Gottfried Arnold siehe Blaufuss 1995.

Beitrag dazu geleistet haben, radikalpietistisches Gedankengut in der Schweiz zu verbreiten.[70] Annoni empfahl seinen Zöglingen Arnolds 1709 erstmals erschienenes Gebetbuch *Paradiesischer Lustgarten*. Wie sehr er dieses schätzte, zeigt sich auch daran, dass er es 1745 in Basel erneut im Druck erscheinen liess.[71] In Annonis Bibliothek ist Arnold mit 26 weiteren Titeln vertreten, u.a. mit der *Unpartheiischen Kirchen- und Ketzerhistorie*.

Annoni wird des Separatismus verdächtigt

Bis zu seinem Fortgang 1726 predigte Annoni des öfteren in Schaffhausen, Unterstammheim, Burg und Diessenhofen.[72] Nach seiner Rückkehr von Sissach geschah dies nur noch sporadisch. Wiewohl Annoni ein Befürworter *scharfer Predigten* war, in welchen den nicht bekehrten Gottesdienstbesuchern die Höllenstrafe angedroht wurde, scheint er mit seinen Predigten kein Ärgernis erregt zu haben, wie dies bei anderen Drohpredigern häufig der Fall war. Was ihn jedoch suspekt machte, war sein freundschaftlicher Verkehr mit Personen, die sich entweder von der Kirche separiert hatten oder separatistischer Neigungen verdächtigt wurden.

Anfang 1724 warnte der Zürcher Professor Heinrich Nüscheler seinen Verwandten Joachim Im Thurn, dass die Zürcher Examinatoren Annoni wegen seines Umgangs mit dem jungen Vikar Hans Kaspar von Schännis auf Burg verdächtigten «[...] als wan sich Principia des Separatismi, Verachtung des offentlichen Gottesdienstes etc. bej ihme verspühren liessen; desswegen nöthig sey auff der Huth zu stehen, damit er solche nicht auch andern bejbringe.»[73] Nüscheler

---

70 Marti Hanspeter: Gottfried Arnolds Wirken in der Schweiz. Ms 1998.
71 Herrn Gottfried Arnolds Paradiesischer Lust=Garten, Erfüllet mit Andächtigen Gebetern Fur alle Zeiten, Personen, Lebens=Arten und Umstände, etc. Wobey zugleich Der Evangelische Herzens=Wecker, und verschiedene Erbauliche Gesänge. Basel 1745. Dass Annoni diese Ausgabe veranlasst hatte, geht aus mehreren Briefen um 1745 hervor. – Das Exemplar aus Annonis Bibliothek enthält folgendes Gedicht auf dem Vorsatzblatt:
«Wer will gesegnet seyn, der lerne gläubig beten. / Wer selbst nicht schwimmen kan, wie will er andre retten? / Den Herzens-Wecker trücke o Mensch! ins Herz hinein. / Ein Schnarchender kan ja nicht Hirt noch Wächter seyn. / Mensch! die Beschneidung muss geschehen, Wer will ins Paradis eingehen. / Christ! Wilst du dich nicht selbs beschneiden, / du must's von einem andern leiden.»
72 Verzeichnisse geben Aufschluss darüber, wann, wo und über welchen Bibeltext Annoni in den Jahren 1719–1760 gepredigt hat. (Nachlass C I 1–3.)
73 Auszug eines Schreibens von Nüscheler an Georg Joachim Im Thurn, 19.01.1724 (F II, 632; Abschrift von Annoni).

wollte Annoni vor einem solch traurigen Schicksal bewahren, wie es der Separatist Jakob Rathgeb in jüngster Zeit erlitten hatte.[74]

In einem ausführlichen Schreiben nahm Annoni Stellung zu den gegen ihn erhobenen Verdächtigungen, als dessen Urheber er den Stammheimer Pfarrer Ziegler vermutete.[75] Den Vorwurf, dass er den Gottesdienst meide, konnte er glaubhaft mit dem Hinweis darauf entkräften, dass er nicht nur als Zuhörer, sondern auch als Prediger an verschiedenen Orten – aber eben nicht nur in Stammheim – anzutreffen sei. Auch den Vorwurf, separatistische Prinzipien zu vertreten, wies er zurück:

> «Ich habe von dieser Materie noch wenig gelesen, meditirt oder mit andern raisonnirt. Das einige, so ich gethan, ist dieses, dass ich blinde Splitter=Richter, Mucken=Säuger und Camel-Verschlucker, bej Anlass des Urtheilens über basslerische und schaffhauserische Pietisten und Separatisten, gesucht habe zu besänftigen und zu zeigen, dass die Sache eben nicht so schlimm seye, als man sie insgemein zu machen oder anzusehen pflege, und dass ihre Gründe und Conduite sich noch wohl hören und excusiren lassen. Meine einfaltige Meinung von dieser Sach ist ungeheuchelt diese: Erstlich ist bej mir aussgemacht, dass das wahre Christenthum hauptsächlich ja einig und allein bestehe in der Ausszieheung des alten und Anziehung des neuen Menschen; oder dass nach Gal. 6. in Christo Jesu nichts gelte als [nur] eine neue Creatur. Demnach sehe ich neben andern Stücken auch die offentlichen gottesdienstlichen Übungen – wo sie nämlich nicht als ein opus operatum gebraucht, sondern nach dem Sinn und Willen Gottes verrichtet werden – an als ein Mittel, durch deren Gebrauch man diese neue Creatur erlangen und in derselben je länger je mehr zunemmen kan. Worauss dan endlich von selbsten erfolgt, dass ich deren rechtschaffenen Gebrauch für nutzlich und nöthig, die eigensinnige und hochmüthige Verwerffung desselben aber für schädlich und unerlaubt halte.»

Allerdings gestand Annoni in seinem Schreiben frommen Leuten das Meiden eines Gottesdienstes zu, im Fall dass Prediger und Zuhörer sich ärgerlich aufführten, die Predigten mager und die Kirchendisziplin schlecht seien. Solche Leute könne er weder als stolze Heilige noch als unleidige Ketzer verurteilen. Es sei doch zweierlei, ob man ein Separatist sei oder ob man Separatisten nicht als Ketzer verurteilen wolle.

Im Juni 1724 erschien der Dekan von Laufen in Begleitung des

---

74 Dieser hatte wegen seiner unbeugsamen Haltung schliesslich Familie und alles Hab und Gut verloren. Der Fall des Rietmüllers Ratgeb beschäftigte die Gemüter in weiten Teilen der Schweiz. Vgl. Hanimann 1990, S. 83–99.
75 Annoni an Nüscheler, 26.01.1724 (F I, 1; Abschrift von Annoni).

Stammheimer Pfarrers auf Schloss Girsberg zur Visitation. Vikar von Schännis, der bereits einige Wochen zuvor verhört worden war und dem der weitere Umgang mit Annoni und anderen Pietisten verboten worden war, hatte seinem Freund zur Vorbereitung auf das zu Erwartende ausführlich darüber berichtet.[76] Auch Professor Nüscheler hatte Annoni nochmals zur Vorsicht gewarnt.[77] Nach dem Verhör berichtete ihm Annoni ausführlich über dessen Verlauf.[78] Die Fragen des Dekans hatten im Wesentlichen seinem Umgang mit den Pietisten in Schaffhausen, Stein und Diessenhofen, dem Austeilen gefährlicher Schriften und dem häufigen Zusammenkommen mit Vikar von Schännis gegolten.

Annoni hatte geantwortet, dass er zwischen Pietisten und Phantasten unterscheide und der Führung und Stärkung durch fromme Leute bedürfe. Seine Gespräche in Schaffhausen gingen die Zürcher nichts an. In Diessenhofen besuche er ausser den beiden Pfarrern auch den Chirurgen Johann Rudolf Hanhart. Mit diesem rede er dann aber lieber über geistliche als über weltliche Dinge. Bisher habe er nur eine Schrift des in Zürich geschätzten Orthodoxen Lampe und eine Schrift Anton Wilhelm Böhmes, Hofprediger des dänischen Prinzen Georg, verschenkt. Man solle ihm die Gefährlichkeit dieser Bücher beweisen. Gerne würde er mehr Bücher verschenken, wenn er wüsste, wer welche geistliche Nahrung nötig habe. Am heftigsten reagierte Annoni auf den zuletzt genannten Vorwurf, zu welchem er äusserte: «Doch geschehe solches unser Zusammenkommen [mit von Schännis] weder allzu offt, noch auff eine ärgerliche Weiss, werde auch von niemand anders übel ausgelegt, als von solchen Leuthen, die einen Verdruss daran haben, wan man sich nicht gleich ihnen in allen Lüsten weltzet.» Sie seien sich häufig entgegen gegangen und hätten dann im Schatten eines Baumes miteinander geredet. Doch wollten sie diese Promenaden inskünftig unterlassen, da sie ihnen wegen Unbequemlichkeiten verleidet seien.

Die Antworten Annonis wurden nach Zürich weitergeleitet. Alle Visitierten wurden als unschuldig erkannt. In seinen Aufzeichnungen notierte Annoni das Ereignis nur mit wenigen Sätzen, wiewohl

76 Von Schännis an Annoni, 04.1724 (F II, 741).
77 Nüscheler an Georg Joachim Im Thurn, 08.06.1724 (F II, 635; auszugsweise Abschrift von Annoni): Er habe sich um Annoni wohl mehr Sorgen gemacht als dieser um sich selbst. Er rät Annoni, vorsichtig zu sein «und allen Schein des Bösen zu meiden, damit – wan ihm schon an Promotionen, Ehr etc. nichts gelegen ist – die Kirch seinen nutzlichen Diensten nicht durch seine eigene Schuld beraubet, und fromme Leuth geärgert und betrübet werden».
78 Annoni an Nüscheler, o.D. (F II, 634; Abschrift von Annoni).

es von weit reichender Bedeutung war, denn von nun an gehörte er zu den *Verhörten*, was bei den Erweckten als ein Ausweis mutigen Bekennertums galt.

Im *Schmelzofen* der Krankheit

Wie bei so vielen Bekehrten, war es auch bei Annoni eine schwere Krankheit gewesen, welche den Busskampf ausgelöst und zur Wiedergeburt verholfen hatte. Häufige Schmerzen und Krankheiten sollten weiterhin Annonis Leben begleiten. In den Aufzeichnungen ist zumeist von schmerzhaften *Unpässlichkeiten* die Rede, zuweilen von Hämorrhoiden, beziehungsweise dem *Gulden Ader Affect*[79], von *Fieber, Koliken oder Krämpfen*. Es dürfte sich demnach vor allem um Beschwerden im Magen-Darm-Bereich gehandelt haben. Die konsultierten Ärzte waren Johann Heinrich Keller in Schaffhausen und der Chirurg Johann Rudolf Hanhart in Diessenhofen. Sie rieten dem Patienten nicht nur zum Schröpfen oder Aderlass, zu abführenden Kräuterbrühen oder Wasser-Trinkkuren, sondern führten auch geistliche Gespräche mit ihm. Denn alle stimmten darin überein, dass Krankheit eine Botschaft Gottes und Christus der wahre Arzt sei. Dass Annoni seine Unpässlichkeiten gewissenhaft notierte, hatte eben auch darin seinen Grund, dass sie als göttliche Botschaften verstanden wurden.

Der von Schmerzen Geplagte geriet zumeist in seelische Nöte, verursacht durch die Ungewissheit darüber, wie die Botschaft zu deuten sei. Einerseits galt ihm das Leiden als Folge seiner Jugendsünden und somit als selbstverschuldet. Auch nach allgemeiner Auffassung strafte Gott die Sünden der Menschen mit Krankheit und Leiden.[80] Doch gerade hier lag die Unsicherheit. Waren sie als göttliche Zuchtrute zu interpretieren, so hätten Häufigkeit und Schwere von Krankheiten als Gradmesser für vorangegangene Sünden dienen können. Dieser einfachen Korrelation widersprachen aber sowohl biblische Geschichten als auch die Geschichte der *wahren Kirche Christi*. Mit wieviel Krankheit, Not und Elend hatte Gott nicht die Treue seiner Auserwählten geprüft, und Christus hatte aus Liebe zu den

---

79 Nach der Säftelehre wurde den Blutungen in Analogie zur Menstruation eine positive Wirkung zugeschrieben.
80 In den Personalia, welche zusammen mit den Leichenreden im Druck erschienen, hiess es stereotyp: Der oder die Verstorbene sei nicht frei von Sünden gewesen, wie sich unschwer an den Krankheiten oder selbst an den Altersgebrechen habe erkennen lassen. Tod (und Krankheit) galten nach Römer 6,23 als der Sünde Sold.

Sündern alles Leiden auf sich genommen. Krankheiten, Schmerzen und Nöte konnten somit auch als ein besonderer Gnadenerweis des barmherzigen Vaters gelten.[81] Pietisten gebrauchten daher für Krankheiten oder für das Sterbebett mit Vorliebe die biblische Metapher des *Schmelzofens*.[82] Das peinigende Feuer konnte als Strafe und Gnade zugleich gelten, reinigte es doch den Sünder von allen Schlacken zu purem Edelmetall. Doch stellte sich nun für manchen Bekehrten die Frage, ob Krankheit und Schmerzen dankbar anzunehmen seien oder auf irgendeine Weise gelindert werden dürften.[83] Das Dilemma akzentuierte sich für einen akademisch gebildeten Pietisten jener Zeit in besonderem Masse, da einerseits das Interesse an der wissenschaftlichen Medizin und deren Heilmethoden zum standesgemässen Habitus gehörte und andererseits durch quietistisch-mystisch inspirierte Literatur das gelassene, widerstandslose Ertragen aller Leiden als selig machend gepriesen wurde. Pietistische Ärzte und Pa-

---

81 Eine für Pietisten bezeichnende Deutung von Krankheit enthält der Brief von Martin Jakob Stöcklin an Annoni, Sissach, September 1726 (F II, 862): «Dessen liebes Briefflein habe gestern Abend wohl empfangen darauss mit Freuden ersehen, das es sich mit seinem Zustand täglich besser anlasst. Freylich des Herrn Hand verwundt, sie heylet aber auch wider. Das was Gott dan und wan heimsucht, ist seine züchtigende Gnaden Hand, welches er nur seinen Kindern thut. Sonsten weren wir Bastarte und keine Kinder, bisweilen muss es Gott thun, weihlen ers nötig findt, es ligt villeicht noch ein verborgener Bahn [Bann] in uns, der noch muss aufgedecket werden, damit wir sehen, wo es uns noch fehlet. Es scheint, es erzeige sich noch eine zimbliche Angst und Forcht bey dem lieben Freund. Weilen er in seinem lieben Briefflein meldet, er sehe vor, das er so bald nicht zur völligen Erholung kommen dörfte. Dieses ist dem lieben Gott bekannt. Wir sind in Gottes Hand, wo wir sind. Er hat schon beschlossen, wie ers mit dem lieben Freund machen wolle. Verzagen wir nur nicht in Trübsal und ängstigen uns selber nicht. Die Trübsalen sind nur ein verzehrend Feuwer, sie reinigen uns nur von übrigen Schlacken, löschen alles Unreine auss und vertreiben alles, was noch hinderstellig in uns ist und nemmen alle Verdorbenheit hinweg. Ach klagen wir doch nicht zu viel über unsre Leydenschafften, fragen wir zuerst, wo unsre Geduld bleibe. Wir sind ja selber an allem schuldig, und unser Jesus hat doch die Schuld getragen, der Herr ist ja alle Zeit nahe. Die da leyden und geängstiget werden, die Nidrigen im Geist wird er selig machen. Es ist gewiss, dass wir durch vieles Leyden und mancherley Versuchungen müssen geprüffet werden, damit es sich zeyge, was wir seyen. Wir wachsen an der Frömmigkeit, wan wir die Widerwärtigkeiten erdulden. Der liebe Freund ist von Gott zum Lehr- und Predigamt beruffen. Gott hat ihme die nötigen und guten Gaaben dazu verliechen, darin er durch Gottes Gnad Nuzen schaffen wird, hat es Gott beliebt, ihne eine Zeit lang aussbleiben zu lassen. So hat es villeicht seine Ursachen gehabt. Er wird schon widerumb Leibes und Geistes Krafft bescheren, künfftigs mit fröhlichem Gemüth sein Werck aussführen, nur frisch gewagt ist halb gewonnen.»
82 Schmelzofen oder Schmelztiegel u.a.: Sprüche 17,3 «Wie der Schmelztiegel das Silber und der Ofen das Gold, so prüft der Herr die Herzen».
83 Vgl. M. J. Stöcklin an Annoni, Sissach, 09.02.1727 (F II, 865): Seine kranke Tochter möchte keine äusserlichen Mittel mehr anwenden, sondern sich ganz dem himmlischen Arzt überlassen und sich als ein armes leidendes Würmlein vor Gottes Thron legen. – Vgl. auch B. Holzhalb an Annoni, 25.06.1724 (F II, 296): Annonis Unpässlichkeit sei ein Rutenstreich Gottes. «Wer am Fleisch leidet, hört auf zu sündigen. [...] Lasse dich nur, mein Bruder als ein gutes Schaaff binden und auf den Opfer-Altar legen.»

tienten entschärften das Dilemma, indem sie alle medizinisch begründeten Handlungen, sowie deren Erfolg oder Misserfolg Gottes Willen anheimstellten. Auf jeden Fall wurde die Krankheit als Chance betrachtet, sich aus den irdischen Verstrickungen zu lösen und eine ernsthafte Wende herbeizuführen.[84] In diesem Sinne konnten die Schmerzen auch als *Geburtsschmerzen* gelten, welche die Wiedergeburt im Geiste, die Erschaffung der *neuen Creatur* notwendigerweise begleiteten.[85]

Zu Beginn des Jahres 1721 litt Annoni unter *unpässlichem Leib, geängstigtem Gemüt* und *Lungensucht*.[86] Wenige Monate später führte eine Kur mit Kräuterbrühen und Ansetzen von Blutegeln zu solch starkem *Blutfluss*, dass er *Gesichtsfarbe, Appetit und Kraft* verlor. «Der grosse Liebhaber des Lebens aber erlösete mich auch aus dieser Todes=Gefahr.» Im Sommer desselben Jahres und im Jahr darauf reiste Annoni mit Mutter und Tochter Im Thurn zu einer mehrwöchigen Wasser-Trinkkur nach Bad Pfäfers. Im Mai 1724 – es war die Zeit der Verhöre – wurde Annoni vom *Tertian-Fieber* ergriffen.[87] Nach erfolgter Befragung im Juni erkrankte er wiederum. Mehrere Wochen verbrachte er daraufhin im Haus des Johann Konrad Ziegler, der ihn wieder gesund pflegte. In der Folge verging kaum ein Jahr ohne mehr oder minder schwere Krankenlager.

Den Wechsel vom Landleben auf Girsberg zum Stadtleben in Schaffhausen schilderte Annoni jeweils als eine Veränderung, die seinem geistlichen Zustand abträglich gewesen sei. Das Stadtleben charakterisierte er, einem gängigen Topos folgend, als hektisch und zerstreuend im Gegensatz zum ruhigen und unschuldigen Landleben. Tatsächlich dürfte Judith Im Thurn für sich und ihr Haus alle unnötige Geselligkeit gemieden haben. Gerade in Schaffhausen hatte Annoni mannigfache Möglichkeit zu erbaulichen Gesprächen.

84 Z.B.: Als Annoni im August 1725 von einer Reise nach Basel zum Schloss Girsberg zurückkehrte, befand er sich «dem Leibe nach wohl, der Seelen nach aber zerstreuet und übel [...] biss endlich eine zu End des Octobers mich überfallene langwierige und dann und wann schmerzhafte Unpässlichkeit, mich wieder ein wenig aufweckte und zu Bereuung voriger Untreu, auch Versprechung künftiger Redlichkeit anspornte».
85 So verglich Tobias Eisler, Verfasser zahlreicher Traktate zur Unterrichtung der Jugend, die geistliche Geburt Christi im Menschen in allen Einzelheiten mit der physischen Empfängnis und Geburt. Die das Herz beängstigenden Wehen und Schmerzen «die allein sind ein zeichen der wahren empfängniss des saamens Gottes und der herzu nahenden Geburt; ja diese schmerzen befördern die wahre Geburt: denn dadurch wird der alte mensch je mehr und mehr getödtet und der neue je inniger in uns». (Eisler o.J., S. 21f.)
86 Matthias Pauli an Annoni, 07.02.1721(F II, 668): Pauli tröstet Annoni, dass die Schmerzen notwendig zur Busse gehörten. Dennoch empfielt er ihm Kampfer gegen die Lungensucht und eine Eselsmilch-Kur zur Versüssung des Geblüts.
87 Tertian-Fieber: ein ungefähr drei Tage andauerndes Fieber.

Religiöse Unruhen in Basel

Am 1. Januar 1726 verstarb ganz unerwartet Junker Georg Joachim Im Thurn, welcher Annoni ein *teurer Gönner und Patron* gewesen war. Von dem Zeitpunkt an plante Annoni, seine berufliche Stellung zu verändern, wozu ihn seine Familie auch drängte und ihm gute Freunde rieten. In Sissach wurde ihm eine Vikarstelle angeboten beim Dekan Johann Rudolf Frey-Burckhardt, dessen Frau Anna Maria eine Verwandte von Annonis Mutter war.[88] Als seinen Nachfolger konnte Annoni den jungen Emanuel Wolleb vermitteln, Sohn des Pfarrers in Tenniken. Nach *tränenreichem* Abschied in Girsberg, Andelfingen, Stein, Diessenhofen, Burg und Schaffhausen trat Annoni am 24. März 1726 die Heimreise an. Während seiner gut fünfjährigen Schaffhauser Zeit hatte er viele Menschen kennengelernt, die seine Religiosität entscheidend geprägt hatten. Er hatte neue, weltläufigere Lebensweisen kennengelernt und nicht zuletzt einen Lohn von insgesamt 380 Pfund erhalten.

Während jener Jahre seiner Abwesenheit war es in der Stadt und auf der Landschaft Basel wegen religiöser Dissidenten zu grossen Unruhen gekommen.[89] Im März 1720 war Johann Friedrich Rock, ein Exponent der umherziehenden Inspirierten aus Deutschland, in Basel aufgetreten und hatte seine für die geistliche und weltliche Obrigkeit wenig schmeichelhafte *Aussprache* dem Antistes, dem Vorsteher der Basler Kirche, zukommen lassen.[90] Von der Landschaft waren erneut beunruhigende Berichte über unbotmässige Untertanen eingetroffen. Der Konvent hatte die Pfarrer aufgefordert, kontrollierende Hausbesuche zu machen. Im Herbst 1720 und in den beiden folgenden Jahren war Samuel Lutz, damals Pfarrer in Yverdon, aufgetaucht, von dem zu Recht vermutet wurde, dass er seine Zuhörer im pietistischen Sinn beeinflusse.

Im August 1721 rief die Religionskammer die Landpfarrer dazu auf, über die des Pietismus oder Separatismus verdächtigen Personen Auskunft zu erteilen. Vergleichbare Angaben wurden in der Stadt er-

---

88 Zu Frey siehe: StA BS LA 1738 Oktober 2. Der gedruckten Leichenpredigt ist ein Gedicht von Annoni hinzugefügt.
89 Eine detaillierte Darstellung der religiösen Unruhen in Basel im 18. Jahrhundert bietet Thurneysen 1895 (bis ca. 1725) und Thurneysen 1896 (die Jahrzehnte nach 1725).
90 Die Aussprachen der Inspirierten wurden jeweils mitgeschrieben. Die von Rock dem Antistes zugedachte Schrift trug den Titel Auszug *aus Babel* und nahm damit die in Basel beliebte Wortspielerei, Basel mit Babel (der in Finsternis und Sünde verstrickten Kirche) gleichzusetzen, auf.

hoben. Aus zahlreichen Gemeinden wurden Namen von Leuten genannt, die entweder die Teilnahme am Abendmahl, den Gottesdienstbesuch, die Taufe ihrer Kinder, den jährlichen Treueid oder das sonntägliche Exerzieren verweigerten. Es wurde auch von Privatversammlungen berichtet. Manche Pfarrer gaben in ihrer Antwort zu verstehen, dass ihnen nicht der Pietismus Sorgen bereite, sondern vielmehr der sich ausbreitende Atheismus. Die Berichte und anschliessenden Verhöre ergaben, dass die Beschuldigten zu Stadt und Land durch herumziehende fremde Personen beeinflusst waren und auf vielfache Art miteinander in Verbindung standen.

Gerichte und andere Gremien des Rats sowie geistliche Gremien, wie der Konvent und die Religionskammer, hatten sich ab 1721 ständig mit Anzeigen, Umfragen, Erlassen, Gutachten und Verhören zu befassen. Am meisten Anlass zu reden und zu schreiben gaben die Untertanen auf der Landschaft. Etliche der Unbotmässigen wurden schliesslich, wenn alles Bereden und Gefangensetzen sie nicht von ihrer Haltung abbringen konnte, des Landes verwiesen. Für die Betroffenen und deren zurückgelassene Familien bedeutete dies jeweils ein grosses Unglück. Auch in der Stadt gab es einen harten Kern von Personen, deren Namen immer wieder aktenkundig wurde. Zu diesem gehörten auch angesehene Leute, wie z.B. die Kaufleute Lukas Fattet-Hagenbach und Hans Franz Sarasin-Fattet, der Seiler Jakob Dietsch, der Handschuhmacher Remigius Faesch, die wohlhabende Witwe Gertrud Thierry-Hugo, welche zu Stadt und Land Schriften austeilte, die Witwe Susanna Fattet-Hugo, die Witwe Judith Felber-Brenner, sowie Marie-Sophie von Planta, die sich zwar unauffällig verhielt, doch den als Irrlehrer zunächst aus dem Markgräflerland und dann auch aus Basel ausgewiesenen Matthias Pauli protegierte. Als letzterer nach seiner illegalen Rückkehr im Juni 1722 wiederum der Stadt verwiesen worden war, zog Marie-Sophie von Planta mit ihm auf ihren Familiensitz in Massmünster. Auch wenn zu Stadt und Land kaum mehr als 70 Dissidenten namhaft gemacht wurden, so verursachte diese zahlenmässige Minderheit doch eine erhebliche Unruhe und Unsicherheit in allen Bevölkerungskreisen.[91]

---

91 Vgl. Bachofen, Mscr. Falk 65, S. 277ff. Der Hutmacher Daniel Bachofen schilderte in einer Chronik unter dem Jahr 1723 die Ereignisse. Seine Ausführungen sind insofern besonders aufschlussreich, als sie nicht von einem ausgesprochenen Parteigänger stammen: «Die sogenandten Pietisten oder Separatisten. In diesem Jahr wurden diejenigen Leuth zu Statt und Land, die sich schon bey etliche Jahren her mit ihrer Lehr haimlich hielten und sich dermassen zusammen rottierten nicht nur bey Tag sondern auch bey Nacht, wie auss

Nachfolgendem zu ersehen. Weilen diese Leuth ihrem Äusserlichen Thun und Leben nach frömmer als andere Leuth sein wolten, so wurden sie inn gemein Pietisten genändt, welche aber besser Separadisten genändt mögen werden. Weilen sie dermassen überhand genommen und man schier endlich nicht wusste, was man glauben solt, als wurden solche Leuth inn Verhafft gezogen wegen ihrem Leben und Lehr zu Red gestellt, das allso Geistlich und Weltlich vil damit zu schaffen haben, massen sie ihr Lehr und Leben genugsam auss Heiliger Schrifft defendieren wollen. Dann sie mainen gar recht zu haben und wollen weder zur Rechten noch zur Lincken weichen. [...] Sie halten die Leuth vom Arbeiten ab, wann einer nichts hat und er sich zu ihnen haltet, so gaben sie ihme, sitzen von morgens biss inn die Nacht auf den Büchern mit Läsen, Schreiben, Dispudieren und Singen. Sie kommen auf solche Weiss täglich zusammen inn ihren Häusern. Wann sie zusammen kommen seind, küssten sie einander, Knaben und Jungfrauen, Alt und Jung, ohne Scheu, sagende es seye der Liebes Kuss, löschten bey der Nacht die Liechter aus und dispudierten gantz fünster bey einander. Sagen, solches geschähe, um die bösen Gedancken zu verhieten. Weilen sie aber meistentheils vorhin faule Huorren und Buben gewessen, so hat mann schliessen können, das es mehr um die Gedancken ins Werck zusetzen, als solches zu verhieten. Es ist so weit kommen, dass sich das faulste Gesind, die nicht arbeiten wolten, zu ihnen gehalten und Fressen und Sauffen nach zogen. Wie dann deren etliche hier bey ihnen gewessen und sie inn ihrer Lehr und Leben angeführt als namlich Samuel Lutz, gewessener Pfarrer zu Iverdon. Er aber mehrentheils hin und widerzogen und sich das Volck mit seiner Lehr an ihne gezogen, bey welchen er inn ihren Häussern gelehrt und gepredigt hatte, haben ihme mit Essen und Trincken auch mit Gelt vil Gutes gethan. Nach deme er gesehen, das er von Geistlich und Weltlich übel angesehen, so hat er sich davon gemacht. Darüber ein Holländischer Sectierer alhero kommen, welcher sich zu ihnen geschlagen [und] diese Leuth dergestalten mit ihrer Lehr eyngenommen, das vil davon, welche nicht so gar wohl inn Heiliger Schrifft fundiert, endlich zu Narren worden. Noch zu diesem ist kommen ein anderer namens Isenbläser, welcher sich auch als ein Gestudierter zu ihnen geschlagen. Dise waren Fressen und Sauffen dermassen nachgezogen, dass so lang bey mehr als einem halben Jahr sie sein inn Kleidung, Speiss und Tranck nicht allein zufrieden, wo die Gelter nicht dabey wären. Auch da ich ihme vorgehalten, man sage, er und sein Camerad seye ein Pietist, nur den schönen Weibern und Magtlein oder Jungfrauen zu gefallen. Massen diese dem schönen Weiber Volck stätig nach zogen. Endlich, als die Sach wie unden gemeldet so eyngerissen, so wurd ihnen zur Statt auss für Lebens lang gebotten. Es gibt under diesen [einige Leute], welche wegen obigem Lehr und Leben nicht zur Kirchen wollen, wollen auch gleich den Widertäuffern keinen Eyd schweren. Sagen, die Geistlichen führen ein so ärgerlich gottlos Leben, dass sie ihrem Exempel nicht ohne Verlührung der ewigen Seeligkeit nachkommen konten, gedencken aber nicht, was unser Herr Christus gesagt, dass wir nach ihren Worten und nicht nach ihren Wercken kommen sollen. Von der Obrigkeit sagen sie, sie halten ihr Eyd auch nicht und unser Herr Christus sage ja selbsten, das wir allerdings nicht schweren sollen. Unsere Rede soll seyn Ja und Nein. Derowegen seye auch nicht erlaubt, einen Eyd zu thun. Wollen weder ihre Kinder tauffen lassen, noch das Heilige Abendmahl seye nicht dessentwegen eyngesetzt, dass mann es so vil halten solle, ja dörffen dero gar sagen, dass sie Brot und Wein auch zu Haus nemmen können, als bey solchen gottlossen Leuthen, nennen sie die welche es nicht mit Ihnen halten, verdammen hiemit alle diese und machen es gleich wie der Phariseer im Evangelio, der sich rühmete das er frömmer als andere wäre, und hiemit ander Leuth, die es nicht mit ihnen halten, verachten oder gar verdammen. Andere wollen sich damit aussreden und sagen, dass sie solches nicht würdig seyen, gedencken aber nicht, dass wir eben zu dem End hinzugehen, damit wir unseren Glauben stärcken und dardurch würdig und tüchtig gemacht werden, solche heiligen Zeichen zu unserer ewigen Seeligkeit zu empfahen. Zu dem End wurde von E. E. Rath erkandt, das alle die jenigen, so nicht mit anderen Christen wollen in die Kirchen gehen die Heilige Sacrament bey des Herren Tisch empfahen, auch ihre Kinder durch den Heiligen Tauff in den Gnadenbund Gott eynverleiben und sich unsserer wahren, allein seeligmachenden Religion gemäss halten wollen, sollen Statt und Land verwiesen seyn. Ehe sich aber einige darzu verstehen wollen, haben sie sich eher darvon gemacht. Als namlich Frau Susanna [Judith] Felberin (am Rand: «NB diese Felberin zog

Im Grossen und Ganzen scheinen die Pfarrer zu Stadt und Land milder über die Dissidenten geurteilt zu haben als die Räte, sei es, dass sie mit ihnen sympathisierten, sei es aus Furcht vor noch schärferer Gegnerschaft oder dem Bedenken, die Widerspenstigen zu Märtyrern zu machen. Im Juni 1722 reichte der Konvent dem Rat eine Stellungnahme zu den Pietisten in der Stadt ein, welches viel Verständnis für die Frommen bezeugte, die sich zu diesen verderbten Zeiten der Sünde und des Atheismus von den Weltmenschen abzusondern wünschten. Sie empfahlen folgende Verbote: 1. Konventikel abzuhalten, da sie Verwirrung stiften würden. Versammlungen im Kreis der Familie, Hausgenossen, weniger Nachbarsleute und Verwandten sollten allerdings erlaubt sein. 2. Fremde Lehrer anzuziehen, da diese die Gefahr der Sektenbildung mit sich brächten. 3. Mystische Schriften zu verlegen, zu verkaufen und zu verschenken. Religiöse Literatur solle durch die Pfarrer abgegeben werden, da diese deren Eignung für den jeweiligen Leser besser beurteilen könnten. 4. Schriften ohne vorangegangene Zensur zu drucken. 5. Fremde Lehrer und Schwärmer zu beherbergen.

Im September 1722 erliess der Rat ein Mandat für Stadt und Land, das diesen Empfehlungen folgte. Doch beruhigte sich die Lage erst nach 1725, nachdem der Grosse Rat die Kirchenordnung für die Landschaft erneuert und durch weitere restriktiven Vorschriften ergänzt hatte.[92]

nachwerts im Ellend herum».) geborene Brenerin witwl. und Frau Genathin samt 2en Töchteren, Frau Gemuseusin gebohrene Schmidin, eine Witwe samt 2en ledigen Töchtern Haüsslerin (am Rand: «NB die eine Jungfrau Haüsslerin hängte sich zu Strassburg an ein Dägenschmid, welchen sie auch geheurathet). Haben ihre Haüsser und Haussrath verkaufft den 20ten April 1724. Obige Schmidin hatte ein Dägenschmid gehabt, welche neben dem [unlesbar], da jetz das Posthaus ist, gewohnt. Sie hatte gute Mittel und wol zu verdienen gehabt, allein sie hängte sich an die Gesellen und passierte als ein huorisch Weib, hernach wolte sie einsmahls inn Himmel fliegen, sich samt dem Gesellen auf Strassburg begeben. Obige Genathin Mann hatte sein Haus samt der Truckerey auf St. Leonhardsgraben (am Rand: «NB Jacob Genath hiess ihr Mann») verkaufft und hatte sich zu seiner Frauen und Töchteren auf Yverton begeben. Sie waren sonst fromme und reiche Leuth und hatten sehr wol zu verdienen gehabt. Sie waren beide ohngefehr 50 Jahr alt [...]». – Zur Zahl der Dissidenten gibt Bachofen auf S. 293f. einen Hinweis: Am 19.09.1723 brach der 18–20 Jahre alte Hans Suter von Muttenz bei einem Tuchhändler in Basel ein. Als Separatist stellte er die gestohlene Ware bei einem Separatisten ein. Er wurde am Stadttor erwischt, gefangengesetzt und schliesslich enthauptet. In der Nacht vor der Hinrichtung waren ca. 50 Personen bei ihm, die mit ihm sangen und beteten. Er konnte den Tod kaum erwarten.

92 Ochs 1797, S. 505. Der Aufklärer Peter Ochs nannte die Kirchenordnung von 1725 bezeichnenderweise «eine Art Reformations= und Polizey=Ordnung».

Als Vikar in Sissach 1726

Über all die Ereignisse in seinem Heimatkanton war Annoni stets informiert.[93] In den Jahren 1723 und 1725 war er nach Basel gereist und konnte sich dort selbst ein Bild der Situation machen. Bei seinem ersten Besuch in Basel hatte er auch Frau von Planta in Massmünster besucht, welche ihren einstigen Schützling *mit vielen neuen Liebes-Bezeugungen überschüttete*. Auch ihm zuvor unbekannt gewesene Leute, «die aber nunmehro erwecket und von der Gnade Gottes ergriffen waren», hatten Annoni freundlich aufgenommen. «Und weilen ich mich auch bewegen liesse, etwelche mal in unterschiedlichen Kirchen zu predigen, so stuhnde mir die unverdiente Gnade Gottes in meiner Unwürdigkeit und Untüchtigkeit dergestalten bey, dass sich die Frucht davon sowohl in dem Beyfall gutwilliger Seelen, als auch in dem Wiederspruch der Sichern und Unwissenden offenbahrete.»

Am Palmsonntag 1726 trat der neue Vikar seine Stelle mit einer Predigt an.[94] Nur wenige Tage darauf wurde er nach Basel gerufen, um dort mit dem Inspirierten Johann Samuel Carl, Hofarzt des Grafen von Ysenburg-Büdingen, zusammenzutreffen. Dies war Annonis erste Begegnung mit einer der bedeutenden Persönlichkeiten aus dem vielfältigen Spektrum der Erweckten in Deutschland. Leider ist hierüber nichts weiter zu erfahren, als dass sie Annoni an Leib und Seele stärkte.[95] Sieben Jahre später sollten die beiden in der Grafschaft Sayn-Wittgenstein-Berleburg in nähere Verbindung zueinander treten.

Den Vikar quälte die Frage, ob er das Abendmahl auch den Nichterweckten austeilen dürfe oder ob er es ihnen verweigern müsse.

---

93 Das belegen u.a. von Annonis Hand stammende Kopien zweier Eingaben der Basler Pfarrgeistlichkeit an den Bürgermeister aus dem Jahre 1723 (F III, 35 und 36) und die «Excerpta auss einem Brief von Basel vom 18ten September 1723» (Nachlass E XII 21): Über die Predigten am vergangenen Bettag, in denen sich die Pfarrer Basels für oder wider die Verhörten äusserten.

94 Über die Zeit des Sissacher Vikariats berichtet neben dem Vitae curriculum meae (1721–1730, Nachlass B I, fol. 55r–fol. 67r) ein Fragment aus einem Sissacher Diarium (Nachlass B I, fol. 101r–131r). In diesem offenbarte Annoni Gott seine mannigfachen Nöte. Das Sissacher Diarium wurde nicht von Tag zu Tag geschrieben, sondern mit jeweiliger zeitlicher Distanz von einigen Tagen oder Wochen. Es ist in Paragraphen gegliedert, beginnend mit § 101.

95 Nachlass B I fol. 103r: «Leib und Geist hat ungemeinen Vortheil von dem Umgang mit Freunden der Warheit und Gottseligkeit; solches habe ich in reichem Segen erfahren zu einer Zeit da beides erkrancken und erligen wolte [...]. Er [J. S. Carl] gab guten Rath für den Leib, Erquickung und Erbauung für den Geist, und sein Exempel hatte Krafft, auch mich zu vielem Seuffzen und Stöhnen anzutreiben».

Zu seiner Befreiung aus dem Dilemma fand sich der Dekan dazu bereit, das Sakrament selbst auszuteilen. Weitere *Skrupel* verursachte Annoni der nun zum ersten Mal von ihm geforderte Treueid, der von allen männlichen Bürgern und Untertanen alljährlich zu leisten war. Nachdem ihm Samuel Werenfels zugesprochen hatte, erfüllte Annoni seine Bürgerpflicht. Doch nach geleistetem Schwur machte er sich wieder tausend Vorwürfe, nur aus *Menschenfurcht* und *Leidensscheu* gehandelt zu haben. Wieder einmal befand sich Annoni in einem belastenden Konflikt: einerseits hatte er sich der ihm fragwürdig erscheinenden obrigkeitlichen Norm gefügt – und wieviele Frauen und Männer hatten nicht aus Gewissensgründen Vertreibung und Not auf sich genommen! – und andererseits durfte sich der geleistete Schwur nicht in einen Meineid verkehren.

Bald darauf erkrankte Annoni wieder schwer. Man befürchtete den Ausbruch der *Gichtern* und den *baldigen Tod*. Die Ursache hierfür sah Annoni darin, dass er kurz zuvor eine Kur *ohne ernstliche Anrufung des göttlichen Namens* begonnen und mit *menschengefälligem* Wesen fortgesetzt habe. Die Krankheit, so vertraute Annoni seinem Diarium an, habe ihm wieder vor Augen geführt, wie sehr es ihm an *lebendigem Glauben* und *christlicher Gelassenheit* fehle, den einzigen Mitteln, zur *Ruhe* und *Seligkeit* zu gelangen. Er betete zu Gott: «[...] und schaffe, dass jede Zucht, jede Anklopfung, jede Führung, jede Begegnuss ihren Zweck bej mir erhalte zum Heil meines Geistes und Genesen des Leibes. Ich dancke dir für deine Züchtigung, ich küsse deine Ruthe, ich lobe deine Schläge. Herr dein Nahme werde geheiliget in allem, so wird auch mein Heyl nicht aussbleiben.»[96]

Annonis Mutter pflegte ihren Sohn zunächst in Sissach, dann in Basel. Die erneute Krankheit bestärkten Annonis Zweifel an seiner körperlichen Tauglichkeit für den Pfarrberuf. Dabei hatte der Vikar auch Gottes Segen auf seiner Arbeit verspürt und gerade während seines Krankenlagers die Liebe und Anhänglichkeit einiger Erweckter erfahren. Aus diesen Zweifeln und Zukunftssorgen befreite ihn die Bitte, doch wieder an seine alte Stelle nach Schaffhausen zurückzukehren. Judith Im Thurn bot Annoni einen höheren Lohn an, freie Kuraufenthalte in Bad Pfäfers und die Möglichkeit, den Sohn auf einer Bildungsreise zu begleiten.[97]

---

96 Nachlass B I, fol. 108r.
97 Judith Im Thurn an Annoni, Schaffhausen, 07.10.1726 (F II, 429): Das jährliche Salär solle das anderthalbfache des zuvor von ihr bezahlten betragen, nämlich 100 Pfund, zuzüglich 20 Pfund für Betstunden für die Hausgenossen am Samstagabend oder Sonntagnachmittag.

Am 28. Oktober 1726 hielt der Vikar seine Abschiedspredigt:

«In folgenden Tagen beurlaubte ich mich bey allen denen Freunden und Bekannten in und ausser der Gemeine, welche mir der Liebe Gott erwecket und geschenket hatte. Es kostete allerseits viel Seufzen und Thränen, und meyneten insonderheit viele redliche Herzen, es müsse nicht seyn, dass ich sie sobald wieder verlasse. Allein die leibliche Unvermögenheit, die gebundene Hände, dass ich nicht nach Einsicht handlen dorfte, die Gefahr einer baldigen Verfolgung, die Erwägung der mir anerbottenen Vortheile und dergleichen mussten zu ihrer Befriedigung dienen und meine Abreise rechtfertigen.»[98]

In das Sissacher Diarium schrieb Annoni ein Fürbittegebet für die von ihm erweckten Seelen. Er beklagte darin die trostlose Lage der armen Schäflein, die keinen verständigen Hirten hätten und deren Leben durch mancherlei Einschränkungen erschwert würde. Er beklagte den schlimmen Zustand der in Finsternis lebenden Menge und die Unfähigkeit der meisten Pfarrer.[99] Wie aus späteren Briefen

---

[98] Vgl. Franz Ludwig Sprünglin an Martin Jakob Stöcklin, o.O. (Leutwil), 31.10.1726 (F II, 796; Abschrift von Annoni): Sprünglin erklärt Annonis Fortgang mit der schwierigen Situation unter dem orthodoxen Dekan. Früher oder später wäre es zu Auseinandersetzungen zwischen den beiden gekommen, denen Annoni so habe aus dem Weg gehen wollen.

[99] Nachlass B I, fol. 110v–111r: «§ 117. Es ist wohl zu beklagen, mein Gott! wan ich betrachte, wie dein Erbteil schmachtet, wie dein Haus zerstöret liget und deine Schäflein aller Orten zerstreuet gehen als Schafe, die keinen Hirten haben. Ach Jesu! es stehet so gar greulich aller Orten, sonderlich in unserem Land. Eine unzehlige Menge ist gebunden mit Ketten der Finsternuss und des Todes und schläfet in Sünden, ja beisset und fluchet, wan man sie wecken will. Die wenige aber, so sich noch regen und ein schwaches Leben haben, werden solcher gestalten von allerhand Menschen-Gesätzen umbzäumet, von allerhand Mängeln verderbet und von allerhand Bedencklichkeiten aufgehalten, dass es kaum einem Leben gleich siehet. Ach, lieber Heyland, lass dichs doch erbarmen und hilf deinem Erbtheil. Die Erndt ist ja gross. Es gäbe noch hin und wieder viele Seelen, die sich rathen und führen liessen, wo man sich recht ihrer annemmen und nach ihren Umständen richten würde. Es sind nicht wenige, die wirklich einen Funcken des Gnadenlebens in sich haben und also um dessen Anblasung und Aufhellffung in Schwachheit besorget sind. Aber, ach Herr, der Arbeiter ist wenig. Es hat fast niemanden, der sich auf solche Erndt verstehet, und die, so um den Lohn gedinget sind, legen sich entweder auf den Müssigang oder verstehens doch nicht und verderben mehr als sie gut machen. Ja, es gibt gar eine nicht geringe Anzahl solcher Knechten, die das Gute als Unkraut aussmustern und die deiner Gnade und deinen Gliedern widerstreben dörffen. Ach Herr! erbarme dich und komme zu helffen. Erbarm dich der Nahm-Christen und offne ihnen die Augen, dass sie ihre Blösse sehen und sich schämen. Erbarme dich deiner Kleinen, der Stillen im Land, und seye selbsten ihr Hirt, der sie weide und vor dem brülenden Löwen und allen listigen Füchsen und reissenden Wölffen bewahre. Erbarm dich der Lehrer und überzeuge sie von ihrem Unverstand, dass sie Augensalbe, Kleider und Werkzeug zur Erndte bey dir holen und nicht bei Menschen und heidnischen Höfen. Erbarme dich derer, so als Sclaven des Antichrist wider dich und dein Heiligthum streiten, und zeige ihnen wer du seyest und wer der seye, dem sie dienen, auf dass sie auss schnaubenden Saulis eyferige Pauli werden. Erbarme dich derer, die es redlich meinen und als arme Hirten-Knaben wider Babel anzulauffen Lust haben, dass sie getreu seyen und klug und weder durch die List noch Macht ihrer Widerwärtigen fallen. Ach Vatter! ich ruffe zu dir auss Befehl und in dem Nahmen deines Gesalbten: Sende doch Arbeiter in deine Erndte! Thue doch wohl an Sion nach deiner Gnade und baue die Mauern Jerusalems!»

hervorgeht, hatte Annoni aber zumindest zwei gleichgesinnte Pfarrer gefunden, mit denen ihn ungeachtet deren viel höheren Alters auch weiterhin eine herzliche Freundschaft verband. Diese waren Johann Jakob Wolleb in Tenniken und Niklaus Ryhiner in Pratteln.

Verbundenheit mit den Erweckten im Kanton Basel

Zu den Männern und Frauen, welche ihre Verbundenheit mit Annoni nach seinem Fortgang schriftlich aufrecht erhielten, gehörten insbesondere der Kandidat Leonhard Ryhiner, des Prattler Pfarrers Sohn, die Frau Dekanin Anna Maria Frey-Burckhardt und Jakob Martin Stöcklin in Sissach und das Ehepaar Maria Magdalena und Johann Friedrich Hebdenstreit gen. La Roche-Brandmüller in Tenniken.[100] Zu den Basler Freunden zählten u.a. der Buchdrucker Jakob Brandmüller und der Kaufmann Lukas Fattet-Hagenbach, dessen Haus am Marktplatz als Treffpunkt und Herberge für durchreisende Pietisten diente.

In ihren Briefen äusserten sich die Freunde in erster Linie über ihren zumeist beklagenswerten Seelenzustand. Gelegentlich berichteten sie von erbaulicher Lektüre oder von denkwürdigen Ereignissen.[101] So erfuhr Annoni, dass sich in Diegten die *liebe und wärte* Witwe Esther Gottfried aus Basel ein Landgut erworben hatte und sich die Tenniker Freunde von dieser guten Seele manche Erbauung erhofften.[102] Diese Frau Gottfried sollte im Jahre 1734 Annonis Ehefrau werden. Man tauschte Bücher und Schriften aus und wusste sich im gegenseitigen Fürbittegebet verbunden. Die Gemeinschaft im Geiste musste über die räumliche Trennung hinwegtrösten.[103] Mit

---

100 Das Ehepaar Hebdenstreit gen. La Roche-Brandmüller verbrachte in Tenniken jeweils die Sommermonate auf seinem Landsitz.

101 Der ferne Freund erhielt u.a. folgende Nachrichten: Das todkranke Söhnlein des Pfarrers Wolleb hatte mit durchdringenden Worten und Verzückungen die Umstehenden zu grossem Ernst ermahnt und damit ein Beispiel gegeben für Gottes Wirken an Kindern (J. F. Hebdenstreit gen. La Roche-Brandmüller an Annoni, Tenniken, 02.02.1727 [F II, 512 a]). – Die Frau Hebdenstreit gen. La Roche-Brandmüller hatte sich das Leben genommen. In Basel hatten sich drei Personen aus Frömmigkeit halb tot gefastet. (Ulrich Hugo an Annoni, Basel, 23.10.1728 [F II, 340]). – Eine junge Frau in Läufelfingen und ein junger Mann in Itingen hatten ein Wunder erlebt. Beide hatten einen schweren Kampf mit dem Teufel ausgestanden und mit Gottes Hilfe gesiegt. (M. J. Stöcklin an Annoni, Sissach, 08.05.1729 [F II, 871]). – Aus Basel kam die Klage darüber, dass es den Erweckten in der Stadt an einem Führer mangle, der die unterschiedlichen Gruppierungen miteinander vereinige. (Samuel Paravicini an Annoni, Basel, 14.02.1727 [F II, 659]). – Aus Zunzgen wusste man von fünf guten Seelen zu berichten, später von *drei feinen Weibern, die Gott suchen*. (M. J. Stöcklin an Annoni, Sissach, 01.01.1727 [F II, 864]).

102 M. J. Stöcklin an Annoni, Sissach, 01.01.1727 [F II, 864].

103 Vgl. M. J. Stöcklin an Annoni, Sissach, 01.01.1727 (F II, 864): Sie seien durch ein so enges Liebesband miteinander verknüpft gewesen, dass der Verlust nun sehr schmerzhaft sei. Wenn sie dem Leibe nach auch voneinander getrennt seien, so doch nicht im Geiste. – Johann Jakob Wolleb an Annoni, Tenniken, 02.04.1727 (F II, 1031): Er wisse nicht, warum er so lange nicht geschrieben habe, «indem mein Herz so sehr mit seinem verbunden, welches eine solche magnetische Kraft hat, alles an sich zu ziehen, und meine Neigung zu ihme so gross ist, welche ein beständiges Verlangen bey mir underhaltet, mit Ihme mich zu ersprechen und zu ergözen».

Niklaus und Leonhard Ryhiner führte Annoni einen brieflichen Disput über das *scharfe Predigen*, das er befürwortete, die beiden anderen aber ablehnten.[104] Diese Diskussion ist auch im Zusammenhang zu sehen mit den damals geführten Auseinandersetzungen um die in der Basler Kirche üblichen Leichenreden. Die Dissidenten stiessen sich an der largen Handhabung der Kirchenzucht und daran, dass die Pfarrer die grössten Sünder schonten und in den Leichenreden gar noch selig priesen. Sie warfen den Pfarrern in dieser Sache sogar Bestechlichkeit vor. Im November 1726 verbot der Rat die Leichenreden und räumte damit zumindest einen der Anstoss erregenden Steine aus dem Weg – allerdings nur für knapp fünf Jahre, dann wurden die Leichenreden wieder zugelassen. Das auch stets beanstandete sonntägliche Exerzieren hingegen hatte der Rat nie abgeschafft, sondern 1723 erneut bestätigt.

Pfarrer Johann Jakob Wolleb brachte Annoni in einen Gewissenskonflikt mit der Bitte, seine gegen Samuel Werenfels gerichtete Schrift über die Prädestinationslehre zu redigieren. Obwohl Annoni der von Werenfels vorgenommenen Relativierung dieser Lehre zustimmte, erfüllte er die Bitte des Freundes, um nicht wegen dogmatischer Fragen Unstimmigkeiten aufkommen zu lassen.[105]

---

104 Annoni warnte vor allzu grosser Nachsichtigkeit: «Die ganze Welt ligt im Argen, und der Teufel lasset sich recht angelegen seyn, ihnen [den Zuhörern] die Ohren zu stopfen, also dass, wan man durchdringen will, es nöthig ist zu schreyen, was man vermag, mit vollem Hals und Herzen». (Annoni an N. Ryhiner, Schaffhausen, 03.01.1728 [F I, 5]). Leonhard Ryhiner plädierte hingegen für sanftes Predigten nach dem Vorbild Gottfried Arnolds und anderer, deren Schriften sanft- und demütig seien. (L. Ryhiner an Annoni, Basel, 03.02.1728 [F II, 722]). Annoni sah darin aber ein Zeichen der Menschenfurcht, die insbesondere bei Predigern gefährlich sei, da diese vom Urteil anderer freihalten müssten. *Hart und rau reden* hielt er für die grössere Tugend, da die Busse nur mit Furcht und Zittern ihren Anfang nehme. «Ich weiss es wohl, dass es Gemüther gibt, die mit douceur [Sanftheit] wollen geführt und gelehret seyn. Aber sie sind rar, unter 1000 kaum eine. Wonach soll man sich nun richten, nach 1 oder nach 1000?» Auch Arnold habe sich zuweilen *ziemlich deutsch* ausgedrückt, und die eher sanften Schriften der Mme Guyon hätten oft Unheil angerichtet. (Annoni an L. Ryhiner, Schaffhausen, 23.02.1728 [F I, 6]).
105 Nachlass E VI, 62 «Von dem Werenfelsischen Casus Conscientiae». Unter dem Titel «Zufällige Gedancken über ein Anti-Werenfelsienisches Scriptum von der Gnaden-Wahl» nahm Annoni in 20 Punkten Stellung zu Wollebs Schrift. Dazu notierte er, dass er «mit dergleichen Lecturen und Zumuthungen öfters beschweret worden» sei. Seine Meinung zur Prädestinationslehre fasste er in folgenden Versen zusammen: «Kein Fatum gilt bey Gott, wie mancher Klügling meinet. / Die Bibel lehret ja, dass Jesus Sonne heisst. / Wer zweifelt, dass die Sonn nicht alle Welt bescheinet, / Und den, der es begehrt, mit Licht und Wärme speist? / Nicht Gott, wir sind die Schuld, wan wir des Todes sterben. / Wer will, der wird bestrahlt. Wer nicht will, mag verderben.»

Lukas Fattet und Johann Jakob Fischer, der mit Annonis Schwester Anna Katharina verheiratet war, wollten mit einer polemischen Schrift das absolutistische Gebaren der Basler Obrigkeit anprangern. Fischer hatte das Manuskript erstellt, Annoni sollte es überarbeiten und in Schaffhausen anonym drucken lassen.[106] In ungeduldigen Briefen drängte Fattet den Freund zur Arbeit.[107] Doch ist diese Schrift, welcher der Titel *Patriot* zugedacht war, nie im Druck erschienen. Es ist anzunehmen, dass Annoni diese Schrift aus Gewissensgründen nicht zum Druck beförderte. Zwar war es damals durchaus üblich, Schmäh- und Streitschriften anonym zu publizieren. Doch von einem *wahren Christen* konnte man erwarten, dass er sich offen zu seiner Meinung bekenne. Sollte oder durfte sich Annoni mit der Basler Obrigkeit überwerfen, der er den Treueid geschworen hatte? Zwar wurde die Bindung an diesen Eid im *Patrioten* relativiert, doch hätte sich Annoni, wäre sein Mitwirken bekannt geworden, in Basel seine Zukunft zerstört. Ein derartiges, die Existenz bedrohendes Risiko einzugehen, war nicht seine Sache.

Gerade zu jener Zeit hatte sich in Basel eine Kontroverse angebahnt zwischen dem Diakon Johann Jakob Wettstein einerseits und der Regierung und den Theologieprofessoren andererseits. Der gelehrte und bei seiner Gemeinde äusserst beliebte Diakon wurde als Arianer und Sozinianer der Irrlehre bezichtigt und schliesslich 1730

---

106 Nachlass E IV: Das 223 Seiten umfassende Manuskript trägt den Titel «Patriot. Der redliche Eidgenoss und Schweizerische Bider-Man, Wohlmeinend vorgestellt zu einem vertraulichen Gespräch zwischen einem Christlichen Patrioten und einem Welt-Gesinnten Politico». Es handelt sich um ein Gespräch, welches ein Patriot mit einem Politicus, auch Practicus genannt, führt. In der langfädigen, mit zahlreichen Zitaten aus Klassikern der Antike durchsetzten Schrift wird das Idealbild einer republikanischen Obrigkeit gezeichnet, welche verantwortungsvoll für das Gemeinwohl sorgt und nicht in angemasster Macht widerrechtlich eigene Interessen verfolgt. Der Patriot vertritt dabei den vaterlandsliebenden, gottesfürchtigen und republikanisch gesonnenen Gesprächspartner, während der Politicus zwar gläubig, aber nur auf sein eigenes irdisches Wohlergehen bedacht ist. – Die Schrift mag im Zusammenhang gesehen werden mit der zu jener Zeit geführten Diskussion über das Ambulieren der Ämter, d.h. über die zeitlich befristete Vergabe öffentlicher Ämter. Diese Diskussion verlief jedoch mehr oder weniger im Sande.

107 Fattet an Annoni, Basel, 08.01.1729 (F II, 194): «Dessen Herr Schwager Pfarrer Fischer hat sich fast tod gepatriotet an beykommender Schrifft [...]. Es soll niemand ausser euren guten Freunden wissen, dass der Patriot aus Basel komme, damit nicht von oben herab nach Basel berichtet werd und nichts dem Druck präjudicirlich seye. Gott geb seinen Segen zu eurer Arbeit für das Publiciren.» – Derselbe an Annoni, Basel, 16.02.1729 (F II, 195): Annoni und J. K. Ziegler würden sich offensichtlich davor drücken, den Patrioten zum Druck fertigzumachen. – Brief vom 02.03.1729 (F II, 196): Warum Annoni so langsam arbeite. – Brief vom 02.04.1729 (F II, 197): Schickt den zweiten Teil des Patrioten. Der Patriot brauche zu seiner Geburt soviel Zeit wie ein Mensch. Halbe und zeitweise Patrioten gäbe es genug, doch dieser sei ein ganzer *mit Zähnen*.

nach einem Prozess seines Amtes enthoben.[108] Der Rat und die Professoren hatten mit dem Prozessausgang zwar den religiösen Frieden in Basel und innerhalb der evangelischen Tagsatzung gerettet, gleichzeitig aber auch unduldsame Ängstlichkeit bewiesen.[109] Annoni hatte die Auseinandersetzungen um Wettstein, welche die Gemüter auch ausserhalb Basels bewegten, von Anbeginn an verfolgt. Sie machten deutlich, wie gefährlich es nach wie vor war, öffentlich eine von der Doktrin abweichende Meinung zu vertreten.

---

108 Arianer: Anhänger des Presbyters Arius in Alexandria, der in seiner Lehre die Wesensgleichheit Christi mit Gott dem Vater verneinte. – Sozinianer: Religionsgemeinschaft, die auf die Italiener Lelio Sozzini und Fausto Sozzini zurückgeht. Sie lehrten die Einheit Gottes, weshalb sie auch Antitrinitarier oder Unitarier genannt wurden.
109 J. J. Wettsteins Vater, Johann Rudolf Wettstein, hatte Annoni getauft. – Zum sogenannten «Wettsteinhandel» siehe Hagenbach 1839.

Wieder als Hauslehrer in Schaffhausen 1726–1732

Juditha Stockar

Von der *unerträglichen Amtsbürde* zwar befreit, geriet Annoni in Schaffhausen jedoch bald in andere Schwierigkeiten. In der Familie Im Thurn hielt sich nun vermehrt Juditha Stockar auf, eine Nichte der Patronin.[110] Annoni bemühte sich, auch diese zur Gottseligkeit anzuleiten. Die beiden Cousinen Agnes und Juditha gerieten dabei in *religiöse Bangigkeiten*. In der Folge wurde Annoni von deren Verwandten verdächtigt, ein *leiblicher und geistlicher Verführer* der beiden jungen Frauen zu sein. Annoni wich jedoch von seinen Grundsätzen nicht ab, die darin bestanden, den Patriziertöchtern zur Einsicht in ihr Elend und ihre Verderbtheit zu verhelfen, um so den schmerzhaften Prozess der Wiedergeburt einzuleiten. Es kam zu heftigen Auseinandersetzungen mit seiner Patronin, die ihrerseits in einem Loyalitätskonflikt zwischen dem Informator und der Verwandtschaft stand. In dieser unerquicklichen Situation wurde Annoni wieder von heftigen Leibschmerzen heimgesucht.

Wie aus wenigen Stichworten von Annonis Hand und einigen Briefen der Juditha Stockar zu erschliessen ist, nahmen die Auseinandersetzungen um die junge Frau im Herbst 1728 dramatische Formen an. Juditha wurde von ihren Eltern für längere Zeit mit Hausarrest belegt. Der Kontakt mit Annoni und anderen Pietisten wurde ihr verboten. Dennoch gelangten deren verzweifelte Briefe in Annonis Hände und dessen Trostbriefe in die ihrigen.[111] Aus den vagen Andeutungen der überlieferten Schriftstücke lässt sich schliessen, dass man vermutete, Annoni habe die junge Frau dazu angestiftet, sich einer angebahnten Heirat zu widersetzen. Während Juditha in ihrer Isolation fast verzweifelte, litt Annoni unter einer schweren Gliederkrankheit und glaubte sich dem Tode nahe.

---

110 Juditha Maria Dorothea Stockar war die Tochter des Georg und der Elisabeth Stockar-Stockar im Haus *Zur Haselstaude*. Der Vater war Vogtrichter, Urteilssprecher, Grossrat und geheimer Rat.
111 Juditha Stockar an Annoni, Schaffhausen, fünf undatierte Briefe aus den Jahren 1728 und 1729 (F II, 934–938) und Annoni an Juditha Stockar (F I, 9 und 10).

Im März 1730 heiratete Juditha Stockar den Arzt Johann Jakob von Brunn.[112] Von nun an gehörte sie zu den *Stillen im Lande*, und zeichnete sich durch innige Frömmigkeit und Wohltätigkeit aus. Die *Frau Doktor* wurde später eine wichtige Stütze der Herrnhuter in Schaffhausen. In ihrem Aussehen und Habitus entsprach sie dem Inbegriff einer pietistischen Frau. Johann Kaspar Lavater publizierte deren Porträt als ein Beispiel der *Religiosen* in seinen *Physiognomischen Fragmenten*.[113]

Erweiterung des schweizerischen Beziehungsnetzes

Während seines zweiten Schaffhauser Engagements vergrösserte sich Annonis Freundeskreis in erheblichem Masse. Insbesondere auf der grossen Schweizerreise 1730/31 bewährte sich der für unterdrückte weltanschaulich-religiöse Minderheiten geltende Grundsatz, nach welchem der Freund des einen auch der Freund des anderen sei. Solange es seine körperlichen Kräfte zuliessen, nutzte Annoni als Reisender, als Gastgeber und als Briefschreiber diese gruppenspezifische Chance der Erweiterung und Bereicherung des geistigen Horizontes.

Verstärkt wurden die freundschaftlichen Beziehungen zu Verwandten der Im Thurns und Stockars in Zürich und Winterthur. So hielt sich Annoni mit seinem Schüler Ende 1728 mehrere Tage bei der Familie Nüscheler in Zürich auf. Als ein von der Zürcher Geistlichkeit *Verhörter* suchte Annoni bei dieser Gelegenheit verschiedene seiner Zürcher Schicksalsgenossen auf, sofern sie nicht schon des Landes verwiesen worden waren. Als treuer Begleiter und Vermittler erwies sich hierbei der vom Pfarramt ausgeschlossene Beat Holzhalb. Dieser nahm in besonderem Masse am Geschick der nahen und fernen Brüder und Schwestern Anteil. In seinen Briefen kolportierte er das Vernommene, zuweilen allerdings als Klatsch und Tratsch. Später sollte Holzhalb, der das Ideal der Ehelosigkeit vertreten hatte, selbst zum Gesprächsthema werden: seine Magd hatte ein Kind von ihm geboren.

---

112 Johann Jakob von Brunn, Sohn des Arztes Johann Konrad von Brunn-Wepfer, lebte nach der Heirat im Haus seiner Eltern *Zur Freudenquelle*, das wohl eindrücklichste Patrizierhaus der Stadt Schaffhausen und heutige Stadthaus.

113 Lavater Johann Kaspar: Physiognomische Fragmente, 3. Bd., Zürich 1777, Kapitel «Religiose», Tafel nach S. 284: Kupferstich von Daniel Berger, dazu ein Umriss desselben Porträts; S. 286 ein weiteres Kupferstichporträt von Juditha von Brunn. Text dazu S. 284–286. – Zu Juditha von Brunn: Schalch 1836, S. 203ff.

Auch die Verbindung zu den Bündner Pietisten wurde ausgeweitet. Bereits 1722 war Annoni von Bad Pfäfers aus nach Chur gereist, um den Vikar Schwarz zu besuchen, welchen er während seiner Kur kennen gelernt hatte. Dem rührigsten Exponenten der Bündner Pietisten, dem Pfarrer Daniel Willi, begegnete er 1727, als dieser mit Beat Holzhalb und dem Berner Abraham Kyburz nach Schaffhausen kam, um auch hier eine *Steuer* (Spende) für seine vom Feuer weitgehend zerstörte Gemeinde Thusis zu sammeln. Während einiger Tage hatten sich die Durchreisenden mit den Schaffhauser Freunden gegenseitig erbaut. Selbstverständlich schickte Annoni einen Beitrag für das von Daniel Willi 1728 in Thusis gegründete Waisenhaus. Als er im Herbst 1731 auf seiner grossen Schweizerreise nach Graubünden kam, fand er freundschaftliche Aufnahme bei Daniel Willi und dessen Getreuen.

Eine wichtige Rolle im gesellschaftlichen Leben spielten die Kuraufenthalte in den Bädern, trafen sich dort doch Männer und Frauen aus verschiedenen Landesteilen und somit auch verschiedener Konfessionen. Eine vergleichbare gesellschaftlich tolerierte Durchmischung verschiedenster Zugehörigkeiten gab es sonst, zumindest für Frauen, kaum – allenfalls in einer Postkutsche. Schnell fanden die Frommen zueinander, eröffneten sich gegenseitig ihren Seelenzustand und berichteten von denkwürdigen Vorfällen und Schicksalen, an denen sich Gottes oder des Teufels Wirken erkennen liess. Erbauliche Gespräche stärkten somit den Glaubenseifer, mochte die Kur auch den gewünschten Erfolg für die leibliche Stärkung verfehlen. Nach den verschiedenen Kuraufenthalten in Pfäfers erhielt Annoni jeweils mehrere Dankesbriefe, da er es verstanden hatte, die Gedanken seiner Gesprächspartner *aus der Tiefe in die Höhe zu ziehen*.[114]

Folgenreich wurde die Freundschaft mit dem um 23 Jahre älteren Berner Samuel Lutz, der sich auch *Gratianus Christophilus* nannte.[115] Lutz stand in enger Verbindung mit den Basler und Schaffhauser Pietisten. Dem Johann Konrad Ziegler galt er als Seelenführer. Nach vorausgegangener Korrespondenz besuchte Annoni Ende 1730 den rührigen Pfarrer und eifrigen Publizisten in Amsoldingen.[116] Nach Zieglers Tod im Jahre 1731 wurde Samuel Lutz für An-

---

114 Vgl. Andreas Steiner an Annoni, Winterthur, 03.09.1727 (F II, 835). Bad Pfäfers liegt in der tiefen Taminaschlucht, wohin kaum ein Sonnenstrahl dringt.
115 Als Autor benutzte Lutz vorzugsweise die latinisierte Namensform *Lucius*.
116 Lutz an Annoni, Amsoldingen, 05.03.1730 (F II, 524): Lutz bedankt sich für Annonis Besuch.

noni zur wichtigsten Bezugsperson innerhalb des weitgespannten Freundeskreises. In späteren Jahren besorgte Annoni die Redaktion und Neuauflage zahlreicher Schriften seines väterlichen Freundes. Lutz galt Annoni auch als leuchtendes Vorbild eines unermüdlichen Seelsorgers.

Reise durch die Schweiz
vom Juli 1730 bis zum Oktober 1731

In adeligen und begüterten Familien war es üblich, dass die Söhne, zumeist in Begleitung ihres Privatlehrers, auf Kavalierstour gingen. Sinn und Zweck dieser Reisen war es, sich in vielfältiger Weise weiterzubilden, Kontakte zu Seinesgleichen zu knüpfen und Weltläufigkeit zu erlangen. Eine solche standesgemässe Bildungsreise traten im Juli 1730 der damals fast 16-jährige Johann Georg Im Thurn und sein zwölfjähriger Cousin Hans Ulrich Hegner, Sohn des Winterthurer Stadtschreibers, unter der Obhut Annonis an.[117] Der für eine Bildungsreise ungewöhnlich junge Hegner war Annoni noch kurz vor der Abreise anvertraut worden.[118] Längeren Aufenthalten in Neuenburg und Lausanne, die vor allem dem Erlernen der französischen Sprache dienten, schloss sich eine ausgedehnte Rundreise an.

Den Verlauf des Unternehmens hielt Annoni später in tagebuchartigen Aufzeichnungen fest. Diese waren als Rechenschaftsbericht für die Eltern gedacht, so wie Annoni auch über das ihm zur Verfügung gestellte Geld gewissenhaft Buch führte.[119] Den rund 500 Seiten umfassenden Aufzeichnungen sind u.a. die Reiseroute zu entnehmen, oftmals die Reiseart – ob zu Fuss, zu Pferde, mit Kutsche oder Schiff –, die Herbergen, aufgesuchten Personen und Sehenswürdigkeiten, sowie Kommentare zum Gesehenen, Gehörten und Erlebten. Im Unterschied zu allen vorangegangenen schriftlichen Zeugnissen von Annonis Hand enthält dieser Bericht humorvolle Bemerkungen und Wortspiele. Bei der Chakterisierung von Personen unterschied der Autor zwar nach wie vor zwischen Welt- und Gotteskindern, doch in versöhnlicherer Weise, mit leisen Zwischentönen und Ver-

---

117 H. U. Hegner *Zum Egli* war der Sohn des Stadtschreibers Salomon Hegner; studierte ab April 1734 in Basel, zunächst als stud. phil., dann als stud. iur.; 1737 Heirat mit Elisabeth Huser; 1738 Präsident des Musikkollegiums Winterthur; 1748 des Grossen Rats; 1760 Landschreiber der Grafschaft Kiburg; 1763–1786 Schultheiss der Stadt Winterthur (Nachfolger seines Vaters); 1768 Gerichtsherr in Pfungen; 1771 Gerichtsherr in Mörsburg; Obervogt in Wyden (Wackernagel 1980, S. 57, Nr. 289).

118 «So muss immer durch allerhand Traverses das Süsse versauert und der Weg zum gerne Sterben gebahnet werden», lautete hierzu Annonis Kommentar. Annoni an Niklaus Ryhiner, Neuenburg, 22.09.1730 (F I, 17).

119 Die von Annonis Hand geschriebenen Reiseaufzeichnungen befinden sich im Stadtarchiv Schaffhausen unter der Signatur Chroniken D 2. Zwei Abschriften von anderer Hand befinden sich in Annonis Nachlass, B II, 1 und 2. Eine der Abschriften hatte J. G. Im Thurn 1758 für Annoni anfertigen lassen. Er erbat sich dafür eine Abschrift von Annonis Aufzeichnungen der Reise 1736. J. G. Im Thurn an Annoni, Girsberg, 25.09.1758 (F II, 397). – Kassenbücher: Nachlass A IV.

ständnis für menschliche Schwächen und Unzulänglichkeiten. Selbst Strapazen und Ungemach konnte er im Nachhinein humorvoll schildern. Wenn auch in zahlreichen erbaulichen Gesprächen die Welt als Jammertal diagnostiziert wurde, so fehlen im Reisebericht die in anderen Textsorten häufig anzutreffenden Bejammerungen und Selbstanklagen. Der Autor erscheint gar als ein selbstsicherer Mann, der die Umgangsformen der gehobeneren Gesellschaft mühelos beherrschte und die Möglichkeit nutzte, mit vielen bedeutenden Zeitgenossen ins Gespräch zu kommen und möglichst viel kennenzulernen. Relativ selten ist von Krankheiten die Rede. Erkältungen im feucht-kalten Neuenburg gaben zwar den Anlass, nach Lausanne überzusiedeln, doch die sonst üblichen schmerzhaften und fiebrigen Unpässlichkeiten scheinen ihn weniger als üblich geplagt zu haben.

Die Aufzeichnungen von der Schweizerreise, wie auch diejenigen von der Reise durch die Niederlande und Deutschland aus dem Jahre 1736 sind eine reiche Quelle für Kulturhistoriker jeder Disziplin. Im Unterschied zu Reiseberichten der Aufklärung, denen innerhalb dieser Literaturgattung ein gewichtiger Stellenwert zukommt, erheben Reisezeugnisse von Pietisten und religiösen Dissidenten aus der ersten Jahrhunderthälfte kaum literarischen Anspruch. Doch haben die Heerscharen von freiwillig oder unfreiwillig durch die Lande ziehenden Religiösen reiche Erfahrungen gesammelt mit Mobilität und wechselnden Lebensbedingungen. Dabei unterschieden sich ihre Orientierungspunkte auf der imaginären Europakarte weitgehend von jenen der späteren Aufklärer. Für sie galten die Territorien, in welchen die Obrigkeit religiöse Toleranz gewährte, und die Aufenthaltsorte besonders begnadeter Glaubensbrüder als Oasen inmitten unfruchtbarer Wüsten. Bei einem Thronwechsel konnten neue Oasen entstehen und alte veröden. Die Aufenthaltsorte der meisten renommierten Glaubensbrüder wechselten rasch. Die Fixpunkte auf der imaginären Landkarte eines Pietisten waren somit einer ständigen Veränderung unterworfen im Unterschied zu denjenigen auf der Landkarte der Aufklärer, die durch unverrückbare Denkmäler der Vergangenheit oder Naturwunder ein gewisses festes Gerüst bildeten.

Welch abenteuerliches, zuweilen waghalsiges, zumeist strapaziöses und entbehrungsreiches Unternehmen das Reisen zu Annonis Zeiten war, ist kaum noch vorstellbar, ebenso wenig, wie eindrücklich das unmittelbare Schauen und Erleben gewesen sein muss, ohne vorangegangener bildlicher Information. In unserem Zusammenhang können jeweils nur wenige Stationen auf Annonis Reisen herausgegriffen werden.[120] Dabei macht gerade die Fülle der Ortschaften und Sehenswürdigkeiten, vor allem aber der aufgesuchten Menschen mit deren vielfältigen Bezügen untereinander den Reiz und Reichtum der Reise aus.

Reisevorbereitungen

Ein halbes Jahr vor Antritt der Reise bat Annoni den berühmten Zürcher Naturforscher Johann Jakob Scheuchzer «um dero Gutachten, wie ein junger Mensch, der zwar kein grosser Literatus werden, anbej aber doch von den Studiis einen Geschmack haben, und sich zum Dienst des Vatterlandes praepariren soll, die erste Reise durch unser liebes Schweizerland einzurichten» habe, welche Routen er nehmen und was er besichtigen solle.[121] Die Antwort lautete: «Was die Reise anbetrift durch die Schweitz, kan man anfangen und enden wo man wil, und gefiele mir das einte Jahr der Tour, in einem andern Jahr ein anderer. Zuvor aber wolte einrathen mein in Holland getrukte Itinere al fina, als in welcher [ich] allerhand physicalische, geographische, politische Observationes, Antiquitates etc. recommendire [empfehle].»[122]

Scheuchzers Reiseführer, die *Delices de la Suisse*, der *Mercurius Helveticus* und eine Scheuchzersche Landkarte gehörten zum Reisegepäck und wurden unterwegs fleissig konsultiert.[123] Die beiden Knaben waren standesgemäss ausgerüstet mit Degen, Perücken und silbernem Reisebesteck, der Informator mit Büchern, Perücken und einer Tabakspfeife. Unterwegs wurden allerlei Anschaffungen getätigt. Von Zeit zu Zeit wurde das auch durch Fossilien, Münzen und Bücher immer umfangreicher werdende Gepäck durch Sendungen

---

120 Ausführlichere Schilderung siehe: Meyer 1926 und Hartmann 1927.
121 Annoni an Scheuchzer, Schaffhausen, 06.01.1730 (F I, 13).
122 Scheuchzer an Annoni, Zürich, 21.01.1730 (F II, 764).
123 Les Delices de la Suisse, Une des principales Républiques de l'Europe ... Leiden 1714. – Johann Jacob Wagner: Mercurius Helveticus Fürstellend Die Denk= und Schauwürdigsten Anmerkungen und Seltsamkeiten der Eydgenoszschaft. Zürich 1688.

Ausschnitt aus Johann Jakob Scheuchzers Karte:
Nouvelle carte géographique de la Suisse ... Amsterdam o. J.
Mit dieser Karte reiste Annoni 1730/31 durch die Schweiz.

NOUVELLE CARTE GEOGRAPHIQUE DE LA SUISSE

Contenant les Cantons de ZURICH, LUCERNE, SCHWITZ, ZUG, GLARIS, SCHAFHOUSE, UNDERWALD, APPELZELL & LE COMTÉ DE BADEN avec leurs dépendances.

Dressée par M. Jacq. Scheuchzer de Zurich Docteur en Médecine et Professeur en Mathematiques.

A AMSTERDAM
Chez R. & J. WETSTEIN et G. SMITH.

nach Hause erleichtert.[124] Da man ohne Knecht reiste, wurden je nach Bedarf Träger engagiert.

Der Sprachaufenthalt in Neuenburg war im Voraus festgelegt. Die weiteren Routen und Stationen dürften teils geplant, teils ad hoc bestimmt worden sein. Die Etappenziele richteten sich massgeblich nach Personen, die sich zum Teil ihrer Gelehrtheit, ganz sicher aber ihrer Frömmigkeit wegen einen Namen gemacht hatten. Mit immer wieder neuen Empfehlungsschreiben oder Grussbotschaften versehen, reisten die drei von Station zu Station. Je nachdem wurden mehrere Personen an einem Tag aufgesucht und erbauliche, gelehrte oder gar politische Gespräche geführt. Besichtigungen galten in erster Linie Bibliotheken und Raritätenkabinetten, sodann Schlössern und deren Park- oder Gartenanlagen und Brunnen. Interesse fanden aber auch Befestigungsbauten und vereinzelt Betriebe, wie z.B. das Salzbergwerk von Bex. Stets war Annoni darauf bedacht, die Fossilien- und Gesteins-Sammlung zu vermehren, zu der er Johann Georg bereits vor der Reise angeregt hatte. Landschaftliche Schönheiten und Naturstimmungen werden in den Aufzeichnungen nur selten erwähnt. Auch vom Wetter ist nur ausnahmsweise die Rede, obwohl ihm die Reisenden doch oft schutzlos ausgesetzt waren. Hingegen wird der Zustand von Strassen, Ortschaften und Herbergen häufig beurteilt. Und mit diesem Urteil stimmte das über die jeweilige Bevölkerung meistens überein. Waren die Strassen *ungehobelt*, so waren die Ortschaften *liederlich* und die Leute *schmutzig*.

Aufenthalt in Neuenburg

In dem damals preussischen Fürstentum Neuenburg galt die preussische Toleranzgarantie, weshalb sich dort Kolonien von schweizerischen Pietisten beziehungsweise Separatisten gebildet hatten, welche

---

124 Dem während der Reise geführten Kassenbuch ist zu entnehmen, welche Bücher und Schriften Annoni für seine Schüler und sich erwarb. So stattete er in Neuenburg den jungen Hegner mit Lehrbüchern zur Geschichte, Geographie und der französischen und griechischen Sprache aus. Dazu kamen eine deutsche Bibel und allerlei Erbauungsschriften. Auch Benimm- und Anstandsbücher durften nicht fehlen. Johann Georg schien über eine entsprechende Grundausrüstung zu verfügen. Für den einen oder anderen, zum Teil ebenfalls für sich, erwarb Annoni im Verlauf der Reise: Schriften von Osterwald und a Kempis, Landkarten, Reiseführer, Collins' Martergeschichten, das Neue Testament und die Psalmen in französischer Sprache, Hübners Generallexikon, die Fabeln La Fontaines, weitere Handbibeln, Traktate und Anleitungen zu Anstand und Gesprächsführung. Ausschliesslich für sich erwarb Annoni u.a.: Beat Ludwig von Muralt: Lettres sur les Anglais et les Français, Johann Henrich Reitz: Historie der Wiedergebohrnen. 6. Teil, Jeanne Marie de Guyon: Poesies und Johann Arndts: Le vrais Christianisme.

des Landes verwiesen worden waren. Die Aussicht, von dieser frommen Gesellschaft und vom verehrten Neuenburger Theologen Jean-Frédéric Osterwald profitieren zu können, dürfte die Wahl des Aufenthaltsortes bestimmt haben. Tatsächlich kehrten Annoni und seine beiden Zöglinge mehrfach beim Zürcher Johann Heinrich Bodmer und beim Berner Beat Ludwig von Muralt ein, die in Colombier im Exil lebten.[125]

Der alte Osterwald hatte die drei Zugereisten bald nach ihrer Ankunft empfangen, ihnen seine Bibliothek zur Verfügung gestellt und Ratschläge für den Französischunterricht erteilt. Osterwalds Katechismus diente denn auch als erstes Lehrbuch. Als Sprach- und Schreibmeister wurde Jonas Brand engagiert, «ein frommer und solider, aber wegen freywilliger Abandonnirung des Ministerii [Aufgabe des Pfarramtes] und gewissenhafter Scrupulositaet in Religions=Sachen in grosse Dürftigkeit gerathener Haus=Vater».[126]

Über den Inhalt der mit Bodmer und von Muralt geführten Gespräche erfährt man aus Annonis Aufzeichnungen nichts. Da aber erbauliche Gespräche immer auch das Wirken Gottes an seinen Kindern zum Thema hatte, wird Annoni nochmals aus erster Hand von allen Umtrieben gehört haben, welche sich zu Bern und Zürich seit dem aufkommenden Pietismus zugetragen und welche die beiden Vertriebenen als Angehörige der «ersten Generation» miterlebt hatten. Aktueller waren die Kontroversen um die Inspirierten, die in der Westschweiz zahlreiche Anhänger gefunden hatten. Dabei gingen die Wellen der Inspirationsbewegung sowohl von ihren ersten Verursachern aus, nämlich von den nach Genf und in die Westschweiz geflüchteten Camisarden der Cevennenkriege, als auch von deren direkten oder indirekten Adepten in Deutschland.[127]

Bodmer, von Muralt und weitere im Neuenburgischen lebende *Exulanten* (Vertriebene) waren ganz in das Geflecht der westschweizerischen und Genfer Erweckten eingeflochten und standen im Bann

---

125 Ersterem hatte Annoni bereits im Vorjahr zwei Abhandlungen eines Barons von Metternich geschickt, dazu ein eigenes Gedicht. Im kurz gehaltenen Dank hatte sich der Beschenkte die Zusendung weiterer Schriften jenes Autors verbeten und sich jeden Kommentars enthalten. Von Muralt an Annoni, Colombier, 26.10.1729 (F II, 630). – Bei Bodmer hatte die aus Basel geflüchtete Separatistin Judith Felber eine Stellung als Haushälterin gefunden.
126 Nachlass B II, 1, S. 25.
127 Die Camisarden waren französische Protestanten in den Cevennen, die nach der Aufhebung des Edikts von Nantes im Jahre 1685 um ihres Glaubens willen verfolgt wurden und erbitterten Widerstand leisteten.

der Inspirierten.[128] Während sich Bodmer bald von ihm befreite, liess sich von Muralt weiterhin von ihm bestimmen, zumal redegewandte und selbstsichere jüngere Frauen als Medium des Geistes ein leichtes Spiel mit dem um etliche Jahre älteren Mann hatten.[129] Drei Ehen waren im Kreis der Exulanten auf Geheiss des Geistes geschlossen worden. Wenn sich zur Zeit von Annonis Neuenburger Aufenthalt auch keine Inspirationen ereignet hatten, so muss das Inspirationswesen ein wichtiges Gesprächsthema gewesen sein.

Während des Neuenburger Aufenthalts kam Annoni verschiedentlich mit dem alten Junker von Wattenwyl zusammen, der 1699 nach der Verweigerung des Assoziationseides das Berner Bürgerrecht verloren und einige Zeit in Deutschland gelebt hatte und nun auf Schloss Montmirail bei Neuenburg residierte.[130] Dieser wusste stets das Neueste von Herrnhut und der von Niklaus Ludwig Graf Zinzendorf errichteten Brüdergemeine[131] zu berichten, da sein Sohn Friedrich als Vertrauter und enger Mitarbeiter des Grafen dort lebte. Und die Entwicklung Herrnhuts wurde damals im protestantischen Europa mit derselben Aufmerksamkeit verfolgt wie die Entwicklung von Franckes Werk in Halle.

Einen interessanten Gesprächspartner hatte Annoni in Louis Bourguet, der 1731 die Professur für Philosophie und Mathematik an der Neuenburger Akademie erhielt.[132] Bourguet, ein Universalgelehrter, hatte sich auf verschiedenen Gebieten der Naturwissenschaften, Philologie und Philosophie einen Namen gemacht. Zwei Themenkreise dürften in den Gesprächen mit Annoni im Vordergrund gestanden haben: das Vorkommen und die erdgeschichtliche Deutung von Versteinerungen und die Missionstätigkeit der Herrnhuter. Sie wurden jedenfalls in der späteren Korrespondenz hauptsächlich

---

128 Zum kirchenfeindlichen Pietismus in der welschen Schweiz siehe: Wernle I 1923, S. 139–178.
129 Nachlass B II, 1, S. 69: «Sie [Mme Bourgeois-Bonnet] redete mit uns offenherzig und erbaulich und legte mithin eine Probe ab, dass sie auch von der Natur genugsame Tüchtigkeit zum Wohlreden empfangen habe und ihre Discoursen ordentlich zu tourniren wisse.»
130 F. von Wattenwyl hatte in Magdeburg gelebt. In Magdeburg und dessen Umgebung hatten sich mehrere ausgewiesene Schweizer niedergelassen, nicht zuletzt, um dem Ehepaar Johanna Eleonora und Johann Wilhelm Petersen in Niederdodeleben nahe zu sein.
131 Im 18. Jahrhundert wurde sowohl von der Gemeine als der Gemeinde gesprochen. Die Herrnhuter bevorzugten jedoch von Anfang an für ihre Gemeinschaft die Bezeichnung Gemeine und hielten an ihr fest.
132 Zu Bourguets Biographie und wissenschaftlichen Leistungen siehe Schaer 1996; zu dessen Frömmigkeit siehe: Wernle I 1923, S. 177f.

behandelt, abgesehen von den auch diesen Mann bedrängenden Glaubensfragen und -nöten.[133]

Überschattet wurde der Neuenburger Aufenthalt durch die Nachrichten von der Krankheit und dem am 13. Februar 1731 erfolgten Ableben Johann Konrad Zieglers. Offensichtlich hatte keiner der Schaffhauser Freunde dem Verstorbenen so nahe gestanden wie Annoni. Jedenfalls verfasste dieser sogleich dessen ausführlichen Lebenslauf, der die einzige zusammenhängende biographische Darstellung dieses von vielen Zeitgenossen geschätzten Mannes blieb.[134]

Aufenthalt in Lausanne

In der Hoffnung, das Lausanner Klima sei ihnen bekömmlicher, vertauschten die drei Reisegefährten Anfang April 1731 ihren Aufenthaltsort. Auf dem Wege besuchten sie die aus Basel verwiesene Buchdruckerfamilie Genath und den ebenfalls aus Basel verwiesenen Dietsch in Yverdon. In Lausanne quartierten sie sich im Hause des Mathematikprofessors de Treytorrens ein, das noch weiteren Gästen aus dem In- und Ausland als Pension diente. Für jeden der beiden Knaben wurde ein eigener Sprachlehrer gefunden, und es begann ein reges Besuchsleben in- und ausserhalb der von einem internationalen Publikum belebten Stadt. Der Hauptzweck des Lausanne-Aufenthaltes sollte nämlich für Johann Georg sein: «Die Erlernung der französischen Sprach [und] Angewehnung nobler Maniren durch fleissige Conversation mit honetten und galanten Leuten.»[135]

Annoni kam in Lausanne mit zahlreichen Personen aus dem Kreis der Erweckten zusammen, denen Briefe und Grüsse aus Neuenburg zu überbringen waren. Eine gewichtige Persönlichkeit dieses Kreises war Bodmers Freund Jean François Monod, Chirurg und Posthalter in Morges. Dieser verschaffte Annoni Zugang zu weiteren Häusern. Dem Johann Georg dürfte Monod vor allem darum im Gedächtnis geblieben sein, weil er von diesem zum ersten Mal in seinem Leben zur Ader gelassen wurde. In Lausanne lernte Annoni etliche französische Glaubensflüchtlinge kennen, so auch deren geistlichen Führer Antoine Court, in dessen Haus er an einem Colle-

---

133 Briefe Bourguets an Annoni, 1730–1739 (F II, 35–41).
134 Nachlass, E II.
135 G. Stockar von Neuforn an Annoni, Schaffhausen, 12.03.1731 (F II, 856). – Im Kassenbuch findet sich folgender Ausgabenposten: «Mr. Sibill, der die Discipulos im Compliment-Machen unterwiesen 4 Pfund 10 x». (Nachlass A IV.)

gium pietatis teilnahm. Erbauliche Gespräche, gemeinsame Spaziergänge, Besichtigungen, Ausritte, Gottesdienste, brauchtümliche und militärische Veranstaltungen füllten neben dem Unterricht die Tage aus.

Der dreimonatige Aufenthalt in Lausanne wurde durch einen Abstecher nach Genf unterbrochen. Auch hier galt es, mit bereits persönlich oder zumindest dem Namen nach Bekannten in Verbindung zu treten. Dem Professor Alphonse Turrettini hatte Annoni ein Schreiben Osterwalds zu überbringen.

«Dieser wegen seinen soliden Schriften welt-berühmte, der Leibes=Constitution nach gebrechliche und in seinen Maniren und Meublen galante Theologus machte uns ein kurzes Compliment, weilen er eben auf dem Weg begriffen war, seinen Studiosis eine Lection zu halten. Wir hatten also die Ehre, ihn biss in das Auditorium zu begleiten und daselbst de Studio theologico in genere handlende [Lektion] anzuhören.»

Annoni war nun allen drei bedeutenden Vertretern der vernünftigen Orthodoxie begegnet: Samuel Werenfels, Jean-Frédéric Osterwald und Alphonse Turrettini.

Zur Kur im Bad Leuk

Am 9. Juli 1731 brach die Reisegesellschaft zu Pferde von Lausanne auf, um durch das *rauhe und gefährliche Walliserland* nach Leuk zu reisen. Dort war ein Kuraufenthalt eingeplant. Unterwegs gab es viel zu besichtigen: das Schloss Chillon, das Salzwerk von Bex, St. Maurice, Martigny und Sitten. Vieles erschien dem Berichterstatter als *liederlich*. Erschöpft von gefährlichen Wegpartien und ruhelosen Nächten, in denen Ungeziefer sie geplagt hatte, erreichten die drei am 13. Juli das Bad und fanden sogleich eine angenehme Bleibe.

Ausführlich schildert Annoni die Badeanlagen für die Angehörigen unterschiedlicher Stände und die bunte Gesellschaft an der Table d'hôte. Zu dieser gehörten z.B. die «Madame Lambading [...], eine reiche und ansehnliche, aber meisterhafte und commode Frau» oder die «Madame Willading [...], des bey hause gebliebenen Herrn Schultheissen im äussern Stand junges zartes und wohllüstiges, doch auch gutmüthiges Weiblein, das schon lange verehelichet und bissher ohne Kinder geblieben ist.» Imposante Erscheinungen fand Annoni – nicht nur in Leuk – viel häufiger unter Männern als unter Frauen. Da ist der eine von «schönem Exterieur» und ein anderer «ein ausserordentlich grosser und schöner Mann». Von einem Leidensgenossen heisst es, er sei «klein von Person, grösser an cholerischer Imagination, ein zimlich geplagter und empfindlicher, annoch unverheyratheter Haemorrhoidarius.» Vor allen anderen zeichnete sich die junge und reiche Madame de Roll aus: «eine Dame von feiner Gestalt, guter Conduite, trefflichem Verstand und catholischer Pietaet [...], die mit ihrem Mann alle Morgen vor Gebrauch der Cur eine Stund gebethet und auch des Abends ehe sie nieder gegangen, eine halbe Stund in der Capelle zugebracht; mithin fast alle übrige Gäste, sonderlich von ihrem Range, an Tugend übertroffen und mit ihrem Wandel theils erbaut, theils beschämt hat.»

Reise über Bern, Luzern, Altdorf, Schwyz, Einsiedeln und Glarus nach Chur

Abenteuerlich war der *mehr als schreckliche Weg*, welcher die am 6. August von Leuk aufgebrochene und von Gepäck- und Sesselträgern begleitete Reisegruppe über die Gemmi ins Kandertal führte. Die gefahrvolle Partie schilderte Annoni mit dem Schaudern, welches die noch kaum erschlossene Alpenwelt damals bei Reisenden auslöste. Albrecht von Hallers 1729 erschienene hymnische Bewunderung der Alpen war wohl noch nicht bekannt geworden. Die Deutung gewisser Formationen als Spuren der Sintflut erhöhte das Grauen. Der Wechsel vom Wallis ins Bernbiet erschien dem Berichterstatter «wie es einem seyn mag, der aus einer Grümpel-Kammer in ein meublirtes Zimmer geführt wird. So wild und unordentlich stehet und gehet es in jenem zu, und so säuberlich und angenehm siehets in disem aus.»

Ähnlich wie die Kleinmeister zwei Generationen später die Schönheiten des Berner Oberlandes auf ihren Veduten festhielten, schilderte Annoni den Blick von der Höhe auf den Thunersee:

«Denn kaum waren wir am Ende, ja noch im kühlen Schatten des Waldes, als sich uns der fast ganze Thuner=See und dessen mit Schlösseren, Dörfferen, Landgüteren und Häuseren reichlich besetztes gegen über stehendes Gestaad, samt dem daran stossenden Wald und Waid=Gebürge presentirte, und mit recht verzückenden Anmuthigkeiten, zumalen bey so lieblich heller Witterung, in Verwunderung und Erstaunen sezte. Wir lagerten uns desswegen frischer Dingen in die grünen Feld=Teppichs und liessen unseren Augen den Gang, ja auch den Ohren das sanfte Lisplen der Blätter und Ästen und Vöglen im Walde recht wohl gefallen; denn auch dieses ist uns, weilen es in den höheren und kälteren Gebürgen nicht so gemein, wieder etwas Neues gewesen. Wir stimmeten zugleich zu Lobe des Schöpfers und Bezeugung unseres Vergnügens ein Reis= und Feld=Liedlein an.»[136]

Von Unterseen aus unternahmen die drei eine Tour nach Grindelwald, wo sich Annoni aus gebührendem Abstand vor allem für die umliegende Gletscherwelt interessierte. Nach einem Besuch bei Pfarrer Keller auf dem Beatenberg war Samuel Lutz in Amsoldingen das nächste Ziel. Am 12. August trafen die Reisenden zur Sonntagmorgen-Predigt bei ihm ein. Während zweieinhalb Tagen erlebte Annoni aus nächster Nähe das seelsorgerliche Wirken des Pfarrers mit, der von weither als Ratgeber in geistlichen und leiblichen Nöten aufgesucht wurde.[137] Annoni charakterisierte seinen Gastgeber als einen «rechtschaffenen Jesus=Jünger und Mann Gottes, dessen Gelehrtheit, Erfahrung, Freundlichkeit, Fleiss, Einfalt und Tugend=Wandel […] manchem alten und jungen Praedicanten zum Muster dienen solte und könnte, von dessen Salbung auch so manche durch den Druck gemein gemachte, ohne ängstliche Meditation gehaltene, ohne arbeitselige Praeparation und Affectation aufgesezt und mit kernhaften Materien angefüllte Rede zeuget.» Nur wenige Jahre später sollte sich Annoni der Herausgabe gesammelter Schriften seines Freundes widmen.

Mit dem Schiff gelangten die drei nach Bern, wo sie eine Woche verbrachten. Während dieser Zeit kamen sie mit zahlreichen Personen zusammen, die sich als Pietisten oder Separatisten verstanden, so u.a. mit dem Uhrmacher Haas, dem Freund aller Erweckten, mit dem *alten und ansehnlichen* Pfarrer Dachs und dem erst kurz zuvor aus der Verbannung zurückgekehrten Samuel König. Dachs und König waren 1699 im Berner Pietistenprozess verurteilt worden und konnten auf ein bewegtes Dissidentenleben zurückschauen. Ausserdem besuchten sie den Glaser Johann Heinrich Müslin, der wie König eine Zeit lang in den Wittgensteiner Grafschaften gelebt hatte – wo-

---

136 Nachlass B II 1, S. 262f.
137 Zur Seelsorge von Lutz vgl. die Schilderung im «Diarium eines Ungenannten» von 1738: «Herr Lucius hat eine artliche Mode, wann Frembde bey ihm logiren. Er gibt ihnen bey Zeit zu essen und als dann heisst er sie schlaffen gehen. Nach 12 oder 1 Uhr, wann er glaubt, dass sie den ersten Schlaf gethan haben, kommt er zu ihnen ins Bett gestiegen, um wegen seines Pricipals mit ihnen zu reden. Er ist eisgrau und hat ein apostolisch Gesicht, er logirt alle Secten und wanns auch Heyden und Tartaren wären.» (UHA R.19.C.2.a.8. Eine Notiz im Register besagt, dass Paul Wernle vermutete, Graf Dönhof sei der Verfasser des Tagebuchs.)

hin er später auch wieder zurückkehrte – und der, jedoch im Unterschied zu Samuel König, ein erklärter Gegner der Inspirierten war. All diese Personen verkörperten einen Ausschnitt aus der bewegten Geschichte des Berner Pietismus und dessen vielfältigen Bezügen nach Deutschland.

Besonders angetan hatte es Annoni der Junker Albrecht von Wattenwyl, Herr von Diessbach und Bruder des Herrnhuter Friedrich von Wattenwyl. Ortsabwesend war damals offensichtlich Margret Zeerleder-Lutz, die Schwägerin des Samuel Lutz, deren Haus für alle Erweckten ein wichtiger Treffpunkt war. Dafür kam Annoni mit deren Schwiegersohn Dr. Rudolf Knecht zusammen. Selbstverständlich besichtigten die Reisenden auch alle Sehenswürdigkeiten der Stadt, vom Bärengraben bis zum Münster. Sie erlebten den Leichenzug des Schultheissen von Steiger mit und im Inselspital eine Armamputation.

Die Reise führte weiter über Burgdorf, durch das Emmental ins Luzernerland. In Huttwil gab es eine Sehenswürdigkeit besonderer Art: Eine 111-jährige Frau, welche erst im Alter von 100 Jahren erweckt worden war. Über Sursee ging es nach Sempach, wo in der Schlachtkapelle das Banner von Schaffhausen besondere Beachtung fand. So wie Annoni von allen möglichen Fundstellen Fossilien mitnahm, sich aus römischen Mosaiken einige Steinchen einsteckte, so liess er sich vom Sempacher Beinhaus zwei Totenschädel als Andenken mitgeben.

Am 25. August trafen die Reisenden in Luzern ein, wo sie sich drei Tage lang aufhielten. Hier suchte Annoni den Stadtarzt und Naturforscher Moritz Anton Kappeler auf, dem er einen Brief von Louis Bourguet zu überbringen hatte. «Dieser freundliche und gelehrte Man begegnete uns sehr höfflich, unterhielte uns bey einem Glas Weins in Gelehrten-Discursen von verschiedener Art und beschenckte mich ins besondere mit Langii Historia Lapidum Figuratorum, welche ich meinem lieben Juncker cedirt.» Kappeler zeigte Annoni auch einige seiner eigenen Manuskripte, darunter das zu den *Psalmis Physico=Theologicis*, «die eine Ideam von dem Grossen Gott und seinen wunderbahren Geschöpfen geben, den Ursprung unserer deutschen Sprach aus der Hebraeischen zeigen und zum Preiss und Dienst des Herren zielen und ziehen sollen, die mithin ein Beweiss sind von dem christlichen Hertzens Grund des ad Altiora [nach dem Höheren] sehnenden und strebenden Authoris.» Der nächste Besuch galt dem Verfasser des geschenkten Werkes, dem Arzt und Naturforscher Karl Niklaus Lang, der den Gästen seine vielfältige naturgeschichtliche Sammlung zeigte.

Für die folgenden Etappen erwies sich Johann Leopold Cysats Landkarte vom Vierwaldstättersee als hilfreich.[138] Zu Wasser und zu Lande gelangten die Reisenden über Sarnen nach Sachseln, wo sie das Grab des 1649 selig gesprochenen Niklaus von Flüe aufsuchten. Über Sarnen und Kerns ging es nach Stans, weiter von Buochs nach Treib. Das Rütli und die Tellskapelle wurden aufgesucht. Von Altdorf aus ritten die drei am 1. September auf den Gotthardpass und am folgenden Tag wieder zurück. Nach einer Besichtigung von Schwyz ging es auf dem See von Brunnen bis Küsnacht. Hier wurde wieder des Helden Wilhelm Tell gedacht. Nach der Besichtigung von Zug ging es am 5. September weiter nach Einsiedeln, wo im Wirtshaus Ochsen ein gutes Quartier gefunden wurde.

Seit dem Verlassen des Kantons Bern und dem Betreten des Kantons Luzern lag das Hauptinteresse auf der Besichtigung von Kirchen, Klöstern und historischen Stätten. Letztere veranlassten den Informator zu Betrachtungen über die vaterländische Geschichte. Ausser berühmten Wissenschaftlern suchten die Reisenden einige Personen auf, die Annoni in Bad Pfäfers kennengelernt hatte. Annoni scheute sich nicht, mit Katholiken ins Gespräch zu kommen und katholische Kirchen und Klöster zu betreten, wenngleich ihm viele Formen der Volksfrömmigkeit suspekt, unsinnig oder gar heidnisch erschienen. Einen katholischen Gottesdienst besuchte er jedoch nicht. Dass ein reformierter Theologe mit zwei ihm anvertrauten Knaben aus angesehenen reformierten Familien den berühmten Wallfahrtsort Einsiedeln besuchte, dürfte damals etwas Ungewöhnliches gewesen sein. Annonis Schilderung hierüber sei ausführlich zitiert, da aus ihr ersichtlich wird, dass die in pietistischen Kreisen propagierte konfessionelle Toleranz selektiv und das Wallfahrtswesen von ihr ausgenommen war.

«Nachmittags giengen wir zu der neu und zierlich erbauten, aber noch nicht völlig zu End gebrachten, mit vielen köstlichen Mahlereyen und Bildern ausgerüsteten, mit einer weiten, thönend und glänzenden Canzel versehenen grossen Closter=Kirch. In welcher das arme und einfältige Volk mit Knien, Bätten, Singen, Wand und Boden Küssen seine unbegründte Andacht bezeugte.

---

138 Effigies Quatuor Urbium Silvaticu(m) lacus. Abbildung der 4. Waldstätten See. Frankfurt o.J.

Aus dieser Kirch führete uns der Unter=Messmer an den Ort, da der Kirchen=Schatz aufbehalten wird. Und solcher ward uns auch mit allen seinen beinernen, hölzernen, goldenen, silbernen, steinernen und seidenen Heiligkeiten gewiesen von einem Ordens=Bruder, der, als auf seinem Mist stehende, nicht unterliesse, einen Polemicum zu agiren und etliche Argumenta für seine Secte und gegen die Reformirte an den Mann zu bringen. Unter anderm liess er uns viele von Silber gegossene Kindlein sehen, die von fürnehmen Leuten dahin verehret worden, welche lange Zeit ohne Leibes=Erben geblieben und auf Vorbitte der Heiligen Jungfrau Maria und Einsiedlerischer Bruderschaft endlich solche erhalten haben. Daraus machte er lauter Miracula und exemplirte so lange, biss endlich die Frage, ob die jetzige Römische Kaiserin sich nicht auch in die Intercession recommendirt [als Vermittlerin empfohlen] habe, ihne schweigen machte.

Aus dem Schatz=Zimmer kahmen wir in die Capelle der bussfertigen Mariae Magdalenae, da es auch an feinen Gemählden und erbaulichen Reim=Zeilen nicht gebricht, so wenig als an dem gewöhnlichen abergläubischen Docken=Werck [Puppen-Werk].

Von hier brachte man uns in die nahe beym Eintritt in die grosse Kirch stehende alte Capelle, welche eben diejenige seyn soll, die der Heilige Meinradus, erster Abt oder Eremit alhier, bewohnet und bedienet, die von dem Herrn selbst auf miraculose Weiss soll eingeweihet seyn und in welcher der namlich Meinradus von 2 Mördern todt geschlagen worden. Diese Capelle ist auswendig ganz mit schwarzem Marmor überzogen. Auch stehen heilige Bilder und Engel darauf, welche Schilde halten, in denen unterschiedliche Lobsprüche für die Heilige Jungfrau zu lesen sind.

Inwendig ist alles finster und kein anderes Licht als das, so von etlichen immer brennenden Lampen gemachet wird. Mithin siehet man hier ein von Gold und Silber glänzendes, aber auch vom Öhl=Dampf im Angesicht schwarz gewordenes Maria=Bild auf einem gleichfals von Gold, Silber und Jubelen schimmerenden Altar stehen. Welchem dann auch hauptsächlich von den fremden Pilgrims geopfert, Gelübde getahn und bezahlt und auf vielerley Weiss Ehre erwiesen wird. Gewisslich ein reales Gleichnuss von einem heidnischen Götzen=Tempel, der nicht ohne Leidwesen und Entsetzen von Leuten, welche Gottes Ehre und der Menschen Heil lieb haben, mag angesehen werden und welches billich soll seufzen machen:

Zerstöre die eitle, die sündliche Zier!
Bekehr die Verführer und auch die Verführte!
Mach deine Kirch=Herde einfaltiglich weis;
Den Schaafen zum besten, Dir Höchster, zum Preis!

Über dem Eingange in diese Capelle siehet man von aussen 5 runde Löcher, welche in den mit Silberblech überzogenen Thür=Pfosten hinein gehen und vom Herrn Jesu selbst zum Andenken der persönlichen Einweihung und Gegenwart sollen eingetrukt worden seyn. In solche stecken nun die arme

Leutlein ihre Finger mit vieler Devotion und bilden sich, weis nicht was für Nutzen oder Vortheil davon eyn.

Wir hatten endlich dies Elend genugsam angesehen und darum eileten wir aus der Kirch ins Closter, und – nachdem man uns hier unterschiedliche Gänge und Zimmer und einen sehr gross und schönen Gang gewiesen – um das ganze Closter herum in unsere Herberge und von hier ferners mit Sack und Pack zum Flecken hinaus, in der stillen Weite Ruh für Leib und Gemüth zu suchen.»

Drei Tage lang durchstreiften die Reisenden das Glarnerland, dann fuhren sie auf dem Walensee von Weesen nach Walenstadt. Weiter ging es durch das Seez- und Rheintal nach Chur, wo sie am 11. September anlangten.

Reise durch Graubünden

Der Aufenthalt im Bündnerland dauerte zehn Tage.[139] Die ersten Tage in Chur waren angefüllt mit Besuchen und Gegenbesuchen bei den verschiedensten, Annoni zum Teil bereits von Basel, Schaffhausen oder Pfäfers her bekannten Personen. Die Verbindungen stellte im wesentlichen Daniel Willi her, der Pfarrer von Thusis, den man bereits zu Lebzeiten den *Patriarchen aller guten Seelen*[140] nannte und den Annoni als einen *herz=redlichen, eifrigen, rechtschaffenen Mann und Prediger* charakterisierte. Im reformierten Chur war es wieder möglich, in gewohnter Weise erbauliche Gespräche zu führen. Pietistische Frömmigkeit war hier vor allem von Halle geprägt, wohin besser gestellte Familien ihre Söhne zur Ausbildung schickten. Später, in den 1750er-Jahren, konnten die Herrnhuter Sendboten viele pietistisch gesonnene Bündner für ihre Gemeinschaft gewinnen.

Ein gewagtes und strapaziöses Unternehmen bedeutete der Ritt zum Bundestag in Davos, den Annoni mit seinen Zöglingen in Begleitung des erweckten Kaufmanns Johann Antonius Zaff unternahm. Ausführlich behandelte Annoni in seiner Reisebeschreibung die politische Struktur der drei Bünde, die Bedeutung und den Verlauf des Bundestages. Da ausser den dreien keine landesfremden Zuschauer daran teilnahmen, wurden sie als *rare Vögel* zur Kenntnis genommen. «Ich sehe», bemerkte Karl von Salis aus Maienfeld, «dass

---

139 Diesen Teil der Reisebeschreibung (B II 1, S. 408–452) publizierte – mit einer Einführung und mit Anmerkungen versehen – Hartmann 1927.
140 Wernle I 1923, S. 243.

ihr Herren denen Curiositaeten unseres Landes nachreiset und ihr seyd indessen in hiesiger Wilde selbsten eine Raritaet!» Als über das ungeheure Gebirge geklagt wurde, welches die Schweiz und insbesondere das Bündnerland so ungestaltet und unbequem mache, verglich eben jener Herr von Salis, *ein ansehnlicher und eloquenter Mann*, sein Land mit einer alten Jungfer, «die durch so viele Berg= und Felsen=Runtzeln vor der Nachstellung und Buhlschaft fremder Könige und Fürsten bewahrt wird». Worauf Annoni hinzufügte: «Doch hat es sich schon öfters gezeigt, dass man sich, der Runzlen und Ungestaltenheit ungeacht, nach selbiger gesehnet und sie um den Kranz zu bringen getrachtet habe.»

Von Davos aus ritten die drei über Tiefenkastel nach Thusis, wo sie bei Daniel Willi einkehrten. Vom segensreichen Wirken dieses Mannes zeugte das drei Jahre zuvor gegründete Waisenhaus und der Wiederaufbau des 1727 abgebrannten Ortes.[141] Im Waisenhaus, das Daniel Willi nach dem Vorbild Franckes und Hurters *aus Glauben und auf Glauben*, d.h. ohne finanzielle Absicherung, errichtet hatte, verfolgten die Reisenden das Morgengebet:

«In unserer Gegenwart knieten die Kinder samt ihrem Directoren nieder und verrichteten das Morgen=Gebätt, so dass ein jegliches oder doch die meisten unter ihnen eine vorgeschriebene und auswendig gelernte Gebätts=Formul absprachen und endlich Herr Pfarrer mit einem eigenen Herzens=Gebätt den Beschluss machte. Worauf sich die Kinder zur Hand= und Kopf=Arbeit wendeten.»

Daniel Willi führte die Reisenden aufs Schloss Tagstein zu dem betagten Herkules von Salis, der sich an Annonis Vater und dessen kunstvolle Uhrwerke erinnern konnte. Herkules von Salis war ein Bruder des Obersten Peter von Salis, den Annoni bereits in Chur kennengelernt hatte und welcher damals der reichste Mann im Bündnerland war. In beiden war Annoni Männern von weitem Horizont begegnet. Sie hatten eine politisch militärische Karriere gemacht und eine wichtige Rolle in der jüngsten Geschichte ihres Landes gespielt. Diese führten keine erbaulichen Gespräche – Peter von Salis galt als ein *Esprit fort* [Freigeist] –, sondern behandelten politische und naturwissenschaftliche Themen.

Von Thusis aus reisten die drei über Reichenau zurück nach Chur. Nach zahlreichen Abschiedsbesuchen ging es dann am 20. Sep-

---

141 Das Waisenhaus, das Annoni als «zimlich klein und schlecht» beschrieb und das damals zehn Kinder beherbergte, musste 1732 wieder aufgegeben werden.

tember wieder nordwärts auf den Heimweg. Im Bündnerland war Annoni nicht nur mit pietistischen Pfarrern und Kaufleuten zusammengekommen, sondern auch mit politischen Amtsträgern, zumeist Vertretern der vornehmsten Familien. Die Gespräche müssen mehr als an anderen Aufenthaltsorten die politischen Verhältnisse des Landes berührt haben, die wegen konfessioneller Spannungen und wegen der Verflechtung in internationale Auseinandersetzungen äusserst verworren und labil waren. Annoni muss sich in diesen Gesprächen nicht nur als ein frommer Mann, sondern darüber hinaus auch als ein vielseitig gebildeter und interessierter Zeitgenosse bewährt haben. Vier Jahre später nämlich begehrte ihn die in Soglio ansässige Familie von Salis zum Hauslehrer.[142] Der dannzumal verheiratete Annoni nahm das Angebot jedoch nicht an.

Mit Daniel Willi blieb Annoni weiterhin in Verbindung. 1732 ermöglichte er seinem Bündner Freund, im Schaffhauser Münster zu predigen. «Sie [die Predigt] lautete aber so mystisch, dass es schiene, als wan Jacob Böhme auf der Kanzel stühnde, und mithin war mir recht leid, dass ich solche Predigt erpracticirt [ermöglicht] hatte, indem ich der Meinung bin, dass man deutschen Zuhörern deutsch predigen solle.» Die Vorbehalte, die sich auf Willis sprachlich verschrobenen Mystizismus bezogen, welcher auch die später im Druck erschienenen Schriften kennzeichnete, taten aber Annonis Achtung und Zuneigung keinen Abbruch. Er schickte Willis Schriften an so bedeutende Adressaten wie Graf Zinzendorf und Heinrich Ernst Graf Stolberg-Wernigerode.[143]

---

142 Willi an Annoni, Chur, 14.08.1735 (F II, 986): «Die Herren von Salis auf Soglio haben etliche junge Kinder, diese suchen einen Praeceptorem domesticum [Hauslehrer] und haben schon öfters an Euer Liebden gedacht, einiche kennen euch, sonderlich die von Tackstein [Schloss Tagstein], Herr Envoye [Peter] von Salis, und seine Frau Schwöster, die Frau Obristin. Es sind etliche Salische Häuser im Lande, bey denen Euer Liebden werth wäre, sonderlich Soglio, dahin ihr expresse ut supra verlangt werdet. Könnt ihr kommen so berichtet mich, samt denen Conditionibus und dem Salario. Mich freuts, wann ihr ins Land kommet.»

143 Annoni an Zinzendorf, Diegten, 21.02.1739 (UAH R.19.C.Nr.4.2): Annoni schickt Willis Katechismus «In das Wort der Wahrheit verschantzte [...] Raetzel [...].» Chur 1736 und dazu von demselben Autor: «Das erläuterte Zeugnuss der Wahrheit [...]» Frankfurt und Leipzig 1738. Letzteres war eine Entgegnung Willis auf eine Kritik an seinem Katechismus. – Annoni schickte Willis Predigten an H. E. Graf Stolberg, dem sie «sehr angenehm» waren. H. E. Graf Stolberg an Annoni, Wernigerode, 08.02.1744 (F II, 886).

Heimweg nach Schaffhausen

Bei Vaduz setzten die drei über den Rhein und gelangten damit wieder auf eidgenössischen Boden. Über Eichberg, Gaiss, Appenzell, Trogen und Speicher kamen sie nach St. Gallen. Hier gab es wieder etliche Besuche zu machen, u.a. bei der Witwe des Buchhändlers Hans Ulrich Schopfers, dem einstigen Verbreiter aller mystischen Bücher in der Stadt und furchtlosen Gastgeber aller verdächtigen und unverdächtigen frommen Seelen.

Über Herisau ritten sie nach Lichtensteig, wo sie den Goldschmied Hans Ulrich Giezendanner aufsuchten, der vor 16 Jahren als einer der ersten Schweizer Inspirierten Aufruhr verursacht hatte.[144] Sein Auftreten in St. Gallen hatte damals zu einem öffentlichen Pietistenskandal und zur Verschärfung des Pietistenmandats geführt. In Zürich hatte er danach jene Unruhen und Pietistenverfolgungen ausgelöst, welche zahlreiche Theologen und Laien in die Separation und zum Teil in die Verbannungen getrieben hatten, so unter anderen Johann Heinrich Bodmer. Nach bewegten Jahren war es nun um den in seine Heimat zurückgekehrten Giezendanner ruhiger geworden. Diesen in der «*Historia pietistica* bekandten und auch zu Schaffhausen renommirten Goldschmied» wollte Annoni persönlich kennenlernen.

«Er empfienge uns freundlich, führete erbauliche Gespräche mit uns, begleitete uns wieder zurück ins Wirtshaus und ging, als wir daselbst zu Pferd gesessen, mit uns biss in das benachbarte grosse und schöne Dorff Wattwil. Seine natürliche Complexion scheint melancholico-colerisch zu seyn und mithin auch die Quelle einiger Unrichtigkeiten, die man ehemalen an ihme zu gewahren meynte. Denn bey dergleichen Temperamenten gibt es gern wildes Feur und kranke Phantasien etc. Im übrigen konnten wir an der Richtigkeit seines Herzens gegen Gott nicht zweiflen, und mag er wohl vor dem Herrn und Richter besser stehen als manche von seinen Lästerern und Verfolgeren, die ihne in der Welt so sehr angeschwärzet haben oder noch anschwärzen.»

Durch das Gasterland zogen Annoni und seine Schüler weiter nach Schmerikon am Zürchersee. Dort mieteten sie ein Boot, welches sie am Sonntag, den 30. September, mit Zwischenhalten in Rapperswil und Männedorf, nach Zürich brachte. Dort blieben sie fünf Tage als Gäste bei Professor Nüscheler und trafen sich mit zahlreichen

---

144 Zu Giezendanner siehe Hanimann 1990, S. 45ff.

Persönlichkeiten der guten Zürcher Gesellschaft.[145] Erbauliche Gespräche wurden geführt mit Beat Holzhalb und dem Seidenfabrikanten Hans Heinrich Schulthess. In diesen Tagen erhielt Annoni einen Einblick in die aktuellen politischen und religiösen Verhältnisse der Stadt Zürich.

Am 5. Oktober ritten Lehrer und Schüler nach Winterthur, wo der junge Hegner wohlbehalten den Eltern übergeben werden konnte. Tags darauf ging es nach Girsberg, wo sich des Junkers Mutter und Schwester aufhielten. Gemeinsam dankten sie Gott mit *aufgehobenen Händen und gebogenen Knien* für den guten Verlauf der Reise.

---

145 So kamen sie zusammen mit dem Stadtschreiber Löw, den Herren Ziegler im *Talacker* und im *Pelikan*, Johannes Escher im *Seidenhof* und dem Musiker Ludwig Steiner.

Die erste persönliche Begegnung mit Herrnhutern

Im Dezember 1731 kehrte Friedrich von Wattenwyl mit seiner Frau auf der Durchreise im Hause Im Thurn ein. Dies war die erste persönliche Begegnung Annonis mit einem Mitglied der Herrnhuter Brüdergemeine. Von Wattenwyls Bericht über die Mährischen Brüder in Herrnhut machte seine Zuhörer ganz begierig, an dieser Gemeinschaft der *allein-edlen Kinder Gottes* teilzuhaben. Zinzendorf hatte den hussitischen Glaubensflüchtlingen aus Böhmen und Mähren eine Verfassung gegeben, die viele Elemente der brüderischen Tradition enthielt. Den Erweckten musste diese kaum hierarchische Gemeinschaftsordnung inmitten der absolutistisch regierten Staaten Europas als urchristlich geprägtes *Philadelphia* erscheinen. Mit grosser Anteilnahme verfolgte man überall in Europa die weitere Entwicklung Herrnhuts und dessen weltweite Missionstätigkeit.

Wo immer Herrnhuter Brüder und Schwestern auf ihren Reisen als *Sendboten* auftauchten, gewannen sie unter den Pietisten Anhänger, verkündigten sie doch die erlösende Gnade und Barmherzigkeit des *Heilands* auch für die grössten Sünder, sofern sich diese ihm nur ganz anvertrauten. Für viele Fromme bedeutete der zuversichtliche Erlösungsglaube eine Befreiung vom *gesetzlichen Wesen*, d.h. von der Angst, durch sündhaftes Verhalten Gottes Gnade verwirkt zu haben. Die *gänzliche Übergabe an den Heiland* erforderte nach Zinzendorfs Vorstellung wohl die Einsicht in das eigene Elend, nicht jedoch einen eigentlichen Busskampf nach dem Vorbild Franckes. Die Gewissheit der Gnade und Errettung könne sich, so Zinzendorfs Erfahrung und Lehre, sofort einstellen, wenn sie nur aufrichtig erfleht werde. Die Erkenntnis der Sündhaftigkeit verband sich mit der Seligkeit, unverdient – allein durch den Glauben – durch des Heilands Opfertod die Gnade zu erhalten. Luthers Rechtfertigungslehre wurde durch Zinzendorf in einer solch bildhaften Sprache verkündet, dass sie psychisch und physisch erlebbar, sinnhaft erfahrbar wurde. Den selbstverfassten Lebensläufen von Herrnhuter Brüdern und Schwestern – gerade auch jener, die der reformierten Kirche angehörten – ist das Befreiende und Beseligende zu entnehmen, das sie durch die Begegnung mit der Zinzendorfschen Frömmigkeit erfahren hatten. Die Zugehörigkeit zur Brüdergemeine verlieh vielen eine neue Freudigkeit sowohl zur Mitarbeit am *Reich-Gottes-Bau* in der Welt als auch zum Scheiden aus der Welt.

Wie Samuel Lutz, der ebenfalls mit grosser Anteilnahme das Werk Zinzendorfs verfolgte, wünschte sich auch Annoni die Gemeinschaft mit den *allein-edlen Kindern Gottes*.[146] Nach Zinzendorfs Vorstellung sollte diese als *philadelphische Gemeinschaft* alle Landes- und Konfessionsgrenzen überwinden. Zinzendorf war beseelt von dem Gedanken, am Aufbau der endzeitlichen Brautgemeinde *Philadelphia* mitzuwirken. Auch Samuel Lutz sehnte sich nach dem heilsgeschichtlichen Zeitalter des *philadelphischen Frühlings*, deutete die Zeichen der Zeit aber als Kennzeichen des *sardischen Winters*, in der die Welt noch erstorben sei.

Nichts in Annonis Schriften deutet darauf hin, dass er damals – und auch später nicht – die Verbundenheit mit den Erweckten als *philadelphisch* im Sinne der heilsgeschichtlichen Abfolge betrachtet hätte. Doch das *Experiment Herrnhut* weckte Hoffnungen. Die im Herbst 1731 handschriftlich vorliegende Schrift des Christian David über Herrnhut machte Annoni sogleich den Basler Erweckten bekannt.[147] Die Begegnung mit dem Ehepaar von Wattenwyl hatte auch Judith Im Thurn für die Herrnhuter begeistert. Wenige Monate später hatte sie auf dem Sterbebett die Vision, ihre Tochter Agnes in deren Gemeinschaft zu sehen, eine Vision die sich später nicht nur für Agnes, sondern auch für deren Cousine Juditha erfüllte.

---

146 Lutz an Annoni, Amsoldingen, 22.04.1732 (F II, 527): Zinzendorf war aus der Schweiz abgereist, ohne Lutz besucht zu haben, «[...] indessen bleibet mein Hertz mit Herrenhut innig verbunden und wird das Band so nahe zugezogen, als es auf Erden fast möglich ist».

147 Müller 1911, S. 54: Im Oktober 1731 erschien die Schrift des Herrnhuters Christian David über die Herrnhuter Gemeine, verfasst für die Brüder in Bern, Zürich, Schaffhausen und Lausanne. (1735 in Leipzig im Druck erschienen.)

Tod der Judith Im Thurn

Nachdem Annoni und Georg Friedrich von der Reise zurückgekehrt waren, beschlossen die Brüder der Judith Im Thurn, dass Johann Georg nun – wiederum in Annonis Begleitung – die Universität Strassburg besuchen solle. Eine schwere Erkrankung der Mutter machte den Plan jedoch zunichte. Nach mehrwöchigem Leiden verstarb Judith Im Thurn am 30. März 1732. Annoni verfasste eine Schrift über deren Lebens- und Charakterbild mit einer ausführlichen Schilderung des Kranken- und Sterbelagers. Zusätzlich dichtete er ein *Trost- und Lehrgedicht*, welches auch im Druck erschien.[148]

Das Lebens- und Charakterbild fand bei Freunden und Verwandten nicht nur Zustimmung. Annoni hatte zwar die Frömmigkeit und Wohltätigkeit der Verstorbenen gepriesen, aber auch das gespannte Verhältnis angedeutet, welches zwischen ihm und der weltlich gesinnten Verwandtschaft bestanden hatte. Der Bericht über das Kranken- und Sterbelager protokollierte – wie dies bei dieser Textsorte üblich war – detailliert alle körperlichen Veränderungen, geistlichen Anfechtungen und Tröstungen bis zum gottseligen Sterben. Dem Informator kam darin die Rolle eines seelsorgerlichen Begleiters zu. Trotz konventioneller Formulierungen ist Annonis Darstellung die enge Verbundenheit zu entnehmen, welche im Laufe der fast zwölf Jahre zwischen ihm und Judith Im Thurn entstanden war. Annoni bezeugte der Verstorbenen seine grosse Dankbarkeit für die *Zähmung seiner natürlichen und akademischen Wildnis* und für die treue Unterstützung in all seinen Krankheiten. Der Sterbenden hatte er versprochen, weiterhin für das Seelenheil ihrer Kinder besorgt zu sein.

Mit dem Tod seiner Patronin hatte Annoni seine Gönnerin verloren. Von nun an musste er mit seiner Entlassung rechnen. Doch die Verwandten des Junkers, die Annoni als seine *Antagonisten* bezeichnete, wollten mit der Entlassung offensichtlich noch zuwarten, bis der Informator den jungen Mann an seinen Studienort begleitet

---

148 Nachlass E I (gedruckte Ausgabe) und B III, S. 109–116 (handschriftliche Fassung): «Als die nach Geist u. Leib recht Edle, Ehr und Tugendreiche Frau Judita Stockarin von Neuforn des Tit. Weiland Wohl Edelgebohrnen Herrn Obristen Joh: Friedrichs im Thurn von Gyrsperg nach Tode hinterlassene Frau Wittib, auf dero frühzeitiges aber erbauliches Lebens Ende den 1ten Ap. Ao 1732 zu Ihrem Ruhebettlein begleitet wurde, hat mit folgendem Trost= u. Lehr=Gedicht dem ganzen lieben Trauer=Haus u. sonderl. denen zwey hinterlassenen betrübten Kindern, Jkr. Joh. Georg Friedrich im Thurn und Jungfrau Agnes von Gsbrg. zum stets währenden u. erweckl. Andenken, das Leid versüssen sollen u. wollen: Ein durch solch unvermutheten Abschied gleichfals schmerzl. verwunder und herzl. betrübter Hauss=Genoss, Sohn und Diener».

hätte. Bis zur Abreise vergingen noch acht Monate, ohne dass sich Annoni um eine neue Arbeitsstelle bemüht hätte. Die Aufforderung des Schwagers Johann Jakob Fischer, er solle sich um eine frei gewordene Diakonstelle in Basel bemühen, wies Annoni zurück. Nach wie vor fühlte er sich nach *Leib und Gemüte* einem solchen Posten nicht gewachsen.

«Vielleicht ist meine Resolution der lieben Mutter nicht anständig, die allezeit gerne, wie das Weib Zebedei ihren Sohn hoch placiren wolte.[149] Sie soll aber sich vergnügen, dass sie ein Kind hat, das aus dem Kreuzkelch Jesu schlucken muss und will und hoffen darff, dereinst auch an der Herrlichkeit Christi theil zu haben. Wie viel besser ist, die Augen und Rechnung dahin zu richten als in dieses kurze und eitle Nun. O gewüss, wer Augen hat zu sehen, der freuet sich nicht viel über hiesige Fortune, sondern wünscht, sucht und hat seinen Schatz im Himmel. Dazu helffe Gott uns allen. Aber hier gilts mehr als freyen, mehr als Bücher und Brieffe schreiben, ringen, kämpfen.»[150]

Wie aus einer Anfang November 1732 verfassten Schrift an Johann Georg hervorgeht, hoffte Annoni darauf, dem jungen Mann auch während des Studiums zur Seite stehen zu können, um das der Judith Im Thurn gegebene Versprechen einzulösen.[151] Doch wusste er, dass ihn seine *Antagonisten* gern bald entlassen hätten.

149 Das Weib Zebedei war die Mutter der beiden Apostel Jakobus und Johannes. Sie bat Jesus, ihre Söhne in seinem Reich zu seiner Rechten und seiner Linken zu platzieren. (Matthäus 20, 20).
150 Annoni an Fischer, Schaffhausen, 24.11.1732 (F I, 19).
151 Nachlass B I, fol. 150r–161v: Annoni an Johann Georg, November 1732 «Mi Fili, unsere Sachen sind dermalen in wunderlicher aber dabej auch wichtiger Crisi. Er fragt sich, ob es rahtsam seye, dass er seine academische Reise ohne mich antrette oder ob ich mitzunehmen seye? Sein Herz ist abermals gegen mich verschlossen.» Annoni erörtert im Folgenden die Frage, ob er Johann Georg weiterhin begleiten solle oder nicht. Er fühle sich zur Weiterführung seiner Arbeit verpflichtet, weil er der Mutter auf dem Totenbett versprochen habe, die Kinder nicht zu verlassen. In ihrer hinterlassenen Schrift habe sie ihm ihre Kinder anbefohlen. Gründe, die für sein Mitreisen sprechen, seien: 1. Der Wunsch der Mutter. 2. Es wäre christlicher, wenn man mit seinen Gebrechen weiterhin Geduld hätte und wenn man ihm nach 13 Jahren kräfteraubender Arbeit nun auch eine geruhsamere Arbeit gönnen würde. Eine Kündigung würde den Verdacht erregen, sie erfolge wegen mangelnder Treue und Tüchtigkeit seinerseits. 3. Auch für Johann Georgs Gesundheit wäre seine Begleitung ratsam, da er wisse, welche Medizin er benötige. Er sei in medizinischen Fragen bewandert durch eigene Erfahrungen. Auch könne er ihm bei der Korrespondenz und beim Führen des Kassenbuchs behilflich sein. 4. Er könne bei den Studien hilfreich sein. «Dann bin ich schon kein grosser Gelehrter, so kenne ich doch die heutigen Gelehrten und ihre Schriften genugsam, dass ich zwischen Spreu und Korn, zwischen Pralerey und Realität, Gott sey Lob! zimlich zu unterscheiden weiss.» 5. würde er für guten Umgang sorgen, so wie er auf den Reisen für die guten Kontakte gesorgt habe. Die Gefahr schlechter Gesellschaft sei gross. 6. Die Seelsorge sei wichtig. Gerade an Universitäten lauerten viele Gefahren, denen viele junge Leute erliegen und dann für immer verloren gehen würden. Annoni würde für Johann Georgs Seele kämpfen. – Gründe, die gegen sein Mitreisen sprechen: 1. Johann Georgs Anverwandten wünschten den Abschied. Es

Aufenthalt in den Wittgensteiner Grafschaften 1733

Anfang Dezember 1733 reisten Annoni und Johann Georg Im Thurn zunächst nach Basel. Dort erfuhr Annoni von der bevorstehenden Entlassung. Sie erfolgte aber erst, nachdem sie in Giessen, dem zukünftigen Studienort des Junkers, angekommen waren.[152] Am 10. Januar immatrikulierte sich Johann Georg, und am selben Tag trennten sich die Wege der beiden. Zum Abschied hatte Annoni dem angehenden Studenten der Rechte einen Leitfaden durch die Systematik der Wissenschaften aufgesetzt.[153] Wie aus Briefen der Freunde zu entnehmen ist, wurde die auf diesen Zeitpunkt gesetzte Entlassung als Ausdruck schnöden Undanks bewertet.[154] Annoni sah in dieser Demütigung eine göttliche Prüfung. Seiner Zuneigung zu Agnes und Johann Georg tat sie keinen Abbruch. Beide ehemaligen Zöglinge, insbesondere der Junker, erwiderten Annonis Treue.[155]

Über das folgende, in Deutschland verbrachte halbe Jahr geben neben wenigen Seiten tagebuchartiger Aufzeichnungen vor allem

sind jene Leute, welche ihn, als er noch gesünder war, gerne vertrieben hätten und welche die Mutter gegen ihn aufgestachelt und ihr damit das Leben schwer gemacht hätten. Er sei ihnen nicht orthodox genug, nicht genügend eitel und fleischlich. Doch, was hätten diese für Kinder? Seien diese besser als andere? Müsse man solchen Leuten gehorchen? 2. Das Hauptargument dieser Leute sei seine Unpässlichkeit. Doch habe er all die 13 Jahre hindurch nie ganz mit Unterrichten aufhören müssen. Als man ihn von Sissach zurückrief, sei er schwer krank gewesen, so wie diesmal. Gott habe ihn auch aus der Krankheit im Herbst 1728 errettet und stark gemacht für die Reise durch das Schweizerland. «Bin ich nicht manchmal halb kranck zu Pferde oder in die Gutsch gesessen und dadurch mehr als durch Ruh und Arzneyen zur Erholung gekommen? [...] Ist mir nicht Schola crucis [Kreuzesschule] zur Schola Lucis [Schule des Lichtes] geworden [...]?» Durch sein Krankenlager in Neuenburg habe Johann Georg keine Lektionen versäumt. Johann Georg solle sich nun entscheiden. Wie auch immer dieser Entscheid ausfalle, er wünsche ihm immer nur Gutes.

152 Dort hatte sich am 30.10.1730 als erster Schaffhauser Student Konrad Stockar von Neuforn, ein Verwandter des Johann Georg, immatrikuliert. Am 02.06.1733 immatrikulierte sich auch der Schaffhauser Johann Ulrich Veith in Giessen. – Johann Georg lebte in Giessen als Kostgänger des französischen Professors Sebastian Masson.
153 Nachlass B III, S. 164–167: «Memoriale für Herrn Im Thurn, das Studium Academicum betreffende».
154 J. H. Müslin an Annoni, Bern, 26.03.1733 (F II, 593): «Ich habe mich nebst andren bestürzet, dass da man so lang mit vielem Fleiss und Treu in solcher Condition gestanden, man endlich so einen offenbahren Undanck und Unerkänntlichkeit zum Lohn bekommen.»
155 J. G. Im Thurn an Annoni, Giessen, 17.01.1733 (F II, 367): Er danke Annoni für alle Liebe und Fürsorge und wolle sein Studium ganz nach dessen Ratschlägen einrichten, d.h. keine öffentlichen, sondern nur private Kollegien besuchen. – Agnes Im Thurn an Annoni, Schaffhausen, 17.02.1733 (F II, 357): Sie habe erst nach der Entlassung von diesem Schritt erfahren und sei sehr betrübt gewesen. Sie bitte Annoni um weitere Freundschaft und Verbundenheit. – In ihrem Lebenslauf wird Annoni nicht erwähnt. (UAH R.22.N.14b.)

Annonis Korrespondenz und Notizen in einem Kalender Aufschluss.[156]

Von Giessen reiste der nun stellenlose, doch mit Lohn und Reisegeld versehene Kandidat der Theologie über Marburg nach Berleburg, der Residenz der reformierten Teilgrafschaft Sayn-Wittgenstein-Berleburg, in der er ursprünglich nur zu überwintern gedacht. Diese Grafschaft sowie die Teilgrafschaft Sayn-Wittgenstein-Hohenstein mit ihrer Residenz Laasphe und die benachbarte Grafschaft Ysenburg-Büdingen genossen wegen ihrer frommen und toleranten Herrschaften einen besonderen Ruf unter den Erweckten.[157] Bereits seit der Jahrhundertwende hatten in diesen Territorien Glaubensflüchtlinge aller Art Asyl gefunden. Es waren Hugenotten, Pietisten, radikale Separatisten, Wiedertäufer, Inspirierte, Schwärmer, Chiliasten und Freigeister in diese Grafschaften gekommen, darunter auch etliche Schweizer.[158] Bei den orthodoxen Kirchen genossen diese Grafschaften infolgedessen einen höchst zweifelhaften Ruf als Tummelplatz gefährlicher Separatisten und Sektierer, religiöser Sonderlinge, Phantasten und Irrlehrer. Die in religiösen Fragen toleranten Grafenhäuser, die über politisch und wirtschaftlich völlig bedeutungslose Territorien verfügten, konnten sich durch ihre Religionspolitik innerhalb eines geographisch weit gespannten Rahmens profilieren.[159] Berleburg und Schwarzenau in den Wittgensteiner Grafschaften wurden bereits zu Beginn des Jahrhunderts in der Schweiz berühmt-berüchtigt, da es dort unter massgeblicher Beteiligung von Samuel König und anderen ausgewiesenen Bernern zu Gemeinschaftsbildungen gekommen war, die ekstatisch ausarteten.[160]

In Berleburg regierte seit 1712 Casimir Graf von Sayn-Wittgen-

---

156 Nachlass B IV 1 enthält tagebuchartige Notizen; Nachlass B IV 2 ist eine Abschrift von anderer Hand, ergänzt durch Abschriften von Annonis Korrespondenz aus der Berleburger Zeit (die Korrespondenz ist auch enthalten in F II und F III). – B IX 1 = Schreibkalender von Jakob Rosius, sogenannter Rosius-Kalender, auf das Jahr 1733.
157 Zum religiösen Leben in den beiden Teilgrafschaften Sayn-Wittgenstein und in der Grafschaft Ysenburg-Büdingen siehe u.a.: Goebel 1860, S. 70–267; Hertling 1980; Schrader 1989, S. 176–238; Schneider 1995, S. 123–139; Hinsberg 1999, S. 65ff.
158 So u.a. die Berner Samuel König, Johann Jakob Knecht, Karl Anton Püntiner, Nicolas Samuel de Treytorrens, Johann Heinrich Müslin, der St. Galler David Anton Zollikofer und der Frenkendörfer Andreas Boni.
159 Vgl. Schrader 1989, S. 178f.
160 Samuel König hatte im Jahre 1700 eine wichtige Rolle am Berleburger Hof gespielt. Vgl. Dellsperger 1983, S. 158f., 172–179. Karl Anton Püntiner hatte sich der Sozietät der Eva Margaretha von Buttlar, der sogenannten «Buttlarschen Rotte» angeschlossen, welche durch ihre sexuell-religiösen Praktiken in Verruf kam. – Annoni notierte im Rosius-Kalender, dass er am 28.05.1733 von Schwarzenau aus einen Brief an Samuel König geschrieben habe.

stein, der die tolerante Religionspolitik seiner Mutter Hedwig Sophia fortsetzte. Von philadelphischen Vorstellungen beseelt, holte er führende Köpfe des Separatismus ins Land und förderte die radikalpietistische Literaturproduktion. Die in Berleburg erschienenen Publikationen dienten der Verbreitung philadelphischen, spekulativ-mystischen und quietistischen Gedankenguts. Als die gewichtigsten und einflussreichsten Publikationen gelten die zwischen 1726 und 1742 edierte mehrbändige Berleburger Bibel, die in den Jahren 1730–1744 herausgegebenen Periodika *Die Geistliche Fama*, die erweiterten Neuauflagen von Johann Henrich Reitz' Exempelbiographien und die erste deutschsprachige siebenbändige Ausgabe der Schriften Pierre Poirets.[161]

Annoni kam zunächst im Haus des Hofarztes Johann Samuel Carl unter, den er bereits 1726 in Basel kennengelernt hatte. Eine Woche später trat er in der Familie des Kanzleisekretärs August und Katherina Maria Frensdorf-Stirn auf Louisenhof bei Schwarzenau eine Stelle als Hauslehrer an.[162] Zur Hausgemeinschaft gehörten auch die Familie des Kammersekretärs Friedrich und Maria Elisabeth Prätorius-Frensdorf und die ledige Schwester des Hausherrn, die Jungfer C. S. Frensdorf. Wie spätere Briefe an Annoni unschwer erkennen lassen, hatte letztere eine Zuneigung zu Annoni gefunden, ihn aber nicht an sich binden können.

Während seines Aufenthalts im Wittgensteiner Land stand Annoni in enger Verbindung zu Personen, die innerhalb des radikalen Separatismus eine wichtige Rolle spielten. Dazu gehörten Johann Konrad Dippel, ein erklärter Feind der Orthodoxie, Charles Hector Marquis de Saint George de Marsay, ein quietistischer Mystiker, dessen Frau Clara Elisabeth, geborene von Callenberg, die damals bereits ein bewegtes Leben hinter sich hatte[163], der aus Strassburg stammende Theologe und Verleger Johann Heinrich Haug und der Hofarzt Johann Samuel Carl. Ausserdem gehörten zum Kreis derjenigen, die sich zu den privaten Erbauungsstunden trafen[164]: Viktor Chris-

---

161 Zu den Berleburger Publikationen und Publikationsbedingungen siehe Schrader 1989, insbesondere S. 176–227. – In Annonis Bibliothek sind vorhanden: Berleburger Bibel, Die Geistliche Fama und von Johann Henrich Reitz: Historie der Wiedergebohrnen. – Annoni publizierte sein Geistliches Soldatenlied über 2. Tim. 2,3 in der Geistlichen Fama XVI. Stück. V. Beilage, S. 106 ff. (Kampffes=Aufforderung).
162 Es ist nicht mehr ausfindig zu machen, wo sich dieser Hof befand. Schwarzenau gehörte zur Teilgrafschaft Sayn-Wittgenstein-Hohenstein.
163 Vgl. Hoffmann 1996, 243–248.
164 Im Rosius-Kalender notierte Annoni Versammlungen bei August Frensdorf, Inspektor Kessler und der Gräfin Henriette zu Sayn-Wittgenstein-Hohenstein.

toph Tuchtfeld, der Seelsorger der Gräfinnen am Berleburger Hof, Inspektor Johann Friedrich Kessler, Forstmeister von Kalckreuth, Rat Hermann Reinhard Vester und die Gräfin Henriette. Auch am Berleburger Hof war Annoni mehrfach eingeladen, wo er offensichtlich bei der Mutter und bei der Ehefrau des Grafen Casimir gern gesehen war.[165] Die wichtigste Bezugsperson ausserhalb der Frensdorfschen Familie war de Marsay. Das mochte darin begründet gewesen sein, dass die beiden viele gemeinsame Freunde hatten. De Marsay hatte sich mehrfach in der Schweiz aufgehalten und dabei mit zahlreichen Pietisten in Genf, Neuenburg, im Bernbiet, in der Waadt und auch in Basel verkehrt. Frau de Marsay hatte ein halbes Jahr lang in Basel gelebt und dort zum Kreis um Marie-Sophie von Planta und Matthias Pauli gehört.[166]

Die geistige Atmosphäre und religiöse Hochstimmung wurden auch durch die Auseinandersetzung mit an anderem Ort wirkenden oder mit bereits verstorbenen religiösen Autoritäten geprägt. Gesprächsstoff lieferten z.B. Gerhard Tersteegen, Graf Zinzendorf oder Johann Friedrich Rock.[167] Im Knotenpunkt aller radikalpietistischen Strömungen gab es trotz aller philadelphischer Euphorie auch Kontroversen. Im Geiste noch ganz präsent war der in Schwarzenau verstorbene Ernst Christoph Hochmann von Hochenau. Von seiner hier

---

165 Im Rosius-Kalender sind z.B. für die ersten zwei Wochen nach seiner Ankunft folgende Angaben notiert: 14. Besuch bei Dippel, Einladung von Marsay – 15. bei Marsay – 16. bei Haug – 17. Promenade nach Schwarzenau, Marsay, Kessler, Frensdorf – 18. Hausübung bei Frensdorf; zurück nach Berleburg – 19. Dippel, Marsay, alte Frau Gräfin – 20. Abschied und Eintritt zu Luisenhof – 25. Versammlung bei Gräfin Henriette von Herrn Kessler – 27. Briefe an Johann Georg und Agnes, Lutz, Müslin, Fattet, Genath, Nüscheler – 28. Besuch bei Kessler, Gespräch über Tersteegen u.a. – Vgl. auch Annoni an von Schännis, Louisenhof, 25.05.1733 (F I, 20): «Hiesige Gegend aber meritiret [verdient] wohl einen Besuch von jungen Warheit und Gottseligkeit-suchenden und liebenden Pilgrims. Herr Dr. Carl, als Gräflicher Medicus, Herr Tuchtfeld als Hof-Prediger, Herr Dippelius als Privatus, Herr Haug, der die Perleburger Bibel und Famam ediret, Herr Inspector Kessler und dergleichen Leute, von denen man schon profitiren kan. Und wer sich, mir in meinem Posten [als Hauslehrer] zu succediren, willig und tüchtig finden solte, der wurde sehr willkommen seyn und in einem wohlregulirten Hause sehr artige und erbauliche Conversation finden, da man kindlich durcheinander lebt und in stiller Einfalt das Getümmel und die Eitelkeit der Welt ausweichen kan.»
166 Siehe Burkardt 2001. – In späteren Briefen erwähnt de Marsay Mme von Planta, Matthias Pauli, Frau Hugo und Lukas Fattet. Letzterer schickte der oft kranken Frau de Marsay mehrfach Eau de carmes [ein von Karmelitern erfundenes Medizinalwasser] nach Berleburg.
167 Zinzendorf war vom 06.–16.09.1730 in Berleburg und Schwarzenau gewesen, um die dortigen philadelphischen Gemeinschaften an Herrnhut zu binden, was aber nur halbwegs für kurze Zeit gelang. – Rocks Aussprachen und seine autoritäre Stellung innerhalb der Inspirierten in der Wetterau hatten im Wittgensteiner Land namhafte Gegner, zu denen u.a. Johann Konrad Dippel und Johann Christian Edelmann gehörten.

errichteten *Eremitage Friedensburg* aus war er als Apostel des Separatismus herumgezogen. Auch noch nach seinem Tode übten Hochmanns Lehren auf alle separatistischen Gruppierungen des 18. Jahrhunderts einen prägenden Einfluss aus. Hochmann hatte Toleranz und Glaubensfreiheit gefordert, die Konfessionskirchen und deren Kultus abgelehnt und nur die freie Gemeinschaft der *wahren Kinder Gottes* anerkannt. Für ihn bedeuteten die Sakramente keine Gnadenmittel. Als Anhänger der Apokatastasis-Lehre verkündigte er Gott als das ewige Liebes-Wesen, das am Ende aller Zeiten niemanden von seiner Gnade ausschlösse.[168] Todesstrafe, Eidesleistung und Kriegsdienst verurteilte Hochmann als unchristlich. Sein asketisches Weltverständnis war chiliastisch ausgerichtet. Mit seiner Ehelehre hatte er die alte Vorstellung zementiert, dass der Ehestand durch den Sündenfall mit Fluch belegt und somit nichts anderes als *Wehestand* sein könne.[169] Der verstorbene Hochmann und der noch lebende Dippel mögen Annoni in seinem bereits durch Ziegler und Lutz bestätigten Ideal der Ehelosigkeit erneut bestärkt haben.

Nie zuvor und nie mehr später hatte Annoni während einer so langen Zeit einen solch intensiven Austausch mit solch ausserordentlichen und verschiedenartigen Persönlichkeiten erlebt wie in den Wittgensteiner Grafschaften.[170] Annonis Aufzeichnungen und Briefe geben hierüber jedoch nur spärlich Aufschluss. Sie behandeln vor allem seine eigene Situation, und diese schilderte er im ersten Brief an die Mutter, die offensichtlich mit Schrecken vom Aufenthaltsort ihres Sohnes erfahren hatte, folgendermassen:

«Indessen will ich Euch doch hiemit zu Eurem Trost melden, dass ich nicht zu Schwarzenau wohne, sondern auf einem Landgut, Louisen-Hof, das einsam liget und mit andern gräflichen Landgütern benachbart ist. Also dass selten eine Woche vergeht, da ich nicht an solchen Orten Visiten machen und

---

168 Die Lehre von der Wiederbringung aller Dinge besagt, dass alle Geschöpfe Gottes durch die Allmacht der Liebe Gottes Gnade und Erlösung finden werden. Einige Vertreter dieser Lehre glaubten, dass dies selbst für Satan gelte.
169 Die Ehelehre des unverheirateten Hochmann unterschied fünf aufsteigende Arten von Ehen: die ganz tierische – die heidnisch-ehrbare, aber unreine – die christliche – die jungfräuliche – die vollkommene, nämlich die Ehe einer mit Christus als dem *wahren Bräutigam* verlobten Seele. Diese Ehelehre prägte weithin die Klassifizierung ehelicher Gemeinschaft. – Zur Ehe im Pietismus siehe Tanner 1952.
170 Annonis Freunde reagierten unterschiedlich auf die Meldung, dass er nun bei Schwarzenau lebe. Vgl. H. K. von Schännis an Annoni, Burg, 16.03.1733 (F II, 757): «Meines lieben Herrn Bruders Courage, sich unter so mancherley Esprits zu wagen und das Beste auszusuchen, bleibt immerfort grösser als der meine. Ich bekenne mich zu schwach und furchtsam, [um mich] unter Geister zu begeben, welche von so mancherley Winden der

mit einer Gräfin das Thée oder Caffé geniessen und spazieren gehen kan. Die Leute in unserm Haus sind keine Phantasten, wie Ihr Euch etwan einbildet, sondern vornehme Leute, bemittelt und von meinem Alter, und der Hausvater in specie [insbesondere] geheimer Cabinets-Secretarius bey dem Grafen von Witgenstein. Diese tractiren [behandeln] mich so, dass ich wohl sagen kan, es seye mir mein Lebtag nie besser gewesen, und ich habe noch niemalen so ungenirt leben können. Dabey halten sie beständig an, ich möchte sie doch so bald noch nicht verlassen, sondern mich noch eine Weile bey Ihnen aufhalten, zumalen sich auch schon einiger Segen bey denen Kindern äussert, und bey hiesigem Lufft, Speiss und Trank meine Leibes-Gebrechen sich zimlich verlohren haben. Also dass es mir bedencklich fallen will, so gleich ohne Noht aufzubrechen und an ein ander Ort zu ziehen, da ich vielleicht mit Nahrungs-Sorgen und andern Verdrüsslichkeiten zu thun haben, den Eyd zu schwören forcirt [gezwungen] werden, und endlich gar um scharffer Predigten oder separatistische Gesinntheit willen bannisirt [verbannt] werden dörffte. Man muss nicht so blindlings zufahren, liebe Mutter! sondern alles, was man schreibt und thut, zuvor reifflich überlegen, auf Gott vertrauen und schauen lernen und von einem 36jährigen Sohn, der schon zimlich herumgepoltert worden, glauben oder hoffen, dass er etwan seine Sachen nicht so närrisch anstellen, sondern durch Gottes Gnade wissen werde, wie er dem weissen und schwarzen Teufel widerstehen und sich auch vor geistlicher Grillen-Fängerey verwahren soll.»[171]

Am 9. April war Annoni mit de Marsay am Berleburger Hofe eingeladen. Wenige Tage darauf berief ihn Graf Casimir zum Pfarrer der verwaisten Gemeinde Birkelbach.[172] Die Berufung versetzte Annoni in Unruhe und Angst. Einerseits bedeutete sie eine Auszeichnung und Ehre, andererseits fürchtete sich Annoni immer noch vor der Übernahme eines Pfarramtes. Er sehnte sich nach einem Leben in Stille und Zurückgezogenheit. Annoni bat seine Mutter und Basler Freunde um Rat und nannte ihnen zehn Argumente, welche gegen

---

Lehre herumgetrieben werden.» Von Schännis mahnte Annoni zur Kritik und riet ihm zur Rückkehr in die Heimat. – Anders hingegen J. H. Müslin an Annoni, Bern, 26.03.1733 (F II, 593): «Ich danke Gott, dass er ihn vor 28 Jahren nach Schwarzenau geführt habe. «Ich würde vielleicht auch wieder dorthin gegangen seyn, wann ich hätte gewusst in der Stille mich irgend einer geringen Hand=Arbeit zu bedienen und zu occupiren. Was ich dort aber zu wenig gehabt, ist mir hier zu viel geworden, und könnte es mir wol besser gewesen seyn, wenn ich dort ausgehalten und in einem unscheinbaren Leben mehr Verläugnung geübt hätte.» Annoni habe in Berleburg und Schwarzenau viele gute alte Freunde angetroffen und zur Ermunterung und Erbauung Gelegenheit gefunden.
171 Annoni an seine Mutter, Louisenhof, 01.03.1733 (F III, 2).
172 Graf Casimir an Annoni; Berleburg, 15.04.1733 (F III, 34). Annoni sollte die Nachfolge des verstorbenen Johann Konrad Ungar antreten. Birkelbach gehört heute politisch zur Gemeinde Emdtebrück und liegt 17,5 km von Berleburg entfernt («drey Stunden»).

und fünf, welche für eine Annahme sprächen.[173] Dass er nicht sogleich dem Ruf seines Herzens folgte und die Berufung ausschlug, geschah aus Angst, gegen Gottes Willen zu handeln.

---

173 Annoni an seine Mutter, Louisenhof, 18.04.1733 (F III, 3): «Es rahten die Annemmung des Pfardienstes ab
1. Mein grosser Mangel an himmlischer Erleuchtung, göttlicher Liebe und Salbung des Heiligen Geistes. Durch solche Thüre geh erst eyn, wer nicht will Dieb und Mörder seyn.
2. Meine leibliche Gebrechlichkeit, da ich öffters krank bin, und viele Jahre durch alle Herbst ein Lager ausgestanden habe, und auch künftighin haben dörffte, wer wird dan in so entferntem Ort mich soulagiren [unterstützen] oder für mich vicarisiren?
3. Die natürliche und seit etwas Zeit mercklich zunemmende Blödigkeit, da öffentliche Harangues [Angelegenheiten], wichtige Geschäffte, Conversation mit vornehmen Leuten mich ängsten und zittern machen, mithin mehr eine stille und private Lebensart anrahten als einen Eintritt in offentliche Ämter.
4. Meine Ungeübtheit in Ministerial Functionen, der ich 13 Jahr Paedagogus gewesen und die zum Canzelperoriren [Kanzelreden] nöhtige Memorie und Beredsamkeit mangle.
5. Die Einsicht in den Verfall, fast durchgehende Fruchtlosigkeit und Charlatanerie des heutigen Kirchwesens, und sonderlich auch der heutigen Communion.
6. Die Lust und Pflicht, nach Hause zu gehen und der alten, vor der Thür der Ewigkeit stehenden Mutter Bästes zu suchen leiblich und geistlich.
7. Die in mir ligende Sehnsucht nach Ruh und Stille, um in ein besseres Christen-Wesen eindringen, mich zum Dienst des Nächsten rüsten, und in meinen eigenen Studir- und oeconomischen Angelegenheiten aufräumen zu können.
8. Die Inclination [Neigung], lieber im Vatterland zu hausen und mich zu dessen Dienst zu widmen, eh ich meine Kräfften in der Frömde verzehre.
9. Die Vermuhtung grosser Sorgen und Unruhen, welche bej Einrichtung einer Haushaltung, Verwaltung oder Verpachtung ligender Güter, Anschaffung des Haussrahts, Bewerbung um eine Haussshalterin oder Gehilffin [Ehefrau] sich melden dörfften, wie auch
10. Die Abgelegenheit von Bluts- und Geistes-Freunden, welche missen und so weit entfernet wissen, einen reuen und [... unleserlich] nach sich ziehen könte.
Hingegen scheinen es anzurahten
1. Die redliche Intention des Herrn Grafen, der ohne Nachwerben oder frömde Recommandation [Empfehlung] auf mich gefallen seyn soll, und nebst seiner Gemahlin gute Confidence [Vertrauen] zu mir zu haben scheinet.
2. Der Wunsch und Consens [Übereinstimmung] unterschiedlicher guter Seelen, worunter auch sogar Herr Dippelius und Hof-Prediger Tuchtfeld.
3. Die unvermuhtete Ankunfft und bisheriger Aufenthalt in hiesiger Gegend.
4. Die Gelegenheit, in geringem Posten das Docendo discimus [durch das Lehren lernen wir] zu treiben.
5. Die hiesige mehrere Gewissens-Freyheit in vielen Stücken.»

Die Probepredigt in Birkelbach und eine am gräflichen Hof gehaltene Predigt hatten ein positives Echo.[174] Auch die Antwort aus Basel fiel eindeutig aus. Der Schwager Johann Jakob Fischer teilte mit, dass sowohl die Mutter als auch die um Rat gebetenen Theologen Samuel Werenfels und Johannes Burckhardt sowie die Herren Brandmüller und Lukas Fattet zur Annahme des Amtes rieten.[175] Sie alle liessen Annonis Argument, er sei geistlich für einen solchen Posten untauglich, nicht gelten, da er genügend Proben seiner Fähigkeiten gegeben habe und Gott ihm schon beistehen werde. Werenfels meinte sogar, aus Annonis vielfältigen Bedenken entweder eine «allzu grosse Sorgfalt für das Zeitliche oder Liebe zur Ruh und Gemächlichkeit» herauslesen zu können. Ausführlich widerlegte Fischer die von Annoni aufgeführten zehn Argumente. Selbst den scheinbar objektiven Einwand der häufigen schweren Krankheiten liess er nicht gelten.[176] Die vorgebrachten Einwände deuteten die Befragten offensichtlich als Flucht vor der Verantwortung und mangelndes Gottvertrauen. Fischer kritisierte die selbstquälerische Unentschlossenheit seines Schwagers letztlich als egoistisches und unsoziales Verhalten. Mit dieser Kritik entkräftete er auch die Vorwürfe, welche Annoni schon seit vielen Jahren seiner besorgten Mutter gegenüber erhoben hatte: sie sei nur auf sein irdisches und nicht auf sein ewiges Wohlergehen bedacht. Aus Fischers Worten spricht

---

174 Predigt in Birkelbach, gehalten am 03.05.1733, über Luk. 10,2. Predigt am Hof, gehalten am 17.05.1733. Graf Casimir trug in sein Tagebuch hierüber ein: «Heut Morgen, da ich noch nicht wieder in der Kirchen erscheinen konnte, hat einer Nahmens Anoni aus der Schweitz, den ich gerne, seiner Gottseeligkeit und guten Meriten wegen, zum Pfarrherrn nach Birckelbach haben möchte, in meinem Zimmer geprediget, dessen Text stunde Hebr. 11 Vers 6 [...].» (Fürstlich Sayn-Wittgenstein-Berleburgisches Archiv RT 3/15).
175 Fischer an Annoni, Basel, o.D., erhalten am 22.05.1733 (B IV 2, S. 181–194). Wahrscheinlich handelte es sich um den Buchdrucker Johannes Brandmüller-Spörlin.
176 Als Beispiel sei die Entgegnung auf Annonis zweites, zur Ablehnung ratendes Argument zitiert: «2. Gott dienen ist gesund und macht gesund. Der Gott, der die nöthigen geistlichen Gaben seinen von Ihme beruffenen Knechten ertheilen kan, wird die nöthige Leibes=Gesundheit nicht versagen, und hat man bey vielen Geschäfften nicht der Weil seinen Krankheiten viel nachzudenken und ist auch natürlicher Weis Bewegung gesund, und macht der eifrige Dienst Gottes gar gut Geblüt. [...] Ich hätte bissher auch oft können krank seyn, wann ich und andere mir hätten glauben wollen. Allein Gott hat mir nicht der Weil gelassen. Wird gleich ein Streiter wund, so etc. Das gegenwärtige Vertrauen auf Gott legt die unmässige Sorg für das Künftige nieder. Es wird im Fahl der Noth in diesem entfernten Land auch Vicarios geben, weil man da, wie in andern Orten Krankheiten unterworffen, so muss man es dann machen wie andere im gleichen Zustand. Gott ist ein Gott in der Nähe und in der Ferne, von deme Ihr schon viele Vaters Proben erfahren, deme ihr wohl auch aufs künftige kindlich vertrauen solt. Gott kan entweder vor Vicarios bewahren oder solche geben.»

der Unmut eines Pfarrers, der alle Nöte seines Amtes auf sich genommen hat, um Gott und den Menschen zu dienen und sich deswegen der pauschalen kirchenfeindlichen Kritik durch diejenigen ausgesetzt sah, die sich anmassten, allein zu den *wahren Kindern Gottes* zu zählen.

Das Zureden der Basler und Wittgensteiner Freunde verstärkte aber nur Annonis Ängste. Sein zur Absage geneigtes Gemüt wurde bestärkt durch das in der Bibel aufgeschlagene Los, das auf Jeremias 51,9 fiel: «Wir wollten Babel heilen; doch es war nicht zu heilen. Verlasst es, ziehen wir ein jeder in sein Land! Denn bis zum Himmel reicht sein Gericht, ragt bis zu den Wolken.»[177] Diese für den kirchenfeindlichen Separatismus zentrale Bibelstelle rechtfertige Annoni auch in seinem Verlangen, wieder in die Heimat zurückzukehren, denn inzwischen hatte ihn das Heimweh, die *Maladie du pays*, oder zumindest die Furcht davor befallen.[178] Mit dem Ausbruch dieser gefürchteten Krankheit, die nach herrschender Lehre tödlich sein konnte, musste jeder im Ausland lebende Schweizer rechnen.[179]

Nach erneutem Schwanken schrieb Annoni dem Grafen am 4. Juni 1733 schliesslich eine Absage, die er mit seiner geistlichen und leiblichen Untauglichkeit, mit dem befürchteten Heimweh und seiner Ablehnung der geübten Abendmahlspraxis begründete. Daraufhin wurde ihm die zweite oder dritte Predigerstelle in Berleburg angeboten, die mit einer Informatorenstelle am gräflichen Hof verbunden gewesen wäre. In einem Brief an de Marsay, der während der ganzen Zeit eine wichtige Rolle als Nachrichtenübermittler spielte, betonte Annoni wiederum seine Untauglichkeit und erbat sich nochmals eine längere Bedenkzeit. Er wollte zunächst in die

---

177 An Salzmann schrieb Annoni später, dass er Gott vergeblich um einen Fingerzeig bitte: «Und siehe, Er antwortet mir nicht, weder durch Gesicht [im Traum], noch durch Tränen, weder äusserlich noch innerlich. Und die von andern etwan beliebte christliche Kinder Spiele und äussere Proben wollen zu Beruhigung meines Herzens nicht sufficient [genügend, befriedigend] seyn.» Louisenhof, 06.07.1733 (F III, 7).

178 Vgl. auch B. Holzhalb an H. K. von Schännis, Zürich, 12.06.1733 (ZBZ II Msc. S. 352 Nr. 8). B. Holzhalb habe Briefe von drei Freunden erhalten. «1er seufzet und jammert unter der Last des Ministerii, arbeitet und leidet aber forth und haret auss. Der 2te [Daniel Willi] wirfft die Last weg und eylet zum Kreuz die Leiter hinauf, wie das Bild von Reizen Nachfolg Christi. Der 3te, Herr Annone, soll erst darunter schlüffen, von welchem gern vernehmen will, wie er sich gewöhne im rauhen Land unter armen geplagten teutschen Pauren. Einmahl, es muss ein starker Geist der Liebe, des Glaubens und der Selbstverleugnung ihme anfassen, der über die Hypochondria und Heimsucht [Heimweh] Meister werde, wann der liebe Mann in die Müe seiner vorigen ganz contrairen Lebens-Manier sich schicken soll. Ich denke vihl an ihme, obwohlen ihme niemahlen zugeschrieben, dann zum Ein- oder Abrahten befande mich untüchtig, welches er doch haben wollen.»

179 Zur gefürchteten Heimweh-Krankheit siehe Schmid-Cadalbert 1993.

Heimat reisen und sich dort über seine weitere Zukunft schlüssig werden. Erneutes Zureden durch Wittgensteiner Freunde und Briefe aus der Heimat, die ihn ermahnten, sich nicht aus Eigenliebe dem Kirchendienst zu entziehen, liessen Annoni wiederum erwägen, ob er nicht doch die Birkelbacher Stelle antreten solle. Doch nun stellte er allerlei Bedingungen, deren Erfüllung ihm diesen Posten annehmlicher machen sollten. Nachdem diese akzeptiert worden waren, hielt Annoni am 26. Juli nochmals eine Predigt in Birkelbach. Diesmal erklärte er der Gemeinde, was sie von ihrem Hirten zu erwarten hätte und was er von ihr erwartete. Damit verscherzte er sich das Wohlwollen der Gemeindemitglieder. Sie begehrten ihn nicht mehr zum Pfarrer. Nach wie vor aber galt das Angebot für die Informatorenstelle am Hofe.

Am 3. August begab sich Annoni auf die Heimreise. Für den Fall der Rückkehr hatte er eine Truhe mit Effekten auf dem Louisenhof zurückgelassen. Von unterwegs teilte er Johann Samuel Carl mit, dass er zur Annahme der Informatorenstelle bereit sei, allerdings nur, wenn ihm ein höheres Gehalt zugesagt würde. Ausserdem wünschte er, genügend Zeit und Gelegenheit zu erhalten, um sich bei ihm medizinisch ausbilden zu lassen. Als Samuel Carl daraufhin mitteilte, der Graf habe sich inzwischen nach einem anderen Informator für seine Kinder umgesehen, hatte für Annoni alles Zögern ein Ende gefunden.[180]

Spätere Briefe von Johann Samuel Carl, de Marsay und Mitgliedern der Familie Frensdorf bezeugen, dass Annonis Unentschlossenheit und Wankelmütigkeit deren Freundschaft nicht beeinträchtigt hatten. Sie wurden von allen als Ausdruck seiner Hypochondrie angesehen und hingenommen. Während die Basler Freunde in der Arbeit, in der *Vita activa*, das beste Heilmittel sahen, glaubte Annoni, es in der Stille und Zurückgezogenheit, in der *Vita passiva*, finden zu können. Dies entsprach dem quietistischen Ideal, in *Gelassenheit* und *Selbstverleugnung* allem irdischen Treiben zu *entsagen* und ganz Gott zu leben. Wieviele Separatisten in den Wittgensteiner Grafschaften hatten sich nicht diesem Ideal verschrieben, allen voran de Marsay. Als

---

[180] Bereits am 26.07.1733 hatte ein namentlich nicht genannter Kandidat am Hofe gepredigt, den der Graf als Ersatz für Annoni gewinnen wollte, «so ferne er gut wäre und Herr Anoni die Vocation [Berufung] nicht annehmen wollte, wie es fast das Ansehen hat». (Fürstlich Sayn-Wittgenstein-Berleburgisches Archiv RT 3/15.) – Die Auskunft Carls entsprach nicht den Tatsachen. Rat Salzmann an Annoni, Berleburg, 17.11.1733 (F III, 32): Die Stelle sei noch offen. Wenn Annoni zurückkäme, würde er bei Vielen eine unveränderte Liebe vorfinden.

vehementer Anhänger der Lehren der Antoinette Bourignon und Madame Guyon berief sich dieser stets auf seine Vorbilder. Auch wenn seine eigene Lebensführung durch äussere und innere Unruhe gekennzeichnet war, so war er doch einer der wirkungsvollsten Vermittler quietistischer Frömmigkeit.[181] Auf Annoni muss er einen grossen Einfluss ausgeübt haben. In seinen späteren Briefen erteilte de Marsay dem fernen Freund weiterhin Anweisungen zur quietistischen Lebensführung. Die stereotyp wiederholten Mahnungen, den *Eigenwillen* aufzugeben und sich in *kindlichem Vertrauen* ganz dem Willen Gottes zu überlassen, müssen weiterhin stark auf Annonis Gemüt gewirkt haben. Sie waren dazu angetan, dessen Zögerlichkeit und Skrupel zu verstärken.[182] Davon, dass sich die Lebensbedingungen des Marquis in einem nicht unwesentlichen Punkt von denen seines Adepten unterschieden, war kaum die Rede. Während nämlich dieser über finanzielle Mittel verfügte, war jener völlig mittellos.[183]

---

181 Vgl. Burkardt 2001.
182 Als Annoni Pfarrer in Waldenburg war, sah er die quietistische Position als heilsame Gegenposition zu einem allzu aktivistischen Christentum. 1745 schenkte er seinem Vikar Ketterlin zum Abschied einige Bände von de Marsays Schriften und schrieb auf ein Vorsatzblatt folgende Verse: «Einem Schwätz- und Zabel-Christen / hilfft die mystische Lectur / auf die stille Friedens-Spur / sich zum Himmelreich zu rüsten, / dass man nicht einst müsse sprechen: / ach! es will an Öhl gebrechen. // Einem trägen Quietisten / nüzt der muntre Martha-Stand / und ein Ruder in der Hand, / dass man einst mit wackern Christen / bej der Rechnung könne sagen: / Herr! dein Pfund hat wohl getragen.» (Nachlass B VI, S. 383f.)
183 Auch de Marsay hatte die Arbeit nicht gescheut. Sie war für den Adeligen aber nicht lebensnotwendig, sondern eher eine Form der Selbsterniedrigung. Vgl. Burkardt 2001.

104 Wieder in Basel

Basels Erweckte suchen Anschluss an die Herrnhuter Brüdergemeine

Die Rückreise führte Annoni über Giessen, Heidelberg und Tübingen zunächst zu den alten Freunden nach Schaffhausen und Zürich, bevor er am 11. September wieder in Basel anlangte.[184] Nach den Kalendernotizen des Jahres 1733 zu schliessen, verbrachte der Heimgekehrte den Rest des Jahres vor allem mit Besuchen und der Teilnahme an Privatversammlungen in den verschiedensten Basler Häusern. Da werden immer wieder folgende Personen genannt: Die Kaufleute Hans Franz Sarasin, Brenner, Passavant, Karl Wilhelm Ochs, der Schwertfeger Johann Friedrich Schmidt, Linder und Freuler, die Professoren Samuel Werenfels, Jakob Christoph Iselin und Johannes Grynäus, der Jurist Jakob Christoph Frey und die Pfarrer Ryhiner, Burckhardt und Johann Jakob Wolleb (Tenniken), ausserdem Lukas Falkeysen und Heinrich Giller, die Frauen Beck, Kleindienst, Gertrud Thierry-Hugo, Stocker, Felber, Esther Gottfried und de Lachenal. Als zentrale Person tritt der begüterte Kaufmann Lukas Fattet in Erscheinung, in dessen Haus Annoni zunächst Unterkunft fand. Die meisten der Genannten gehörten noch der ersten Generation der Basler Pietisten an. Es gab aber bereits Söhne und Töchter, welche in den 1730er- und 1740er-Jahren untereinander heirateten und die Frömmigkeit ihrer Eltern bewahrten. Ein grosser Teil der Erweckten zu Stadt und Land schloss sich in den 1740er- und 1750er-Jahren der Herrnhuter Brüdergemeine an.

Bei Annonis Rückkehr nach Basel dürfte es etwa 15–20 pietistische Familien in der Stadt gegeben haben, die sich in kleineren Gruppen zusammenfanden. Die Zahl der ledigen oder verwitweten Erweckten dürfte ebenso gross gewesen sein. Doch fehlte es offensichtlich nach wie vor an einem engeren Zusammenhalt unter ihnen und an einer von allen anerkannten geistlichen Autorität.[185] Dieser schon früher beklagte Mangel wurde nun umso schmerzlicher empfunden, als sich die Basler durch französische Truppen bedrängt fühlten, welche infolge des ausgebrochenen Polnischen Erbfolgekrieges von Hüningen aus auf Basler Territorium vorzurücken drohten.

---

184 Unterwegs suchte er viele Leute auf, so in Heidelberg den Zürcher Professor Johann Heinrich Hottinger, bei dem er sich einige Tage aufhielt.
185 Macrait 1769: die Erweckten hätten sich in verschiedene Parteien geteilt und eine Neigung zum Separatismus gezeigt.

Nur wenige Wochen nach seiner Rückkehr wandte sich Annoni deswegen an Graf Zinzendorf. Er bat ihn um die Entsendung eines Bruders nach Basel. Die von Christian David verfasste Schrift hatte bei den Baslern den Wunsch geweckt, ihre Gemeinschaft nach dem Herrnhuter Vorbild zu organisieren und näher an Herrnhut zu binden.

«Es reget sich hier in sehr vielen Herzen und Häuptern ein gutes Fünckelein, so dass sie sich auch hin und her zu geistlichem Discuriren, Singen, Betten, Lesen etc. zusammenthun. Krafft aber, durchbrechende Krafft gebricht noch gar merklich. Der Herr mache sich auf, Seine Küchlein aller Orten fürnemlich auch bey uns zu samlen, Seine Herde zu weyden, Seine Krancken zu heilen, und in Seine Huth viele Seelen aufzunehmen. Wollen Sie, mein Geliebter Herr Graf! uns bissweilen mit einigen Zeilen erbauen oder erbauen lassen, wollen Sie uns etwan einen Fingerzeig geben, worinnen wir geist- oder leiblich dienen können, so soll und wird es uns eine angenehme Labung seyn.

Aus hiesiger Gegend kan sonsten dermalen nichts Merckwürdiges [Bemerkenswertes] berichten. Krieg und Kriegs-Geschrey erfüllet das gantze Land und allarmiret fürnemlich uns an den Gränzenden Wohnende, so dass wir in zimlicher Gefahr schweben; nur dem Herrn ist der Ausgang bekandt. Wir Freunde rufen uns indessen bissweilen untereinander zu das: Eile und rette deine Seele etc. und stimmen zugleich nicht selten an das beykommende Soldaten-Lied zusamt einem andern Manuscript, mit welchem eine kleine brüderliche intentionirte Sonntags-Assemblé insgemein ihren Anfang nimmt und wozu uns der liebe Herr Graf selbsten die Melodie fourniret [geschaffen] hat.»[186]

Zinzendorf, der Annonis Brief erst im Mai 1734 erhalten hatte, antwortete im Juli desselben Jahres und nannte als die beiden Grundregeln der Brüdergemeine: «Wir rühmen uns einzig der blutigen Wunden, die Jesus an Händen und Füssen empfunden [... und] dass man sich drein wickle, recht göttlich zu leben.»[187] Er stellte einen späteren Besuch bei den Basler Freunden in Aussicht und erklärte sich bis dahin zu weiterer Korrespondenz bereit. Diese kam jedoch nicht zustande. Als Zinzendorf Ende 1735 in die Schweiz reiste, nahm er den Weg nicht über Basel. Doch machte der aus Italien kommende Bruder Georg Schmidt im Dezember 1735 bei den Baslern Station. Ihm gab Annoni einen Brief an die Herrnhuter Ge-

---

186 Annoni an Zinzendorf, Basel, 11.10.1733, veröffentlicht in: Müller 1911, S. 53f. und Reichel 1990, S. 30.
187 Abschrift von Zinzendorfs Hand im UAH, veröffentlicht in: Müller 1911, S. 56ff.

meine mit, in welchem er den schlechten Zustand des Basler Grüppleins beklagte.

«Doch wozu soll dergleichen Klage-Zeug? Darzu, Meine Brüder! dass sie sich von uns nicht alzugute Gedancken machen, dass sie unsere Maladie ein bissgen wissen, und dass Sie mithin desto mehr in mitleydiger Vorbitte für uns anhalten mögen. Von nun an soll auch Herrenhut öffter in unserm Mund und Herzen seyn, wan wir zu unserem Arzte lallen.»[188]

In Zinzendorfs Antwort vom Mai 1736 wich die zuvor gehegte Reserviertheit einem herzlichen Ton.[189] Der Graf hatte in dem frommen Basler einen *Landsmann* erkannt. Er versicherte ihn seiner herzlichen Fürbitte und tröstete ihn damit, dass die Qualität einer Gemeinschaft nicht von der Zahl, sondern von der Frömmigkeit ihrer Mitglieder abhänge.[190] Diesen Brief erhielt Annoni einige Wochen später persönlich vom Grafen ausgehändigt, als er diesen auf seiner grossen Deutschlandreise aufsuchte. Die erste persönliche Begegnung zwischen den beiden fiel dann aber weniger herzlich aus als es der Brief hätte erwarten lassen. Dennoch hatte der Graf Annonis Herz und Vertrauen gewonnen.

Heirat und Ehe mit Esther Zwinger, verwitwete Gottfried

Nach der Rückkehr aus dem Wittgensteinerland verdiente sich Annoni seinen Lebensunterhalt mit dem Erteilen von Privatstunden.[191] Die berufliche und gesellschaftliche Situation dürfte für den nicht mehr jungen Kandidaten der Theologie zusehends schwieriger geworden sein. Die Aussicht darauf, sich als Sohn eines einst angesehenen Ratsherrn das Leben mühsam auf diese Weise verdienen zu müssen – was in der Basler Gesellschaft, wo jeder die Verhältnisse des anderen kannte, nur als unangemessen gelten konnte – dürfte dazu beigetragen haben, Annoni zur Aufgabe seines Ideals der Ehelosigkeit zu bewegen.

188 Annoni an die Gemeine in Herrnhut, Basel, 27.12.1735 (UAH R.19.C.Nr.4.2.34–37), veröffentlicht bei Reichel 1990, S. 31f.
189 Diesen Brief übergab Zinzendorf Annoni persönlich, als dieser ihn auf der Ronneburg besuchte.
190 Graf Zinzendorf an Annoni, Schloss Ebersdorf, 05.05.1736 (F II, 1043 und 1043a): «Die guten Gedanken, mein Bruder, von einer Gemeine macht man sich nicht daher, dass man die Personen zehlet und singulatim die Musterung passiren lässt, sondern dass man überhaupt den Plan der Gemeine betrachtet, ob sie zu der einen gehört, die sich vergisst, damit sie völlig reine vor ihm erscheine. Und danach ist sie vor 6 Seelen so wichtig als von etlichen 100, und Jesus ist mitten unter ihr.» (Veröffentlicht in: Reichel 1990, S. 32.)
191 Eindeutig belegt ist dies erst durch die Kassenbücher ab 1735.

Im Juli 1734 machte Annoni der um zwei Jahre älteren, wohlhabenden Apothekerwitwe Esther Gottfried, geborene Zwinger, einen Heiratsantrag, und am 30. November desselben Jahres fand in Sissach die Trauung statt.[192] Esther Gottfried, eine Tochter des verstorbenen Stadtarztes Theodor Zwinger, galt im Kreis der Pietisten als eine gottselige Frau. Bereits 1727 hatten Tenniker Freunde Annoni nach Schaffhausen berichtet, dass sich eine Frau *Gottfriedin* in ihrer Nachbarschaft ein Landgut erworben hätte, welche in der *Verleugnung* schon weit gediehen sei und von der sie sich einen gesegneten Umgang erhofften.[193] Von da an hatten die Briefe aus der Heimat häufig auch Grüsse von der Witwe Gottfried enthalten.

Durch die Heirat geriet Annoni zunächst in neue Nöte. Die Tatsache, dass er eine vermögliche Witwe geheiratet hatte, gab Anlass zu Gerede.[194] Es regte sich der Verdacht der Heuchelei. Doch die altvertrauten Freunde, auch die unverheirateten, nahmen die Nachricht positiv auf. De Marsay, dem Annoni seine Frau als eine «stille, geduldige und heilsbegierige Gehülfin»[195] beschrieben hatte, pries Esther Gottfried als ein wahres Gottesgeschenk, das es Annoni nun ermögliche, sich ganz von der Welt zurückzuziehen. Zwar war nie davon die Rede gewesen, dass Annoni eine keusche Ehe hätte eingehen wollen – dies hätte er sicher selbst publik gemacht –, doch blieb die Ehe kinderlos.

Die Aufgabe seines Ideals der Ehelosigkeit mochte Annoni zunächst als eine gewisse Niederlage empfunden haben. Doch gab es auch in pietistischen Kreisen genügend Stimmen, welche die Ehe als eine von Gott gestiftete Gemeinschaft befürworteten, die dazu diene, die Bedürfnisse des Fleisches in geregelte Bahnen zu lenken und somit vor Schlimmerem zu bewahren.[196] Denn das Zeugen, vor allem aber das Gebären eines un- oder ausserehelichen Kindes wurde von

---

192 Das Paar wurde getraut von Dekan Johann Rudolf Frey, dessen Vikar Annoni 1726 gewesen war.
193 M. M. Hebdenstreit gen. La Roche-Brandmüller an Annoni, Tenniken, 12.02.1727 (F II, 512).
194 Z.B. Matthias Pauli an Annoni, Sochaux, 23.06.1735 (F II, 677): Er und Frau von Planta hätten bereits von durchreisenden Baslern von der Heirat erfahren. «[...] aber nicht Eigentliches, anbey mehrentheils üble und schlimme Reden und Gerüchte, wie es insonderheit denen zu gehen pfleget, die durch einige Aufferweckung und Sinnesänderung sich der Welt nicht mehr gleich stellen wollen, sondern darwider zeugen.»
195 De Marsay an Annoni, Berleburg, 10.04.1735 (F II, 581).
196 Z.B. berichtete ein Unbekannter über Gespräche, die er in St. Gallen mit Erweckten geführt hat: «Vom Ehestand haben sie die Idee, dass er zu Dämpfung der Lust eingesetzt seye und dem Willen des l[ieben] Gottes gar nicht zuwider seye, seine Lust an seiner Frau zu haben.» («Diarium eines Unbekannten» von 1738. UAH R.19.C.2.a.8).

der Obrigkeit mit folgenschwerer Strafe geahndet. Wie schmachvoll bereits eine vorzeitige Schwangerschaft war, hatte Annoni in der eigenen Familie miterlebt, als seine Schwester Maria Salome 1727 Hals über Kopf den Theologiestudenten Peter Dachselhofer hatte heiraten müssen.[197] In ihrer *Fleischeslust* fehlbar gewordene Pietisten luden zu aller Schmach noch Hohn und Spott auf sich. Dies musste Annonis Zürcher Freund Beat Holzhalb 1735 erleben, nachdem seine Magd ein Kind von ihm geboren hatte.[198] Zinzendorf erbarmte sich des armen Sünders und nahm ihn mit nach Herrnhut. Nach seiner Rückkehr konnte Holzhalb wieder in seinem alten Freundeskreis verkehren, doch dürfte sein *Fall* noch lange zum mahnenden Exempel gedient haben.

197 StA BS Kirchenarchiv A 6. Darin mehrere Briefe, die sich auf das vorläufige Verbot der Berufsausübung für Peter Dachselhofer beziehen. – Peter Dachselhofer war von 1746–1763 erster deutscher Pfarrer in Biel (Wackernagel 1975, S. 509).

198 Holzhalb verschickte eine fürchterliche Selbstanklage, die kopiert und herumgeschickt wurde. Darin heisst es u.a.: «Ich bin das Greuls-Nest, / Ein Scheusal deiner Kinder, / Der wahren Tugend Pest, / Ein höllenwürdges Nichts, / Nicht werth, das man es nenne, / Noch dass es jemand kenne, / Nicht werth des Lebenslichts.» (Nachlass E VI, Collectanea Nr. 52.) – Holzhalb bat seine Freunde um ihre Fürbitte und warnte sie vor den Stricken des Versuchers. Annoni schrieb darunter: «Der Herr wird sich des Armen / Auch wiedrum erbarmen.» – Anton Zapf an Annoni, Chur, 20.12.1735 (F II, 1035): «Herrn Holzhalben Fahl [Fall] stellet mir vor, was vor eine Potenz im Fleische lige und kommet mir nicht so frembde vor; dann ich in mir selbst oder meinem Fleische nichts Gutes finde aber wohl einen tiefen Abgrund des Verderbens.» – J. H. Müslin an Annoni, Bern, 23.12.1735 (F II, 594): «Meines Orts hätte 100mahl lieber gewünscht, dass der liebe Freund [Holzhalb] hätte geheyrathet, als in solche gefährliche Sichtung sich verleiten zu lassen. Es ist wahr, dass der eheliche Stand von vielen Frommen, meines Bedünckens, nur allzu verhasst angesehen wird, welcher Ekel bey manchen eben so wohl aus einer unzeitigen, übertribenen, pharisäischen Geistlichkeit herrühren, oder welches doch mit dem sonst guten Verlangen nach der wahren Reinigkeit mehr als man erkennet, vermischt seyn kann.» Doch sei er als göttliche Ordnung zu estimieren. Er könne zum Segen werden und vor Ausschweifungen bewahren. «Weil aber insgemein dieser Stand sehr verdächtig und an Gottsuchenden Seelen für ein schwehren Fall angesehen wird, so will dann niemand der Mensch seyn oder dafür angesehen [werden], dass man solchen Mittels nöthig hätte, und wenn dann starcke Versuchungen auf schwache Gemüther anstossen, ists ja kein Wunder, wenn sie in ärgere Extrema gerathen [...]. Herrn Holzhalben mag die Beitze, so scharff sie ist, jedoch gesegneter seyn, und im noch endlich, so er gründlich gedemüthigt wird, bessere Früchte einbringen, als wenn er bey sichern und guten Tagen scheinbar gelebt hätte, aus vielen noch nicht genug gewurtzelten Erkäntniss viel Gutes zu seinem eigenen Schaden geredet, von Ihnen als ein besonder Liecht angesehen, veneriret [verehrt] und übers Ziel erhoben worden wäre. Er siehet jezo als ein ärmlich beschmutzes Leinwand miserabel aus, das von nah und fern verächtlich angesehen wird. Ich hoffe aber zu Gott, das bey allem diesem Unschein die Seiffe der himmlischen Wäscherin mit darunter ist und zur Umschmeltzung bey seiner Seelen getreulich arbeiten und aus seinem Koth ihn hervor ziehen wird.» – Annoni an einen Herrnhuter Bruder, Basel, 09.12.1736 (UAH R.19.C.Nr.4.2.34–37): «In St. Gallen soll (wie ich eben vernemme) ein gleich ärgerlicher Casus, wie ehmals mit Herrn Holzhalben in Zürich vorgegangen seyn. Mein Gott, was für Zeiten! Ich sorge, die aussmachende Gerichte seyen nahe vor der Thür.» – Annoni dichtete für seinen gefallen Freund eine Fürbitte: «Herr Jesu! geht es dennoch an, / dass man für Todte beten kan? / Kommts ihnen noch zustatten? / So fällt

Auch Esther Gottfried war die Wiederverheiratung nach 14 Jahren Witwenstand nicht leicht gefallen. Ihr erster Mann Johann Jakob Gottfried, der eine Apotheke an der Gerbergasse besessen hatte, war sieben Jahre nach der Verheiratung gestorben.[199] Die ältere Tochter Maria Margaretha war bereits mit dem Apotheker Johann Jakob de Lachenal verheiratet. Die jüngere Tochter Rosina lebte noch ledig bei der Mutter. Sie verheiratete sich 1739 mit dem Buchhändler Thomas Bischoff.

Nach dem Tod ihres Mannes hatte Esther Gottfried ein *eingezogenes* Leben geführt. Die Wiederverheiratung dürfte sie in erster Linie als ein gottgefälliges Werk verstanden haben. So manche vermögliche Basler Tochter wurde mit einem Pfarrer verheiratet, damit dieser bei seinem geringen Einkommen eine Familie standesgemäss ernähren könne. Im Fall der Esther Gottfried war die Situation insofern heikel, als durch die Eheschliessung Erbansprüche der Töchter geschmälert wurden und von Annonis Seite zunächst kein namhafter Beitrag an die Lebenskosten zu erwarten war. Die Verhandlungen Annonis mit den Vögten seiner zukünftigen Frau – verwitwete Frauen standen unter Vormundschaft – gestalteten sich offensichtlich auch aus diesen Gründen nicht einfach. Die Listen des von beiden Ehepartnern in die Ehe eingebrachten Heiratgutes unterschieden sich in erheblichem Masse voneinander.[200] Vom Zeitpunkt der Heirat

mir jetzt ein Freund in Sinn, / dem ich auch noch verbunden bin / Für manche Christen-Thaten. // Ein Mensch, der einst Beatus hiess, / Und sich vom Satan sichten [in Versuchung führen] liess, / Geräth in Sünd und Schande. / Gleich drückt ihn deine schwere Hand, / Zuletzt kommt er um den Verstand, / Ja gar in Todes-Bande. // Ach! wo ist jetz sein Seelen-Geist? / Herr Jesu! den man billig preisst / als Höllenreichs-Zerstörer! / Ach! lass ihn aus dem Kercker los, / Und schenck ihm Raum in Abrams Schos. / Ach! sey auch jetz Erhörer. // So bring ich am Beatus-Tag / Dir eine Sünden-Bitt und Klag. / Ich bettle noch auf Erden. / Und kommet nun bald dein Gericht; / Ach! so verstoss uns beide nicht. / Lass uns Beaten werden. // Noch viele Freund und Freundinnen, / Die schlafen oder schlafen gehn, / Herr! in der Näh und Ferne, / die lass mich auch begnadigt sehn, / Bej deinen Auserwählten stehn. / Ach! hör und thu es gerne. // Du Himmels-Adam, Jesus Christ! / Wer weiss, was noch zu hoffen ist? / Geheimnüs-voller Meister! / Vollend mich in der Gnaden-Zeit, / Und bring mich in die Ewigkeit / Zum Reich der sel'gen Geister.» (Nachlass, D III, Nr. 36.)

199 Johann Jakob Gottfried hatte die Apotheke 1716 im Haus *zum Ritter* (Gerbergasse 39/Falknerstrasse 16) gegründet. Nach dessen Tod übernahm sie 1735 der Schwiegersohn Johann Jakob de Lachenal. (Apotheker 1984, S. 89.)

200 Nachlass A I 9 und 10: Eheabrede zwischen Hieronymus Annoni und Esther Zwinger, Witwe des Johann Jakob Gottfried, Basel, 22. November 1734. Während Annonis Hausrat – die Bibliothek blieb von der Schätzung ausgenommen – mit 1070 Pfund taxiert wurde, betrug das auch in liegenden Gütern und Gebäulichkeiten bestehende Vermögen seiner Frau 8378 Pfund. – Misshelligkeiten verursachte Annoni damit, dass er die Bewertung einiger Landstücke als zu hoch beanstandete und beim Bürgermeister eine entsprechende Korrektur der Eheabrede verlangte und durchsetzte. Als Begründung gab er an, dass er – falls er einmal ein Pfarramt bekleiden sollte – nicht in Rechtsstreitigkeiten verwickelt werden wolle.

an bis zu seinem Tode führte Annoni ein Kassenbuch, wahrscheinlich auch, um seinen sorgsamen Umgang mit Geld und Gut gegenüber Dritten belegen zu können.

Aus dem umfangreichen Nachlass ist nur wenig über Esther Annoni-Zwinger zu erfahren. In Annonis autobiographischen Aufzeichnungen oder in der Korrespondenz wird sie kaum erwähnt.[201] Überliefert ist ein kleines Heftlein, in welches Esther mit ungelenker Schrift ihre Lebensdaten bis zur zweiten Heirat eingetragen hatte: geboren 1695, Eltern: Theodor und Margaretha Zwinger-Burckhardt, 1712 Verlobung und 1713 Heirat mit dem Apotheker Johann Jakob Gottfried, 1715 Geburt der Tochter Maria Margaretha, 1717 Geburt der Tochter Rosina, 1720 Tod des Ehemannes, 1732 Geburt des ersten Enkelkindes. Die Aufzeichnungen enden mit der «Aufforderung zum zweyten Heyrath von Hieronimo Annoni, meinem nunmero lieben Gotts Mann, aber ach, mein Gott, wie saur ist uns unsere Verheyrathung gemacht worden.»[202]

Die spärlichen Nachrichten vermitteln den Eindruck einer einvernehmlichen Ehe.[203] Zweimal im Jahr, nämlich zum Neujahrstag, dem traditionellen Schenktermin, und zum Esthertag am 4. September, bedachte Annoni seine *Mama*, wie er sie nannte, mit einem Geschenk und einem Gedicht.[204] Aus diesen Gedichten sind Anhänglichkeit und Dankbarkeit herauszulesen. Annoni war sich dessen bewusst, dass seine häufigen Krankheiten für seine Frau belastend waren. Allerdings bereiteten auch ihm die letzten Jahre vor Esthers Tod viel Mühe und Sorge. In zwei Gedichten bat er Gott, seine arme Frau nun zu sich zu nehmen.[205]

Auch als Pfarrfrau scheint Esther Annoni ein *eingezogenes* Leben geführt zu haben. Nichts deutet darauf hin, dass sie einen entscheidenden Einfluss auf den Lauf der Dinge genommen hätte, weder

201 Nur wenige der Korrespondenten liessen ihr Grüsse zukommen.
202 Nachlass A II 4. Die letzten Worte sind wieder durchgestrichen.
203 J. R. Burckhardt sprach in seiner Leichenrede für Annoni von einem Muster einer christlichen Ehe. (Nachlass A II 5, fol. 11r.)
204 Nachlass D I.
205 Annoni an J. J. Simmler, Muttenz, 16.03.1761 (ZBZ, Msc. S 338, von anderer Hand, diktiert): «Was mich betrifft, so habe ich in verwichenem Frühling meine liebe Gehülfin verlohren, die mich durch etlichjähriges Kräncklen, wobey sie endlich gar kindisch geworden, noch kränklicher gemacht und durch ihr Absterben mir fast auch den Tod zugezogen, so dass ich seither gantz matt und schwach als Emeritus herum gehe und von einer gleichfalls gebrauchten Wasser-Cur keinen Nutzen gehabt habe.» – Annoni reimte: «O guter Meister! darf ichs wagen? / Und noch ein albers Wörtlein sagen? / Ach! so nimm doch den matten Leim / Von meiner armen Esther heim. / Ihr schwacher Leib erholt sich nimmer, / Und ach! die Seele hats noch schlimmer, / denn unsers Geistes Kraft und Licht / spielt in den morschen Gliedern nicht. // Auch in dem Hause gehts nicht richtig, / Zum

ausserhalb noch innerhalb des häuslichen Bereichs.[206] Als Pfarrfrau hatte sie – unterstützt durch Mägde – ein offenes Haus zu führen, Besuche zu bewirten und Durchreisende zu beherbergen. Als ihre Schwiegermutter hilfe- und pflegebedürftig geworden war, nahm sie diese im Waldenburger Pfarrhaus auf. Töchter und Enkelkinder kamen zu Besuch. Verschiedentlich lebten junge Kostgänger im Haus, denen sie eine Ersatzmutter sein musste. Eine Fussreise zu Samuel Lutz nach Amsoldingen war wahrscheinlich ihre einzige grössere Reise und selbstständige Unternehmung.[207]

Nach Esther Annonis Tod am 8. Mai 1760 wurden weder die Leichenrede noch ein Lebenslauf gedruckt. Letzterer wäre sicher genauso stereotyp ausgefallen wie die den Leichenreden angehängten Lebensläufe anderer Frauen zur damaligen Zeit. Sehr viel mehr als die oben aufgeführten Lebensdaten und das Lob, dass sie ihrem Mann eine *stille, geduldige und heilsbegierige Gehülfin* gewesen sei, wäre aus ihm wahrscheinlich nicht zu erfahren gewesen. Esther Annoni hatte die emanzipatorische Chance, die der Pietismus Frauen bot, nicht wahrgenommen. Sie hatte weder in den Konventikeln eine massgebende Rolle gespielt, noch hatte sie sich anderen schriftlich mitgeteilt, schon gar nicht war sie durch ein der Obrigkeit unliebsames Verhalten – wie z.B. durch Verteilen frommer Schriften – aktenkundig geworden. Aus einer Familie stammend, die bedeutende Männer hervorgebracht hatte, blieb sie wohl zeitlebens schüchtern im Hintergrund.[208] Ihre jeweiligen, auf den häuslichen Kreis beschränk-

---

Martha-Dienst bin ich untüchtig. / Und ihr betrübter Thränen-Guss / macht, dass ich gleichfalls weinen muss. // O Meister! sie ist kindisch worden; / bereite sie zum Lämmer-Orden / In deinen treuen Hirten-Schos, / da hätte sie ein bessres Los. // Ach ja! Herr! hole sie von hinnen. / Ach! aber doch bej solchen Sinnen, / Wobey ich tröstlich mercken kan, / Die Reise gehet Himmel-an. // Ach, ach! die Scheidung wird mich schmerzen, / Doch weiss ich sie in deinem Herzen. / Ach! so vergnügt mich ihre Ruh, / Und du sprichst mir auch tröstlich zu. // Dann gib mir stille Witwer-Tage, / Und hilf, dass ich mich wohl betrage, / Und gängle so durch Lust und Last / mich auch zur sel'gen Himmels-Rast. // Auch ich, Herr, aller Welt Erhalter! / Ich fühle schon ein frühes Alter, / Und wie mein Haupt und Leib und Blut / Sehr zur Verwesung nahen thut. // Ach! sollt dies Elend lange währen, / So wirds gewüss auch mich verzehren. / Ich schmacht, ich seufz, ich kan nicht mehr. / Zu Hilf, zu Hilf, mein Gott und Herr!» (Nachlass D VI 4, Nr. 39.)

206 Die ihr von Annoni zugewiesene Aufgabe, sich um den abgelieferten Zehnten zu kümmern, delegierte sie in Muttenz (eventuell bereits in Waldenburg) an den Sigrist. Siehe StA BL Lade 71. 81 B 1–26, Brief Annoni an den Landvogt Emanuel Faesch vom 02.12.1756.
207 Diese Reise machte sie im November 1745 gemeinsam mit einer Frau Brodtbeck aus Liestal.
208 Als Annoni 1736 mit seiner Frau in Schaffhausen weilte, empfand er Esthers Schüchternheit gegenüber seinen Freunden als hinderlich. (Nachlass B V, S. 524.)

ten Frauenrollen erfüllte sie in mustergültiger *Verleugnung*, d.h. in Selbst- und Anspruchslosigkeit, wie es dem Ideal ihrer Zeit und Gesellschaftsschicht entsprach.

Redaktionsarbeiten für Samuel Lutz

Über eine grosse Arbeit, die Annoni nach seiner Rückkehr aus Deutschland verrichtete, erfährt man allein aus Briefen von Samuel Lutz: Annoni redigierte dessen Schriften für den Neudruck. Die in den beiden voluminösen Sammelbänden *Ein Wohlriechender Straus Von schönen und gesunden Himmels=Blumen* (1737) und *Ein Neuer Straus Von schönen und gesunden Himmels=Blumen* (1738) bei Johann Rudolph Im Hof in Basel zusammengetragenen Schriften hatte Annoni korrigiert, mit Marginalien versehen und – im ersten Band – durch ein Register erschlossen. Diese mühselige Arbeit um Gotteslohn, die später mit der Redaktion weiterer Schriften fortgeführt wurde, ist das beste Zeugnis für die innige Verbundenheit der beiden Männer.

Wie es dazu kam, dass Annoni dem publikationsfreudigen Lutz bei der Drucklegung seiner Schriften half und wie diese Arbeit im

Frontispiz und Titelblatt aus:
Samuel Lutz: Ein Wohlriechender Straus Von schönen und Gesunden Himmels= Blumen ... 2. Auflage. Basel 1756.

Einzelnen ablief, lässt sich anhand der im Nachlass erhaltenen Quellen nur mangelhaft rekonstruieren.[209] Nachdem Annoni auf seiner Schweizerreise 1731 Lutz besucht hatte, wurden dessen Briefe vertraulicher. Lutz hatte in dem jüngeren Glaubensbruder einen willigen und fähigen Adepten gefunden. So schrieb er nach dessen Besuch: «Mon plus que très cher frère, je vien de reçevoir vôtre lettre si tendre, qu'elle me met dans la confusion, je vois bien, que vôtre coeur est un terroir très fertile, a peine y ai je jetté un grain et je moissonne déjà tant de cordialités, et bons souhaits, qui me réjouissent plus que rien d'autre.»[210] Für Annoni, der ohne Vater aufgewachsen war, bedeutete Lutz offensichtlich eine väterliche Autorität, der er willig zu Diensten war.[211]

209 Aus den wahrscheinlich nicht lückenlos überlieferten Briefen von Lutz ergibt sich kein klares Bild hierüber.
210 Lutz an Annoni, Amsoldingen, 19.08.1731 (F II, 526): «Mein mehr als sehr lieber Bruder, soeben habe ich Ihren so zärtlichen Brief erhalten, der mich verwirrt, ich sehe wohl, dass ihr Herz ein sehr fruchtbarer Boden ist, kaum habe ich ein Samenkorn hineingeworfen, ernte ich schon soviel Herzlichkeit und gute Wünsche, die mich mehr als alles andere erfreuen.»
211 Lutz an Annoni, Diessbach, 18.12.1744 (F II, 553): «Ach tituliret mich nicht mehr Vater, dann ich gar nit wert bin Euer Liebden elender bruder zu heissen.»

Ein
Wohlriechender Straus
Von schönen und gesunden
Himmels-Blumen,
Welche
Denen Heils-begierigen Menschen-Kinderen
Zur Erweckung und Ergötzung
Aus seinen gedruckten und ungedruckten
Schriften
Durch Göttliche Gnaden-Hülfe
Zusammen gelesen und geflochten
CHRISTOPHILUS GRATIANUS
Oder
SAMUEL LUCIUS,
Gärtner des HERRN
Im Bernerischen Ober-Land.
Zweyte Auflage.

BASEL,
Bey Johann Rudolf Im Hof,
MDCCLVI.

In den folgenden Briefen aus dem Jahr 1732 berichtete Lutz über verschiedene seiner Abhandlungen. Als erstes beauftragte er Annoni, seine *Apologey* zu überarbeiten und mit einer Vorrede zu versehen.[212] Im März 1734, ein halbes Jahr nach seiner Rückkehr aus dem Wittgensteinerland, reiste Annoni wiederum für einige Tage zu Samuel Lutz nach Amsoldingen. Bei dieser Gelegenheit dürften weitere Publikationsvorhaben besprochen worden sein. Von nun an handelten fast alle Briefe, die Lutz bis kurz vor seinem Tode im Jahre 1750 an Annoni schrieb, von der Redaktion und Drucklegung seiner Schriften.

Für die Redaktionsarbeit an den beiden Sammelbänden wünschte Lutz: «[...] wann sie wollen überall marginalien machen und ein vollständiges register über alles. item jedes buch in sonderbare capitel und diese wider in § abtheilen. auch alle freyheit gebrauchen im censuriren, corrigieren, durchstreichen und von dem ihrigen einschalten nach belieben als mit ihrem eigenthum.»[213] Ausserdem: «[...] das widerholte durchzustreichen, weilen mich nicht allemal erinnere dessen, was geschrieben [...]. keine grosse buchstaben zu setzen als nur von anfang des periodi und wo die Hohen nahmen Gott, Jesus, Christus, Geist vorkommen, soll demnach diese ehre allein dem Höchsten Wesen vorbehalten sein. es spart das papir und ist dem gemeinen mann leslicher [...]. weilen E[uer] L[iebden] die hochteutsche sprach und orthographie bekannt, so bitte fleissig zu corrigieren; zumalen sich die teutschen leicht an buchstaben und wörtern choquieren.»[214]

Annoni sollte also darauf bedacht sein, dass Samuel Lutz' Schriften aus sprachlichen Gründen in Deutschland, wo seine Schriften einen breiten Leserkreis hatten, keinen Anstoss erregen würden.[215] Da-

---

212 Es handelt sich wahrscheinlich um die 1732 gedruckte Schrift «Zeugniss der Wahrheit», welche schon Jahre zuvor in handschriftlichen Abschriften in pietistischen Kreisen zirkulierte. – Lutz an Annoni, Amsoldingen, 13.07.1732 (F II, 528): «Beyliegende Apologey ist etwas weitläuffig, sie seye aber ihrer discretion, verkürtzung, correction gantz überlassen.» – Lutz an Annoni, Amsoldingen, 24.01.1734 (F II, 531): «die allbereit durch Dero vorschub getrukte apologey ist von vielen gelesen worden, [hat] auch denen hohen häuptern der Statt bern einichen die thränen ausgepresset, andere überzeugt, andere zu zorn gezogen.»
213 Lutz an Annoni, Amsoldingen, 31.12.1734 (F II, 533). Die beiden Bände der ersten Auflage enthalten kein Register. In der zweiten Auflage von 1756 enthält der erste Band ein Register.
214 Lutz an Annoni, Amsoldingen, 27.03.1735 (F II, 534).
215 Dass die Schriften von Samuel Lutz auch in Deutschland beliebt waren, bezeugte u.a. der Judenmissionar Stephan Schultz. 1744 traf er Lutz in Baden, «einen durch mancherley Verfolgung und Anfechtung bewährten Theologum, dessen Blumen=Strauss; Schweizerisches Canaan; Lämmer=Weide; und andere Schriften, auch in der Evangelisch=Lutherischen Kirche bekant genug sind.» (Schultz 1771, S. 245.)

mit verlangte der Autor die Quadratur des Kreises, liebte er es doch, mundartliche Ausdrücke zu gebrauchen und seine assoziativ aneinander gereihten Gedanken ungegliedert und weitläufig auszubreiten. Auch in seinen zuweilen stundenlangen Predigten hielt er sich an kein Schema. Besonders hilfreich konnte Annoni bei der Formulierung der Dedikationen sein. Der erste *Blumenstrauss* sollte Christian VI., dem frommen König von Dänemark, und der zweite Friedrich Wilhelm I., König von Preussen, gewidmet sein.[216] Im Verkehr am Grafenhofe hatte Annoni den richtigen Gebrauch der Titulaturen gelernt. Den republikanischen Schweizern waren diese nicht nur weniger geläufig, sie hegten ihnen gegenüber auch einen gewissen Vorbehalt – auch wenn die städtischen Obrigkeiten dazu neigten, hierin dem höfischen Vorbild nachzueifern. Samuel Lutz, der schon einmal böse Erfahrungen gemacht hatte, indem er Graf Zinzendorf in unkorrekter Weise angeschrieben hatte, wollte sich nicht nochmals eine Blösse geben. Gleichzeitig wollte er sich aber auch nicht scheuen, in seiner Dedikation den Grossen der Welt freimütig eine Lektion zu erteilen.[217]

Mit der Redaktion und Begleitung des Neudrucks der beiden *Blumensträusse* hatte Annoni Samuel Lutz einen grossen Dienst erwie-

---

216 Belegt ist nur die Mithilfe an der ersten Dedikation, doch war Annoni sicher auch an der Formulierung der zweiten beteiligt. – Lutz wandte sich auch an Zinzendorf mit der Bitte, sein Traktat über die ersten Christen zu korrigieren und die Dedikation an Christian VI. zu schreiben. (UAH R.19.C.3.a Nr.13.)

217 S. Lutz an Annoni, Amsoldingen, 09.03.1736 (F II, 352): «Bitte inständig die formalien recht zu machen, wie es geng und gäb ist [...]. Mein werthester Herr hat anbei alle freiheit, was nit etwa gut teutsch oder sonst nit des styli ist, zu verbessern damit es an einen K.[önig] geschrieben heissen könne, bevoraus die teutsche in dergleichen dingen gar zu scharffe censores sind, wie mir einmal mit dem gottseligen Graffen von Zinzendorf begegnet, da ich aus brünstiger liebe ihm geschrieben als an einen weltabgestorbenen Christen; da mir zur antwort worden von einem seiner jüngern; der Graff hab nit können erkennen, dass der brief an ihne gehöre, obschon die adresse deutlich genug war.» Die Dedikation sei wegen seiner Liebe zu Jesu und zum König sehr weitläufig ausgefallen, «und will ich lieber vor eine dölpischen, ungeschikten menschen passieren, der sich auf keine hofmanier verstehe und der nur allen leuten zusprechen wolle mit seiner grobheit und gar zu unhöflichen unverstand; ja der so unverschamt und verwegen seye, den grossen der welt die wahrheit zu sagen, wie ich denn mehr denn einen feind mit meiner freymütigkeit unter den grossen gemacht habe, die mir biss auf den heutigen tag nicht par donnirt. Aber kurtz, ich will lieber ein bernheuter heissen, als dass ich was anders als das interesse meines Seligmachers bei allen meinen unternehmungen bezweken solte, ich kan nicht anderst, das hertz gibt mirs nit zu. Ist Christian VI. nit durchaus so wie die Zuschrift ihn haben will, so kan er dennoch gute lehre daraus nemmen.» – Auch Annoni scheute sich in einem Brief an Zinzendorf, den vollständigen Titel aufzuführen, was ihm der Graf aber nicht weiter übelgenommen hat. «[...] mein theurer Herr Graf! (ich hoffe, sie nemmen nicht übel, wan ich die sonst gewöhnliche und Ihnen gebührende, mein Gemüth aber chocirende Titulatur vorbeygehe und in schweizerischer Einfalt schreibe).» Kassel, 18.07.1736, UAH, veröffentlicht in Müller 1911, S.65f.

sen, wofür ihm dieser überschwänglich dankte. Die beiden Sammelbände galten ihm als *eherne denksäulen* der rechtschaffenen Bruderliebe.[218] War Annoni ernsthaft erkrankt, so galt des Autors Sorge nicht zuletzt dem weiteren Schicksal seiner Schriften.[219] Mehrfach war die Rede von einem dritten *Blumenstrauss*. Dieser kam aber nicht zustande. Dafür besorgte Annoni die Herausgabe und Verbreitung weiterer einzelner Schriften, so u.a. einer erweiterten Ausgabe der *Lämmer-Weide*, einem Traktat zur religiösen Unterweisung. Diese Schrift verschenkte er mit Vorliebe an Gross und Klein.

Während vieler Jahre beschäftigte Lutz die Publikation seiner Schrift über die *Kreuzigung Christi*, die sich aus nicht nachvollziehbaren Gründen als schwierig erwies und erst im Todesjahr des Autors gelang.[220] Mehrfach hatte sich Lutz ausbedungen, dass diese Schrift ohne Nennung seines Namens erscheinen solle, damit nur der Name des Gekreuzigten gepriesen werde. Dies war – soweit ersichtlich – die einzige anonym erschienene Schrift aus der Feder von Lutz, der damit ein Zeugnis seiner christlichen Demut ablegen wollte.

Die Demutsgeste einer anonymen Autorenschaft war unter pietistischen Verfassern nicht selten. Doch vielfach verbreiteten die Verfasser ihre Schriften selbst und sorgten dafür, dass mit ihren Werken auch der ungedruckte Autorenname bekannt würde. Darin war z.B. de Marsay ein Meister gewesen. Dass der Name Annonis in keiner der von ihm betreuten Publikationen des Samuel Lutz erschien – nicht einmal in den beiden *Blumensträussen* und unter den von ihm hinzugefügten Gedichten – kann nur zum Teil mit den damaligen Gepflogenheiten erklärt werden. Für Samuel Lutz, den trotz aller gegenteiliger Beteuerungen eitlen Autor, schien sich die Frage gar nicht gestellt zu haben. Dass jedoch in der Korrespondenz der vielen gemeinsamen Freunde, ja selbst in Annonis autobiographischen Aufzeichnungen, die Redaktionsarbeit nie erwähnt wurde, lässt darauf

---

218 Lutz an Annoni, Diessbach, 12.03.1742 (F II, 544).
219 Lutz an Annoni, Diessbach, 12.03.1742 (F II, 544): «Ich habe mit unserm allgemeinen [gemeinsamen] Seligmacher ihrenthalben kindlich gesprochen und an seinem liebreichesten hertzen, ja bruder= und mutter=hertzen angeklopfet, Er solle doch Euer Liebden an leib und seel erquiken und gesund machen und die lebenstage verlängern. Ich suche hierin nit nur allein mein particular vernügen [meinen eigenen Vorteil], sondern Christi und seines Reichs vortheil. Ich sehe nit gern, dass sothane [solche] begnadete, fruchtbare bäum in die andere welt versetzet werden, weilen es dorten genug hat, hier aber sind sie gar sehr dünn gesäet [...]. Ich will Unsern Herrn Jesus Christus noch mehr anhalten. Er hat mich so offt erhört, ich hoffe zu seiner grossen gnad und barmhertzigkeit, es werde auch jetz geschehen.»
220 Jesus der Gekreuzigte, die Sonne des Gnadenreichs, das Heil der Verlorenen ... Bern 1750.

schliessen, dass sie in grösster Diskretion und Uneigennützigkeit geleistet worden war.

Als Annoni 1743 an Leib und Gemüt erkrankt war, liess sich der 69-jährige Lutz in einer Sänfte nach Waldenburg bringen, um ihm Trost zuzusprechen.[221] Er hielt sogar eine Predigt und zwar «auf eine sehr deutliche, gründliche und erweckliche Weise», wie es sich Annoni von ihm erbeten hatte.[222] Nach Lutz' Tod im Jahre 1750 widmete Annoni seinem verstorbenen *Vater, Freund und Bruder* ein *Traur= und Trost=Gedicht*, das er auch drucken liess. Es umfasst 26 Strophen, die mit zahlreichen Anmerkungen versehen sind.[223] Sicher war Annoni auch massgeblich an der zweiten Auflage der beiden *Blumensträusse* beteiligt, die sechs Jahre nach Lutz' Tod in Basel erschien.

Das vertrauliche Verhältnis zu Samuel Lutz und dessen Vorbild als unermüdlicher Seelsorger mag neben anderen Faktoren Annoni dazu bewogen haben, sich schliesslich doch um eine Pfarrstelle zu bemühen. Samuel Lutz, der von den Spöttern auch als *Pietisten-Papst*[224] bezeichnet wurde, hatte nie separatistische Neigungen gezeigt. Er wollte der pietistischen Frömmigkeit innerhalb der Berner Staatskirche zum Durchbruch verhelfen, trotz aller damit verbundenen Anfeindungen und Verleugnungen. Dies wurde denn auch zum erklärten Ziel Annonis innerhalb der Basler Kirche.

---

221 F. L. Sprünglin an Annoni, Zofingen, 16.09.1743 (F II, 800): «Wie gönne ich es Euer Liebden wol, dass der theure Herr Lucius [Lutz] als ein alter geübter Streiter zu euch kommen ist, euch in euren Umständen zu erquiken und nach der in Ihm herrlichen und kräftigen Gnad aufzurichten. So nimmt sich Jesus der Seinen an und lasset ein Glid dem andern zu rechter Zeit in Schwachheiten Handreichungen thun.»
222 Nachlass B VI, S. 287.
223 Traur= und Trost=Gedicht, über den seligen Abschied Des weyl. Ehrwürdig und Gelehrten Herrn Samuel Lucius, Welcher, Auf vieljährige Pfarr= und Kirch=Arbeit zu Yverdun, Amsoltingen und Diesbach im Lobl. Canton Bern, Endlich in die Ruhe und Freude Seines Principalen eingegangen Den 28sten May 1750.
224 Vgl. «Copia eines Brieff auss dem Zürich Gebiet an seinen Freund zu Arauw geschrieben d. 22 Aprilis 1740, über die Frag: Was eigentlich ein Pietisten Lehrer sey.» Nachweis und auszugsweiser Abdruck in: Hendriksen 1997, S. 87–89.

118 Reise durch das Elsass, die Niederlande und Deutschland 1736

Nach der Heirat bewohnten das Ehepaar Annoni und die ledige Tochter Rosina Gottfried das Apothekerhaus an der Gerbergasse. Als Kostgänger hatten sie die beiden Studenten und Vettern Hans Ulrich Hegner von Winterthur, der als Zwölfjähriger auf der Schweizerreise dabei gewesen war, und Bernhard Im Thurn von Schaffhausen bei sich aufgenommen.[225] Diese beiden jungen Männer begleitete Annoni nochmals als Mentor auf einer Bildungsreise. Während eines halben Jahres, von Mitte April bis Mitte Oktober 1736, reisten sie durch das Elsass und Deutschland in die Niederlande, weiter quer durch Deutschland bis nach Herrnhut in der Oberlausitz und über Prag und Augsburg wieder zurück in die Schweiz. Diese Reise unterschied sich von der Schweizerreise schon allein dadurch, dass es sich bei den beiden jungen Männern nun um Studenten der Jurisprudenz handelte, denen ein anspruchsvolleres Programm zugemutet werden konnte. Zwar führte die Reise wiederum zu bedeutenden Exponenten innerhalb des Pietismus, doch galt sie ebenso einer akademischen und kulturhistorischen Orientierung. Eine Bildungsreise durch die Niederlande und Deutschland zu machen, war zu jener Zeit durchaus üblich. Erst nach der Jahrhundertmitte wurde Italien zum begehrten Ziel von Kavalierstouren.

Auf weiten Strecken der Reise nordwärts waren noch Zerstörungen sichtbar, die von französischen Truppen mehr als fünfzig Jahre zuvor angerichtet worden waren. Fragen der politischen und militärischen Verhältnisse in den verschiedenen durchreisten Ländern und Herrschaftsbereichen gerieten daher vermehrt ins Blickfeld als dies auf der Schweizerreise der Fall gewesen war. Der Aufenthalt in Universitätsstädten diente dazu, einen Einblick in aktuelle wissenschaftliche Diskussionen zu erhalten. Getreulich hielt Annoni in seinen Aufzeichnungen die wichtigsten Eindrücke eines jeden Tages fest. Da gab es kaum eine Ruhepause zwischen Besichtigungen und Besuchen mit gelehrten oder erbaulichen Gesprächen, höchstens erholsa-

---

225 Bernhard Im Thurn, Sohn des Kapitänleutnants Hans Konrad aus dem Haus *Zum Zuber* in Schaffhausen. Ab Februar 1735 Student in Basel (bis Juni 1737 Kostgänger von Annoni), zunächst als stud. phil. und stud. med., dann als stud. iur. – Im Dienst der Stadt Schaffhausen (zünftig zur Herrenstube): Gerichtsherr zu Büsingen; 1750 Urteilssprecher; 1753 Registrator; 1755 des Grossen Rats; 1768 Vogtrichter; 1777 Obherr seiner Zunft (des Kleinen Rats). (Wackernagel 1980, S. 64, Nr. 323.)

mere Fahrten per Schiff anstelle der rumpelnden Kutschenfahrten. Als Reiseführer dienten die beiden Bände *Les Delices de la Hollande*. Immer wieder traf die Gruppe auf im Ausland lebende Landsleute, sei es zufällig oder als Etappenziel. Vielerorts konnte Annoni an bereits früher gemachte Bekanntschaften anknüpfen. Das weitverzweigte Beziehungsnetz unter den Pietisten wurde beansprucht, neue Fäden wurden geknüpft. Die Route führte allerdings nicht durch die wittgensteinischen Grafschaften, da die seinerzeit wichtigsten Bezugspersonen, Marquis de Marsay und Doktor Johann Samuel Carl, inzwischen fortgezogen waren.

Aus der Fülle der Begegnungen sollen in diesem Rahmen jene herausgegriffen werden, welche für Annoni direkt oder indirekt bedeutsam wurden. Von den vielfältigen Erlebnissen und Eindrücken sollen nur wenige Themenbereiche genannt werden.

Höfischer Prunk und die schönen Künste

Auf ihrer Reise wurden Annoni und seine Gefährten des öfteren Zeugen prunkvollen höfischen Lebens. Sie erhielten eine Anschauung von Reichtum und Macht, von Glanz und Herrlichkeit. Als Bürger eines Staatswesens, welches zumindest der Ideologie nach das republikanische Ideal vertrat, betrachtete Annoni derartige Spektakel äusserst kritisch. Auch aus religiösen Gründen konnte er allen unnötigen Prunk und Luxus nicht gutheissen. Als vorbildlich mussten ihm da die frommen Adelshäuser erscheinen, in denen die standesgemässe Prachtentfaltung durch Zeichen christlicher Demut und Verleugnung gemässigt wurde.

Im nächtlichen Dresden erlebten sie Festlichkeiten, welche zu Ehren des polnischen Königs und sächsischen Kurfürsten veranstaltet wurden:

«Eh wir uns aber schlafen legten, spazirten wir noch biss gegen Mitternacht durch die Statt, welche gleich gestern und ehegestern gantz illuminirt ware, das ist mit Lampen, Facklen, durchleuchtigen Schildereyen und dergleichen allenthalben ausgeziert und mit unzehligen Zuschauern zu Fuss und Pferd und in Carossen erfüllt, so dass man öfters mit genauer Noth durchkommen konnte. So gar ist Gross und Kleines von der Eitelkeit verzaubert und zu dergleichen Tendeleyen als besondere Freudenbezeugungen, die doch in einer Nacht viele 1000 Thaler kosten und mithin wo sie zu oft getrieben werden, eine Statt arm machen könnten, geneiget. – Diese Illumination ward hernach in einem besonderen Tractat beschrieben und der Welt zur Bewunderung bekandt gemacht. Wir aber hätten gerne folgende Zeilen bejtrucken lassen:

> Spielt mit Millionen Lampen! Machet ganze Wälder brennen!
> Lasset Zimmer, Vieh und Leute lang in bunter Galla gehn!
> Dennoch kan mans Thoren-Freude, Schattenwerck und Sünde nennen.
> Unsers Gottes Himmels-Fackel stralt und leuchtet noch so schön.»[226]

Solche Verschwendung und deren betörende Wirkung auf die Zuschauermenge konnten die puritanischen Schweizer nur verurteilen.

Bereits als Informator in Schaffhausen hatte Annoni die Kinder Im Thurn davor gewarnt, Komödien zu besuchen. In Strassburg nun wurden die beiden Studenten in die Komödie eingeladen, was Annoni als Einladung zum Genuss der Welt-Eitelkeiten erschien. In Leipzig zeigte man den Reisenden das neuerbaute Waisen-, Zucht-, Findel- und Spitalhaus, das Annoni umso mehr gefiel, als zuvor auf demselben Platz ein Komödienhaus gestanden hatte. Sein Kommentar lautete:

> «O möchte man durchaus die Luderort zerstören!
> O wurde denn dafür was Gutes hingesetzt!
> Wie solte man so bald von bessern Zeiten hören.
> Doch es geschieht auch noch: Gott schleift und baut zuletzt.»[227]

Als die Reisenden in Dresden in die Oper eingeladen wurden, liessen sie sich dazu verleiten, das Opernhaus zu betreten. Doch verliessen sie diesen *Ort der Eitelkeit* schnell wieder, um den restlichen Tag in angenehmer *Stille* zu geniessen.[228]

Wo immer möglich besichtigten die Bildungsbeflissenen Raritätenkabinette, in denen kunstvolle und kuriose Schöpfungen aus Menschenhand und Natur vereinigt waren. Annonis Aufmerksamkeit galt beiden Kategorien gleichermassen. Das Interesse an Gemälden beschränkte sich weitgehend auf Porträts. Eines der wenigen religiösen Gemälde, welches seine Aufmerksamkeit fand, war die Ecce Homo-Darstellung im Düsseldorfer Schloss, «für [vor] welchem der verstorbene Chur-Fürst seine Devotion öfters etliche Stunden lang soll verrichtet haben» und auf welchem die Worte zu lesen waren:

---

226 Nachlass B V, S. 420–422.
227 Nachlass B V, S. 416f.
228 Nachlass B V, S. 437.

«Haec omnia passus sum pro te. Tu vero, quid facis pro me?» (Dies alles habe ich für dich erlitten. Was aber tust du für mich?)[229]

Kirchen, Schlösser und Paläste beurteilte Annoni nach deren Grösse, Ausschmückung und Erhaltungszustand. Er unterschied zwischen gotischem und neumodischem – gemeint ist der barocke – Stil und fand an beiden Gefallen. Das mag insofern als bemerkenswert gelten, als die Gotik zu jener Zeit in ton- und geschmackangebenden Kreisen als barbarisch galt. Beachtung fanden auch herrschaftliche Gärten, deren kunstvolle Gestaltung und Vielfalt an Gewächsen nur ein positives Echo auslösten.

Universitäten und Professoren

Die Reise führte durch etliche Universitätsstädte. Besondere Aufmerksamkeit wurde diesen Lehranstalten beziehungsweise einigen von deren Professoren in Duisburg, Giessen, Marburg, Jena und Leipzig geschenkt. In Giessen galten die Besuche den Professoren Gerhard Tabor und Sebastian Masson, die Annoni bereits 1733 kennengelernt hatte.[230] In Marburg hatten sie Gelegenheit, zwei Vorlesungen des aus Halle vertriebenen Christian Wolff zu besuchen, dem *heutigen Principe Philosophorum*. Annonis Kommentar zu dem umstrittenen Geist lautete: «Ein hochgelehrter Charlatan / fürtrefflich amüsiren kan.» In Jena wurde während des dreitägigen Aufenthaltes bei insgesamt neun Professoren eine Visite abgelegt. Mehrfach trafen die Reisenden schweizerische Studenten an, darunter einige, deren Väter Annoni kannte. Immer wieder zeigte sich, dass bereits damals die Welt klein war und viele Fäden an einem Ort zusammenliefen.

Begegnung mit Auswanderern

In Mannheim stiessen die Reisenden auf Schiffe mit Auswanderern. Eines davon führte Leute aus Stadt und Land Basel mit sich, worunter sich einige befanden, die Annoni bekannt waren. Als Annoni in

---

229 Es war wohl dasselbe Gemälde (Kopie nach einem Gemälde von Domenico Fetti), welches Zinzendorf auf seiner Kavalierstour 1719/20 grossen Eindruck gemacht hatte. Die Begegnung mit diesem Christusbild wurde später als Zinzendorfs Bekehrungserlebnis hochstilisiert.
230 Gerhard Tabor war ein Schwager des August Frensdorf. Bei Sebastian Masson hatte Johann Georg Im Thurn als Kostgänger gewohnt.

Rotterdam dieselben Schiffe wieder antraf, bot sich ihm ein trauriger Anblick:

> «Es gienge unter ihnen sehr confus her, und bej den meisten war die Reue und das Missvergnügen aus dem Angesicht zu lesen, also dass auch nur bej wenigem Zuspruch es Seufzer und Thränen setzte und uns das Elend dieser Menschen sehr zu Herzen gienge. Viele, sonderlich junge, lagen kranck an den Kinderblatern, und die Schweitzer hatten bereits über 17 von ihren Kindern begraben. Viele suchten sich die Melancholie mit Sauffen, Singen und Spihlen zu vertreiben, zu denen sich auch einheimische Leute gleicher Art geselleten. Viele, deren Seckel bereits lähr war, liessen ihre Kinder betteln gehen. Kurz, es war ein jämmerliches Spectacul und zugleich auch eine lebendige Prob, wie sehr das Verlangen nach Reicher- und Fürnehmerwerden die Menschen verderben könne.» [231]

Tags darauf hielt Annoni diesen Leuten eine Abschiedspredigt, in der er ihnen ihr Elend wortreich als Strafe Gottes vor Augen führte. Die Heimat zu verlassen, um in der Ferne ein besseres irdisches Leben zu suchen, anstatt in der Heimat auszuharren und die Hoffnung auf das Jenseits zu richten, galt ihm als verwerflich. Allerdings liess er seine Zuhörer nicht ungetröstet: mit der Einsicht in ihr Elend, mit Reue, Busse und christlichem Lebenswandel könnten sie doch noch Gottes Gnade erlangen. Die Predigt wurde mit Tränen und Seufzern aufgenommen. Mit vergleichbarer Schärfe hatten auch andere Schweizer Pfarrer ihren Landsleuten vor der Auswanderung ins Gewissen geredet.[232]

Annoni war offensichtlich davon ausgegangen, dass sich unter seinen Zuhörern keine Glaubensflüchtlinge befanden. Über deren Emigration hätte er sicher gnädiger geurteilt. Ungefähr zur selben Zeit hatte nämlich auch die fromme Familie des Durs (Urs) Thommen aus Niederdorf im Amt Waldenburg die Heimat verlassen, um

---

231 Nachlass B V, S. 229f.
232 Vgl. Predigt von S. Lutz, gehalten am 14. März 1735 bei der Einschiffung auf der Aare. Sie erschien im Druck unter dem Titel: Abscheids=Rede, So denen nach dem berühmten Carolina lüsternden und trotz aller ausstossenden Schwierigkeiten, vorgelegten Wahrnungen und Erinnerungen dahin abfahrenden Oberländern theils mundlich gehalten, theils schriftlich übergeben worden, zu treuherzöger, beständiger Nachricht, wie sie sich in allen vorfallenden Begebenheiten und obschwebenden Unglücks=Fällen zu Rettung ihrer armen Seelen zu verhalten haben. Nebst einem Nachricht von den sonderbaren bis dahin unbekanten Begebenheiten, so sich mit diesen Leuten zugetragen auf ihrer Reis von Bern aus bis nach Rotterdam mit darzu dienenden erbaulichen Betrachtungen. Bern 1735. – Vgl. auch (Johann Rudolf Ziegler): Christholds Gedancken Bey Anlass der Bewegung welche die bekante Beschreibung von Carolina, in America, in unserm Land verursacht und der vor etlichen Tagen dahin geschehenen Abreiss verschiedener von unserm Volck, o.O. und o. J.

nach Pennsylvanien zu emigrieren.[233] Zwar hatte Thommen bei seinem Gesuch an die Obrigkeit wirtschaftliche Gründe geltend gemacht, sicher waren es aber auch religiöse gewesen. Annoni, der die Familie gut kannte, wird deren Entscheid gebilligt haben, sonst hätten ihm Durs Thommen und dessen Tochter Anna später nicht so ausführlich berichtet.[234]

Die in den 1730er-Jahren verstärkt einsetzenden Emigrationsbewegungen beschäftigten nicht nur die weltlichen, sondern auch die geistlichen Instanzen. Im Kanton Basel oblag es den Pfarrern, die persönlichen Verhältnisse der Gesuchsteller abzuklären, sich über die Ursachen kundig zu machen, welche sie zur Auswanderung bewogen und ihnen ihr Vorhaben nach Möglichkeit auszureden. Die Obrigkeit hatte kein Interesse daran, mit rüchtigen Untertanen deren Abgaben und Dienstleistungen zu verlieren. Auswanderungswillige mussten nebst einer *Manumission* (Handgebühr) eine zehnprozentige Steuer auf das mitgenommene Hab und Gut entrichten. Nicht allen Gesuchstellern wurde die Emigration bewilligt. Auch aus diesem Grunde verschwanden viele bei Nacht und Nebel. *Armen* und *unnützen* Personen hingegen erleichterte man die Auswanderung. Auf diese Weise konnten sich die Gemeinden mancher Problemfälle entledigen, welche Unruhe stifteten oder die Armenkassen belasteten.

Pietistische Pfarrer dürften bei der Erfüllung ihrer Aufgabe des öfteren in Gewissensnot geraten sein, denn unter den Gesuchstellern befanden sich auch Erweckte, die mit dem *Auszug aus Babel* nicht nur der Armut zu entrinnen, sondern auch die ersehnte Glaubens- und Gewissensfreiheit zu erlangen suchten. In der Neuen Welt, insbesondere im Quäkerstaat Pennsylvanien, eröffnete sich ihnen die Möglichkeit, neue Formen der Frömmigkeit und des Zusammenlebens zu

233 Schelbert 1975, S. 94–119. Der Autor rekonstruierte die Auswanderungsgeschichte der Familie Thommen. – Die Tochter Katharina hatte, bevor sie mit der übrigen Familie auswanderte, beim pietistischen Tuchhändler Johann Segisser in Langenthal als Magd gedient. Dieser erkundigte sich später bei Annoni nach dem weiteren Schicksal der Familie Thommen.

234 Durs Thommen an Annoni, Philadelphia, 20.10.1736 (zitiert in Schelbert 1975, S. 99f.); Anna (Tabea) Thommen an Annoni, Ephrata, 12.08.1743 (F II, 921, veröffentlicht in: Schelbert, Rappolt 1977, S. 125–128). Da das Kassenbuch Annonis für das Jahr 1736 Zinseinnahmen von Durs Thommen verzeichnet, ist anzunehmen, dass Annoni bei der Auswanderung finanzielle Hilfe geleistet hat. – Im Nachlass befinden sich noch folgende Briefe von Auswanderern: Hans Georg Gerster, Pennsylvanien, 20.11.1737 und Germantown (Pennsylvanien), 04.11.1740 (F II, 242 und 243; Abschriften von Annoni). Beide Briefe waren an Annoni adressiert, damit er sie den zurückgebliebenen Freunden und Verwandten mitteile. Beide Briefe veröffentlicht in: Schelbert, Rappolt 1977, S. 119–125; J. U. Giezendanner an Paravicini, Pennsylvanien, 23.04.1737 (F II, 244; Abschrift von Annoni).

verwirklichen. Hier konnten Dissidenten aller Richtung in brüderlicher Gemeinschaft das ersehnte *Philadelphia bauen* und die baldige Wiederkunft des Herrn erwarten.[235] Dem gleichermassen von Verzweiflung und Hoffnung erfüllten Aufbruch hatten pietistische Pfarrer nur ein demütiges Ausharren entgegenzusetzen, ein Ausharren, das sie selbst zumeist mit lauten Klageliedern begleiteten.

Im Jahre 1749 hatte sich Annoni als Pfarrer von Muttenz in besonderem Masse mit dem Problem der Emigration zu befassen, da die Untertanen auf der Landschaft von einem regelrechten Auswanderungsfieber ergriffen wurden. Als Ursache wurden die negativen Folgen der Fron- und anderer gesetzlich vorgeschriebener Dienstleistungen auf die wirtschaftliche Lage der Untertanen angegeben, sowie die illegale Propaganda, welche vier aus Amerika Zurückgekehrte betrieben hatten.[236]

Annoni notierte in seinen Aufzeichnungen:

«Den 8ten Maj reiseten viele Leute auss dem Canton Basel – und unter denselben auch 66 Personen auss Muttenz – zu Wasser dem Neuen Lande zu, mit welchen ich Vieles zu reden und zu thun gehabt. – Die Obrigkeit sahe es ungerne, und es hat an Gegen-Vorstellungen nicht gefehlt. Weilen aber die meisten dürftige und übelgesittete Leute waren, so hat man solchen Verlust im Lande desto leichter verschmerzen können.»[237]

Von den 66 Muttenzern, denen ein Jahr später noch elf Personen nachfolgten, verliessen fünf Einzelpersonen und 16 Ehemänner mit ihren Frauen oder Familien die Heimat, so dass Annoni – theoretisch – 21 Gespräche zu führen gehabt hätte.[238] Dafür, dass damals relativ viele Muttenzer auswanderten, nämlich 66 von insgesamt 486 Emigranten aus dem Basler Untertanengebiet, beziehungsweise 66 von ca. 875 Einwohnern, mag die Tatsache eine Erklärung sein, dass sich die Propagandisten auch in Muttenz aufgehalten hatten und einer

235 Vgl. Deppermann 1984.
236 Faust 1976, S. 135–137.
237 Nachlass B VII, S. 91. – Neutraler lautete seine Notiz im Kirchenbuch: «Anno 1749, den 8ten Maj sind viele Leuthe aus unserm und andern Ländern zu Schiffe von Basel nacher Holland abgefahren, in dem Vorhaben, in America besseres Glück zu suchen. Unter denselben waren 66 Personen, meistens Burgers-Leuthe von Muttenz.» Zu den im folgenden Jahr Emigrierten schrieb er hingegen ins Kirchenbuch: «Im Sommer des 1750ten Jahres reiseten abermals 2 Haussholtungen von Muttenz 11 Personen starck nacher America ab. Es waren schlimme Leute und mithin des Dorfes Nuz.» (StA BL, Kirchenbücher E 9, Muttenz 3, 628f.) – Faust 1976, S.147–150, 157 und 159: Listen der 1749 und 1750 ausgewanderten Muttenzer Personen.
238 Von den 21 Einzelpersonen bzw. Haushaltsvorständen war deren zehn die Manumission erlassen worden.

von ihnen aus diesem Dorf stammte.[239] Annoni trauerte den *dürftigen* und *übelgesitteten* Leuten nicht nach. Beide Gruppen verursachten einem Pfarrer viel Arbeit, da ihm von Amtes wegen die Aufsicht über sie übertragen war. Ob er sich bei seinem Eintrag ins Kirchenbuch wohl an seine in Rotterdam gehaltene Abschiedspredigt erinnerte und ob er sich seines Widerspruchs bewusst wurde?

Begegnung mit Juden und der Judenmission

In Amsterdam, Rotterdam, Frankfurt[240] und Prag suchten Annoni und seine Reisegefährten Stätten jüdischen Lebens auf. Von Amsterdam berichtete Annoni: «[...] und da es eben Vor-Sabbath war, so begaben wir uns auch in bejde Synagogen, welche mit vielem Volck angefüllet waren und vom Gesang und Geschrey der Anwesenden erklingeten. Die Portugesen-Kirch ist ein stattliches Gebäude. Die Juden- oder Schmausen-Kirch hingegen siehet schlechter aus. Doch sind die Ceremonien in bejden zimlich gleich.»[241] In Halle besuchten die Reisenden das 1728 von Johann Heinrich Callenberg gegründete und den Franckeschen Stiftungen angegliederte Institutum Judaicum et Muhammedicum. Dieses hatte es sich vornehmlich zur Aufgabe gemacht, mit der Herausgabe von Schriften in jiddischer und hebräischer Sprache und durch die Aussendung konvertierter Juden die Judenmission zu betreiben.

Dem Institut blieb Annoni zeitlebens verbunden. Er erhielt aus Halle Traktate und Mitteilungen zugeschickt, die dann bei den interessierten Freunden die Runde machten.[242] Er leitete Spenden für die Judenmission nach Halle weiter und versorgte Callenberg mit Nachrichten und Literatur zur Judenmission aus der Schweiz und

---

239 Gschwind 1977, S. 592: 1743 hatte Muttenz 875 und 1770 850 Einwohner.
240 Nachlass B V, S. 281f.: In Frankfurt begleitete sie ein katholischer Geistlicher beim Gang durch die «renommirte Judengasse». Dieser «war der Anlass, dass wir bej dem reichen Juden Isac Speier zusprachen, welcher venerable [verehrungswürdige] Alte uns mit Thée und Kauscher-Wein [koscherem Wein] aufwarten liess und anbej einen vom Kaiser erhaltenen pergamentenen Freyheits-Brief zeigete». Wahrscheinlich war dies die einzige persönliche Begegnung, die Annoni mit einem Juden jüdischen Glaubens hatte.
241 Nachlass B V, S. 169f. Mit der *Portugesen-Kirch* meinte Annoni wohl die Synagoge des sephardischen Juden und mit der *Schmausen-Kirch* die Synagoge der askenasischen Juden.
242 Zum Leserkreis gehörten nachweislich Samuel Paravicini, Pfarrer in Bretzwil, F. L. Sprüngli, Pfarrer in Zofingen, später in Madiswil, und der Tuchhändler Johann Segisser in Langenthal. Sicher gehörten ihm noch weitere Personen an.

dem Elsass.²⁴³ Annoni diente gewissermassen als Schaltstelle zwischen Halle und Interessierten in der Nordwestschweiz.²⁴⁴ In seinem Testament bedachte er auch das Institutum Judaicum.

Das Interesse am Judentum und an der Bekehrung der Juden war durch Speners Eschatologie neu belebt worden.²⁴⁵ Sobald sich die Juden zu Christus bekehrt hätten, sei die Wiederkehr Christi zu erwarten, lautete die Hoffnung aufgrund des Paulusbriefs an die Römer 1,25–36. Mit arabischen Traktaten sollten auch Moslems für das Christentum gewonnen werden. Somit galt die hallische Missionstätigkeit allen vier Gruppen: den nicht wahrhaft bekehrten Christen, den *Juden, Türken und Heiden*.²⁴⁶ Die Herrnhuter entsandten erstmals 1738 zwei eigens für die Judenmission bestimmte Brüder. Zinzendorfs Hinwendung zu den Juden war nicht eschatologisch, sondern in seiner Christozentrik begründet. Weil Christus Jude war, begegnete er den Juden mit besonderer Achtung.

Zweimal erhielt Annoni mehrtägigen Besuch vom durchreisenden *Emissionär* Stephan Schultz, zuerst 1744 im Pfarrhaus Waldenburg und dann 1750 im Pfarrhaus Muttenz.²⁴⁷ Das erste Mal war Schultz in Begleitung des Judenmissionars Johann Daniel Henzenius, das zweite Mal in Begleitung von Albrecht Friedrich Woltersdorf und Gotthardt Betz. Beide Male hielten die Gäste öffentliche Versammlungen und Ansprachen an die Gemeinde.²⁴⁸ Durch diese intensiven persönlichen Begegnungen, welche die Emissionäre auch mit Annonis Freunden suchten, wurde das Interesse an der Judenmission verstärkt. Immer wieder werden in der Korrespondenz Annonis die Callenbergischen Schriften erwähnt. Die gemeinsame Lek-

---

243 Annoni an Callenberg, Basel, 29.02.1740 und undatierter Brief (Archiv der Franckeschen Stiftungen, Halle K 28. Bl. 67–69 und K 29. Bl. 410–411).
244 Wernle I 1923, S. 467f.: Wernle bezeichnete Annoni als «schweizerische Schaltstelle».
245 Zu Pietismus und Judenmission im 17./18. Jh. siehe: Clark 1995, S. 9–82.
246 Unter «Türken» verstand man Moslems, unter «Heiden» alle, die nicht Christen, Juden oder Moslems waren. Wo immer man diese Gruppen nannte, erfolgte dies in der oben angeführten Reihenfolge.
247 Über den Besuch im Jahre 1744 siehe Schultz 1771, S. 249f.
248 Nachlass B IX, Rosius-Kalender 1763: Am 06.11.1763 erhielt Annoni Besuch von Johann Gustav Burgmann und Johann Martin Meuter, zwei Missionare des Institutum Judaicum, welche der nunmehrige Institutsleiter Stephan Schultz an Annoni verwiesen haben dürfte. – Rosius-Kalender 12.11.64: «hatte ich einen angenehmen Besuch von H. Muhtman, Hofprediger zu Grünstatt, der samt einem von ihme getauften jüdischen Jüngling biss den 14ten bey mir geblieben und nebst seinen eigenen Angelegenheiten viel Wichtiges erzehlet und discuriret hat.» Annoni schrieb dem bekehrten, nun Theologie studierenden Juden ins Stammbuch: «Du Nachkömmling von Israel! / Gott segne dich an Leib und Seel. / Sey recht und schlecht, dem Goel gleich, / dann heisset recht Du Friedenreich. / Es heile dich vom Jezerhora / Gedenk ans ora et labora.»

türe und die gemeinsame Hoffnung, dass die Erweckung einiger jüdischer Seelen *eine kleine Vorlese auf die allgemeine Ernte* sei, verband die Schweizer Pietisten in besonderem Masse miteinander.[249]

Dass sich Annoni mehr für die Judenmission als für die Missionierung der *Türken* und *Heiden* interessierte, wie es die Quellen vermuten lassen, lag sicher daran, dass er auf seiner Reise Judenviertel und Synagogen aufgesucht und später einige bekehrte Juden kennengelernt hatte.[250] Moslems und *Heiden* hingegen war er nie begegnet. Wie so viele andere Pietisten hoffte Annoni auf die Einheit der zerstrittenen christlichen *Sekten* und auf ein alle Länder und Völker vereinigendes Gottesreich. Dieser Hoffnung galt sein Gedicht:

«Herr Jesu, lass fein bald auf Erden
Ein Hirt und eine Heerde werden,
Und Christen, Juden, Türken, Heiden
Nur unter deinem Stabe waiden.

Die Christen sind so sehr getrennet.
Wie mancher ist, der Dich nicht kennet?
Ach tauffe sie zu deinem Volke
Du Meister von der Zeugen=Wolke.

Die Juden bleiben noch verstocket,
Obschon man sie nun fleissig locket,
O möchten sie das Heimweh kriegen,
Und reuend Dir zu Füssen ligen!

Die Türken wollen immer schwärmen,
Und nach ererbter Weise lermen.
Entwöhne sie von Raub und Morden.
Aus Horden mache Christen=Orden.

---

249 Antistes J. R. Merian an Annoni, Basel, 02.01.1754 (F II, 609): Dankt für Callenbergische Schriften mit den Nachrichten der reisenden Arbeiter. «[...] die durch sie beförderte Erweckung einiger jüdischen Seelen, sehe an als eine kleine Vorlese auf die allgemeine Erndte, welche in der Zeit, die Gott dazu bestimmt hat, erfolgen solle.»
250 Annonis Bibliothek enthält zwei Schriften Callenbergs über die Missionierung der *Mohametaner*. Annonis Schriften zur Judenmission gelangten wohl schon 1756 an die im selben Jahr gegründete *Gesellschaft guter Freunde*. Deren Statut ist eine Bücherliste angehängt, in welcher es heisst: «NB: Wer einen Soliden Begrif von den Hallischen Anstalten zu der Bekehrung der Juden haben will, der muss nachfolgende Piecen [Schriftstücke] lesen, in der Ordnung, wie sie hier specificiret sind.» Es folgen 20 Titel.

Die Heiden gehn in Finsternissen,
Und wollen noch von Dir nichts wissen.
Ach! hole doch auch ihre Fülle
Aus ihrer Hirn= und Herzens=Hülle.

Uns, die wir dieses Liedlein singen,
Lass deine Liebe kräftig dringen,
Mit Wort und Werken Dich zu loben,
Hinieden und im Himmel droben.

Wir leben in den Greuel=Zeiten:
Es tobt ein Meer der Eitelkeiten.
Es rauchen viele Sodoms=Brände.
Herr Jesu! mache bald ein Ende.»[251]

Begegnung mit Gerhard Tersteegen

Die Reisegruppe hielt sich einige Tage in Duisburg auf, wo sie den Schweizer Pietisten Nikolaus Tscheer aufsuchten, der nach seiner Verbannung aus Bern 1699 etliche Jahre in Schwarzenau zugebracht hatte. Tscheer hatte die turbulente Frühzeit des Wittgensteiner Glaubensasyls miterlebt, sich dann aber mit seiner Frau, einer frommen Gräfin von Leiningen, nach Duisburg zurückgezogen.[252] Nikolaus Tscheer kutschierte Annoni und seine Gefährten nach Mülheim an der Ruhr, um sie mit Gerhard Tersteegen bekannt zu machen. Von diesem frommen Mann hatte Annoni bereits in den Grafschaften Wittgenstein vernommen. Tersteegen war ursprünglich Kaufmann gewesen, hatte dann kurze Zeit die Seidenbandwirkerei betrieben und betätigte sich nunmehr als Verfasser und Übersetzer religiöser Schriften, als privater Seelsorger und Redner in Konventikeln. Mit einfachen, von ihm selbst hergestellten Medikamenten half er bedürftigen Kranken. Eine ausgedehnte seelsorgerliche Korrespondenz erweiterte seinen Wirkungskreis.

Tersteegen sprach über den Schaden, den sich fromme Seelen durch vieles Bücherlesen und *äusserliche Übungen* zufügten. Sie sollten

---

251 Das Lied erschien im Anhang zur gedruckten Jahrespredigt Annonis vom Jahre 1753. Basel (Bischoffischer Buchladen) 1753, S. 129f.
252 Nachlass B V, S. 114. Über Tscheer schrieb Annoni: «Sein Exterieur sowohl als seine Ausssprache lautet noch schweizerisch, und seine Conduite [Lebenswandel] bestehet in einem stillen und vom Weltgetümmel abgesönderten Leben, wie auch in mystischen Meditationen, wovon verschiedene durch den Truck gemein [bekannt] gemacht worden. In seinen Gesprächen äusserte sich eine Approbation des [Zustimmung zum] Separatismi.»

sich lieber verleugnen und in die Gemeinschaft Jesu Christi eindringen. Dies war die zentrale Lehre Tersteegens: V*erleugnung, Abtötung des Eigenwillens, Gelassenheit, kindliches Vertrauen und kindliche Hingabe in die Liebe Gottes.*[253] In erweckten Kreisen war diese Botschaft nicht neu. Es waren die stets wiederholten Lehren und Begriffe quietistischer und pietistischer Frömmigkeit, mit denen auch de Marsay seine Briefe füllte.[254] Der charismatisch begnadete Tersteegen jedoch verlieh dieser Botschaft durch seine vorbildliche Lebensführung eine besonders weitreichende Wirkung.[255] In der Schweiz war insbesondere dessen *Geistliches Blumengärtlein* beliebt.

Zwischen Annoni und Tersteegen entwickelte sich keine Korrespondenz. Doch besass Annoni einige von Tersteegens Schriften. Sicher verfolgte er weiterhin Leben und Wirken seines Glaubensbruders. Im Jahre 1752 nahm Annoni dem Berner Johann Heinrich Müslin 80 Exemplare einer gedruckten Erweckungspredigt Tersteegens ab, um sie in seinem Umkreis zu verteilen.[256] Ein Jahr später veranlasste er deren Nachruck und Vertrieb durch den Bischoffischen Buchladen.[257] Im selben Jahr – es war die Zeit, da eine erneute Sepa-

---

253 Tersteegens Frömmigkeit war vom Mystizismus und Quietismus geprägt. Als Übersetzer machte er zahlreiche Schriften älterer und neuerer Mystiker romanischer Tradition bekannt, so u.a. Schriften des Jean de Bernières-Louvigny, der Madame Guyon und Pierre Poirets.
254 Vgl. Knieriem, Burkardt 2001. In der Korrespondenz der Tersteegen- und de Marsay-Anhänger tauchten stereotyp dieselben Formulierungen zur Beschreibung des Seelenzustandes und zur christlichen Verhaltensanweisung auf. – Vgl. auch Neeb 2000. Auch diese Brief-Sammlung von Tersteegen-Freunden macht den weitreichenden Einfluss deutlich, den Tersteegen als Vermittler des romanischen Quietismus hatte.
255 Nachlass B V, S. 120–123: «Dieser junge Man Terstegen scheinet hecticus [schwindsüchtig] und dem Tod nahe zu seyn. Seine Worte sind wenig, aber nachtrücklich, und seine Conduite ist sehr erbaulich. Bejm Abletzen [Abschiednehmen] sprach er noch einen Segen über uns aus und gab uns einen herzlichen Gruss mit an alle Freunde in der Schweitz.»
256 Müslin hatte gehört, dass in den Niederlanden ganze Städte und Dörfer erweckt worden seien und Tersteegen um einen unparteiischen Bericht hierüber gebeten. Auszüge aus Tersteegens Antwort liess Müslin für seine Freunde kopieren. Er schickte Annoni eine solche Kopie und dazu eine gedruckte Erweckungspredigt Tersteegens mit dem Hinweis, dass Annoni weitere Exemplare nachbestellen könne und er auch noch einige Exemplare des Geistlichen Blumengärtleins abzugeben habe. Müslin an Annoni, Bern, 30.06.1752 (F II, 596). Daraufhin schickte Müslin 80 Exemplare von Tersteegens gedruckter Rede, von welcher er 600 hatte drucken lassen. Wie Müslin schrieb, gingen diese ganz schnell weg, da die frommen Seelen einen grossen Hunger nach den göttlichen Wahrheiten hätten. Derselbe an Annoni, o.O. und o.D. (F II, 5979).
257 Die Kraft Der Liebe Christi, Angepriesen und angewiesen In einer Erweckungs=Rede, Ueber die Worte Pauli 2 Cor. 5,14. Die Liebe Christi dringet uns also. Gehalten Den 14. October, 1751. Zu Mülheim an der Ruhr. Basel 1753, 2. Auflage (Bischoffischer Buchladen) 1772.

ratismus-Welle die Basler Gemüter erhitzte – machte eine Schrift Tersteegens über den Separatismus in Basel die Runde.[258] Auch wenn Annoni nicht mit Tersteegen korrespondierte, gehörte dieser für ihn zu den massgeblichen geistlichen Instanzen.[259]

Begegnung mit Nikolaus Ludwig Graf Zinzendorf und Aufenthalt in Herrnhut

Am 3. Juli 1736 fuhren Annoni und seine Gefährten von Frankfurt aus in die Grafschaft Ysenburg. Dort hatte wenige Wochen zuvor der aus Sachsen verbannte Graf Zinzendorf mit einer kleinen *Pilgergemeine* die halbverfallene Ronneburg bezogen. Zinzendorf empfing die Besucher aus der Schweiz zwar höflich und erzählte ihnen von seinem Schicksal, doch kam es nicht zu dem von Annoni erhofften brüderlichen Gespräch unter vier Augen. Wohl ein wenig enttäuscht begab sich das Reisegrüpplein in das nicht weit entfernte Dorf Himbach zum Inspirierten Johann Friedrich Rock, «der uns als ein bekandter lieber Freund liebreich aufgenommen, gespeiset und beherberget hat.»[260] Am folgenden Tag nahmen die Schweizer an einer Versammlung der Inspirierten-Gemeinde teil, an welcher Rock in eine *Aussprache* geriet, die den Besuchern anschliessend schriftlich ausgehändigt wurde. Über die Gemeindemitglieder urteilte Annoni äusserst positiv, nur dass sie diejenigen tadelten, welche sich nicht zum Inspirationswesen bekannten, gefiel ihm nicht. Kurz nach seiner Rückkehr sollte Annoni in Basel sechs weitere Aussprachen Rocks miterleben.

Der Besuch bei den Inspirierten, unter denen sich auch der Sohn Johann Jakob Bodmers befand, war erfreulicher ausgefallen als derjenige auf der Ronneburg. Es hatte Annoni auch bedrückt, den Grafen in solch unstandesgemässen Lebensumständen angetroffen zu haben. Dennoch hatte Zinzendorf Annonis Sympathie und Vertrauen ge-

---

258 Einer der Söhne Brenner besuchte Annoni am 18.02.1753 und teilte ihm einen Brief von Tersteegen über den Separatismus mit. Dieser Brief veranlasste sie zur Diskussion über das Babelflicken und den Ausgang aus Babel (Reformieren oder Verlassen der Kirche).
259 Dass Annoni in seinem Gesangbuch Erbaulicher Christenschatz darauf verzichtete, ein Lied von Tersteegen aufzunehmen, geschah «vielleicht um dessen Eigentum zu schonen», vermutete Paul Wernle. (Wernle I 1923, S. 455.) Dasselbe müsste dann auch für Annonis Christliches Gesangbuch gelten, in welchem Tersteegen-Lieder ebenfalls fehlen.
260 Nachlass B V, S. 294. – Der Besuch bei den Inspirierten wurde auch in deren publizierten Aufzeichnungen festgehalten, in: Geheimer Brief=Wechsel 1741, S. 205 und 208. Annoni zog allerdings nicht ins Wittgensteinerland weiter, wie dort angegeben.

wonnen, so wie es dem Grafen in der persönlichen Begegnung meistens gelang, die Herzen für sich und seine Anliegen einzunehmen.[261] Von Kassel aus schrieb ihm Annoni:

> «Ich verdancke herzlich die Gnad und Liebe, so dieselbe uns in Ronnenburg erwiesen und bedaure anbey sehr, dass es sich nicht hat schicken wollen, ad specialiora zu gehen [über Einzelheiten zu sprechen], um über verschiedene Umstände und Angelegenheiten, die mich und etliche andere liebe Seelen betreffen, Dero Raht und Gutachten zu vernemmen. Theils hat mich meine natürliche Blödigkeit [Befangenheit, Unbeholfenheit] und Schüchternheit, theils die Gesellschaft, theils auch die Kürze der Zeit und Dero selbsteigene Situation abgehalten. Und ich werde nun um so viel mehr, wenn mich der liebe Gott wieder nach Hause bringen wird, Ursach haben, mich nach seiner alles lehrenden Salbung zu bewerben. Indessen ist es mir doch herzlich lieb, Dero Angesicht gesehen zu haben, und ich eile nun auch recht begierig in [nach] Sachsen, um, wo nicht besondere Hindernussen in Wege kommen, auch dero liebes Herrenhut zu besuchen. Der theure Heiland lasse es mir und meiner Geselschaft zu bleibender Erweckung gesegnet seyn!
>
> Wie lieb wäre es mir, mein theurer Herr Graf (ich hoffe, Sie nemmen nicht übel, wan ich die sonst gewöhnliche und Ihnen gebührende, mein Gemüht aber choquirende Titulatur vorbeygehe und in schweizerischer Einfalt schreibe). Wie lieb wäre es mir, wan ich Sie besser beherberget und benachbart wissen möchte! Ich habe bey dem Himbacher und Büdinger Freundes Besuch so viele sectirische Anhänglichkeit an das von mir weder erhebte noch verworffene Inspirations-Wesen und Werkzeug [J. F. Rock], und soviele Jalousie und Praecautionen [Eifersucht und Abwehr] wargenommen, dass es mir, der ich gerne in der allgemeinen Liebe stehe, jedem seine Einsichten und Führungen lassen möchte, nicht anderst als sehr schmerzhaft vorgekommen. Der Herr erbarme sichs und lasse auch dies und dergleichen dazu dienen, damit das Rechtschaffene offenbahr werde. Indessen wünsche ich Ihnen einen solchen Patmum an, da Sie von Brüdern ungekräncket und ungehindert, dem Herrn Jesu manch Schäflein zuweisen und ferner ein gesegnetes Werkzeug zum geistlichen Tempelbau bleiben mögen.»[262]

---

261 Vgl. Wernle I 1923, S. 358: «In Zinzendorf lebte das Religiöse mit der Macht des Ausserordentlichen, und es ging eine hinreissende Kraft von seiner persönlichen Begegnung aus. In einer Zeit reinlicher Distanz der Stände und eines steifen Komments für allen persönlichen Verkehr durchbrach dieser Graf mit aller Unmittelbarkeit, Herzlichkeit und Vertraulichkeit seines Wesens gleich bei der ersten Begegnung alle Schranken und Konventionen, drang jedesmal zur lebendigen naturellen Menschenseele hindurch und wusste sie für seinen Heiland zu entflammen. Er war einzigartig im ganzen Jahrhundert [...]. Darin lag ein Zauber, dem sich auch Weltkinder nicht leicht entzogen, und wenigstens ein kleines Teilchen davon ging auf den einen und andern seiner Sendboten über. Er verkörperte die Liebe und Fröhlichkeit, von der er Zeugnis ablegte, in seinem ganzen Wesen und Wandel; die Seligkeit, die von ihm ausstrahlte, gab aller Welt Kunde davon, dass Jünger Jesu sein Freude ist.»

262 Brief vom 18.07.1736; zitiert nach Müller 1911, S. 65f.

Am 16. August kamen Annoni und seine Gefährten in Herrnhut und damit am entferntesten Ort ihrer Reise an.[263] Fünf Tage lang hielten sie sich dort als Gäste des verbannten Grafen auf. Während dieser Zeit hatten sie die Möglichkeit, alle Einrichtungen Herrnhuts kennenzulernen. Sie nahmen an den verschiedensten Zusammenkünften, Andachten und Singstunden teil und lernten die unterschiedlichen Zwecken dienenden Gebäude, die Gärten und den Friedhof kennen. Der Syndicus David Nitschmann und andere für die Entwicklung der Brüdergemeine wichtige Personen liessen es sich angelegen sein, die Besucher herumzuführen und sie in das Gemeineleben einzuführen. Mehrmals waren die Schweizer zu Gast bei Frau von Wattenwyl, die Annoni schon 1731 in Schaffhausen kennengelernt hatte. Am Sonntag besuchten sie den lutherischen Gottesdienst im nahgelegenen Bertholsdorf, zu dessen Kirchgemeinde Herrnhut gehörte.

Für Annoni muss der Aufenthalt in Herrnhut ein tief beeindruckendes Erlebnis gewesen sein. Man hatte sich seiner mit Aufmerksamkeit und Herzlichkeit angenommen. Er hatte viele Personen kennengelernt, die in der weiteren Entwicklung der Brüdergemeine eine wichtige Rolle spielen sollten. Zudem: Das im absolutistischen Zeitalter völlig neuartige Modell eines Gemeinwesens, dessen Strukturen nicht durch ererbte Privilegien hierarchisch bestimmt waren, sondern durch Lebensalter, Geschlecht und einer nach Graden unterschiedenen Glaubenstiefe, und dessen *Staatsraison* allein in der Liebe zu Christus und zum Nächsten gründete, musste faszinieren.[264] Nach seiner Rückkehr anerbot sich Annoni den Herrnhutern, ihnen als Agent zu dienen, und er sammelte für sie Geld.[265]

Im folgenden Jahr hielt sich Friedrich von Wattenwyl in Basel auf, wo er mit Annoni und anderen Erweckten zusammentraf. Offensichtlich bereitete er das Terrain für Herrnhuter Sendboten in der Schweiz vor. Annoni mochte nun den Herrnhutern als deren geistli-

---

263 Nachlass B V, S. 439–474. Dieser Bericht ist veröffentlicht in: Müller 1911, S. 69–81 und daraus übernommen in: Hahn, Reichel 1977, S. 178–184.
264 Gewichtig war der 1733 vollzogene Bruch zwischen Zinzendorf und Halle. Weniger gewichtig – aber Annoni sicher berührend – war, dass Beat Holzhalb nach seiner Rückkehr in die Schweiz im Juli 1736 verleumderische Nachrichten über Herrnhut verbreitete. Siehe Brief Zinzendorf an Annoni, 03.08.1736 (Nachlass B V, S. 397–400).
265 Annoni an einen namentlich nicht genannten Herrnhuter, Basel, 09.12.1736 (UAH R.19.C.Nr.4.2,34–37).

che Stütze in Basel gelten. Als materielle Stütze hatten sie Lukas Fattet gewonnen. Im Dezember 1738 trafen Friedrich Wilhelm Biefer und seine Frau als die ersten Sendboten in Basel ein.[266] Sie fanden Unterkunft in Fattets Haus und begannen sogleich, Versammlungen abzuhalten und die Erweckten nach brüderischem Vorbild in Gruppen einzuteilen. Da es aber fremden Lehrern verboten war, in der Stadt Basel zu agieren, wurde das Ehepaar Biefer wenige Wochen später wieder ausgewiesen. Auf Annonis Anraten hin zog es daraufhin nach Schaffhausen.

Nach Biefers Ausweisung teilte Annoni dem Grafen mit, warum er die von den Herrnhutern begonnene Arbeit nicht weiterführen könne, wie dies von ihm erwartet wurde:

«Neulich war der liebe Herr Biefer samt seiner Gehilfin eine geraume Zeit und zum Segen in Basel [...]. Ihm zulieb bin ich auch dahin gekommen. [Annoni hatte sich mit seiner Frau nach Diegten zurückgezogen.] In ihr Begehren aber, dass ich daselbst bleibe und denen angestellten Versammlungen oder Gesellschaften vorstehn oder als eine Persona activa beywohnen möchte, konnte [ich] nicht willigen. Weilen es sonderlich meine oeconomische Situation nicht zugiebt und ich anbej zur geistlichen Säugung so untauglich bin als eine Mutter, die keine Milch in den Brüsten hat. Ich habs erfahren und fühle es noch täglich. Der Herr helfe gnädiglich, dass ich besser werde in allen Stücken.»[267]

Annoni versicherte, weiterhin den Herrnhutern gewogen zu sein, doch: «ut desunt vires...»[268]

Um die Weihnachtszeit 1739 – Annoni stand die Übernahme des Waldenburger Pfarramtes bevor – kehrten Graf Zinzendorf und Friedrich von Wattenwyl auf dem Weg nach Montmirail bei Annoni im Diegter Landhaus ein zu einer *zwar kurzen, doch angenehmen und erbaulichen Visite*. Mit ihren Berichten über die mährischen Brüder hofften sie offensichtlich, Annoni doch noch zur tatkräftigen Unterstützung ihrer Sache zu gewinnen – allerdings vergeblich. In einem ausführlichen Brief gestand Annoni dem Grafen, dass Glaubenszweifel die wahre Ursache seiner Untauglichkeit und Verzagtheit seien.

---

266 Eine detaillierte Darstellung der Herrnhuter Aktivitäten und der Entstehung der Sozietät in Basel bietet Reichel 1990.
267 Annoni an Zinzendorf, Diegten, 21.02.1739 (UAH R.19.C.Nr.4.2,34–37).
268 Ut desunt vires, tamen est laudanda voluntas. (Wenn die Kraft auch fehlt, ist doch der Wille zu loben.)

134 Dem glaubensfrohen und erlösungsfreudigen Zinzendorf legte Annoni ein Bekenntnis ab, das den Stoff zu einer sich anbahnenden Tragödie hätte abgeben können.

«Gott mache mich doch los von allen Anhänglichkeiten[269] und schenke mir den seligen Antheil am Buch des Lebens, so dass ichs fühle und mithin im Glauben und in der Liebe munter und froh werde. Dann bissher bin ich noch zu solcher Freudigkeit nicht gekommen und eben darum (weil ich doch nichts affectiren soll noch mag) bin ich immer mehr passiv als wirksam, weilen ich mich unwürdig, untüchtig, kraftlos weiss. Welches denn andere an mir mit anderen Augen ansehen, weilen sie den Grund meiner Conduite [meines Verhaltens] nicht wissen. Ach, mein theuerster Herr Graf! Ich soll nun bald meine Wallenburger Pfarre antretten und ich sehe derselben so düstern entgegen. Ich hoffete, bey solchem Anlas von dem Herrn mit Licht und Kraft von oben angezogen zu werden, und ich werde nun von mancherley Zweifeln de veritate Religionis Christianae [über die Wahrheit der christlichen Religion] etc. herum getrieben. Das machet meine Seele recht matt. Ich wünsche und hoffe zwar solche veritatem [Wahrheit] und bete um Überzeugung. Es geben mir aber viele Dinge, die in der Natur, Schrift und Historie vorkommen, immer Anlas zu neuen Scrupeln [Zweifeln]. Und diess ist eine maladie [Krankheit], die ich schon zu andern Zeiten stark gefühlet habe und die sich von Zeit zu Zeit gereget hat. Von solchen und dergleichen Dingen hätte ich gerne ins geheim und weitläufig mit Ihnen geredt (dan anderen solche Dinge offenbahren, die sich nicht drein finden, ja gar dran stossen könnten, wäre ja nicht der Liebe gemäs, geschweige klüglich gehandelt). Da es sich aber nicht fügen wollen, so mache ichs Ihnen wenigstens schriftlich bekandt, damit Sie wenigstens eine etwelche Idée von meiner Situation haben und meine Inactivität, wegen welcher ich zweifelsohne bey ihnen taxiret [eingestuft] worden, aus der rechten Quelle herleiten mögen. Dann sowenig mir der rohe Weltlauf ansteht, so wenig mag ich doch für solche Dinge eyfern, von deren Richtigkeit ich noch so wanckende Gedanken und so schlechtes Gefühl habe. Haben Sie, mein theuerster Herr Graf! einen guten Raht hier für mich, so wolle Sie der Herr treiben, solch Almosen an mich zu wenden, ja Er heisse Sie für mich beten, dass die Sonne der Gerechtigkeit solche und alle

---

269 «Anhänglichkeiten» bezieht sich hier zunächst auf Annonis Bücherliebe: «Mithin soll ich Ihnen doch melden, dass gleich nach Dero Abreise von meiner geringen Land-Hütte in Dieckten [Diegten] ich wegen meiner Conduite gegen Sie im Gewissen geschlagen worden. Ich hätte Sie bitten sollen, das Buch von Jesen [Jersin?], welches Sie mit nach Montmirail genommen und mir wieder restituiren lassen, eigenthumlich zu behalten, wo sie es nach ihrem Geschmacke befinden. Eben wie ich Ihnen die Hussische Briefe wircklich in solchem Sinn offerirt habe. Die armselige Bücherliebe aber gegen dieser in der Schweitz raren Piece [Stück, Exemplar] hat mich unhöflich gemacht. Ich bethe es Ihnen demüthig ab und offerire Ihnen hiemit (wo Sie sich gerne einen Vorrat von dergleichen Zeugnüssen der Warheit beylegen wollen) solchen Tractat zusamt Hussens Briefe zu übersenden, ja auch mit mehrern, wo Sie mich tüchtig finden, an Hand zu gehn. Gott mache mich doch los von allen Anhänglichkeiten.»

Nebel vertreibe, und ich (nach meinem Wünschen und Hoffen) an meinem Ort und Theil heiter und munter werden möge, Sein Werk zu treiben und Seinen Namen zu verherrlichen. Der erbarmende Immanuel mache denn auch Seinen Namen immer herrlicher in und an und durch Ihre theure Person und ganze Gemeinschaft! Er seye Ihr Gott und Sie sein Mund, Seine Feder, Seine Glieder! In Ihme grüsse ich Sie zu 1000 Malen und verharre mit allem Respect und zärtlicher Liebe.»[270]

Zinzendorfs Antwort fiel kurz und eindeutig aus: Unter solchen Umständen solle Annoni das Pfarramt nicht antreten.

«Lieber Herr Annony.
Es ist erst ein paar Tage, dass ich ihren Brief habe, weiss nicht wo er geblieben ist. – Die excusen [Entschuldigungen] sind unnöthig wegen Unterlassung eines und des andern, ich habe es nicht observirt [beachtet].

Das gehet mir näher, dass sie de veritate religionis Christianae [wegen der Wahrheit des christlichen Glaubens] noch nicht gewiss sind und wollen eine Posaune der Gnade werden. Ich würde es nicht, wenn ich wie sie wäre. Denn ich sehe keinen Rath, dass sie sich convinciren [zur Gewissheit gelangen] können, weil sie Unrecht thäten, sich des Pfarr-Amts wegen zu convinciren. Das sind palliativ [Milderungs] Curen. Es ist wohl in einem Augenblick möglich, dass man zum Glauben komt, es darf nur der Heyland mit einem reden, so ist er da, aber die Hoffnung, der Herr Jesus wirds der Pfarre halben thun, ist weit ungereimter, als wenn einer sich am türkischen Hof zum Dragoman [Dolmetscher] angäbe in der Hoffnung, er würde die Sprachen lernen, die er dem Gros-Vezier übersetzen solte. Sprachen lernen ist leichter als gläuben, wenn das Gläuben schon schwehr wird. Denn wo es Art hat, ists federleicht, wo es aber Umstände braucht, wirds täglich difficiler [schwieriger]. – Ich will mit dem Heiland von ihnen reden, das ist das beste. Dann ich mag ihnen nicht noch mehr sagen, Sie wissen vor etliche Folianten mehr als alle Wahrheiten der Schrifft.»[271]

Diesen Brief schrieb Zinzendorf an jenem Sonntag, den 3. April 1740, an welchem Annoni in einem feierlichen Gottesdienst in sein Amt eingeführt wurde. Mit diesem Brief endet die Korrespondenz zwischen den beiden Gottesmännern. Zinzendorf hatte grosse, weltumspannende Pläne, zu deren Verwirklichung er rastlos unterwegs war und gefährliche, entbehrungsreiche Reisen auf sich nahm. Mit dem zögernden und zaudernden Zweifler in Waldenburg, auf dessen Mithilfe er vergeblich gezählt hatte, mochten sich nun seine Sendbo-

---

270 Annoni an Zinzendorf, Diegten, 08.02.1740. (Zitiert nach Müller 1911, 83–86.)
271 Zinzendorf an Annoni, Marienborn, 03.04.1740. (Zitiert nach Müller 1911, S. 86.)

ten befassen.[272] Nahm mit dieser Antwort auch die Korrespondenz zwischen Annoni und Zinzendorf ein Ende, so setzte nun für den Pfarrer die Auseinandersetzung mit den Herrnhutern erst richtig ein. Deren erfolgreiches Wirken in der Stadt und auf der Landschaft Basel sowie in anderen Regionen der Schweiz wurde sowohl für die Anhänger der Orthodoxie als auch für die kirchentreuen Pietisten zu einer Herausforderung.

Begegnung mit weiteren erweckten Persönlichkeiten

Zu den zahlreichen Personen, mit denen die drei Reisegefährten erbauliche Gespräche führten, gehörte auch Heinrich Ernst Graf von Stolberg-Wernigerode. Dessen Familie nahm damals unter den pietistischen Grafenhäusern eine führende Rolle ein.[273] Gotthilf August Francke in Halle hatte die Schweizer an diesen die Gottseligkeit liebenden Studenten gewiesen. Der junge Graf muss sogleich Zuneigung und Vertrauen zu Annoni gefasst haben. Bis zu Annonis Tod korrespondierten die beiden miteinander und tauschten Bücher und Schriften aus. Im Jahre 1738, als der Graf mit seinem Hofmeister und dem Hofprediger Samuel Lau, einem *unaffektierten, jungen und soliden Geistlichen*, eine Schweizerreise machte, führte Annoni die Gäste im Kreis angesehener Basler ein. Sie besuchten den betagten Samuel Werenfels, die gerade in der Stadt weilende Frau von Planta, die Professoren Johann Ludwig Frey und Johannes Grynäus, die Töchter Hugo und das Haus Fattet. Von da an fühlte sich der Graf den Frommen Basels eng verbunden, denn man hatte sich gegenseitige Fürbitte versprochen.[274] Annoni verbreitete unter seinen Freunden Schriften und Lieder aus der Feder des Grafen und seines Hofpredigers. Im Wernigeroder Gesangbuch hingegen wurden 14 seiner Lie-

---

272 Am 31.01.1741 reiste die Gräfin von Zinzendorf mit Gefolge durch Waldenburg, wo sie auch im Gasthaus übernachtete. Annoni stattete ihr einen Besuch ab. In ihrem Tagebuch notierte die Gräfin: «Nach Tische kam der Herr Pastor Annoni mit Herrn Passavant und seiner Schwester und noch einer Jungfer zu uns. Der Herr Pastor redete allerhand von seinem Segen, den er hatte. Aber bei dem allen kennt er den Heiland und die Sünderschaft noch nicht.» (Zitiert nach Reichel 1990, S. 59.)
273 Brecht 1995, Der Hallische Pietismus, S. 347f.
274 Zinzendorf an Annoni, Marienborn, 03.04.1740 (Zitiert nach Müller 1911, S. 86).

der aufgenommen. Aus der Ferne nahm Annoni an den Familienereignissen des Grafenhauses teil. Umgekehrt erhielt Annoni besorgte Trostbriefe an seine Krankenlager.[275]

Ende 1741 lud Heinrich Ernst Graf von Stolberg-Wernigerode Annoni ein, auf seine Kosten nach Wernigerode zu reisen und kurz darauf bat er ihn inständig, eine Pfarrstelle in Köthen, dem Fürstentum seines zukünftigen Schwagers, anzunehmen. Beides schlug Annoni aus. Nach einem verheerenden Brand in Wernigerode im Jahre 1751 half Annoni dem Grafenhaus, einen Spendenaufruf an die reformierten Städte der Schweiz zu richten. Ab 1760 kreiste die Korrespondenz um ein neues Thema: Eine ererbte Fossilien-Sammlung hatte des Grafen Interesse an dieser Materie geweckt. Mit allerlei Wünschen und Fragen wandte er sich an Annoni, der die Sammlung seines Freundes um gewichtige Stücke aus der Basler Gegend ergänzte.

Über Graf Stolberg lernte Annoni auch dessen Vetter, den *redlichen und eifrig-frommen* Graf Dönhof kennen. Auch dieser begab sich 1738 auf eine Schweizerreise, allerdings mit dem Auftrag, dem preussischen König Soldaten anzuwerben.[276] Annoni führte Graf Dönhof ebenfalls bei seinen Basler Freunden ein. Peter Raillard, ein Schüler Annonis, begleitete den adeligen Besuch nach Bern und zu Samuel Lutz nach Amsoldingen. Auf seiner Rückreise kehrte Graf Dönhof in Diegten und wiederum in Basel ein, wo er sich für einige Wochen im Haus des Karl Wilhelm Ochs aufhielt. Der pietistische Kreis Basels hatte es weitgehend Annoni zu verdanken, dass er freundschaftliche Verbindungen zu deutschen Adelsfamilien knüpfen konnte, was angesichts der herrschenden Standesunterschiede doch als aussergewöhnlich gelten mochte.

Die Begegnung mit Samuel Urlsperger, dem Senior (Vorsteher) des Geistlichen Ministeriums von Augsburg, führte zu engen Kon-

---

275 Das Wernigeröder Grafenhaus vertrat den hallischen Pietismus und stand Zinzendorf und den Herrnhutern ablehnend gegenüber. In der Korrespondenz zwischen Annoni und Heinrich Ernst wurde dieses Thema jedoch kaum berührt. Annonis ambivalente Haltung gegenüber den Herrnhutern war nicht durch den Grafen beeinflusst.
276 Annoni schickte dem Grafen, der für den König gross gewachsene junge Männer anwerben sollte, folgendes Abschiedsgedicht: «Mein Herze wallt in Lieb und Sehnsucht nach dem Himmel. / Mein rechtes Aug ist stäts zu Gott hinauf gericht. / Das Kopfweh plagt mich oft. Was machts? Das Welt-Getümmel. / Ich flöge gern hinauf. Noch aber kan ichs nicht. / Es muss mein linckes Aug auf grosse Bursche blicken. / Das Schicksal will es so. Ich folg als Unterthan. / Ich werbe schlecht und recht und wie es sich mag schicken, / So stimm ich immer gleich mein Hallelujah an.»

takten zwischen Basler und Augsburger Erweckten. Sie dürfte den Grund dafür gelegt haben, dass Urlspergers Sohn Johann August 1780 in Basel die besten Voraussetzungen fand zur Gründung der *Deutschen Gesellschaft tätiger Beförderer reiner Lehre und wahrer Gottseligkeit*, später *Christentumsgesellschaft* genannt.[277]

«Herr [Samuel] Urlsperger [...], ein beredter, ansehnlicher und munterer Theologus, meldete uns Specialia [Einzelheiten] von böhmischen und anderen Erweckungen und erwies sich in seinen Gesprächen als einen Mann von grosser Correspondenz und von vieler Liebe gegen verfolgte Protestanten. Wie er sich dan der Saltzburger ehmals ernstlich angenommen und eine gründliche Nachricht von ihrer Emigration heraussgegeben hat. Nun beweiset er gleiche Freundschaft gegen die dürftigen Böhmen, für die er collectiret und andere zu collectiren auffordert, welcher Ehre ich dan gleichfals theilhaft worden.»[278]

Samuel Urlspergers Name war damals bereits weit über Deutschland hinaus bekannt. Durch sein wirksames Engagement für das Armenkinderhaus in Augsburg, für die Juden- und Heidenmission und für die Protestanten in den habsburgischen Ländern hatte er dem hallischen Pietismus in Augsburg Anerkennung verschafft. Als Ende 1731 ein grosser Zug protestantischer Glaubensflüchtlinge aus dem Salzburgerland vor Augsburg angelangt war, hatte Urlsperger tatkräftig geholfen, das Los der Heimatlosen zu erleichtern. Einem Teil der Exulanten hatte er die Emigration nach Georgia vermittelt, wo sie 1734 Ebenezer, die erste lutherische Siedlung in der Neuen Welt, gegründet hatten.

Durch gedruckte Nachrichten vermittelte Urlsperger die weiteren Geschicke der Salzburger in Ebenezer. Annoni gehörte zu deren Empfänger. Wie bei den hallischen Berichten über die Missionierung der Malabaren in Indien und den Mitteilungen aus dem Institutum Judaicum et Muhammedicum, zirkulierten auch diese Nachrichten unter den Schweizer Erweckten. Sie boten reichlich Stoff zu mündlichen und schriftlichen Betrachtungen über Gottes Wirken in der Ferne.

---

277 Wernle III 1925, S. 28–31.
278 Nachlass B V, S. 504f. – Nach seiner Rückkehr sammelte Annoni in Basel Geld für die Böhmen. Urlsperger schickte ihm daraufhin während drei Jahren «Nachrichten aus dem Reiche Gottes, sonderlich die Böhmen betreffend». All diese Nachrichten schrieb Annoni ab. Sie umfassen einen Band von 233 beschriebenen Seiten. (Nachlass E III: Manuscripta Bohemica.)

Fazit der Reise

Die beiden Studenten und deren Mentor hatten auf ihrer Reise ein dicht gedrängtes Besichtigungs- und Besuchsprogramm absolviert. Sie hatten Einblick in verschiedenste Lebensbereiche und Institutionen erhalten. Sie hatten sich mit zahlreichen Gelehrten unterhalten und massgebliche Persönlichkeiten der religiösen Erneuerungsbewegungen kennengelernt. Alle Strapazen hatten sie gesund und ohne gravierende Zwischenfälle überstanden. Hans Ulrich Hegner bekannte später als erwachsener Mann, Annonis *Kind* zu sein, *zwar nicht dem Leibe nach, doch der Erziehung nach.*[279]

---

279 Hegner an Annoni, Winterthur, 01.1750 (F II, 276).

140 Bewerbung um eine Pfarrstelle

Nach der Verheiratung und nach der Rückkehr von der Deutschlandreise erteilte Annoni weiterhin Söhnen und Töchtern aus angesehenen Basler Familien Privatunterricht, so unter anderem Peter Raillard, Sohn des Ratsherrn Jeremias Raillard, weiter einem Sohn des Karl Wilhelm Ochs und einem Sohn des Ratsherrn Niklaus Harscher. Auch unterrichtete er Töchter der Familien Lukas Fattet, Hans Lukas Iselin und Schönauer.[280] Verschiedene Kostgänger aus Basel und aus dem Schaffhausischen fanden in seinem Haus Aufnahme. Doch wurde Annoni nach so vielen Jahren des Unterrichtens dieser Tätigkeit überdrüssig. Die Kostgänger belasteten das Hauswesen und überbanden dem Hausherrn eine grosse Verantwortung.[281]

Für das Ehepaar Annoni gab es als weitere Einnahmequelle die Zinszahlungen für verpachtetes Land, welches Esther Annoni überwiegend im oberen Baselbiet besass. Doch wäre es wohl anrüchig, für ein standesgemässes Leben wahrscheinlich auch nicht ausreichend gewesen, nur von diesem Besitz zu zehren. Sicher war Annoni einem gewissen Druck durch die Familie Zwinger ausgesetzt, aber auch dem Drängen der eigenen Familie und der Basler Freunde, sich nun endlich für das Hirtenamt zur Verfügung zu stellen. Zwischen September 1737 und April 1739 hatte sich Annoni insgesamt zehnmal für eine vakant gewordene Pfarrstelle beworben, davon mindestens sechsmal zusammen mit seinem Schwager Johann Jakob Fischer. Am 17. April 1739 war ihm das Los günstig und sprach ihm die Waldenburger Pfarrstelle zu.[282] Nach den geltenden Regeln konnte er diese jedoch erst ein Jahr später antreten. Solange dauerte das Gnadenjahr für die Witwe seines Vorgängers.[283] Doch bald nach dem Losentscheid wurde Annoni vom Antistes seiner zukünftigen Gemeinde vorgestellt und eingesegnet.

Annoni erhielt viele Briefe, die ihm Zuversicht und Gottvertrauen zusprachen, denn nur zu gut wussten alle Freunde, dass er

---

280 Dies geht aus den Kassenbüchern hervor. (Nachlass A V.)
281 Sie waren auch nicht immer angenehm. Den Sohn des Seckelmeisters Schneider von Stein am Rhein z.B., den er drei Monate bei sich hatte, nannte Annoni einen *frechen Burschen*. (Nachlass B VI, S. 41.)
282 In Basel galt damals das Ternarium, d.h. das Los entschied aus einem vom Rat gemachten Dreiervorschlag. – Häufig wird in der Literatur der Amtsantritt Annonis in Waldenburg mit 1739 und in Muttenz mit 1746 angegeben. In diesen Jahren fiel jedoch erst der Losentscheid.
283 Der Vorgänger war Niklaus Gürtler gewesen. Während des Gnadenjahres behielt eine Pfarrerswitwe Wohnrecht im Pfarrhaus und Anrecht auf die Besoldung.

seinem Amt mit Zittern und Zagen entgegen sehen würde. Allein Friedrich Biefer tadelte unverhohlen Annonis Bangigkeit als Ausdruck mangelnder Christusliebe.[284] Wie wichtig Annoni diese Briefe waren, zeigt sich daran, dass er sie nicht nur aufbewahrte, sondern auch für seine Aufzeichnungen abschrieb.

Bereits am Ende des Jahres 1738 hatte Annoni alle Verpflichtungen in der Stadt aufgegeben und sich mit seiner Frau auf das

---

284 Biefer an Annoni, Genf, Juni 1739 (F II, 20): Er habe bei Annoni vieles «dem Gläubigen nicht gläubig genug gefunden und es bej Ihnen vor eine Gewohnheit halte, immer zu klagen; ob man schon weiss, dass verschweigen der Gnade keine Demuht ist, gleichwie das Rühmen der Gnade keine Gnade. [...] Aber man kan ein Grosses thun, so man treu, einfältig und nicht scrupulös ist, sich vergisst um andere, sich vergisst und an Jesu Schönheiten sich ergözt. [...] Mein Bruder, lasset uns keine so geringe Idée von unserer Erlösung haben, als ob wir immer Ursach hätten, am Hunger-Tuch zu nagen.»

JE Meyer: Blick auf Mittel-Diegten. Kolorierte Zeichnung, 19,4 x 24,9 cm, signiert und datiert

«JE Meyer del. 1745». Das Gebäude am linken Bildrand ist das Landgut *Höfli*.

Diegter Landgut zurückgezogen, um dort billiger und ruhiger das Kommende abzuwarten. Von dort aus predigte er des öfteren in Diegten und den umliegenden Gemeinden und pflegte die Kontakte zu den noch lebenden alten Freunden aus der Sissacher Zeit. Nur wenige Tage nach dem schicksalswendenden Losentscheid ereignete sich in der Familie seiner Frau ein grosses Ärgernis: Johannes Zwinger, ein Bruder der Esther, hatte sich bei Nacht und Nebel von seiner Pfarrstelle in Kilchberg aus dem Staub gemacht. Aus *Leichtsinn und Wollüstigkeit* war er in ein *greuliches Schulden-Labyrinth* geraten, wodurch auch Esther Annoni grosse finanzielle Verluste erlitt. Ausserdem wurde offenbar, dass er das Kirchengut geschmälert und seit Jahren die Kirchenbücher nicht mehr nachgetragen hatte. Dieser Fall war ein gefundenes Fressen für alle separatistischen Kritiker des geistlichen Standes, denen ja auch Annoni einst beigepflichtet hatte. Am Himmelfahrtstag predigte Annoni in Kilchberg über diesen ärgerlichen Fall, «wobej die Zuhörer häuffige Thränen vergossen haben».[285]

---

285 Nachlass B VI, S. 56.

Annoni als Verfasser und Herausgeber geistlicher Lieder

Die pietistische Frömmigkeit mass dem Singen geistlicher Lieder grosse Bedeutung zu, auch innerhalb der reformierten Kirche. Das gemeinsame Singen von Hymnen, Psalmen und geistlichen Liedern gehörte zum Ritual in den Konventikeln, lautete doch der apostolische Auftrag: «Lasset das Wort Christi reichlich unter euch wohnen; in aller Weisheit lehret und ermahnet einander mit Psalmen, Lobgesängen, geistlichen Liedern; singet Gott lieblich in euren Herzen!»[286] Neue Lieder wurden gedichtet und neue Gesangbücher mit alten und neuen Texten herausgegeben, zunächst vor allem in Deutschland, dann auch in der Schweiz. Als Hauptquelle der in der ersten Hälfte des 18. Jahrhunderts erschienenen schweizerischen Editionen diente das von Johann Anastasius Freylinghausen in Halle geschaffene Gesangbuch, welches in seinen zwei Teilen insgesamt 1573 alte und neue Lieder reformierter und lutherischer Autoren umfasste.[287] In pietistischen Liedersammlungen spielten die konfessionellen Grenzen zwischen den protestantischen Kirchen kaum noch eine Rolle. Durch die Herrnhuter erfuhr das geistliche Lied einen zuvor kaum erreichten Stellenwert. In ihren Gottesdiensten und Versammlungen wurde das Singen auf virtuose und originelle Weise geübt. Zinzendorf selbst war einer der produktivsten Liederdichter überhaupt.

Annoni hatte eine Affinität zur Musik. Als Student hatte er Gitarre und Traversflöte gespielt. Nach seiner Bekehrung sang und musizierte er unter dem Kreuzes-Vorzeichen weiter. Er wusste aus Erfahrung, dass gemeinsames Singen Gemeinschaft stiftet und dass im Singen allen Gefühlen auf eine besondere Weise Ausdruck verliehen werden kann. In Schaffhausen hatte er mit Johann Konrad Ziegler viele Stunden singend zugebracht. Ziegler, der selbst Lieder dichtete und im Druck erscheinen liess, mag Annoni dazu angeregt haben,

---

286 Kolosser 3,16.
287 Meine Ausführungen zu den pietistischen Gesangbüchern fussen vor allem auf Wernle I 1923, S. 446–459. – Zu Annonis Liedern siehe auch Koch 1869, S. 95–104 und Riggenbach 1870, S. 58–82. Im Anhang seiner Biographie veröffentlichte Riggenbach eine Auswahl von 74 Liedern. Da er sich an Annonis «Baslerischen Provinzialismen» stiess, wie «Schuldenthurm, Nothstall, Raspelhaus, Rumpel, Faulpelz, Bettelhund, schnaufen, nid sich», glaubte er, «die Lieder geniessbarer und gesegneter zu machen, wenn wir solche Eigenheiten und ausserdem veraltete Sprachformen und eigentliche Fehler durch schonende Bearbeitung beseitigten». (Riggenbach 1870, S. 61).

desgleichen zu tun. 1728 gab der Schaffhauser Kantor Johann Kaspar Deggeller, einer der sechs abgesetzten Pietistenpfarrer, seine *Hymni oder Lobgesänge* heraus, in welchen zum ersten Mal zwei Lieder Annonis veröffentlicht wurden, ein Pfingstlied und ein Neujahrslied.[288] Immer wieder war in Annonis Korrespondenz von Liedern und Gesangbüchern die Rede, welche sich die Freunde gegenseitig bekannt machten. Mit Zitaten aus Liedertexten teilten sie sich ihre Botschaften mit.

Das erste geistliche Lied, welches Annoni – wahrscheinlich sogleich nach seiner Rückkehr aus dem Wittgensteinerland – als Einzeldruck erscheinen liess, war das *Geistliche Soldaten-Lied*. Dazu angeregt hatte ihn sicher die immer aggressiver werdende Soldatenwerberei und -fängerei in deutschen Landen. In Metaphern schilderte Annoni über zwölf Strophen hinweg den militärischen Dienst als Streit für die Sache Christi, ein Gleichnis, das jedermann verständlich war. Das Lied wurde sogleich in der *Geistlichen Fama* abgedruckt. Die nahen und fernen Freunde erhielten es zugeschickt, auch Graf Zinzendorf. Samuel Lutz bestellte 100 Exemplare davon. Der ermutigende Anfang war gemacht. Auch das folgende Lied, das *Geistliche Kaufmanns-Lied* fand weiterum Anklang. Es schildert Handel und Wandel eines Kaufmanns als Gleichnis dafür, wie die *himmlische Perle* zu erwerben sei.

Die zweieinviertel Jahre, welche Annoni auf dem Diegter Landgut verbrachte, nutzte er dazu, eine Sammlung von geistlichen Liedern zusammenzustellen. Unter dem Titel *Erbaulicher Christen=Schatz oder Drey=hundert Geistliche Lieder gesammlet Auss verschiedenen schönen Gesang=Büchern zum Gebrauch Heils=Begieriger Seelen* erschien sie 1739 im Druck. Dieses Liederbuch war, wie die meisten der bis dahin erschienenen pietistischen Liederbücher, für den privaten Gebrauch gedacht und nicht für den Kirchengesang. Den grössten Teil seines Christenschatzes hatte Annoni der Sammlung Freylinghausens entnommen. Paul Wernle würdigte Annonis Werk: er habe «wirklich das Schönste und Beste an geistlicher Poesie aus alter und neuer Zeit gesammelt» und diese «endlich auch einmal mit klarer Anordnung» zusammengestellt. Den Morgen- und Abendliedern folgen die Festlieder, darauf die Lehr- und und Erweckungs-, die

---

288 Letzteres, «Hilf, Anfang und Ende», ist noch in der jüngsten Auflage des Gesangbuchs der Evangelisch reformierten Kirchen der deutschsprachigen Schweiz, Basel/Zürich 1998/2000 enthalten; ausserdem das Lied «Es segne uns der Herr, der Urquell aller Güter».

Buss- und Klage-, die Glaubens-, die Liebes-, die Bitt- und Fürbitt-, die Kreuz- und Trost-, zuletzt die Lob- und Dankeslieder. Es fehlt die Rubrik der Sterbelieder. «Für ein eigentliches Kirchengesangbuch wäre vieles im Christenschatz nicht geeignet; es steckt noch zuviel Sprache Kanaans und zuviel Liebesspiel in manchen dieser Lieder. Aber als pietistisches Liederbuch, was es ist, genommen, erweckt der Christenschatz immer wieder unsre Bewunderung mit seiner Auswahl so vieler schönster Gesänge von bleibendem Wert», urteilte Paul Wernle.[289] Der *Erbauliche Christenschatz* entsprach offensichtlich einem grossen Bedürfnis, denn er erfuhr bis 1777 sieben Auflagen und umfasste zuletzt 400 Nummern.[290]

Bezeichnend für die innerhalb der Basler Kirche immer noch reservierte Haltung gegenüber dem Kirchenlied sowie für den Geist der pietistischen Pädagogik ist die dem Gesangbuch vorangestellte Vorrede. In zwanzig Antworten auf entsprechende Fragen wird zunächst – da es offensichtlich noch der Rechtfertigung bedurfte – mit dem Hinweis auf Bibelstellen und die frühchristliche Zeit erläutert, dass das Singen geistlicher Lieder durchaus gottgefällig sei, sofern es im Geist Christi geschehe. Zugleich wird mit schlimmsten Strafen gedroht, wenn es nicht im richtigen Geist geschehe, denn der Gesang der *Satans- und der Welt-Kinder* töne vor Gott «wie das Geheul der wilden Thieren, und wie das Gezische der Schlangen und Fröschen im Morast, so eckelhaft, dass es besser wäre, sie würden sich schämen und verstummen». Aber auch gutwillige Seelen hätten Zeit, Ort und Umstände des Herzens zu beachten, damit ihr Gesang nicht *albern* werde. Es folgen genaue Angaben darüber, welche Lieder für welche Kategorie von Christen geeignet seien. In diesem Vorwort zeigt sich die für den Pietismus bezeichnende Skrupelhaftigkeit. Überall, auch im Beten und Singen, lauerten dem Frommen Gefahren. Vor diesen galt es mit angedrohten ewigen Strafen zu warnen.

In den Sonntagsgottesdiensten wurden in Basel noch bis weit ins 18. Jahrhundert hinein ausschliesslich die von Ambrosius Lobwasser ins Deutsche übersetzten Hugenottenpsalmen gesungen. Nur in Werktags- oder Festtagsgottesdiensten sang man in Basel ein Lied aus dem den Lobwasserpsalmen beigebundenen Anhang. Die Psalmenmelodien waren für viele Leute oftmals die einzigen ihnen ver-

---

[289] Wernle I 1923, S. 455.
[290] Die 400 Lieder umfassende Auflage enthält 80 von Annoni gedichtete oder bearbeitete Lieder, welche mit einem Sternchen kenntlich gemacht sind.

Geistliches Soldaten-Lied.

über

II. Timoth. Cap. 2. V. 3.

Leide dich als ein guter Streiter JESU Christi.

BASEL.
zu finden im Bischoffischen Buchladen.
1 7 5 4.

Annonis «Geistliches Soldaten=Lied» war im Baselbiet besonders beliebt.

Melodey.

Wer will ein Jünger JEsu seyn,
Der stell sich auf dem Werb=Platz eyn,
Und nicht ein Wider=Christ,
Wie es gebotten ist;
Die rohte Fahne weht,
Wohl dem, der zu ihr steht!
Die Trommlen schallen weit und breit,
Frisch auf, frisch auf zum Streit.

Wer

1.

Wer will ein Jünger JEsu seyn,
  Und nicht ein Wider=Christ,
Der stell sich auf dem Werb=Platz eyn,
  Wie es gebotten ist:
    Die rohte Fahne weht,
    Wohl dem, der zu ihr steht!
Die Trommlen schallen weit und breit,
Frisch auf, frisch auf zum Streit!

2.

Wer hier zum Himmels=König dingt,
  Bekommt zur Liverey
Den Geist, der Heil und Segen bringt,
  Der macht ihn schön und neu;
    Zum

Zum Hand=Geld und zum Sold
Mit Creutz geprägtes Gold;
Zur Nohtdurft Brod und Wassers satt,
Gedult zur Lager=Statt.

3.

Für dieses wird man täglich fein
  In Waffen exercirt,
Bald Truppen=weis, bald ganz allein,
  Bald links, bald rechts geführt,
    Man ziehet auf die Wacht,
    Gibt auf die Order Acht,
Und also kommt man allgemach
Den Exercirten nach.

4.

So ligt man erst in Garnison
  Mit Wall und Maur bedeckt,
Bis daß des Feindes Rauch und Ton
  Den Neuling nicht mehr schreckt;
    Dann fällt man wirklich aus,
    Und übet sich im Straus,

Ver=

Verliert auch gern ein wenig Blut,
Und wächst an Herz und Muht.

5.

Auch kommt es endlich gar zur Schlacht
Mit manchem schwarzen Heer,
Das haut und sticht und brennt und
kracht;
Da braucht man das Gewehr,
Den Glaubens-Schild, der schützt,
Ein Liebes-Feur, so blitzt,
Gebett, das als ein scharfes Schwert
Durch Mark und Seele fährt.

6.

Die Kriegs-Manier ist mancherley,
Die Wall-Statt hin und her.
Des Einten Kampf ist bald vorbey,
Der Andre leidet mehr.
Wird auch ein Streiter wund,
So macht ihn GOtt gesund,
Und schenkt ihm manche Ritter-Gab.
Er führt bald auf, bald ab.

7.

Ist nun das Gegentheil gedämpft,
So folgt der Gnaden-Lohn;
Ein jeder, welcher recht gekämpft,
Kriegt eine Sieges-Kron,
Ein schönes Königreich,
Da er, den Englen gleich,
Vor dem Monarche jubilirt,
Und ewig triumphirt.

8.

Wer aber schlecht, ja gar nicht ficht,
Und andre stecken laßt;
Wer sich in fremde Händel flicht,
Und seine Haab verpraßt;
Wer Eyd und Pflicht vergißt,
Und widerspännstig ist;
Den trifft, als einen bösen Knecht,
Ein scharfes Krieges-Recht.

9.

Weh dem, ders mit dem Satan hält,
Und dem Messias flucht!

Weh dem, der von dem Haupt abfällt,
Und auszureissen sucht!
Weh dem, der fälschlich winkt,
Auf beiden Seiten hinckt!
Das Ende solcher Widerpart
Ist eine Höllen-Fahrt.

10.

O kommet denn und bucket euch
Vor JEsu Christi Thron,
Ihr Menschen-Kinder allzugleich
Küßt diesen GOttes-Sohn.!
Hebt euer Haupt empor!
Er geht in allem vor.
Sein Bild ist (imitirt es nur)
Die rechte Positur.

11.

Wohlan, mein Fürst! mein General!
Auf deinem Muster-Plan,
Und unter deiner Helden Zahl
Meld ich mich zitternd an.
Gib mir was ein Soldat
Durchgehends nöhtig hat,
Courage, Harnisch, Kraut und Loht
Aus dir, HErr Zebaoht!

12.

Zeuch mit mir durch dies Feindes-Land,
Ich kan nichts ohne dich.
Regier mein Herz und Mund und Hand,
So krieg ich ritterlich.
Bey Dir ist Sieg, bey Dir;
O Herzog! Steh bey mir.
So sing ich denn Victoria,
A M E N, H A L L E L U J A.

trauten.[291] Deswegen legte Annoni den meisten seiner Texte Versmass und Melodien der Lobwasser-Psalmen zugrunde.[292]

Nach dem Erscheinen des *Erbaulichen Christenschatzes* regte sich im Basler Pfarrkonvent der Wunsch nach einem neuen Liederbuch für die Fest- und Wochengottesdienste. Antistes Johann Rudolf Merian beantragte beim Bürgermeister und Rat, ein solches in Auftrag geben zu können, was auch bewilligt wurde.[293] Dass Annoni den Auftrag erhielt, war vor allem dem ihm wohlgesonnenen Antistes zu verdanken.[294] Unter dem Titel *Christliches Gesangbuch in sich haltend allerhand Fest=Gesänge und andere schöne geistliche Lieder* lag es 1743 im Druck vor. Auch diese Sammlung ist thematisch gegliedert, allerdings in leicht veränderter Reihenfolge. Im Anhang an Katechismusgesänge enthält es auch Sterbelieder. Annoni nahm in dieser Sammlung neben einigen eigenen auch Texte Johann Konrad Zieglers und noch lebender Zeitgenossen auf, welche ihrerseits Annoni-Lieder bekannt machten.[295] Auch über dieses Kirchengesangbuch lautete Paul Wernles Urteil äusserst positiv: «Man muss sich freuen über die vielen schönen alten und neuen, orthodoxen und pietistischen Lieder, die Basel durch dieses Gesangbuch bekommen hat. Es stand seitdem mit Schaffhausen an der Spitze der schweizerischen Kirchen in Sachen des Gesangbuchs. Freilich auch nur für Fest- und Wochengottesdienste. An den Sonntagen regierte der Psalter allein.»[296] Annonis Gesangbuch blieb in der Stadt Basel bis 1809, auf der Landschaft gar bis 1854 in Gebrauch. Dann musste es einem neuen, zu Stadt und

---

291 Die Melodien stammten von Claude Goudimel. – Immer wieder gab es Klagen darüber, dass in den Wirtschaften Psalmen gesungen würden. Zuweilen wurden diese Melodien auch mit anzüglichen Texten unterlegt. Als Annoni Niklaus Ryhiner ein geistliches Lied und die dazugehörende Melodie mitgeteilt hatte, erhielt er die Antwort: «Die Melodey darüber ist zwar ganz wohlklingend, aber weil unsere Bauren ein fleischliches Hurenliedlein auff eben diese Weiss zu singen pflegen, würde ich mich derselben nicht bedienen dörffen, sondern muss eine andere darzu suchen, oder machen so gut ich kan.» Ryhiner an Annoni, undatiert (F II, 721).
292 Mit Vorliebe die Melodie zum Psalm 100.
293 StA BS Kirchenarchiv D 1, 5, S. 192ff. Schreiben des Antistes J. R. Merian an Bürgermeister und Rat vom 16.10.1742: Der Konvent wünsche sich ein neues Gesangbuch für alle Lebenssituationen, auch damit die unanständige Uneinheitlichkeit beseitigt werde. Es folgt ein ausführlicher Bericht über Sinn und Zweck des Lobgesangs.
294 1741 hatte der Basler Theologe, Dichter und Sprachlehrer Johann Jakob Spreng seine «Neue Übersetzung der Psalmen Davids» herausgegeben mit dem Anhang «Auserlesene geistreiche Kirchen= und Hausgesänge, teils verbessert, teils neu verfertigt.» Für ihn, den Gegner der Pietisten und Herrnhuter, bedeutete es sicher einen Affront, dass der Auftrag an Annoni erging.
295 So Johann Konrad Wildermett in Biel, Johann Jakob Ott in Zürich, David Anton Zollikofer in St. Gallen und Samuel Lau in Wernigerode.
296 Wernle I 1923, S. 456.

Land gültigen weichen, dem aber wiederum Annonis Gliederung zugrunde gelegt war.

Johannes Thommen, der Kantor von St. Peter, gab 1745 Annonis *Erbaulichen Christenschatz*, vermehrt um weitere 200 Lieder und mit Noten versehen, als *Erbaulichen musikalischen Christenschatz* heraus. In manchen Melodien knüpfte er an die Herrnhuter Liedtradition an. Thommen unterstützte mit seinem Werk die anwachsende Singfreudigkeit in Basels Kirchen. Auch trug er dazu bei, Annonis Liederbuch in weiten Teilen der Schweiz bekannt zu machen. Im Jahre 1767 bat Johannes Thommen die Deputaten um die Erlaubnis, an mehreren Orten auf der Landschaft *Musterplätze für das Singen* einzurichten. Er beabsichtigte, Lehrer, Vorsänger und Kinder im Singen zu unterrichten, um den Kirchengesang zu verbessern. In seiner Stellungnahme hierzu befürwortete Annoni diesen Plan. Als sich hingegen in Muttenz der Wunsch regte, die Kirche mit einer Orgel auszustatten, lehnte er diese Neuerung aus finanziellen Gründen ab.[297]

Bis in die 1750er-Jahre hinein verfasste Annoni noch zahlreiche Liedertexte zu allen Rubriken seines Kirchengesangbuchs. Etliche davon erschienen zunächst entweder als Einzeldruck, als Anhang zu gedruckten Predigten oder im Nachdruck zu mehreren zusammengebunden unter den Titeln *Geistliche Lieder=Buschel Für Gutwillige Himmels=Pilger, Christ-Catholischer Lieder=Buschel, Zeugnis von Glaub und Lieb, Der geistliche Stundenrufer, Verlangen der Schäflein nach dem Erzhirten Immanuel*. Die Entstehungs- beziehungsweise Publikationszeit der einzelnen Lieder kann oft nur aus den Dankesbriefen der Freunde erschlossen werden. Originell, wenn auch nicht singulär, ist die weitergeführte Reihe der Standes- beziehungsweise Berufslieder.

---

297 Undatierter Briefentwurf oder Abschrift eines Briefes von Annoni, vermutlich an die Deputaten gerichtet (F I, 70): «Die Orgel-Music auf der Landschaft ist eine geistliche Steckenreiterey, die weder zum Himmel beförderlich, noch für die Welt profitabel ist. Wenn ich Landesherr wäre, so würde ich dergleichen Kirchen-Zierrat in den Dörfern nimmer gestatten. Man schickt ein schönes Stück Goldes zum Land hinaus und behält ein jährlich fressendes Capital in der Gemeinde. Die Bauern vergaffen sich an ihrem neumodischen heiligen Dudel-Sack, und das Gesang zu 3, 4 Stimmen, so bey uns bereits wahr ist, wird darüber vollends vergessen. Nicht zu gedencken, wie manche Gritteleyen es abgeben dörfte, wenn man Orgel-Schlager und Handlanger halten, finden und bezalen und die Machinen von Zeit zu Zeit repariren soll. – Einmal sind die Liestaler, Gelterkinder und Riechemer etc., seitdem sie Orgeln haben, weder bessere Christen noch Sänger worden. Es erhellet hieraus, dass ich mit dem dermaligen Bauen-Gelust der Muttenzer weder clam [heimlich] noch palam [öffentlich] nichts zu thun habe. Mithin, da mein Abzug ohne dem nahe ist, mag ich sie durch einen förmlichen Widerspruch und Widerstand nicht erbittern. Meine grösste Sorge ist, dass die ohne dem eng und dunckle Kirch durch die 4schrötige Architectur noch enger und dunckler werden dörfte.»

Zu dem Soldaten- und Kaufmannslied kamen hinzu: ein Lied auf die bäuerlichen Ernte-Arbeiten, eines auf den Bettel-Stand, ein Fuhrmanns-, ein Posamenter- und ein Waschfrauenlied. Diese vielstrophigen Texte können wegen ihrer detaillierten Schilderung verschwundener oder völlig veränderter Berufe heute als kulturhistorische Quelle dienen. Mit dem Geistlichen Passamenterlied (Posamenterlied) würdigte Annoni den damals wichtigsten Erwerbszweig des Waldenburgertals, die Heimindustrie der Seidenbandweberei. Offensichtlich fanden diese Lieder in der ländlichen Bevölkerung Anklang. Im oberen Baselbiet konnte noch in den 1960er-Jahren bei religiösen Zusammenkünften das *Geistliche Soldatenlied* angestimmt werden.[298]

---

[298] Freundliche Mitteilung von Herrn Hanspeter Jauslin, Muttenz.

Annoni als Verfasser religiöser und profaner Gedichte

Ausser Liedertexten veröffentlichte Annoni vielstrophige Gedichte, die als gereimte Traktate bezeichnet werden könnten. Wie bereits die Titel verraten, enthalten sie sowohl Lehrhaftes als auch Erbauliches. Das früheste waren die in der Diegter Zeit verfassten *Erbauliche{n} Land=Andachten, oder Zufällige Gedanken über das einfältige Land=Leben*, eine hymnische Paraphrase auf das Hohe Lied 7,11: «Komm, mein Freund! Lass uns aufs Feld hinaus gehen, und auf den Dörfern bleiben.» 1744 erschien *Die Christliche Wanderschafft, Vorgestellt In einem geistlichen Pilger=Lied, Oder Reim=Gespräche zwischen Christian und Gamaliel*. Den zwanzig Strophen ist zwar eine Melodie beigegeben, doch die jeder Strophe folgenden ausführlichen Erklärungen verleihen dem Opus den Charakter eines Lehrgedichts. Das Bild einer pietistisch markierten Landkarte vermittelt das 1746 erstmals erwähnte Gedicht *Ein Christ besuchet oft und gerne Die Zions=Kinder nah und ferne*. Als 1754 der Friesel, eine damals gefürchtete Krankheit, die Schweiz heimsuchte, gab dies den Anlass zum Gedicht *Der Friesel, ein neuer und böser Gast in der Schweitz, Einfältig besungen, und zu erbaulichem Nachdenken wohlmeynend mitgetheilet von einem Aufrichtigen Patrioten*.[299] Annonis Lieder- und Gedichttexte bringen seine durch Anfechtungen und Nöte gekennzeichnete Frömmigkeit zum Ausdruck. Sie verkündigen dasselbe, was der Pfarrer in unzähligen Predigten seinen Zuhörern zurief. Als versifizierte Predigt könnte das 68 Strophen umfassende und in vier Kapitel unterteilte Gedicht bezeichnet werden *Jesus der wahrhaftige Sünder=Freund, zur Reitzung aller Sünder vor die Augen gemahlet*. Zu jeder Strophe sind die entsprechenden Bibelstellen angegeben, wie dies bei gedruckten Predigten auch üblich war. Die erste Zeile jeder Strophe lautet: «Ja, Jesus nimmt die Sünder an.» Auch diesem Gedicht ist eine Melodie beigegeben. Dass es je mit allen Strophen gesungen wurde, darf bezweifelt werden.

In studierten Kreisen pflegte man, zu allen möglichen Anlässen des Jahres oder Lebenslaufs oder sonst eines Ereignisses Gedichte zu verfassen. Nach dem Antritt seines Pfarramtes huldigte Annoni dieser Liebhaberei in hohem Masse. Mit spielerischer Leichtigkeit scheint er seine Gedanken in Reime gefasst zu haben, die als an-

---

299 Mit Friesel wurde eine fiebrige Krankheit mit Ausschlag bezeichnet, die besonders bei Kindern verbreitet war. – Dies war das einzige Gedicht, welches zunächst als Einzeldruck – allerdings ohne Angabe des Erscheinungsortes und Druckers – nicht in Basel, sondern in Schaffhausen erschien.

Erbauliche Wasch-Gedancken,

zu singen

nach der Melodey des 100. Psalms.

* *

Waschet, reiniget euch, thut euer böses Wesen von meinen Augen. Esaj. 1. v. 16.

Werde ich dich nicht waschen, so hast du kein Theil mit mir. Joh. 13. v. 8.

BASEL,
zu finden im Bischoffischen Buchladen.
1758.

* * *
Möchten doch die Wäscherinnen
Bey der Arbeit Gutes sinnen!
O sie trugen mit dem Lohn
Auch die Himmels-Frucht davon.

* * *

Beten, Singen, Waschen, Baden,
Ist der Weg zu Davids-Gnaden.
Schwadern in dem Sünden-Koht
Ist der Weg zu Höllen-Noht.
Psalm 51.
* * *

Das Lied «Erbauliche Wasch=Gedancken» allegorisiert die Arbeit der Wäscherinnen.

1.
Ir arme Weiber haben nun
Mit einer Wasche viel zu thun.
Der Leib empfindts, wir werden matt;
Wohl dem, der GOtt im Herzen hat!

2.
Der Zeug, den man jetz säubern soll,
Ist schwarz und freylich Unraths-voll.
So sind wir alle von Natur;
Wie nöthig wär auch uns die Cur.

3.
Nun waschen wir es schön und weiß.
Doch macht ihm erst die Lauge heiß.
Sie dringt durch jedes Fädemlein,
Und baugts von Ruß und Flecken rein.

4.
Die Lauge, so uns beitzen muß,
Heißt insgemein die wahre Buß,
Wo GOttes Zorn das Herze preßt,
Und Sünd und Schulden fühlen läßt.

5.
Wie findt der Mensch sich hier so schwarz.
Die Erbsünd klebt als wie ein Harz,
Das Herze klopft in Schulden-Noht,
Man weynt und schwitzt und förcht den Tod.

6.
Die Leinwand spinnt und webt und schlicht,
Und baugt und wascht sich selbsten nicht.
Nein, es bringt eine fremde Hand
Das Werk so nach und nach zu Stand.

7.
Hier faßt man alles, Stück für Stück,
Kein Fätzlein bleibet je zurück.
Man salbts mit Seife, klopft und reibt,
Bis nichts unsaubers überbleibt.

8.
So wirket auch, der Schöpfer heißt,
In seinem Sohn, durch seinen Geist,
Und macht bald langsam, bald geschwind,
Nachdem Ers gut und nöthig findt.

9.
Da greift ers immer ernſtlich an.
Das Werk iſt nicht ſo flugs gethan,
Der Sünder ſelbſten kans auch nicht;
Durch GOtt allein wirds ausgericht.

10.
Doch, hält man, wie der Leinwand, ſtill,
Dem, der uns neu gebähren will,
So geht es ohne Fehlen gut
Mit Leib und Seel, mit Sinn und Muht.

11.
O groſſe JEſus-Kraft und Treu!
Sie macht ſogar das Alte neu,
Das Schwache ſtark, das Schwarze weiß.
Wer ſagt genugſam Dank und Preiß?

12.
Iſt denn der Zeug genug geſpühlt,
Und auch beym Brunnen abgekühlt;
So wird er an die Sonn gebracht,
Die vollends weiß und trocken macht.

13.
So, wenn der Menſch erneuert iſt,
So wird ihm auch die Noht verſüßt.
Und auf den Schuld- und Sünden-Schmerz
Scheint ihm die Gnaden-Sonn ins Herz.

14.
Jetz ſiht er erſt die Wahrheit eyn,
Wie GOtt ſo groß, wie er ſo klein;
Jetz findt er erſt in GOttes Wort,
Die Kraft, ſo Ohr und Herz durchbort.

15.
Jetz merkt er erſt, wie CHriſti Blut
So groß und ſüſſe Wunder thut.
Jetz fühlt er erſt an Leib und Seel
Des Heil'gen Geiſtes Zucht und Oel.

16.
Jetz ſteht er erſt im Gnaden-Stand,
Und lebt im Heil'gen Liebes-Brand.
Jetz ſpricht er erſt recht, was er ſpricht.
Ein Unflat kennt dis alles nicht.

17.
O Sonne der Gerechtigkeit!
O wär ich doch auch ſchon erneut,
Von Dir getaufft und ganz beſtrahlt,
Ach kurz, fein weiß und roht gemahlt!

18.
Zulezt, wann mans zum Kaſten trägt,
Wirds ordentlich zurecht gelegt;
Und wenn es denn noch Falten hat,
Macht mans mit Begel-Eiſen glatt.

19.
So, wann der HErr ſein Werk vollbracht,
Und Er den Menſchen neu gemacht;
So trägt Er Jhn der ſel'gen Ruh
In ſeiner Arch und Tempel zu.

20.
Wer ſich nun hier zu ſchicken weiß,
Dem macht noch Tod noch Hölle heiß;
Er, fährt im Glauben frölich hin.
Denn Sterben iſt nun ſein Gewinn.

21.
Hingegen, wo man ungeſtalt,
Hat freylich noch der Tod Gewalt.
Sein Stachel ſticht, ſein Feuer brennt.
Wie mancher hat es ſchon bekennt!

22.
Mein Schmelzer! Nun ſo bitt ich dich:
Bewirke hier, vollende mich,
Daß ich fein frölich, rein und ſchön
Kan in die Ewigkeiten gehn.

spruchslose, vergängliche Grussbotschaften gedacht waren. Auch in Bücher, die ihm wichtig waren oder die er verschenkte, pflegte er einen kommentierenden Vers einzutragen.

Bei diesen Reimereien liebte es Annoni, Wortspiele zu machen, insbesondere auf die Namen, Berufe oder Eigenschaften der Adressaten anzuspielen.[300] Manche Verse verraten des Verfassers Sinn für Situationskomik und Humor. Diese dem Leben, allem Allzumenschlichen und sich selbst gegenüber gelassenere, duldsamere und liebevollere Haltung Annonis kam in allem, was für die Öffentlichkeit bestimmt war, seltener zum Ausdruck. Doch als Kehrseite seiner Skrupelhaftigkeit war sie durchaus vorhanden.

Bei manchen Versen mag man sich fragen, ob die darin enthaltene Komik gewollt oder unfreiwillig sei. So z.B. reimte Annoni zum Tode seines Schwagers Johann Jakob Fischer, der als Pfarrer in Arisdorf einerseits dem *geistlichen Fischfang* nachgegangen war, andererseits stets ärgerliche Streitereien wegen seiner Fischrechte ausgefochten hatte:

> «Fischer! Du hast ausgefischet
> und jetzt fischet dich der Tod.
> Jesus, der den Sündern tischet,
> labe dich mit Himmelbrot,
> dass du ewig-selig lebest
> und im Meer der Freuden schwebest.»[301]

---

300 Z.B. Gedicht zur Taufe seines Patensohnes Heinrich Degen von Liedertswil, 14.03.1745 (Nachlass B VI, S. 371f.): «Gott mit dir, du Heinrich Degen! / Merck, es rufft dir deine Tauff / aus der Welt zum Himmels-Lauff / Und aus allem Fluch zum Segen. // Lieb und lern die heilgen Schrifften. / Glaub an Gott und seinen Sohn. / Bette stets für seinem Thron / Um die heilgen Geistes-Lüfften. // Du musst Christi Degen werden, / den er an die Seiten setzt, / den er einsteckt, zeucht und wetzt, / wie es ihm beliebt auf Erden. // Lässt du dich von Ihme führen, / o, so zieret dich sein Blut, / und du wirst – welch herrlich Gut! – / einst sein göttlich Zeughaus zieren.»

301 Nachlass, B VII, S. 390. Das Gedicht hat noch drei weitere Strophen.

Als Pfarrer in Waldenburg 1740–1747 155

Die Aufgaben eines Landpfarrers und eines Landvogts

Zu den Aufgaben eines Pfarrers auf der Landschaft gehörten nicht nur Seelsorge und gottesdienstliche Handlungen mit den Kasualien, sondern auch die Ausübung weitgehender Kontrolle über die Bevölkerung. Er war dazu verpflichtet, gemeinsam mit den Bannbrüdern darüber zu wachen, dass die zahlreichen Sittenmandate eingehalten wurden. Als Vertreter der städtischen Obrigkeit übte ein Pfarrer somit auch polizeiliche Funktionen aus. Kleinere Verfehlungen wurden vor Pfarrer und Bann abgehandelt. Als Sanktion stand diesem dörflichen Gericht die Kirchen-Busse mit dem Ausschluss vom Abendmahl zur Verfügung. Gravierendere Fälle hatte der Pfarrer entweder dem Landvogt oder dem Rat beziehungsweise einer seiner Kommissionen zu melden. Dem Pfarrer oblag es, neue obrigkeitliche Bestimmungen und jährlich einmal die Kirchenordnung und das Basler Be-

St. Peter in Oberdorf, bis 1834 Kirche der Kirchgemeinde Waldenburg, Foto um 1920.

II. Vom Gottesdienst / Besuchung der Predigten und Bättstunden / Heiligung der Sonn- Fest- und Bätt-Tagen / und Abschaffung der widrigen Mißbräuchen.

Der Gottesdienst soll Sonntags Morgens, in der Predigt, Nachmittags bey der Kinderlehr, desgleichen Dienstags, und wo es Herkommens, Mittwochs und Donnerstags, wie auch Samstag Abends in der Bättstund, von Jedermänniglichen, Jungen und Alten, Eltern und Kindern, Herren, Meister und Frauen, Knechten und Mägden, fleißig und alles Ernsts besuchet: und darunter sonderlich der monatliche Bätt-Tag, welcher vor Jahren, zu Beförderung der Busse, wie auch zu Verhütung oder Linderung des gerechten Zorns GOttes angesehen worden, verstanden, und auf denselben, in hernach folgenden Stucken ein so scharfes Aufsehen, als auf den Sonntags Morgen-Predigten gehalten werden. Und diesem desto besser nachzukommen, sollen gewisse Stunden, darnach sich auch die fern entlegene richten können, zu den Predigten gehalten werden; als in dem Sommer solle Sonntags das erste Zeichen um 6. Uhren

Zeit des Gottesdiensts.

6. Uhren, und das andere um halb 7. das letzte um 7. Uhren; in dem Winter aber eine Stund spähter, und hiemit um 8. Uhren Morgens das letzte Zeichen gegeben und geläutet, diesem nach ohne einige Hindernuß mit dem Gottesdienst der Anfang gemacht werden. Die Enderung soll geschehen in dem Frühling an dem Palmtag, und in dem Herbst an dem Sonntag vor der Herbst-Frohnfasten, wann das Heil. Abendmahl gehalten wird. Damit aber männiglich dem Christlichen Gesang und gemeinem Gebätt beywohnen, und dasselbe verrichten möge, so soll ein Jedes, Mann und Weib, Jung und Alt, sich bey rechter und guter Zeit in die Kirche verfügen, damit die Gemeinde GOttes, und alles Volck, so das letzte Zeichen geleutet wird, bey einandern versammlet seye.

Jederman solle bey Verrichtung des Gottesdiensts zur Kirchen kommen.

Da sollen nun Unsere getreue liebe Amtleut, Schultheiß und Obervögte, voraus aber die Prediger und Schulmeister dem gantzen Land-Volck mit erbaulichem Exempel vorleuchten, zugleich auch, durch die Unter-Amtleut, Waybel, Untervögt, Meyer, Geschworne und Bann-Brüder ein emsiges und ernstliches Aufsehen beschehen, daß Männiglich zu Anhörung Göttlichen Worts sich zu rechter Zeit und zwar in geziemender Kleidung, einfinde; wo aber unter dem Volck jemands, aus Fahrläßigkeit, Verachtung, oder sonsten ohne Leibes-Noth, oder anderer rechtmäßigen Entschuldigung ausbleibe; sollen sie selbige, so Manns- so Weibspersohnen, Geistlich oder Weltlich,

Knecht, Mägd, Jung oder Alt, rügen und angeben, damit sie nach Gebühr, ohne Verschonen, abgestrafft werden mögen. Fahls aber die Sorg für die Kinder, wie nicht weniger das Vieh oder Hauß-Hüten, etwas an dem Kirchgang hindern möchte, solle man ein Haußkehri anordnen, auch darüber steiff und streng halten, damit also, so viel möglich, alle gesunde Personen, (nur diejenigen ausgenommen, welche die Haußkehri trifft) zur Kirche kommen mögen. Man soll auch zwischen der Predigt-Zeit in allen Dörfferen und Flecken, fürnemlich aber an denen Orten, da man über Feld zur Kirchen gehen muß, Wächter und Dorff-Hüter bestellen, und damit von Hauß zu Hauß die Haußkehri machen. Dieselbe Wächter sollen, neben anderer Aufsicht, auch schuldig seyn, alle zwischen der Predigt vorgehende Ungebühr und Muhtwillen den Bann-Brüdern anzuzeigen, bey Straff eines Pfund Gelts; wurde aber einer, es seyen Wächter oder Bann-Brüder, etwas verschweigen, derselbe solle zweyfach gestrafft werden.

<small>Sonntag nicht zu entheiligen.</small>

Hiemit wollen und gebieten Wir ernstlich, daß an denen Sonntagen niemand, wer der auch seye, weder Ober- und Unter-Beamtete, noch die Untergebene, weder fische, noch den Vögeln nachstelle, Birsse oder Jage, solches auch unter währender Wochen-Predigt nicht beschehe, viel weniger aber zu solchen, dem Dienst GOttes einig und allein gewidmeten Zeiten, solche Jagden angestellet werden, worzu mehrere

(9)

mehrere Persohnen aufgebotten, und also von Leistung der GOtt schuldigen Pflicht wurden abgehalten werden. Die Prediger aber und Schulmeistere sollen sich des Jagens gäntzlich müßigen und enthalten. Ferners verbieten Wir, daß zu erst gedachten Zeiten, als an dem gantzen Sonntag, so dann zwischen der Wochen-Predigt, niemand weder karre noch fahre, es seye gleich zu oder von der Mühle: auch gantz und gar nichts kauffe noch verkauffe, es seye Korn, Haber, Heu, Vieh, oder anders; nicht maye, schneide, erndte, herbste, noch trösche: nicht backe, wäsche, bauche, Blunder aufhencke, sondern es soll in gedachter Zeit alle Arbeit, so wohl daheimen als auf dem Feld, eingestellt seyn und bleiben.

Aus der Kirchenordnung für die Landschaft Basel von 1725.

kenntnis von der Kanzel zu verlesen. Ein Pfarrer hatte die Kirchenbücher zu führen und die Schule zu beaufsichtigen.

Mit der Verquickung so unterschiedlicher, sich geradezu widersprechender Aufgaben war der permanente Konflikt eines Pfarrers vorgegeben.[302] Wie sollte er als Seelsorger das Vertrauen seiner Gemeindemitglieder gewinnen, wenn er gleichzeitig dazu angehalten war, ihm bekannt gewordene oder gar anvertraute Misslichkeiten anzuzeigen? Ein weiterer Konflikt ergab sich durch die Besoldung eines Pfarrers, die weitgehend aus dem in Geldwert umgerechneten Zehnten verschiedenster landwirtschaftlicher Erträge bestand. Für deren Ablieferung musste er selbst besorgt sein. War die Ernte schlecht ausgefallen, so musste er den in Not geratenen Bauern den ihm zustehenden Betrag abfordern. Hinzu kam die in seiner Standeszugehörigkeit begründete soziale Distanz zu seiner Umgebung, die manch ein Pfarrer als Vereinsamung erlebt haben mag. Allein schon durch seine Kleidung und Perücke unterschied er sich von den übrigen Dorfbewohnern. Wie sich am Beispiel Annonis zeigen wird, geriet ein pietistischer Pfarrer zwangsläufig in zusätzliche Schwierigkeiten.

Ein Pfarrer hatte ein gerütteltes Mass an vorgeschriebenen kirchlichen Pflichten zu erfüllen. Wie in der übrigen reformierten Schweiz herrschte auch in Basel «ein geradezu erschreckender Reichtum an Predigten und gottesdienstlichen Akten.»[303] Ein Landpfarrer hatte neben den zwei Sonntagsgottesdiensten, nämlich der Morgenpredigt und der Kinderlehre, einen Dienstagmorgen- und Samstagabendgottesdienst zu halten. Hinzu kamen eine Mittwochs- und Donnerstagsandacht. Viermal im Jahr fand ein Abendmahlgottesdienst statt, dem am Vorabend ein Vorbereitungsgottesdienst vorausging. Über den obligatorischen Besuch der Abendmahlgottesdienste wurde strenge Kontrolle geführt, auch das Fehlen an den Sonntagsgottesdiensten wurde registriert. Säumige wurden zur Rechenschaft gezogen. Der Kirchgang an den Werktagen hingegen dürfte je nach landwirtschaftlicher Saison und räumlicher Entfernung im Allgemeinen eher spärlich ausgefallen sein, zumal die Kleidervorschriften auch der Landbevölkerung für jeden Kirchgang das Tragen der Sonntagskleidung vorschrieben.

302 Vgl. Simon 1981. Der Autor deckt in seiner Arbeit die institutionell angelegten Konflikte eines Landpfarrers im Ancien Regime auf, die vor allem in der Reformationsordnung von 1595 ihren Ursprung hatten.
303 Wernle I 1923, S. 49. – Vgl. Herrliberger o.J.

Die Pfarrer eines jeden der drei Landkapitel kamen jährlich zur Kapitelsversammlung zusammen. Als Schreiber des Waldenburger Kapitels war Annoni auch dazu verpflichtet, an den jährlichen Vorkapiteln teilzunehmen. Einmal im Jahr hatte jeder Landpfarrer eine Donnerstagspredigt im Basler Münster, die sogenannte *Jahrespredigt*, zu bestreiten. Jeweils im ersten Quartal eines Jahres galt es, persönlich die Jahresrechnung in Basel abzuliefern. Konnte ein Pfarrer aus gesundheitlichen oder Altersgründen all diesen Pflichten nicht mehr nachkommen, konnte er die Hilfe eines Vikars beantragen, der aus der Kasse des Kammerguts bezahlt wurde.[304] Schliesslich musste ein Landpfarrer auch noch dafür besorgt sein, dass das ihm zugeteilte Pfrundland richtig bewirtschaftet wurde, war er doch auf dessen Ertrag in hohem Masse angewiesen.[305] Die damals aufwändige Haushaltsführung und die Versorgung der Haustiere hingegen oblag zumeist der Pfarrfrau.

Weniger zwiespältig waren die Funktionen eines Landvogts. Der Landvogt für das Amt Waldenburg war Mitglied des Kleinen Rats und wurde für eine Dauer von acht Jahren in das ehrenvolle Amt gewählt. Als Statthalter der Basler Regierung führte er die Oberaufsicht über das ganze Amt, dessen Gemeinden, Kirchen, Schulen, Wälder und Weiden, Strassen, Brücken und Gewässer. Der Landvogt hatte über die Fronarbeiten und Entrichtung der verschiedenen Abgaben zu wachen. Er beaufsichtigte zusammen mit den Pfarrern die dörflichen Unterbeamten und stellte die Verbindung her zwischen der städtischen Regierung und den Untertanen. So wie der städtische Rat auch in kirchlichen Belangen das entscheidende Gremium war, hatte der Vogt die Aufsicht über die Amtsführung der Pfarrer. Als Richter über geringe Vergehen hatte er die Befugnis, Bussen zu verhängen, von denen er bis zu zwei Drittel für sich behalten konnte. Das Einkommen eines Landvogts setzte sich im Wesentlichen aus den vorgeschriebenen Abgaben der Untertanen und den Geldbussen zusammen.

Im 18. Jahrhundert rekrutierten sich die Landvögte überwiegend aus dem Handwerkerstand. Sie betrachteten das Amt in erster

---

304 Diese Kasse wurde gespiesen durch den sechsten Teil eines Jahresgehaltes, den jeder Pfarrer vor Antritt einer neuen Stelle zu entrichten hatte. Der Einzug dieser Abgabe gab immer wieder zu Klagen Anlass, weil einzelne Pfarrer ihn nicht bezahlen wollten oder konnten. Aus dieser Kasse wurde auch ein Teil des den Pfarrwitwen zustehenden Gnadenjahres bezahlt.
305 Das Pfrundland war das einer Kirche zugehörende Land, das dem jeweiligen Pfarrer zur Nutzung zur Verfügung stand.

Linie als eine Möglichkeit, ihren finanziellen und gesellschaftlichen Status zu verbessern. Viele Landvögte waren der ihnen übertragenen Machtposition charakterlich nicht gewachsen und handelten schikanös zu ihren eigenen Gunsten. Klagen der Untertanen blieben zumeist ohne Folgen. Nicht von ungefähr gingen bei der Basler Revolution 1798 drei der vier Landvogteisitze in Flammen auf. Ein unfähiger Landvogt konnte Pfarrern und Untertanen das Leben schwer machen. Johann Ulrich Wagner war ein solcher. Er trat fast gleichzeitig mit Annoni sein Amt in Waldenburg an.

Schwieriger Beginn

Das Städtchen Waldenburg, damals Wallenburg geheissen, das dem ganzen Tal den Namen gab, liegt an der seinerzeit für den Handelsverkehr bedeutsamen Passstrasse über den Oberen Hauenstein. Zu Annonis Zeiten war es weitgehend durch eine Mauer und zwei Stadttore befestigt. Der Passverkehr brachte Leben und Verdienst mit sich. Im hoch über dem Städtchen gelegenen Schloss residierte der Landvogt. Zur Pfarrgemeinde Waldenburg gehörten die Dörfer Oberdorf, Niederdorf, Titterten und der Weiler Liedertswil (der sogenannte *Tschoppenhof*), mit insgesamt ungefähr 285 Familien oder 1250 Personen. Das Waldenburger Pfarrkapitel, eines der drei Basler Landkapitel, umfasste das Waldenburger und Homburger Amt.[306]

Ende März 1740 bezog das Ehepaar Annoni das Waldenburger Pfarrhaus, den Schöntalerhof. Von hier aus war die Pfarrkirche St. Peter – gelegen auf Oberdorfer Boden an der Passstrasse zwischen Oberdorf und Waldenburg – in einem Fussmarsch von ungefähr 45 Minuten zu erreichen. Zum Pfarrhaus gehörten Stallungen und ein grosser Garten, der aber zu Annonis Leidwesen durch eine Erneuerung der Strasse geschmälert wurde. Die Kassenbücher vermitteln einen Einblick in die pfarrherrliche Lebenswelt. Es ist ihnen zu entnehmen, dass sich der Pfarrer eine Kuh, Kälber, Schweine und Schafe hielt.[307] Auch Bienenkörbe hatte er aufgestellt. Ein Pferd besass er nicht, das musste er sich jeweils ausleihen. Doch besass er eine

---

[306] Die Familien- und Personenzahlen notierte Annoni 1740 im Buch der Taufen von Fremden. (StA BL, Kirchenbücher E 9, Waldenburg 7, fol.13r). – Zum Amt Waldenburg gehörten die Gemeinden Waldenburg, Langenbruck, Bärenwil, Oberdorf, Niederdorf, Bennwil, Titterten, Lampenberg, Liedertswil, Arboldswil, Hölstein, Reigoldswil, Lauwil, Bubendorf, Ramlinsburg, Lupsingen und seit 1673 Bretzwil.

[307] Sicher gehörte auch Federvieh dazu, das allerdings nicht erwähnt wird. In Muttenz unterhielt Annoni auch einen Taubenschlag.

kleine Kutsche, die bei den miserablen Strassenverhältnissen ständig reparaturbedürftig war.

Das eingenommene Geld stammte überwiegend aus den Zinsen des verpachteten Landes. Die Ausgaben dienten u.a. der Anschaffung landwirtschaftlicher und hauswirtschaftlicher Geräte und verschiedensten stets wiederkehrenden Lohnzahlungen, z.B. an die Magd, an Fuhrleute, Holzfäller und Erntearbeiter, an Waschfrauen und Spinnerinnen. Weitere Ausgaben galten Kleidungsstücken, Perücken, Aderlässen, Schröpfungen und Medikamenten, Büchern und den Luxusgütern Tabak, Kaffee und Zucker. Jeden Monat vergabte Annoni den Armen einen Betrag, der dem Preis von zwei Pfund Kaffee oder 6 Pfund Kerzen oder einem Waschtaglohn entsprach.[308] Von der Heirat bis zum Ende der Waldenburger Zeit im Jahre 1747 überstiegen die Ausgaben die Einnahmen um ungefähr 6%. Als Annoni im ersten Amtsjahr den obligaten Einstands-Sechstel eines Jahresgehaltes in die Kasse des Kammerguts zahlen sollte, bat er um Aufschub, da er noch keine Einnahmen gehabt hatte.[309] Die Mitgift seiner Frau enthob ihn nicht der finanziellen Einschränkung.

Zu Beginn seiner Waldenburger Zeit schlug Annoni als Los die Psalmen 120–124 auf, die sich als treffende Voraussage kommender Schwierigkeiten erwiesen.[310] Am 3. April 1740 trat Annoni sein Amt mit *Zittern* und *Tränen* an. Die Antrittspredigt, in welcher er seinen Zuhörern die Bürde und Verantwortung seines Amtes vor Augen führte, bewirkte, «dass fast alle Anwesende dabei geweint haben».[311] Nach seiner zweiten Predigt kamen Annoni bereits *Widerspruch* und *Lästerungen* zu Ohren. Kaum zweieinhalb Monate nach Amtsantritt musste er sich bereits vor dem Antistes verantworten. Es waren Anschuldigungen gegen ihn erhoben worden, welche es zu widerlegen galt.[312] Als deren Urheber vermutete Annoni wohl zu Recht den

---

308 Die Landpfarrer erhielten jährlich einen Betrag aus der Staatskasse für durchziehende Bettler und einen jährlichen Betrag aus der Grynäus- und Platter-Stiftung für die Armen ihrer Gemeinde zur Verfügung gestellt.
309 StA BS HH 14.2: Acta Capitula Specialis, 09.06.1740.
310 Psalm 120: «Den Herrn rief ich an in meiner Not, und er hat mich erhört. Herr, errette mich vor dem Lügenmaul und vor der falschen Zunge! – Was soll er dir zufügen und was noch weiter, du falsche Zunge? Kriegerpfeile, geschärfte, dazu Kohlen vom Ginsterstrauch! – Wehe mir, dass ich weile in Mesech, dass ich wohne bei den Zelten von Kedar! Zu lange schon wohne ich zusammen mit denen, die Frieden hassen! Ich halte Frieden; doch wenn ich nur rede, so suchen sie Streit.»
311 Nachlass B VI, S. 157.
312 Annoni an J. R. Merian, Waldenburg, 14.06.1740. Abschrift von Annoni in: Nachlass B VI, S. 162–175.

Landvogt Wagner und Johann Christoph Ramspeck, den Pfarrer von Läufelfingen.

Annoni hatte sich gegen drei Vorwürfe zu verteidigen: Er würde Versammlungen abhalten, allerhand Neuerungen einführen und Leute aus anderen Gemeinden an sich ziehen. Seinem ausführlichen Schreiben ist zu entnehmen, dass sich zu den üblichen Hausandachten im Pfarrhaus immer mehr Teilnehmer eingestellt hatten. Um aber jegliche Unordnung zu vermeiden, hatte sie Annoni bereits in Gruppen eingeteilt. Am Montag und Donnerstag kamen die Frauen und am Dienstag und Freitag die Männer jeweils von sechs bis sieben Uhr abends im Pfarrhaus zusammen. Annoni betonte, die Teilnehmer ermahnt zu haben, wegen dieser Versammlungen keine häuslichen oder beruflichen Pflichten zu vernachlässigen. Auch habe er ausdrücklich zu verstehen gegeben, dass ihm die Abwesenden ebenso lieb seien wie die Anwesenden, sofern sie die Gottesdienste besuchen würden.

Den Vorwurf, Neuerungen eingeführt zu haben, wies Annoni zurück. Er habe nur vorschriftsgemäss die Kirchen- und Landesordnung von der Kanzel verlesen und erläutert, was bei seinem Vorgänger nie mehr geschehen sei. Dem dritten Vorwurf, er würde Kirchenbesucher von anderen Gemeinden anlocken, hielt der Angeklagte einen Spruch von Samuel Lutz entgegen, der einem missgünstigen Amtsbruder auf denselben Vorwurf hin geantwortet hatte: «Bruder! Gib deinen Schäflein gute Speise, so werden sie nicht auf eine andere Weide lauffen.» Wer zu ihm in den Gottesdienst oder ins Pfarrhaus komme, der solle nicht zurück gewiesen werden.

Annoni wies darauf hin, dass er seinen Pflichten eifrig nachkomme, indem er auch zahlreiche Hausbesuche mache. Sein Vorgänger habe es an Zucht und Ordnung fehlen lassen, so dass seine Amtsführung nun bei einigen Personen auf Widerstand stosse. Das Schreiben nutzte Annoni dazu, um seinerseits eine heftige Klage gegen den Landvogt und Pfarrer Ramspeck zu führen. Die beiden hatten ohne sein Wissen in einem Waldenburger Wirtshaus Leute aus seiner Gemeinde ausgefragt unter der falschen Angabe, sie seien dazu legitimiert worden. Annoni bat den Antistes, ihn vor solchen Eingriffen in seine Kompetenzen zu beschützen.

Mit dieser Rechtfertigung schien zunächst der Frieden wieder hergestellt zu sein. Im September desselben Jahres fand der Huldigungstag statt, an welchem Landvogt Wagner offiziell in sein Amt eingeführt wurde und die Untertanen ihren Treu-Eid zu leisten hatten.[313] In seiner Predigt hielt Annoni den Versammelten die Pflichten vor Augen, die sie sich nach dem göttlichen Liebesgebot gegenseitig schuldeten. Die städtischen Regenten und deren Vertreter – also den Landvogt – ermahnte er zur Liebe gegen die *Kinder*, damit sie deren *Väter, Ärzte, Helfer und Schutzengel* würden. Sie dürften sich nicht als *Zwingherren* aufspielen, welche die Untertanen als ihre *Sklaven* ansähen. Die Untertanen ihrerseits ermahnte Annoni, *gutwillige Kinder und Schafe* zu sein, «welche Wolle und Milch hertzlich gerne zum allgemeinen Besten überlassen. Ihre Fäuste, ihre Kräfften, ihr Vermögen, ihr Blut, ihre Leiber, ihr Leben, ihr alles steht ihrer treuen Oberkeit zu Diensten.» In diesem Modell eines Staates, in welchem der Antagonismus zwischen Regenten und Untertanen durch die beiderseitige Erfüllung der Standespflichten und des göttlichen Liebesgebotes aufgehoben wird, sah Annoni die Funktion der Geistlichkeit darin, beide Seiten stets an ihre doppelten Pflichten zu erinnern. Dieses Modell stellte die staatskirchlichen Institutionen und Strukturen nicht in Frage. Konflikte und missliche Verhältnisse waren nach ihm in mangelnder Christus- und Nächstenliebe begründet, d.h. sie wurden allein als individuelles und nicht als institutionell bedingtes Versagen gedeutet.

Als Hirt unter Schafen und Hirten

Da Annoni die Konventikel nach einer strikten Ordnung bei sich im Pfarrhaus durchführte, liess man ihn gewähren. Alles, was hätte Anstoss erregen können, hatte er ausgeschaltet: Die Teilnehmer waren nach dem Geschlecht getrennt, sie kamen nicht zur Unzeit zusammen, d.h. nicht nachts oder während des Gottesdienstes, der Ablauf war klar vorgegeben, und er selbst führte die Aufsicht. Die Konventikel verursachten keine Spaltung innerhalb der Gemeinde, führten offensichtlich auch nicht zu familiären Zerwürfnissen und gaben auch sonst keinen Anlass zu Ärgernissen. Auch dass sich sonntagabends immer noch Leute im Pfarrhaus zur Erbauung einstellten, wurde geduldet.[314] Mit seiner disziplinierenden Regelung gelang es Annoni, eines der wichtigsten Anliegen pietistischer Kreise durchzusetzen, nämlich sich in privatem Kreise gegenseitig erbauen zu können. Dies war zu jener Zeit noch längst nicht überall in der Schweiz möglich.

313 Über den Ablauf eines Huldigungstages siehe Schnyder 1998.
314 Über die Zahl der Teilnehmer ist nichts bekannt.

Annonis Aufzeichnungen enthalten nur vereinzelte Angaben über sein seelsorgerliches Wirken und sein Verhältnis zu den Gemeindemitgliedern. Er sah sich stets in der Rolle des *Hirten*, der dereinst vor dem Richter Rechenschaft ablegen müsse über jedes einzelne ihm anvertraute *Schaf*. Diese Verantwortung lastete schwer auf ihm. Doch wie sollte der Hirt seine Schafe in den richtigen Stall locken? Eine Möglichkeit dazu war mit den Predigten gegeben. Mehrfach notierte Annoni, dass er seine Zuhörer zu Seufzern und Tränen gerührt habe. Auch ihm selbst flossen dabei die Tränen. Das war damals keineswegs peinlich, sondern ein erwünschtes Zeichen für Gottes Gnadenwirkung. Schluchzen und Weinen waren Gradmesser dafür, wie stark Gott die Seelen anpackte, sie zur Sündenerkenntnis, Reue und Busse drängte. Religiöse Ergriffenheit äusserte sich in pietistischen Kreisen häufig in Lauten, Gebärden oder gar unkontrollierten Bewegungen. War der Pfarrer selbst zu Tränen gerührt, so

Frontispiz und Titelblatt aus:
Johann Friederich Starcks:
Schrifftmässige Gründe die Freudigkeit zu Sterben ... Nürnberg 1753.
Eine Schrift zur Vorbereitung auf das Sterben.

verminderte sich die Distanz zwischen dem Hirten und seinen Schafen. Mochte er auch auf hoher Kanzel stehen, in solchen Situationen der allgemeinen Ergriffenheit galt auch er als Schaf vor dem *Erzhirten*.

Über einzelne Personen der Gemeinde ist aus den Aufzeichnungen nur wenig zu erfahren und dies fast nur anlässlich ihres Sterbens. Da galt es, Unbekehrte und Zweifler in einen abgekürzten Busskampf zu treiben, damit sie in der Erkenntnis ihrer Sündhaftigkeit laut um Gnade flehten. Auf diese Weise konnte der Pfarrer noch manche Seele retten.[315] Annoni wusste aber auch von erbaulichen

---

315 Den alten Jakob Tschudi z.B. hatte Annoni an seinem letzten Krankenlager mehrfach besucht, ihn vergeblich «dem Heiland zu Füssen gelegt und zum Seufzen und Flehen vermahnt [...] biss er endlich gegen dem letzten Tag zu Gott schreyen gelernt und gebeten hat, der Herr soll ihm doch seine Schuldenlast von dem Rucken nehmen. Darauf rühmete er, wie der Herr Jesus ihne annehmen wolle, er sehe ihn mit einem Licht daher kommen. Man solle stille seyn und beten, damit er desto geschwinder komme. Endlich bezeugete er, was massen viele Engele zugegen seyen. Und so gab er seinen Geist noch erbaulich auf. Hallelujah!» (Nachlass B VI, S. 343.) Tschudi starb am 03.08.1744.

Johann Friederich Starcks
Evangelischen Predigers und Consistorialis
zu Franckfurt am Mayn
schrifftmäßige Gründe
die
Freudigkeit
zu
Sterben
bey dem Angedencken des Todes zu erwecken
in ein und dreyßig
Sterbens-Andachten
abgefasset
und
auf alle Tage im Monath
eingerichtet.
Welchen als ein Anhang beygefüget
die überwundene Todes-Furcht.

Nürnberg,
zu finden bey Christoph Riegels seel. Wittib
unter der Vesten. 1753.

Sterbeszenen zu berichten, die anderen zum guten Exempel dienen konnten.[316]

Mit einigen Baselbietern verband den Pfarrer ein besonderes Verhältnis gegenseitiger Anhänglichkeit. In Waldenburg war ihm das Lehrerehepaar Bowe eine verlässliche Stütze, und in Diegten gehörten die frommen Pächter Vater und Sohn Klaus Jenni zu seinen Vertrauten.[317] Achtmal wurde Annoni in seiner Gemeinde eine Patenschaft angetragen, zweimal seiner Frau.

316 Vorbildlich war z.B. der Tod der sogenannten Rank-Marey von Titterten. Die junge fromme Frau war sich ihres Elends bewusst, aber auch durch ausserordentliche Stimmen der Sündenvergebung versichert. Sie las, sang und betete fleissig und hatte deutliche Beweise ihrer Erhörung. Sie arbeitete an andern mit Nachdruck und wurde dem Dorf zum Segen. In der Krankheit war sie gelassen und getrost. Auf ihrem Totenbett wurde sie eines süssen Blicks in das Paradies gewürdigt. «Mit Wehmut ging ich der Begräbnus entgegen, mit Freuden aber und zu Ermunterung vieler Zuhörer hielt ich die Leichenpredigt.» (Nachlass B VI, S. 392f.) Die Rank-Marey starb im September oder Oktober 1745 an der grassierenden roten Ruhr.

317 Sie entsprachen dem Idealbild des Pfarrers von treuen, fleissigen und gottesfürchtigen Menschen. Als der Vater Jenni starb, widmete ihm Annoni ein Gedicht, und als im Jahr

Frontispiz und Titelblatt aus:
(Anonym): Die rechtschaffene, Christliche, Gottgefällige, innerliche und äusserliche, offentliche und häusliche Sabbatsfeyr... Bern 1761.
Eine Schrift zur Warnung vor der Entheiligung des Sonntags.

Im Waldenburgertal machte zu Annonis Zeit die Heimposamenterei bereits den bedeutendsten Erwerbszweig aus. Trotz dieser Einkommensquelle gab es weiterhin viele arme Familien, die auf Al-

darauf auch der Sohn verstarb, notierte Annoni, was er über dessen frohes Sterben vernommen hatte. Der Vater Klaus Jenni starb am 18.04.1742, der Sohn Klaus Jenni starb Anfang Juli 1743. (Nachlass B VI, S. 198 und 276f.) Zum Tod des ersteren dichtete Annoni:
«Der liebe, fromm und alte Claus / fahrt auch im Frieden nacher Hauss / und spricht in seinen letzten Stunden: / nun hab ich gleichfals überwunden. // Jetzt schlafft der schwach und dürre Leib, / da wo der Staub von seinem Weib, / das er so bitterlich beweinet, / sich mit dem Erdenstaub vereinet. // Wer weiss nun, wo die Seele schwebt, / die in dem schwachen Haus gelebt! / Wo anders als nach Gottes Worte / an einem ewig guten Orte. // Das Schäflein ist nun bej dem Hirt, / der arme Pilger bej dem Wirt, / das krancke Küchlein bej der Henne, / das Weizen-Körnlein in der Tenne. // Im Hauss und Dorf war er ein Licht. / Und solchen Docht löscht Jesus nicht. / In dem Beruff, Gericht und Handel / erzeigte sich sein Christen-Wandel. // Fahr wohl, du lieber alter Claus! / Ruh selig, dein Geweb ist aus. / Geneuss das Heil der armen Sünder, / und segne Kind und Kindes-Kinder. // O dass dein Haus und dein Geschlecht, / ach ja, ganz Diekten es bedächt, / zu Glaub und Lieb als Christi Samen / dem alten Zuss-Claus nachzuahmen. // Ich sehe dir mit Seufzen nach. / Mein Leib, der Webestuhl ist schwach. / Mein Lebens-Faden scheint zu brechen. Gott helff mir auch, / vom Siege sprechen, Amen!»

Die rechtschaffene, Christliche, Gottgefällige, innerliche und äusserliche, offentliche und häusliche

Sabbatsfeyr,

in mehr als einer Predigt
über die Worte des Göttlichen Gesetzgebers
I. B. Mose XX. v. 8 = 12.
gründlich vorgetragen,
aus Anlaß eines am Sonntag während dem Gottesdienst

Verunglükten Mägdleins.

Wie für jedermann nutzlich und nöthig, also sonderlich zu einer
erbaulichen Sabbats = Lection
für diejenigen, denen es Leibs= oder
Orts halber nicht möglich eine Predigt
in der Kirch anzuhören.

Mit einem schönen Titulkupfer gezieret, vorstellend den Ort in einem Landschäftlein und das Unglück, wie es sich zugetragen.

In Bern völlig getruckt, im Jahr nach
der Geburt Christi 1761.

mosen und Unterstützung durch die Gemeinde-Armenkassen angewiesen waren. Als regelrechte Landplage galten kantonsfremde, herumziehende Bettler, welche sich mit Drohungen das Gewünschte erpressten. Auf den Kapitelversammlungen wurde immer wieder die Anordnung von Betteljagden gefordert, da man keine andere Möglichkeit sah, Hab und Gut der eigenen Bevölkerung zu schützen. Offensichtlich hatte Annoni zu Beginn seiner Waldenburger Zeit geplant, für die armen Kinder der eigenen Gemeinde nach dem Augsburger Vorbild ein Armenhaus zu errichten.[318] Doch war dieses Vorhaben bereits in den Anfängen stecken geblieben. 1765 schlug Annoni den Deputaten die Gründung eines Waisenhauses für arme Landkinder vor, wozu er einen Beitrag leisten wollte.

Wie aus zahlreichen Briefen und Berichten hervorgeht, galt Annonis Wirken weiterum als besonders segensreich. Nicht von ungefähr besuchten Leute aus anderen Gemeinden seinen Gottesdienst. Dass dies die Missgunst der Amtsbrüder hervorrufen konnte, hatte er bald nach Amtsantritt erfahren. Später gab es aus demselben Grund weitere Missstimmigkeiten.[319] In Muttenz sollte dieses Problem noch grössere Dimensionen annehmen.

An den Kapiteln brachten die Pfarrer stets dieselben Klagen über die Untertanen vor. Insbesondere wurde ihnen angelastet, dass sie die Sonn- und Feiertagsgebote missachteten und sich an den Markt- und Musterungstagen übel aufführten. So protokollierte Annoni 1743 z.B.:

«Was die Sonntags-Feyer anbetrifft und die Zurechtweisung der in diesem Stücke fehlbaren Passamenteren, so wurde bej solchem Anlass angebracht, was Massen hier auch von andern Leuten pecciret [gesündigt] werde, nämlich von solchen, welche an Sontagen von Mittag biss Nacht in und bej

318 Von diesem Plan ist nur in einem Brief von Samuel Urlsperger an Annoni die Rede, Augsburg, 21.09.1741 (F II, 928): «Das Vorhaben wegen einer Anstalt zum Besten der Armen Ihres Orts lasse sich der Her zu seinem Segen empfohlen seyn. Er stehe bey mit Rath und That, wie wir unsers Orts bey dergleichen Anstalt, die nun bey 40 Jahren ohne einiges Capital, blos durch den Segen Gottes, der Herzen zum willigen Beytrag lencket, und wobey ich auch ein Mitvorsteher bin, erfahren haben.»
319 So mit den Pfarrern Samuel Paravicini in Rümlingen und Johann Heinrich Heussler in Bennwil. Annoni an Heussler, Waldenburg, 12.02.1743 (F I, 39): Annoni äussert Verständnis dafür, wenn Heussler seine Leute dazu ermahnt, nicht an anderem Ort den Gottesdienst zu besuchen. «Das häuffige und öftere Wahlfahrten in andere Kirchen halte [ich] selbst für eine Unordnung. Es ist aber diess in hiesigen Gegenden schon eine alte Sach, die unter meinem Vorfahren und dessen Vicario Herrn Fiechter auch schon im Schwange gewesen. Da habe ich nun gegen eine liebreiche Zurechtweisung nichts einzuwenden. Ich habe auch mit mir selbst und meiner weitläuffigen und wilden Gemeinde soviel zu thun, dass ich mich in fremde Geschäfte nicht gerne mischen möchte. Auch ists meine Art nicht, andere Leuthe zu critisiren.»

den Wirts-Häusern sitzen und die Zeit mit Sauffen, Keglen, Schiessen etc. zubringen; von solchen, welche vor der Kinder-Lehre, ja auch schon zwischen den Morgen-Predigten ihr Obst feil und aus einem Ort in das andere tragen oder zu Webern und Färbern spazieren; von Schuhmachern, die an Sontagen ihren Kunden nachlauffen und dergleichen.»[320] An Musterungstagen herrsche ein *greuliches Unwesen* mit «Sauffen, Schiessen, Schreyen und Schlägereyen etc. biss in die Nacht hinein, so dass noch Mord und Todschläge zu beförchten.»

Immer wieder klagten die Pfarrer bei ihren Zusammenkünften darüber, dass sie bei der Durchsetzung der Sittenmandate zu wenig Unterstützung durch die Landvögte und die Dorfwächter erhielten.

Wie aus den Protokollen hervorgeht, fühlten sich die Landpfarrer auf verlorenem Posten. Dass sich die Landbevölkerung durch die Sittenmandate nicht im gewünschten Masse disziplinieren liess, führten sie auf deren angeborene Sittenlosigkeit, die Nachlässigkeit der Überwachungsorgane und die Milde der Strafen zurück. Als Besserungsmittel forderten sie ein noch strengeres Vorgehen auf allen Ebenen. Dass mancher Untertan aus purer Not gegen die Vorschriften verstiess, dafür fehlten wohl zuweilen die Kenntnis der Verhältnisse und das nötige Einfühlungsvermögen. Dass die Dorfbewohner in weiten Bereichen an althergebrachten Verhaltensregeln – Sitten und Gebräuchen – festhielten, um der immer weitergehenden Beschränkungen alter Freiheiten und der fortschreitenden Entmündigung zu trotzen, dafür mangelte es an Verständnis. Der Loyalitätskonflikt, in welchem sich die Bannbrüder und Dorfwächter befanden, wurde zwar erkannt, doch ungeachtet dessen die ausschliessliche Zusammenarbeit mit den Vertretern der städtischen Obrigkeit gefordert. Die Einsicht in gesellschaftlich und institutionell gegebene Ursachen für unbotmässiges Verhalten und Konflikte war erst den Vertretern der Aufklärung vorbehalten. Aufklärerisches gesellschaftspolitisches Gedankengut setzte sich in Basel jedoch erst zögerlich gegen Ende des 18. Jahrhunderts durch – und das auch nur vorübergehend.

Manch ein Landpfarrer scheint in seiner ausweglosen Einzelkämpfer-Situation resigniert, verbittert oder zynisch geworden zu

---

320 Nachlass B VI, S. 262f. – Als abschreckendes Exempel notierte Annoni im Buch der fremden Täuflinge für das Jahr 1743: «N.B. Auch starb plötzlich an einem Schlagfluss zu Brezweil und wurde daselbst begraben ein Schuhmacher von Wallenburg, der Schuh-Hanss genannt, welcher wider alles Warnen fast an allen Sontagen seinem Gewerbe nachgeloffen und sich denn mit Sauffen und Fluchen übel vergangen hat, der denn auch an einem Sontag bei dem Wirts-Hauss tod zur Erden gefallen.» (StA BL, Kirchenbücher E 9, Waldenburg 7, Taufen von Fremden, fol. 13r.)

sein.[321] Mit fadenscheinigen Argumenten versäumten einige die Kapitelzusammenkünfte, an denen sie wohl klagen aber kaum etwas bewirken konnten. Sein Urteil über die Pfarrkapitel fasste Annoni in folgende Reime:

> «Was ist ein heutiges Capitul?
> Ein schlechtes Ding, doch schöner Titul.
> Ein ödes Kirch- und Pfarr-Getümmel,
> Gespickt mit Vögten voller Schimmel.
> > Ein Ebenbild von Sardens Zunfft,
> > Voll Stolz und Neid und Unvernunfft.
> Ein wildes Reiten oder Lauffen
> Zum Schwäzen, Scherzen, Fressen, Sauffen.
> Ein Decretiren solcher Dingen,
> Die weder Blüht noch Früchte bringen.
> > Ach! Ist es wahr? Dass Gott erbarm!
> > Herr! mach uns kalt und Laue warm.»[322]

Ein freundschaftliches Verhältnis verband Annoni mit seinem Schwager Johann Jakob Fischer, Pfarrer von Arisdorf. Die frühere Gereiztheit zwischen den beiden war mit Annonis Amtsantritt verflogen. Die beiden besuchten sich zuweilen, um sich gegenseitig zu stärken. Da Fischer in seiner Gemeinde sehr viel Ärger hatte, war er ebenso der Ermunterung bedürftig wie Annoni.

Konflikte mit dem Landvogt

Im Jahre 1742 verklagte Landvogt Wagner den Waldenburger Pfarrer, weil er bei den vorgeschriebenen Fürbitten für die Obrigkeit deren Titulatur verkürzt und sonntags die Durchführung von Ganten (Versteigerungen) erlaubt habe.[323] Dem Dekan Friedrich Merian gegenüber rechtfertigte Annoni die Verkürzung der Titulatur damit, dass diese ihm vor Gottes Angesicht als anstössig erschiene. Doch wurde diese Erklärung nicht akzeptiert und Annoni dazu ermahnt, inskünftig die vollständige Formel anzuwenden. Hingegen konnte

---

321 Über Pfarrer J. Ch. Ramspeck z.B. schrieb Pfarrer F. Merian an Annoni, Rümlingen, 08.01.1744 (F II, 599): Ramspeck habe die Leute in Läufelfingen «meyneydige Ketzern, leibeigene Sclaven ins Angesicht gescholten, welches gar nicht apostolisch. Er solle sich haben verlauten lassen: Wann er zu Läuffelfingen sterben müsse, so werde er sich im Grab umbthun.» – Annonis Schwager Fischer führte mehrere nervenaufreibende Kämpfe gegen Leute, die ihm nach seiner Meinung zuleid lebten.
322 Nachlass B VI, S. 376.
323 Die Gebete waren im Agend-Buch von 1701 (folgende Ausgabe 1752) festgeschrieben.

Annoni belegen, dass die von ihm erlaubten Ganten nicht der Kirchenordnung widersprochen hatten. So erhielt er zumindest hierin Recht.

Vor der Auffahrt 1743 ereignete sich ein gravierender Zwischenfall. Des Landvogts Sohn Leonhard hatte im Anschluss an eine Hochzeitstanzerei in Ziefen, zwar unter Ausschluss von Augenzeugen, doch so, dass es für Anwesende eindeutig registrierbar war, ein Mädchen aus Diegten vergewaltigt. Da der Tatort ausserhalb seiner Gemeinde lag, hatte sich Annoni von Amtes wegen nicht weiter mit dem Fall zu befassen. Doch als der Täter, der zunächst alles abstritt, zum Gottesdienst am Vorabend des Pfingstfestes erschien, musste Annoni handeln. Es war zu befürchten, dass er am Abendmahl teilnehmen und damit ein grosses Ärgernis verursachen würde. Brieflich warnte der Pfarrer den Landvogtssohn vor solch einem Schritt. Zwar wolle er die Sache nicht untersuchen, doch wenn der erhobene Vorwurf stimme, so wäre es greulich gehandelt, an den Tisch des Herrn zu treten. Da müssten zuvor Busstränen und Gnadenhunger eine Lebensänderung erwirken.[324] Da Leonhard aber weiterhin auf seiner Unschuld beharrte, mahnte Annoni den Landvogt, er möge seinen Sohn von der Teilnahme am Abendmahl abhalten, bis der Fall untersucht sei.[325]

Mit seinen mahnenden Briefen hatte Annoni einen Skandal vermieden, aber den Zorn des Landvogts vollends auf sich gezogen. Das ganze Tal war empört über das Vorgefallene. Wäre Leonhard Wagner tatsächlich zum Abendmahl erschienen, hätte es sicher einen grossen Aufruhr gegeben und der Pfarrer wäre unglaubwürdig geworden. Annoni hielt schriftlich fest, was er vom Tathergang erfahren hatte und welche Schritte die Eltern des Opfers unternommen hatten, damit der Fall untersucht würde. Aus diesem Bericht spricht indirekt Annonis Empörung über die ungerechte und arrogante Behandlung, welche die Eltern des Opfers durch städtische Funktionäre erfahren hatten. Aus der Tatsache, dass er in seinem Schreiben das betroffene Mädchen stets als *das Mensch* bezeichnete, lässt sich jedoch schliessen, dass er dem Opfer eine Mitschuld zuwies, galt ihm doch der Tanzboden als ein Ort der Sünde, den man nicht ungestraft aufsucht.[326]

---

324 Annoni an L. Wagner, Waldenburg, 01.06.1743 (F I, 40).
325 Annoni an J. U. Wagner, Waldenburg, Juni 1743 (F I, 41). Leonhard Wagner blieb offensichtlich dann auch dem Gottesdienst fern.
326 Es scheint mir unwahrscheinlich zu sein, dass dieser Bericht (F I, 44) an den Landvogt gerichtet war, wie dies im Nachlassverzeichnis angegeben ist. Der Bericht ist auch nicht

Knapp einen Monat nach Pfingsten beklagte sich Annoni beim Antistes über den Landvogt, weil dieser ohne seine Kenntnis durchreisenden Marionettenspielern erlaubt hatte, im Wirtshaus zu spielen und ihre Darbietung mit Trommelschlag bekannt zu machen. Noch schlimmer aber war, dass der Landvogt nach der Predigt drei Baslerinnen, die im Pfarrhaus zu Gast waren, vor allen Leuten hitzig angefahren hatte, *als ob er leibeigene Untertanen vor sich gehabt hätte*, weil sie gegen die Kleidervorschriften verstossen hätten. Ausserdem hatte der Landvogt von den Frauen eine hohe Geldbusse gefordert.

Verzweifelt bat Annoni den Antistes, er möge ihn «doch gegen einen so ärgerlichen und rachgierigen Mann in Schutz nehmen. Der Landvogt würde ihn noch um Amt und Leben bringen».

«Mehrere Specialia [Einzelheiten], wie man mich und meinen Vicarium, all dieweil er hier war, tractirt hat und bey allen Gelegenheiten zu Statt und Land durchgehächelt und calumnirt [falsch beschuldigt]; wie man mich auch bey letzterem Capitul zu insultiren [beleidigen] gesucht; wie man unsere Kirchen- und Landes-Ordnung in so mancherley Stückhen gebrochen und brechen lassen und wie man unsere armen Land-Leuthe vast bey allen Verhören und Augenscheinen mit brutalem Fluchen, Schelten, Balgen und Schreyen misshandelt und ärgert, welches alles ich auss Liebe zum Frieden und aus Egard [Achtung] gegen das landvögtliche Amt bissher in der Stille, aber nicht ohne Schmertzen und Seufftzen verschluckt und getragen habe, das kan der neue Herr Pfarrer von Markirch mündlich erzehlen.»[327]

Am folgenden Buss- und Bettag hielt Annoni eine Predigt über Jesaja 24,5, was ihm die Möglichkeit gab, das sündige Israel mit der verdorbenen Christenheit seiner Zeit zu vergleichen. «Wobej ich denn meinem Hertzen recht zu reumen und meinem armen Herrn Landvogt das Nöhtige zu sagen die Gelegenheit gehabt.»[328] Von da

---

vollendet. Ich vermute, dass Annoni den Sachverhalt für sich festgehalten hat. – Als «das Mensch» bezeichnete Annoni auch eine Frau, die ein uneheliches Kind zur Welt gebracht hatte. Siehe StA BL Kirchenbücher E 9, Waldenburg 7, Taufen von Fremden. 10.09.1743. – Am 25.06.1738 hatten Bürgermeister und Rat ein an die Untertanen gerichtetes Mandat herausgegeben, in welchem u.a. das Tanzen an Sonn- und Festtagen – auch ausserhalb der Landesgrenzen – wiederum strikt verboten worden war. (StA BL, SL 5370, C 20.)

[327] Annoni an Antistes J. R. Merian, Waldenburg, 13.07.1743 (F I, 42, von anderer Hand). Im Nachsatz fügte Annoni hinzu, dass er diesen Brief aus Schwäche habe diktieren müssen. – Der neue Pfarrer von Markirch war Johann Jakob Müller, zuvor Annonis Vikar.

[328] Jesaja 24,4–5: «Es welkt, zerfällt die Erde, verwelkt, zerfällt die Welt, es verwelkt die [Himmel-] Höhe samt der Erde, da die Erde entweiht ist unter ihren Bewohnern; denn sie haben die Gebote übertreten, die Satzung verletzt, den ewigen Bund gebrochen.» – Nachlass B VI, S. 281.

an scheint eine Art Burgfrieden zwischen den beiden geherrscht zu haben.[329]

Konflikte mit den Herrnhutern

Nachdem das Ehepaar Biefer, die ersten Herrnhuter Sendboten, Basel 1739 hatten verlassen müssen, führten einige Basler das begonnene Werk weiter.[330] Basel galt den Herrnhutern sogleich als wichtigster Stützpunkt in der Schweiz. Zwei Jahre später bewirkte Graf Zinzendorf hier während weniger Tage eine grosse Erweckungsbewegung. Zu den Stützen der Basler Herrnhuter gehörten zunächst Emanuel Ryhiner, Pfarrer zu St. Leonhard, und dessen Vetter, Kandidat Leonhard Ryhiner. Zu den Frauen, welche die Schwestern-Chöre betreuten, gehörte u.a. Valeria Huber-Zwinger, eine Schwester von Esther Annoni. 1742 kam es zu einer Spaltung unter den Basler *Geschwistern*.[331] Anlass war die Tatsache, dass mehrere junge Basler, darunter auch der Kandidat Peter Raillard, nach Marienborn und Herrnhaag in der Wetterau gezogen waren. Dies waren die neuen Zentren der Herrnhuter Brüdergemeine, die sich nun Mährische Kirche nannte.[332]

Peter Raillard war ein Sohn des angesehenen Deputaten Jeremias Raillard und Neffe des Pfarrers Emanuel Ryhiner. Annoni galt als dessen geistlicher Ziehvater.[333] Der junge Kandidat der Theologie war 1742 gegen den Willen seiner Eltern abgereist. Nachdem sich Vater und Onkel vergeblich darum bemüht hatten, ihn zur Rückkehr zu bewegen, wurde Annoni eingeschaltet, da dieser auch den damaligen Bischof der Mährischen Kirche, Gottfried Polykarp Müller, kannte.[334] Doch auch Annonis Bemühungen waren umsonst. Peter

---

329 Der Landvogt gab verschiedentlich zu Klagen Anlass. So beklagte sich Samuel Paravicini, Pfarrer in Bretzwil, darüber, dass der Landvogt sonntags zwischen dem Morgengottesdienst und der Kommunionspredigt in die Stadt fahre und damit gegen das Feiertagsverbot verstosse, dass er junge Leute beiderlei Geschlechts bis in die Nacht hinein zum Spielen vor der Reigoldswiler Kirche anhalte und dass er vor und zwischen den Kinderlehren zur Jagd gehe, «mit Zuziehung junger Knaben, die c.v. [cum venia, mit Verlaub] zum Bellen gebraucht worden». Der Landvogt nehme Verzeigungen nicht ernst und er würde gegen seinen Pfarrer reden. (StA BS Kirchenarchiv A 12, Nr.134; 12.12.1743.)
330 Reichel 1990, S. 54ff.
331 Reichel 1990, S. 72–88: Über die Krisenzeit der Herrnhuter Brüdergemeine in Basel. – Im UAH befinden sich zahlreiche Berichte von Herrnhuter Sendboten über die religiösen Verhältnisse in Stadt und Land Basel im 18. Jahrhundert.
332 Zur Bedeutung Herrnhaags und Marienborns innerhalb der Geschichte der Herrnhuter vgl. Erbe 1988.
333 Peter Raillard war Annonis Privatschüler gewesen.
334 Annoni hatte Müller 1736 in Zittau kennengelernt.

Raillard war ganz in der Seligkeit der immer sinnlicher werdenden Blut-und-Wunden-Frömmigkeit und in der hochgestimmten Gemeinschaft aufgegangen.[335]

Der Briefwechsel zwischen Annoni, Peter Raillard und dem Bischof Müller wurde kopiert und an weitere Leser in der Schweiz verschickt, da er auch die grundsätzliche Frage berührte, ob es innerhalb der christlichen Kirchen zulässig sei, junge Leute ihrer heimatlichen Kirche zu entfremden und dem Dienst am Vaterland zu entziehen – eine Frage, die Annoni klar mit einem Nein beantwortete.[336] Da es viele junge Männer und Frauen zu den Herrnhutern in die Wetterau zog, befürchtete man in der Schweiz, die besten Kräfte zu verlieren. In seinen Briefen betonte Annoni stets, dass er der Mährischen Kirche gegenüber wohlgesonnen sei und dass für ihn, trotz aller äusserlichen Unterschiede, nur die gemeinsame Christusliebe zähle. Aller-

---

[335] Raillard an Annoni, Marienborn, 05.02.1743 (F II, 699): «Ich kann mich kaum drin finden, dass der liebe Herr Pfarrer so fremde gegen mir stellen kann, dessen Liebe und Vertragsamkeit der Schwachen ich sonst so vielfältig erkant und erfahren. [...] Ich nehme nicht aller Welt Güter und Herrlichkeiten, vor die Grosse Gnade, dass mich der Herr auss Gnaden zu seinem ausserwehlten Volk gezehlet und gebracht. Mir geht es sehr wohl, ich fühle mein tiefes Elend täglich mehr und lerne mein Hertz kennen, aber auch die Wunden Jesu werden mir täglich wichtiger. Ihr angerissenen Wunden, wie lieblich seyt ihr mir, ich hab in Euch gefunden ein Plätzgen für und für, wie gerne bin ich nur ein Staub, wenn ich nichts desto weniger, auch bin des Lämmleins Raub. Das geht hier gründlicher als zu hauss.» – Am 23.07.1744 schreibt Raillard an Annoni aus Marienborn (F II, 703): Er fühle sich Annoni besonders verbunden, «denn ich denke noch wohl daran, wie gesegnet mir dessen ehemaliger Umgang und Unterweisung ware, und Er war doch das Instrument, dadurch mich mein Lieber Heyland auf der Spur, darauf er mich einmal gebracht, erhalten und fortgeführt hat, und die damalige Gnadenzeit, der Periodus Temporis, bleibt mir unvergessen». Es missfalle ihm daher, dass Annoni «alle die theuren Ausdrücke von der Menschwerdung und dem Leyden Jesu, von seinen Wunden und Beulen, nur verblümte Redens=Arten nennet. Es kommt eben so rauss, als wenn Euer Liebden die Seeligkeiten, die Verdienste, die in diesem Geheimnis liegen, noch verborgen wären.» Annoni solle allen seinen Freunden ausrichten «ich sey ein seeliges Wundentäublein, das im Loche von dem Seitenstich vergnügt und seelig ist». – Nachdem Raillard 1745 Annoni besucht hatte, schrieb Annoni an Leonhard Ryhiner, Waldenburg, 26.04.1745 (F I, 48): «Er hat seinen mährischen Falt genohmen und wird ihn wohl behalten, bis ein Glat-Eysen von oben anderst glättet, was hin und wieder uneben ist.» – Am 17.08.1749 schrieb Raillard an Annoni, Marienborn (F II, 704): Er habe Annoni immer noch unaussprechlich lieb. «Lieben, lieben nur lieben ist meine Sach, meiner Seel Erretter [...] und ich weiss, Sie haben ihren alten Peter auch noch ein bisgen lieb. [...] In der Gemeine geht es recht unaussprechlich seelig zu, und das Curiöseste ist, je vertrauter und bekannter wir mit unsrem Blut=Bräutigam werden, desto mehr werden die Lästerer in ihrer Raserei aufgebracht. Wir aber leben so seelig und vergnügt mit einander und lieben alle Welt und thun, als ob uns auch jedermann gewogen wäre. Ich meine immer, ich müste ihnen noch mehr Protestationen machen, wie sehr lieb ich sie habe, ich will aber meinen Geliebten bitten, Er soll ihnen ein Küssgen von meintwegen geben.»

[336] Stellungnahme Annonis (Adressat unbekannt), undatiert (1742) (F I, 33). Überschrift: «Es fragt sich: Ob Herr Peter Raillard mit Recht Basel verlassen und sich zur Herrnhutischen Gemeinde begeben könne? – Auf diese Frage kan ich meines Bedenkens nicht anderst antworten, als mit nein.» Es folgt eine ausführliche Begründung.

dings warnte er seine Adressaten vor *Sektengeist* und Spaltungen. Die ihm übertragene Vermittlerrolle im Fall des Peter Raillard hatte Annoni wieder in einen schweren Konflikt gebracht.[337] Einerseits sah er sich dazu verpflichtet, die Interessen seiner Vaterstadt und guten Freunde zu vertreten, andererseits wollte er jeden Streit mit den Herrnhutern vermeiden. Freundlich empfing er Herrnhuter Sendboten, die auf der Durchreise im Waldenburger Pfarrhaus einkehrten.

In eine ähnliche Konfliktsituation geriet Annoni durch seine ehemaligen Zöglinge Agnes und Johann Georg Im Thurn. Agnes hatte sich 1741 gegen den Willen ihres Bruders den Herrnhutern angeschlossen und war ebenfalls in die Wetterau gezogen. Noch im selben Jahr schloss sie mit dem aus St. Gallen stammenden *Bruder* Heinrich Giller die Ehe.[338] Agnes bat um die Auszahlung des ihr zustehenden Erbes, damit sie Montmirail für die Gemeine erwerben könne. Johann Georg sah sich nun in seinem Verdacht bestätigt, dass es die Herrnhuter darauf abgesehen hätten, durch Eheschliessungen vermögende Leute an sich zu binden. Agnes baute ein Haus in Marienborn und kaufte Montmirail. Das Verhältnis zwischen den beiden Geschwistern war von nun an gestört und Johann Georgs Meinung über die Gemeine entsprechend ungünstig. In späteren Jahren kam es wieder zu einer Verständigung zwischen den Geschwistern, was für Annoni eine grosse Entlastung bedeutet haben dürfte, hatte er doch seiner Patronin auf dem Sterbebett das Versprechen gegeben, weiterhin für das Seelenheil ihrer Kinder besorgt zu sein.

Die Cousine Juditha von Brunn-Stockar, deren religiöse Erziehung Annoni einst am Herzen gelegen hatte, trat 1744 ebenfalls ganz den Herrnhutern bei.[339] Sie blieb allerdings in Schaffhausen. Der dortigen Gemeine bedeutete sie eine wichtige Stütze und den durchreisenden *Geschwistern* diente sie als Gastgeberin.

---

337 L. Ryhiner an Annoni, Basel, 23.11.1742 (F II, 731): Es wurde viel nach Herrnhaag geschrieben. Doch dieser Federkrieg führe zu nichts. Es täte ihm leid, dass Annoni in diese Sache hineingezogen worden sei. Man schulde ihm Dank für seine Hilfe.
338 Giller hatte von 1734–1739 bei Samuel Lutz gelebt. Siehe dessen Lebenslauf (UAH R.22.1.a.101). – Diese Ehe war wahrscheinlich durch Losentscheid zustande gekommen. – Im Thurn an Annoni, Schaffhausen, 29.12.1741 (F II, 374): Zwei seiner Kinder seien gestorben. Schwester Agnes habe ohne sein Wissen einen Herrn Giller geheiratet. Über die Umstände dieser Heirat hätten Agnes und deren Mann ganz Unterschiedliches geschrieben. Diese Lügen stünden Leuten nicht gut an, welche anderen die Wahrheit predigen wollten. Der Tod der Kinder und die Heirat der Schwester hätten ihn krank gemacht.
339 Auch Juditha von Brunn beurteilte das Vorgehen der Herrnhuter mit dem Ehepaar Giller, das immer wieder an einen anderen Ort versetzt wurde, sehr kritisch. Siehe J. von Brunn an Annoni, Schaffhausen, 30.03.1751 (F II, 947): Die liebe Schwester Giller läge ihr sehr am Herzen. «Der Ehvogt, so sie beherrscht ist gar nicht aufrichtig. Ich kan nicht

Aus den an Annoni gerichteten Briefen wird ersichtlich, dass viele Schweizer Pietisten während der 1740er-Jahre durch die Entwicklung der Herrnhuter in diesem Jahrzehnt – deren sogenannter *Sichtungszeit* – irritiert waren. Immer wieder wurde Annoni um sein Urteil über Zinzendorf und die Mährische Kirche gebeten. Doch dieses fiel nicht eindeutig aus. Über Auswüchse des Blut-und-Wunden-Kults konnte er hinwegsehen. Die Verselbstständigung der Brüdergemeine zu einer neuen Landeskirche – zur Mährischen Kirche –, wie sie sich in Deutschland de facto vollzog, widersprach der pietistischen Sehnsucht nach einer Vereinigung der protestantischen Konfessionen. Die strenge Organisation der Herrnhuter in die verschiedensten Gruppen und Untergruppen widersprach dem pietistischen egalitären Prinzip. Die erfolgreichen Erweckungszüge ausländischer Sendboten in der Schweiz und die Organisation und Betreuung der Erweckten durch fremde Kräfte mussten von Annoni als Eingriff in die eigene Domäne empfunden werden. Doch da es um die *Liebe zum Heiland* ging, enthielt er sich jeder Kritik. Er wollte sich aus der immer schärfer werdenden Polemik gegen Zinzendorf und die Mährische Kirche heraushalten.

Diese um Ausgleich bemühte, jede Konfrontation meidende Haltung spricht aus einer Stellungnahme Annonis zu den Basler Privatversammlungen und den Zwistigkeiten, die sich zwischen Basler Pietisten und Herrnhutern ergeben hatten. Freunde hatten ihn 1743 um eine solche gebeten.[340] Seinen Wunsch nach Versöhnung drückte Annoni auch in einem Gedicht über die verschiedenen Herrnhuter Gründungen aus:

> «Das weitberühmte Herrenhut
> sieht lieblich aus und steht mir gut.
> Der draus erwachsne Herrenhag
> verursacht bej mir keine Klag.
> Dessgleichen auch mit Herrenteich
> gilts mir in meinem Herzen gleich.
> So seh ich auch dem Pilgerruh
> mit wohlvergnügten Augen zu.

begreifen, dass sie so gar nicht wohllen hinsähen, wie durch sie selbst gemachte mennschliche Conzepte der Heiland einen Strich nach dem andern macht und man sie von Seiten der Gemeind Jahr und Tag so ungewüss lasst, woh sie zu bleiben und nicht einmahll in Montmirall [Montmirail] sich aufhalten dörffen wor zu sie doch ihre Nahme här geben und in Schulden sich stecken müssen.»

340 Nachlass B VI, S. 227–247. In seiner Stellungnahme gab Annoni Antworten auf 15 entsprechende Fragen.

Und gibts nun auch ein Gnaden-Thal
so bringts mir gleichfals keine Qual.
Ich lasse pred'gen, singen, bauen
und wünsche nur die Frucht zu schauen.

Herr, schenck uns rechten Friedens-Muht,
so geht zuletzt noch alles gut.
Dein Licht und Blut und Geist, o Lamm!
Mach alle stöss'gen Schäflein zahm.
So kommt man unter einen Hut,
da wo die Bundes-Lade ruht.
So liegt man hinterm Liebes-Haag,
biss auf den frohen Waide-Tag.
So schwimmt man im Bethesda-Teich
und wird den guten Fischen gleich.
So schmückt man sich zum Hochzeit-Mahl
im Pilger-Ruh und Gnaden-Thal.

Gehts gut und zeigt die Gnade sich,
so wünsch ich Glück und freue mich.
Ist aber Menschen-Tand dabej,
so duld ichs auch, doch bleib ich frey.
Wer herschet, wo man zanckt und beisst?
Fürwahr der schnöde Secten-Geist.
Wer sind die guten Kinderlein?
Fürwahr, die Frieden-Macher seyn.
Die Kirch ist ja ein grosses Hauss,
siehts gleich jetz noch verwirret auss.
Es grünt der ächte Christen-Orden
im Heil'gen Geist und nicht in Worten.

Der Heiland ist mein Ober-Haupt,
mein Mitglied, wer an Ihne glaubt.
Er rede böhmisch oder nicht,
wen er nur auss der Bibel spricht.
Und wär die Kleidung jetz nicht gleich,
so wird sies doch im Himmelreich.
Wer nur die Salbung sucht und findt
und nicht am Heuchel-Rocken spinnt,
dess Spruch ist Christi Blut und Sinn,
nicht Huss, nicht Luther, nicht Calvin.
Der wird gewiss zum Salems-Erbe,
dem schadt kein Name noch Gewerbe.

So kommt der düstre Catholick
auch noch zum hellen Licht und Glück.
So stellt das reformirte Paar
sich als durchaus verbessert dar.
So wird der bärt'ge Mennonist
zum Seelen-Wucher aussgerüst.
So hängt sich Griech und Muselman
den Zions-Caravanen an.
So wird aus all verschiednen Herden
Ein Hirt und Eine Herde werden.
Diess ist ein Werck für deinen Namen,
mein Herr und Gott! Ach! Wirck es, Amen!»[341]

In seiner versöhnlichen Haltung unterschied sich Annoni von namhaften Kritikern in Basel, die aus ihrer ablehnenden Haltung gegenüber Zinzendorf und den Herrnhutern keinen Hehl machten. So wurde im 1744 erschienenen Supplementband zu Jakob Christoph Iselins Lexikon Zinzendorfs unermüdlicher Einsatz als Geltungsdrang abgetan. Überall würde er Verwirrung stiften, doch sei er bereits gründlich entlarvt worden.[342] Ebenso wurde die Missionstätigkeit der Herrnhuter scharf verurteilt.[343]

Familiäres

Kurz nach seinem Einzug in das Waldenburger Pfarrhaus hatte das Ehepaar Annoni die betagte Mutter Maria Salome Annoni-Burckhardt bei sich aufgenommen. Hier verbrachte sie ihre letzten zweieinhalb Lebensjahre. Somit konnte Annoni für seine Mutter sorgen, was er stets als seine Pflicht angesehen hatte. Vor allem konnte er stellvertretend für die Sterbende laut um Gottes Gnade schreien.[344] Nach ihrem Tod wurde die Mutter im Chor der Oberdorfer Kirche

---

341 Nachlass B VI, S. 223–226.
342 Beck, Buxtorff 1744, S. 1136: Artikel über Zinzendorf.
343 Beck, Buxtorff 1744, S. 150: Artikel über Herrnhut «Das unermüdete aussenden seiner geistlichen parteygänger, sein eigenes herumsumsen in allen winckeln Europae, und sogar auch in einigen Americanischen insuln, zeigen klar, dass er gleich den spinnen, hier und da einen faden vest zu machen suche, und endlich ein alles überziehendes gewebe daraus zu formiren trachte. Allein es wird ein spinnen=gewebe bleiben, und nur schwache gemüther darinnen behangen.»
344 Annoni an Heinrich Ernst Graf Stolberg, Waldenburg, 03.01.1742 (F I, 23): Er könne die angebotene Stelle nicht annehmen u.a. wegen der mittellosen und kindisch gewordenen alten Mutter, die hoffentlich bald sterben könne. «[...] und da möchte ich gerne, da sie nicht mehr beten kann, mich so gut möglich in den Riss stellen und für sie um Gnade schreyen.»

bestattet. Der Wert ihrer hinterlassenen Habseligkeiten entsprach den Beerdigungskosten.[345]

Mit Annonis Heirat und Übernahme eines Pfarramtes wandelte sich das gespannte Verhältnis zum Schwager Johann Jakob Fischer in ein freundschaftliches. Fischer, der in seinem Pfarramt in Arisdorf viel Ärger erlebte, brachte immer mehr Verständnis für seinen von Skrupeln geplagten Schwager auf. Die beiden Landpfarrer wurden sich gegenseitig zur Stütze. Mit den Familien der beiden in Biel verheirateten Schwestern stand Annoni in lockerer brieflicher Verbindung. Immer wieder verbrachten Familienangehörige die Sommerfrische im Waldenburger Pfarrhaus. Wenn es dem Pfarrer beim Besuch von Enkelkindern gar zu lebhaft wurde, wich er nach Diegten aus.

Im Dezember 1739 hatte sich die jüngere Stieftochter Rosina mit dem Basler Buchhändler Thomas Bischoff verheiratet, von dem es hiess, dass er «überaus friedliebend und gutt und auf eine manierliche Weisse sparsam und von jederman ein guttes Lob habende» sei.[346] Am 10. Juni 1746 traf in Waldenburg die Nachricht ein, dass Thomas Bischoff vermisst werde. Rosina, Mutter zweier Kinder, gebar zwei Wochen nach dem Ausbleiben ihres Mannes Zwillinge, denen sie die Namen Esther und Hieronymus gab. Briefen, welche Annoni nach der *Bischoffschen Tragödie* erhielt, ist nichts Konkretes zu dem Ereignis zu entnehmen. Aus Annonis Aufzeichnungen ist nur zu erfahren, dass er sogleich über den *Vorfall* predigte, um dem Gerede vorzubeugen. Thomas Bischoff blieb verschollen.

Annoni stand der nun alleinstehenden Frau hilfreich bei, was mit dem Wechsel nach Muttenz erleichtert wurde. Es war wohl weitgehend ihm zu verdanken, dass Rosina den *Bischoffschen Buchladen* weiterführen konnte. Von nun an liess er fast all seine Schriften im Geschäft seiner Stieftochter vertreiben, überliess ihr auch die Rechte an ihnen. Zärtlich-liebevolle Briefe der Rosina an ihren Stiefvater bezeugen deren Dankbarkeit und Anhänglichkeit. Auch zu den Kindern seiner Stieftöchter gewann Annoni ein herzliches Verhältnis, das sich in seinen letzten beschwerlichen Lebensjahren in mancherlei Zeichen der Aufmerksamkeit und Anteilnahme niederschlug. Nach

---

345 Bevor die Mutter nach Waldenburg gezogen war, hatten die Geschwister unter sich den Hausrat verganget. Die erlöste Summe von 218 Pfund wurde unter ihnen geteilt. Vgl. Nachlass A I 14: Aufstellung über die Teilung des mütterlichen Hausrats unter Hieronymus Annoni und dessen Geschwister aus dem Jahr 1740.
346 Valeria Huber-Zwinger an Rosina Gottfried, 1740 (Nachlass, G IV 12, 21).

Thomas' Verschwinden kümmerte sich Annoni auch um dessen verwitwete Mutter Anna Elisabeth Bischoff-Richter.

Krank an Leib und Gemüt

Ungefähr während eines Drittels seiner siebenjährigen Amtszeit in Waldenburg war Annoni krank. Mehrmals musste er Vikare als Stellvertreter engagieren. Auch die Zeiten relativer Gesundheit waren immer wieder von kurzfristigen Unpässlichkeiten durchsetzt. Von seinem ersten Vikar Emanuel Müller trennte sich Annoni rasch wieder, da dieser nur Unordnung und Ärgernis stiftete.[347] In den Jahren 1742/43, der längsten Krankheitsperiode, während welcher Annoni zweimal den Tod erwartete, kamen ihm die Kandidaten Johann Jakob Müller und Georg Ketterlin, 1746 der Kandidat Johann Jakob Wagner zur Hilfe.[348] Das Verhältnis zu diesen Vikaren, wie auch zu seinen späteren in Muttenz, war einvernehmlich und ungetrübt.

In seinen Aufzeichnungen notierte Annoni weiterhin seine körperlichen Gebrechen, häufiger mit allgemeinen Ausdrücken wie *Unpässlichkeit* oder *Schwäche* als mit spezifischeren medizinischen Bezeichnungen. Meistens erkrankte er nun an *Leib und Gemüt*. Annoni neigte immer mehr dazu, seine Krankheiten als Folge seelischer Nöte zu interpretieren. Ihre Deutung als Strafe Gottes oder als Folge längst vergangener Jugendsünden trat in den Hintergrund. Diese Tendenz zeichnete sich auch in den zahlreichen Briefen ab, welche der Patient jeweils von seinen altvertrauten Freunden erhielt. Die Begriffe *Schmelzofen*, *Strafe* oder *Züchtigung* tauchten kaum noch auf. Häufig hingegen war nun von der *Liebe und Gnade des Heilands* die Rede, die *allen Sündern* gelte. Diese Wende war sicher dem Einfluss der Herrnhuter zuzuschreiben.

Die *Verdunklung des Gemüts* sah Annoni einerseits in tief liegenden Glaubensnöten begründet, so wie er diese Zinzendorf gegenüber gestanden hatte, und andererseits in Konfliktsituationen, so wie er diese in den Attacken des Landvogts erlebt hatte. Bereits in der

---

347 Emanuel Müller war wie Peter Raillard gegen den Willen seiner Eltern nach Herrnhaag gereist. Von dort wurde er bald wieder zurückgeschickt, da er sich als ein Wirrkopf erwies. Als Vikar in Waldenburg soll er in Privatversammlungen verworrene Dinge gesagt und ausserdem soll er zwei junge Frauen verführt haben. Der «Fall Emanuel Müller» gab damals als ein Beispiel des religiösen Fanatismus in Basel viel zu reden. 1742 wurde er vom Amt suspendiert.
348 J. J. Müller wurde 1743 Pfarrer von Markirch und Ketterlin 1745 Rektor der Knabenschule bei St. Leonhard.

Schaffhauser Zeit war offensichtlich geworden, dass Annoni in schwierigen Situationen krank wurde. Nun, da er in Amt und Würden war, erhielten die Krankheiten, welche er als Folge misslicher beruflicher Situationen interpretierte, einen offizielleren Charakter. Sie wurden für den Pfarrer sozusagen zur angemessenen Reaktion auf unzumutbare Situationen. Mag man auch innere und äussere krank machende Ursachen voneinander unterscheiden, die aus ihnen entstandenen Nöte verquickten sich unweigerlich miteinander.

Glaubensnöte als Ursache von Krankheiten

Als augenfälliges Beispiel für den offensichtlichen Zusammenhang zwischen inneren und äusseren Ursachen für Annonis körperlich-gemüthaftes Leiden sei die Zeit zwischen 1742 und 1743 angeführt. Ende 1741, als die Auseinandersetzung mit den Herrnhutern in Basel eingesetzt hatte und die Unverträglichkeit mit dem Landvogt bereits offensichtlich war, hatte Heinrich Ernst Graf Stolberg Annoni nach Wernigerode eingeladen. Als Grund zur Absage führte dieser ausser familiären und beruflichen Gründen auch seine Unpässlichkeit an Leib und Gemüt an. Er stehe in Gefahr, von einer *Apoplexie* befallen zu werden. «Die Gedächtnus hat sehr abgenohmen. Wie offt steh ich auf der Canzel, dass ich kaum einen Text weiss, und denn darüber reden muss und rede, was mir der Erbarmer einfallen lässt. So kan ich kaum das Nöthigste von meinen Geschäften vollbringen.»[349] Trotz dieser Absage überbrachte der Graf von Wernigerode die Berufung Annonis durch seinen Schwager August Ludwig Fürst zu Anhalt-Köthen. Die leiblichen und gemüthaften Unpässlichkeiten deutete er als Merkmale der Hypochondrie. «Veränderung der Lufft, des Orths und der gantzen Lebensart, ja Gelegenheit, sich täglich mit vorbenannten Knechten Gottes [dem lutherischer Hofprediger Johann Ludwig Konrad Allendorf und dem lutherischer Pfarrer Leopold Franz Friedrich Lehr] an denen Wunden Jesu Christi zu laben», wären die beste Medizin.

Doch Annoni blieb bei seiner Ablehnung: er sei sterbenskrank, geplagt von Schlagflüssen, Gicht und Schwindel. Lieber würde er sich in eine Wüste verkriechen, «als bey solcher Armuth und Schwachheit auff eine noch höhere Cantzel [zu] tretten.»[350] Die Ant-

---

349 Annoni an H. E. Graf Stolberg, Waldenburg, 03.01.1742 (F I, 23).
350 Annoni an H. E. Graf Stolberg, Waldenburg (1742) (F I, 37, diktiert).

wort hierauf kam vom Wernigeroder Hofprediger Samuel Lau. «Als wir [der Graf und er] diesen Brief gelesen, warfen wir uns ins Gebet und gedachten Ihrer vor dem Herrn mit Bitte und Flehen, er wolle selbst das Verschlossene aufschliessen, und dem Gefangenen eine baldige Erledigung schenken.» Er tröstete den Leidenden mit biblischen Gestalten, die ebenfalls Höllenqualen durchgestanden hatten, und riet ihm, sich seine Not nicht anmerken zu lassen. In Wernigerode hatte man die Glaubensnot und Angst, dereinst vor dem Richterstuhl keine Gnade zu erlangen, als die tief liegende Ursache für Annonis leiblich-seelisches Leiden erkannt.

Die subtilste Diagnose von Annonis Glaubensnöten zu jener Zeit stellte der Chirurg Johann Rudolf Hanhart aus Diessenhofen, der einst Annonis Arzt gewesen war. Im Anschluss an einen Besuch in Waldenburg im Jahre 1745 schrieb er einen ausführlichen seelsorgerlichen Brief. Darin deckte er einerseits die Gefahren einer pietistischen Frömmigkeit auf, die sich an äusserlichen Vorschriften orientiert und andererseits die Gefahren einer allzu leichtfertigen Gnadenseligkeit. Zwischen diesen beiden Polen habe Annoni seine Position nicht gefunden, lautete Hanharts Feststellung.[351]

Es war die alte Frage, wie Gottes Gnade zu erlangen und wie den angedrohten Höllenstrafen zu entgehen sei, welche Annoni nach wie vor umtrieb. Hatte er in jüngeren Jahren klarere Vorstellungen darüber gehabt, wie die Gnade durch gewisses Tun und Lassen, auch durch inständiges Betteln, zu erlangen sei, so wurden seit dem erfolgreichen Missionieren der Herrnhuter diese so fest in der altreformierten Kirche verankerten Leitlinien immer mehr in Frage gestellt. Nicht, dass die Herrnhuter die Hölle als inexistent erklärt hätten, doch beseligten sie sich in der Gnadengewissheit. Während der *Sichtungszeit* erlagen viele einfache Gemüter geradezu einem Gnaden-Taumel. Doch auch selbstquälerische Pietisten, die in allem und jedem die Fallstricke des Teufels vermuteten, konnten sich der befreienden Gnadenbotschaft nicht verschliessen. Annoni musste es erleben, dass viele Erweckte, darunter auch seine ehemaligen Zöglinge und Schüler, sich den Herrnhutern anschlossen. Er selbst konnte sich dem Herrnhuter Einfluss nicht entziehen, wie an gewissen sprachlichen Gepflogenheiten zu erkennen ist.[352] Hanhart hatte Annonis Situation richtig beurteilt: er hatte seine Position zwischen

---

351 Hanhart an Annoni, Diessenhofen, 20.03.1745 (F II, 265).
352 Annoni benutzte vermehrt die Worte Heiland (statt Jesus oder Christus) und *Lämmlein*.

dem selbstquälerischen gesetzlichen Pietismus und der Lehre von der freien Gnadenwahl nicht gefunden.

Schwierigkeiten und Konflikte als Ursache von Krankheiten

In schwere Konflikte geriet Annoni während seiner Waldenburger Zeit vor allem durch den Landvogt, der auch die Untertanen grob und ungerecht behandelte. Aus Liebe zum Frieden habe er bisher geschwiegen, klagte Annoni dem Antistes, und alles «in der Stille, aber nicht ohne Schmertzen und Seufzen verschluckt und getragen».[353] Zu schweigen, zugefügtes Unrecht zu erdulden, Auseinandersetzungen und Entscheidungen auszuweichen, dies scheint eine für Annoni von jeher bezeichnende Reaktionsweise in schwierigen Situationen gewesen zu sein. Statt sich zu wehren, zu widersprechen, sich zu entscheiden, zu handeln, zu kämpfen, flüchtete sich Annoni in Krankheiten. Mit Krankheit und Leiden auf Konflikte zu reagieren, war allerdings weniger eine Frage des persönlichen Temperaments als vielmehr eine der pietistischen Frömmigkeit immanente Form der «Konfliktbewältigung».

In einem Wertesystem, in welchem das Hegen eigener Interessen, der Wunsch nach Achtung und Anerkennung als sündige Eigenliebe galten, konnte das, was heute als ein gesunder Wille zur *Selbstbehauptung* anerkannt würde, nicht aufkommen. Wo es als eine hohe christliche Tugend galt, alle Widerwärtigkeiten des irdischen Jammertals demütig zu erdulden und zu erleiden, konnten Krankheit und Leiden als Massstab der Frömmigkeit dienen. Wieviele pietistische Zeitgenossen Annonis wiesen nicht eine bewegte – d.h. vor allem: aufmerksam verfolgte, dokumentierte und zuweilen wohl auch ausgeschmückte – Krankheitsgeschichte auf! Annoni und seine stets an Leib und Gemüt leidenden Glaubensbrüder und -schwestern waren sicher keine Simulanten. Doch waren ihre körperlichen und seelischen Leiden eine ihrer Frömmigkeit adäquate Reaktion auf alle Widerwärtigkeiten des Lebens. Krank machend waren demnach nicht in erster Linie schwierige oder konflikthafte Situationen, sondern war die Art und Weise, auf sie zu reagieren.

Annonis Aufzeichnungen aus der Waldenburger Zeit vermitteln den Eindruck, dass der Pfarrer seine Krankheiten auch als Protest gegen unzumutbare Zustände gegenüber der Obrigkeit instrumentali-

---

353 Annoni an Antistes J. R. Merian, Waldenburg, 13.07.1743 (F I, 42).

sierte. In Basel verdächtigten ihn einige Leute jedoch noch anderer Motive, wie aus der Antwort des Antistes hervorging:

> «Als dass seine so oft geklagte Unpässlichkeit mehr affectiret als recte [eher eingebildet als tatsächlich] seye, indem mann solche ihme nicht wohl ansehe, er auch sonsten solche Geschäfft, die ihme nicht demandiret [übertragen] seyen und doch aber so viel Müh und Zeit als die offentliche Kirchenfunctionen erfordern, so dass es scheine, als ob nun diese letstern ihme zuwieder seyen. Item, dass er in einem und anderem ohne Noth und Ursach singularisiren [privaten Arbeiten nachgehen] wolle, und ich habe nöthig erachtet, Ihme dessen in aller Liebe zu berichten.»[354]

Tatsächlich hatte Annoni in den Jahren 1742/43, in denen er krankheitshalber einen Vikar beanspruchte, das Basler Kirchengesangbuch zusammengestellt, Gottfried Arnolds Gebetsbuch neu herausgegeben und für Samuel Lutz gearbeitet. Der in Basel geäusserte Verdacht war somit nicht gänzlich aus der Luft gegriffen.

Arzneien für Leib und Gemüt

Dass ein Pietist in schwierigen oder konfliktreichen Lebenssituationen eher mit Passivität als mit Aktivität reagierte, lag auch darin begründet, dass er alles Gott anheim stellen wollte und sich davor fürchtete, eigenmächtig gegen dessen Willen zu handeln. Doch nicht immer war Gottes Wille sogleich erkennbar. Dies hatte Annoni in den Wittgensteiner Grafschaften erfahren. Erlösung aus seiner Unentschlossenheit hatte ihm damals eine als Los aufgeschlagene Bibelstelle gebracht. Das Losen in der Bibel oder in einem *Spruchbüchlein* wurde für ihn seit jener Zeit zu einem hilfreichen Mittel, einen Entscheid zu fällen oder Trost zu finden.[355]

Gottes Willen einem Losentscheid zu entnehmen, galt in weiten Kreisen als ein probates Mittel für einen Sachentscheid oder eine Personenwahl.[356] Die Herrnhuter setzten es in entscheidenden Fragen ihres Zusammenlebens ein. Deren Jahres-Losungsbüchlein verhalfen dem Losen im privaten Bereich zu weiterer Popularität. In pietistischen Kreisen der deutschsprachigen Schweiz waren besonders Karl Heinrich von Bogatzkys *Schatzkästlein* und Gerhard Tersteegens *Blumengärtlein* als Losungsbücher beliebt. Man befragte das Los nicht nur

---

354 J. R. Merian an Annoni, Basel, 09.07.1743 (F II, 605).
355 Annoni benutzte Bogatzkys und das Hallische Schatzkästlein.
356 So wurden ja auch in Basel als Folge des sogenannten 1691er-Wesens die öffentlichen Stellen seit 1718 durch den Losentscheid vergeben.

für sich selbst, sondern auch für andere. So erhielt Annoni des öfteren aus seinem Freundeskreis mitgeteilt, welches Los man für ihn gezogen hatte, um ihm in schwierigen Zeiten zu helfen. Dass ihm diese zugesprochenen Texte wichtig waren, zeigt die Tatsache, dass er sie in seinen Aufzeichnungen festhielt. Sie waren ihm Arznei für Leib und Gemüt, zugedacht vom Heiland, dem *wahren und einzigen Arzt.*

Allerdings beanspruchte Annoni auch medizinische Hilfe. Von seinem Schwager, dem angesehenen Arzt Johann Rudolf Zwinger, konnte er offensichtlich kaum profitieren.[357] Wie die Kassenbücher vermerken, liess sich Annoni bis in sein hohes Alter hinein die *Essentia dulcis* aus Halle kommen, eine damals in ganz Europa hochgepriesene Arznei. Der fromme Christian Friedrich Richter, ein Mitarbeiter August Hermann Franckes, hatte sie erfunden. Annoni besass sogar die Rezeptur.[358] Nicht genauer spezifiziert sind weitere Medikamente, die ihm Basler Kaufleute jeweils von ihrer Reise zur Frankfurter Messe mitbrachten. Die Kassenbücher belegen auch, dass Annoni sowohl in Waldenburg als auch später in Muttenz fast jedes Jahr eine Wasser-Trinkkur absolvierte.[359] Offensichtlich war in Waldenburg niemand zur Hand, der den Patienten zur Ader gelassen oder geschröpft hätte, wie dies dann in Muttenz der Chirurg Ludwig Gass häufig besorgte.

357 Zwinger war praktischer Arzt und Professor der Medizin; seit 1723 war er unter dem Namen Avicenna II. Mitglied der Leopoldinischen Akademie deutscher Naturforscher. 1743 wurde er zum Baden-Durlachischen Arzt ernannt. 1751 gründete er die Societatis physico-medica Helvetica. – Zwinger besuchte den kranken Annoni im Januar 1743 in Waldenburg.
358 Nachlass E VII.
359 Das Wasser kam aus Pfäfers, Schwalbach oder Spa. Vielfach notierte Annoni ohne Angabe des Herkunftortes nur Sauerwasser oder Selzerwasser.

Luzerner Glaubensvertriebene

Zwischen April und Juli 1747, als Annonis Waldenburger Zeit bereits ihrem Ende entgegen ging, fand im katholischen Luzern ein Aufsehen erregender Prozess statt.[360] Von über hundert Personen wurden 90 wegen Ketzerei verurteilt. Jakob Schmidlin, der als Rädelsführer galt, wurde zum Tode verurteilt, drei Angeklagte erhielten Galeerenstrafen, und die meisten der übrigen Angeklagten wurden für immer des Landes verwiesen. Vor dem Verlassen ihrer Heimat mussten sie ihrem Irrglauben abschwören. Die Verurteilten hatten bereits seit einigen Jahren nach dem Vorbild pietistischer Konventikel private Erbauungsstunden abgehalten, in denen sie gebetet, in der Bibel und in pietistischen Traktaten gelesen hatten, unter anderem in einem von Samuel Lutz 1745 eigens für sie verfassten Katechismus.[361] Pietistische Kreise in reformierten Kantonen, so auch in Basel, hatten sie hierin ermuntert. Der Luzerner Obrigkeit galt dies als Malefiz-Verbrechen, das sie entsprechend hart bestrafte. Etliche der Ausgewiesenen, die ins Elsass reisen sollten, suchten zunächst in Basel Zuflucht, wo sie zu konvertieren gedachten. Nun sahen sich die Basler Pietisten in die Pflicht genommen, den mittellosen Luzernern eine vorläufige Unterkunft und ein weiteres Fortkommen zu verschaffen. In gewisser Weise spielte sich jetzt unter ihren Augen Vergleichbares ab wie 1731 in deutschen Landen nach der Vertreibung der Salzburger Protestanten.[362]

Auch Annoni, der bereits 1745 im Haus des Lukas Fattet mit Jakob Schmidlin zusammengekommen war, sah sich dazu aufgerufen, Hilfe zu leisten. Er reiste nach Basel, um die Vertriebenen mit Erbauungsstunden zu trösten. Das Schicksal der Luzerner, unter denen sich auch die Witwe Jakob Schmidlins und deren Kinder befanden, setzte Annonis Gemüt, das noch von der *Bischoffschen Tragödie* angegriffen war, stark zu. Wo er konnte, bat er darum, für das *Luzer-*

---

360 Vgl. Mattioli 2001.
361 Lutz an Annoni, Diessbach, 07.11.1745 (F II, 557): Er habe den Katechismus auf Bitten des Johann Rudolf Sinner von Rohrbach geschrieben.
362 Die Anteilnahme pietistischer Kreise nah und fern am Schicksal der vertriebenen Luzerner war freilich ungleich geringer als am Schicksal der weitaus grösseren Zahl der Salzburger. Dabei mag auch eine Rolle gespielt haben, dass es sich bei den Luzernern um Katholiken und nicht eigentliche Glaubensbrüder gehandelt hat – auch wenn einige von ihnen nach ihrer Vertreibung konvertierten. – Eine Ursache für den verhältnismässig geringen Protest in den reformierten Kantonen mag neben politischen Gründen auch das Gefühl einer gewissen Mitschuld gespielt haben.

ner Häuflein Fürbitte zu leisten. Eine Anfrage bei Heinrich Ernst Graf Stolberg, ob er Luzerner auf seinem Territorium aufnehmen könne, wurde erst beantwortet, als sie schon anderweitig – so auch in Pennsylvanien – eine neue Heimat gefunden hatten.[363] Verschiedene Leute von nah und fern baten Annoni um Informationen über die Luzerner Vertriebenen.[364]

---

363 H. E. Graf Stolberg an Annoni, 12.07.1750 (F II, 888): Er bat um den Katechismus, den Lutz für die Luzerner geschrieben hatte. Sein Schwager würde eventuell im Ort Rehweiler (in der Grafschaft Castell) Kolonisten aufnehmen, sofern diese das Geld hierfür selbst aufbrächten.
364 U.a. Johann Adam Steinmetz. Siehe: Johann Georg Laminit an Annoni, Ravensburg, 08.02.1748 (F II, 496): Abt Steinmetz habe ihn gebeten, diesen Wunsch an Annoni weiterzuleiten, da er Annoni für den besten Gewährsmann halte.

Abschied von Waldenburg und Einzug in Muttenz

Als 1745 die Pfarrstelle von Riehen vakant wurde, erwog Annoni ernsthaft, sich um diese Stelle zu bewerben, unterliess es aber. Ein Jahr später bewarb er sich jedoch um die freigewordene Stelle in Muttenz. Am 16. September 1746 erwählte ihn das Los. In den kommenden Tagen musste er immer wieder das *Spruchbüchlein* aufschlagen, da ihn die zunächst willkommene Botschaft wieder beunruhigte und ängstigte. Schliesslich wurde er durch allerlei Zuspruch darin versichert, mit der Bewerbung nicht gegen Gottes Willen gehandelt zu haben.

Der Wunsch, eine Pfarrei vor den Toren der Stadt Basel zu erhalten, war verständlich. Die Reisen von Waldenburg nach Basel beanspruchten jeweils vier Reisetage. Die Betreuung der weitläufigen, mehrere Dörfer umfassenden Gemeinde, der weite Weg zur Kirche: all das war dem nun bald 50-jährigen Annoni beschwerlich geworden. Im überschaubaren Dorf Muttenz mit seinen damals ungefähr 1000 Einwohnern stand das stattliche Pfarrhaus nur wenige Schritte von der Dorfkirche St. Arbogast entfernt.[365] Diese machte schon allein durch ihre zentrale Lage und die sie umschliessende Wehrmauer sinnfällig, welch beherrschende Stellung die Kirche im Leben eines jeden Einzelnen und im Leben der dörflichen Gesellschaft einnahm. Sicher wünschte sich Annoni auch, näher bei der Stieftochter Rosina Bischoff zu sein, um ihr besser beistehen zu können. Vor allem aber bot die nahe Stadt die Möglichkeit, vermehrt mit Seinesgleichen in Verbindung zu treten. In Muttenz selbst hatte sich der gelehrte Jurist Johann Werner Huber niedergelassen, ein Freund aus der Jugendzeit.[366] Von dem auf Schloss Münchenstein residierenden Landvogt Isaak Merian waren keine Streitigkeiten zu erwarten. Um all dieser Vorteile willen nahm Annoni in Kauf, dass die Einkünfte in Muttenz um ungefähr ein Fünftel niedriger waren als in Waldenburg. Der Regelung entsprechend, konnte Annoni die neue Stelle erst ein Jahr später antreten.

Sogleich nach dem Losentscheid hielt Annoni seiner Gemeinde eine erste Abschiedspredigt, «wobej ich sonderlich mit inniger Weh-

---

365 Unter dem Titel «Memorabilia Muttensia» trug Annoni in das Muttenzer Kirchenbuch ein: «Zu dieser Zeit, nämlich 1748, hatte das Dorf ungefehr 212 Häuser, 250 Haushaltungen, 1000 Seelen. Gott mehre, Gott bekehre, zu seines Namens Ehre!» (StA BL Kirchenbücher E 9, Muttenz 3, S. 627.)
366 Weber-Oeri 2000. - J.W. Huber residierte im *Hof*, heute Hauptstrasse Nr. 77.

muht zum Gebett für mich und um einen treuen Nachfolger vermahnete. Da es denn auch bej den Zuhörern viele Seufzer und Thränen sezte.» Auch im Pfarrhaus betete er mit einem Häuflein seiner Getreuen, «dass der Herr keinen Verfolger oder Mietling nach Wallenburg wolte kommen lassen. Dabej seufzeten und weineten einige laut.» Tatsächlich erhielten die Waldenburger in Hieronymus Burckhardt «den besten von allen, die es hätten begehren oder erhalten können», wie Annoni urteilte. An ihm hatte er in den kommenden Jahren einen treuen Leidensgefährten.[367] Als rigoroser Pietist hatte auch Burckhardt viele Anfeindungen zu erdulden. Allerdings war er in Waldenburg und später in Benken weniger stark der städtischen Kontrolle ausgeliefert als Annoni in Muttenz.

Während des letzten Waldenburger Jahres besuchten mehrere Muttenzer ihren zukünftigen Pfarrer. Leute aus Muttenz und Waldenburg fanden sich zu Annonis Jahrespredigt im Basler Münster ein. Nach seiner letzten *gesegneten* Kapitelspredigt kamen wieder viele auswärtige Gottesdienstbesucher nach Oberdorf. So erhielt Annoni vor seinem Weggang vielerlei Zeichen der Anerkennung und Anhänglichkeit.

Seiner am 6. August 1747 gehaltenen Abschiedspredigt gab er den Leitvers *Lustig, dass Gott erbarm!*

«Bald gehe es wol auf der christlichen Pilgerfahrt, bald folge wieder ein Wehe. Lustig, dass Gott erbarm! habe es in meiner ganzen Lebenszeit geheissen. Wohl und Wehe habe auch auf meiner Pfarre vielfaltig abgewechselt. Lustig sey ich jez, weil ich meine Zentner-schwere Amtslast ablegen könne. Dass Gott erbarme, müsse ich aber auch sagen, weilen ich meiner neuen Last entgegen sehe.

Der Text war aus Habacuc, Capitel 2, Vers 3,4.[368] Und bej Verhandlung dieser Worten bezeugete ich, wie ich mich beflissen habe, meiner lieben Gemeinde in Predigten, Kinderlehren, Hauss-Versammlungen das Wort des Herrn ans Herz zu legen und zwar so deutlich und kräftig als mir immer möglich gewesen. Nun wiederhole ichs und beruffe mich darauf zu guter letzt. Die Gläubigen sollen denn aussharren und die verheissene Seligkeit mit getrostem Muht erwarten. Die Ungläubigen mögen ihre Halsstarrigkeit noch

---

367 Annoni gab zwei Predigten des Hieronymus Burckhardt im Druck heraus («zu finden im Bischoffischen Buchladen»): Predigt, gehalten anlässlich des Spezial-Kapitels am 22.05.1755 in Pratteln und Predigt, gehalten im Basler Münster, am 09.06.1755.
368 «3 Denn noch ist der Offenbarung ihre Frist gesetzt, doch sie drängt zum Ende und trügt nicht. Wenn sie verzieht, so harre darauf! Denn sie kommt gewiss und bleibt nicht aus. 4 'Siehe, der Ungerechte – seine Seele verschmachtet in ihm; der Gerechte aber wird kraft seiner Treue [gegen Gott] am Leben bleiben'.»

ablegen, widrigen Fals werden sie der Straffe nicht entgehen. Den Beschluss machte ich mit einem zärtlichen Segens-Wunsch aus Psalm 121:7, 8.[369]

Mein Herz und Augen badeten in Thränen. Die Zuhörer seufzeten und weineten öfters laut. Ihre Zahl ware sehr gross, sintemalen eine Menge Leute auch aus umligenden Pfarreyen herzu gekommen, so dass auch der Kirch-Hof damit erfüllet war. Die Hize ware gross und die Action währete lange. Hätte ich den Pfarr-Rock zu Anfang der Predigt nicht aussgezogen und beiseits gelegt, so hätte ichs nicht volbringen können. So aber hat der Herr geholffen. Meine Seufzer, Worte und Thränen, o mein Gott! müssen nicht verlohren seyn! Und der Segen, den ich über meine Gemeinde und die Gemeinde über mich ausgesprochen habe, der müsse treffen wie der Bogen Jonathans, Hosanna, Halleluja!

> Mit Thränen tratt ich an. Mit Thränen legt ich ab.
> Lass auf die Thränen-Saat die Freude-Ernde kommen,
> O Herr, der du mich hast zu Gnaden angenommen!
> Sey mein Immanuel biss in das stille Grab.»[370]

Am 29. August 1747 segnete Antistes Johann Rudolf Merian den neuen Pfarrer von Muttenz ein, und am 7. September – es war der eidgenössische Buss- und Bettag – hielt Annoni *mit beklemmtem Herzen* seine Antrittspredigt über Hebräer 13,17.[371]

«In der Verhandlung meldete ich, welches eigentlich die rechtschaffenen Lehrer seyen, nämlich nicht alle, die so heissen, sondern nur diejenigen, so in Lehr und Leben in die Fussstapfen Christi und seiner Apostel tretten. Diesen müsse man gehorchen, das ist, fleissig und andächtig zuhören und bejfallen. Diesen müsse man denn auch folgen und ja nicht widersprechen oder widerstehen, damit man ihnen das schwere Wächteramt versüsse und nicht verbittere. Solche Conduite bringe den Segen über eine Gemeinde, das Gegentheil hingegen Fluch, welches durch Exempel erwiesen worden. – In der Zueignung wurde den Anwesenden alles näher ans Herze geleget und um Liebe gebetten. Herr, drücke es gar in die Herzen hinein.»[372]

---

369 «7 Der Herr behütet dich vor allem Uebel, er behütet dein Leben. 8 Der Herr behütet deinen Ausgang und Eingang, jetzt und immerdar.»
370 Nachlass B VII, S. 14–17.
371 «Gehorchet euren Vorstehern und füget euch [ihnen], denn sie wachen über eure Seelen als solche, die Rechenschaft ablegen werden, damit sie dies mit Freuden tun und nicht mit Seufzen; denn das wäre euch kein Gewinn.»
372 Nachlass B VII, S. 22f.

Annoni hatte seine Schafe sogleich zu willigem Gehorsam gegen ihren *rechtschaffenen Hirten* ermahnt und ihnen für den Fall des Ungehorsams schlimme Folgen prophezeit.[373]

Mit dem Einzug ins Muttenzer Pfarrhaus dehnte sich Annonis Wirken wieder vermehrt auf die Stadt aus. Er wurde wieder in das städtische Sozialgefüge eingebunden. Amt und familiäre Herkunft verliehen seiner Position Ansehen. Darüber hinaus hatte er sich durch sein seelsorgerliches Wirken, durch publizistische Arbeiten und nicht zuletzt durch seine vielfältigen und weitreichenden Beziehungen – wenn auch nicht unumstrittene – Autorität erworben.

«Und so hat es von der Zeit an, da wir die Muttenzer-Herberge bezogen haben, so vielen Zuspruch gegeben von Stadt- und Landleuten, aus der Nähe und Ferne, Bekandte und Unbekandte, dass mein Pfar Haus gleichsam zu einem Wirtshaus geworden und ich mich vor ferner Aufzeichnung der Gästen enthalten muss.»[374]

---

373 Eine derartige Mahnung und Drohung wurde den Untertanen bei mannigfachen Gelegenheiten von der Kanzel aus erteilt, zumeist mit Berufung auf Römer 13,1–4: «Jedermann sei den vorgesetzten Obrigkeiten untertan; denn es gibt keine Obrigkeit, ausser von Gott, die bestehenden aber sind von Gott eingesetzt. 2 Somit widersteht der, welcher sich der Obrigkeit widersetzt, der Anordnung Gottes; die aber widerstehen, werden für sich ein Urteil empfangen. 3 Denn die Regierenden sind ein Gegenstand der Furcht nicht für den der Gutes tut, sondern für den Bösen. Willst du dich aber vor der Obrigkeit nicht fürchten? Dann tue das Gute, und du wirst Lob von ihr haben; 4 denn Gottes Dienerin ist sie für dich zum Guten. Wenn du aber das Böse tust, so fürchte dich, denn nicht umsonst trägt sie das Schwert; denn Gottes Dienerin ist sie, eine Rächerin zum Zorngericht für den, der das Böse verübt.»
374 Nachlass B VII, S. 28.

Die Muttenzer Amtszeit 1747–1770

Bis zu seinem Tod, also während 23 Jahren, bekleidete Annoni das Muttenzer Pfarramt. Insbesondere während der ersten 13 Jahre erregte er als Erweckungsprediger und Seelsorger zu Stadt und Land grosses Aufsehen. Nach dem Tod Esther Annonis im Jahre 1760 wurde es stiller um den zuvor rührigen Pfarrer. Mit grosser Treue führte Annoni auch von Muttenz aus seine Korrespondenz weiter und hielt das ausgedehnte Beziehungsnetz unter den Pietisten aufrecht. Allerdings riss der Tod empfindliche Lücken.[375] Doch gewann Annoni unter der jüngeren Generation neue Freunde. Mit dem Zuspruch, den er aus der Stadt erhielt, wuchsen auch die Anfeindungen und Verdächtigungen. Mit grösserer Entschiedenheit setzte er sich nun gegen diese zur Wehr. Das mögen die Nähe und der unmittelbarere Kontakt zu Gleichgesinnten bewirkt haben. Zwar erkrankte An-

---

375 Johann Jakob de Lachenal-Gottfried starb 1749, Samuel Lutz und Samuel König starben 1750, Lukas Fattet starb 1751 und Johann Jakob Fischer 1756.

Pfarrhaus in Muttenz, Hauptstrasse 1, Foto um 1960.

193

Dorfkirche St. Arbogast in Muttenz
(Nordansicht), vom Pfarrhaus aus
gesehen, Foto um 1900.

Dorfkirche St. Arbogast in Muttenz
(Südansicht), Foto um 1880.

noni auch in diesen Jahren seines segensreichen Wirkens, doch sprach er nun nur noch von der *krachenden Hütte* und nicht mehr von der *Verdunklung des Gemüts*.[376]

Nach dem Tod seiner Frau liessen Annonis Kräfte nach. Von nun an benötigte er Vikare, welche ihn weitgehend vertraten. Annoni liess sich von den Jahrespredigten dispensieren, die zuvor jeweils eine grosse Zuhörerschar ins Münster gelockt hatten. Auch an den Zusammenkünften des Pfarrkapitels nahm er nur noch sporadisch teil. Die tagebuchartigen Aufzeichnungen enden bereits mit dem Jahr 1756. Ab 1759 bis wenige Tage vor seinem Tod trug er stichwortartige Notizen in den Rosius-Kalender ein. Ihnen ist zu entnehmen, dass die Amtsgeschäfte in den Hintergrund traten und dass das zuvor kaum gehabte Privatleben in den Vordergrund rückte. Freunde und Familienangehörige liessen ihm viele Zeichen dankbarer Verbundenheit zukommen. Auch in den letzten Jahren zunehmenden Leidens vereinsamte er nicht.

---

376 Zu Beginn des Jahres 1753 reimte Annoni: «Unsers Hauses Stützen krachen. / Wir erschwachen, / und es meldet sich der Tod. / Heiland, lass uns, eh wir sterben, / Heil erwerben, / denn ist Sterben keine Noht.» (Nachlass B II, S. 255.)

Die Einkünfte als Quelle von Verdruss

Doch auch die Muttenzer Amtszeit, in welcher Annoni am wirkungsvollsten die pietistische Frömmigkeit zu Stadt und Land vertreten konnte, verlief keineswegs ungetrübt, wie an einigen Beispielen gezeigt werden soll. Eine jährlich wiederkehrende Mühsal bedeutete der Einzug der einem Pfarrer zustehenden Einkünfte. Als Annoni 1748 das Geld für das Zehnten-Korn entgegennahm, war unklar, ob es ihm für 28 oder 27 Viernzel zustünde.[377] Letzteres behaupteten einige der Zehntenleute. Annoni machte sich kundig: es waren 28. Um Unsicherheiten in Zukunft zu vermeiden, trug er alle festgesetzten Einkünfte ins Kirchenbuch ein. In den folgenden Jahren überliess er die Entgegennahme des Geldes seiner Frau, denn, wie er später dem Landvogt gegenüber erklärte: «[...] ich habe mit Amts- und geistlichen Sachen so Vieles zu thun, dass mich in Hauss- und weltliche Geschäfte, zumalen bej so vielem Kränklen, unmöglich mischen kan.» Esther Annoni überliess das ihr übertragene Geschäft jedoch jeweils dem Sigrist.

Im Dezember 1756, als Annoni seine erkrankte Frau vertrat, musste er feststellen, dass ihm die Zehntenleute seit 1749 nur über 27 Viernzel Korn abgerechnet hatten. Er war also in den vergangenen sieben Jahren um ein Viernzel betrogen worden. In einem ausführlichen Schreiben schilderte der Pfarrer dem Landvogt den Verlauf dieser leidigen Geschichte.[378] Sich selbst und seiner Frau wies er eine gewisse Mitschuld zu, da sie es an der nötigen Kontrolle hatten fehlen lassen. Da Annoni davon überzeugt war, dass nur einige der Zehntenleute tatsächlich in betrügerischer Absicht gehandelt hatten, lag ihm daran, den Fall möglichst ohne weiteres Aufsehen abschliessen zu können. Die Schuldigen sollten allerdings ihr Handeln bereuen, Abbitte leisten und das Vorenthaltene nachliefern.

«Ein Pfarrer, wenn er Nuzen schaffen will, hat alles anzuwenden, die Liebe seiner Pfar-Kinder zu ergwinnen und zu behalten. Fället diese dahin, so ist die Erbauung verlohren. Mithin muss er lieber Rock und Mantel dahinten lassen, als sich in einen Process mit seiner Gemeinde oder mit einem wichtigen Theil derselben begeben. [...] P.S. Die Zehendleut haben sich schon grössten Theils erklärt. Sie glauben, ich habe Recht und der Fehler sey ihrer-

---

377 Ein Viernzel (Hohlmass für Trockenfrüchte) entspricht 298,94 Litern.
378 StA BL, Lade 71, 81 B 1–26: darin enthalten einige Schreiben Annonis zu diesem Zehnten-Betrug, zwischen dem 02.12.1756 und 11.02.1757. Die ausführliche Schilderung des ganzen Hergangs trägt den Titel «Species Facti». Diese Schrift befindet sich auch im Nachlass (F I, 72).

seits, mithin wollen sie mir gerne in natura oder in Gelt erstatten. Weilen sie aber das peccavi [ich habe gesündigt] nicht deutlich singen wollen, sondern aus politischen Gründen dergleichen thun, als hätten sie noch einigen Zweifel, so fällt mir auch schwer, die Restitution [Wiedergutmachung] anzunehmen.»

Nach Abschluss der unerfreulichen Affäre vermutete Annoni, dass diese *Komödie*, wie er die betrügerische Abrechnung nannte, bereits unter seinen Amtsvorgängern gespielt worden war. Dies mochte nach der zunächst stark empfundenen Kränkung ein gelinder Trost gewesen sein.

Im Jahre 1765 musste Annoni zuhanden der Deputaten 25 Fragen zu seinen eigenen Einkünften und denen des Lehrers, des Sigrists und der Hebamme beantworten.[379] Aus den mit lakonischen Zusätzen versehenen Angaben wird deutlich, wie kompliziert die Berechnung des dem Pfarrer zustehenden Zehnten war. In Muttenz waren drei Männer während vier Tagen mit dem Einzug des Geldes beschäftigt. Der Pfarrer hatte sie während dieser Zeit auf seine Rechnung mit Brot und Wein zu verköstigen. Das jährliche Fixum aus der Staatskasse war unerheblich. Bereits drei Pfarrersfamilien seien in Muttenz wegen der geringen Einkünfte *verdorben*, klagte Annoni.

Noch schlimmer stand es um die Löhne für den Lehrer und Sigrist sowie für die Hebamme. Die Bannwarte sollten gar gratis arbeiten, erhielten aber nach alter Tradition ein kleines Entgelt. Auch das Geld, welches dem Pfarrer jährlich für Almosen zur Verfügung gestellt wurde, war unzureichend.

«Fast alle Armen, die aus dem Reiche oder aus der Schweiz oder von Arlesheim nach Basel gehn oder die von Basel kommen, ja auch arme Basler selbsten sprechen hier zu. Der Überlauf ist gross, und 16 Pfund reichen bey weitem nicht zu. Mithin lege ich das noch Ermangelnde aus Meinem williglich hinzu.»

Das aus frommen Stiftungen stammende Geld für die armen Kranken war ebenfalls viel zu gering. Ungelöst war die Sorge für arme Schüler und *Sondersiechen* [unheilbar Kranke, Behinderte und Gebrechliche]. Für diese war bislang in den Dörfern jährlich eine Neujahrssammlung durchgeführt worden. Doch gedachte man nun, deren Ertrag den Armenkassen zuzuweisen. Annoni machte den Vorschlag, die *Gnädigen Herren* sollten doch eine *Waisenanstalt für arme*

---

379   Nachlass F I, 60 (Fragenkatalog) und F I, 61 (Annonis Antworten).

Landes=Kinder einrichten. «Wir Landpfarrer sind öfters über diese Materi sehr verlegen. Die Neujahrsgabe wäre hier sehr wol angelegt. Und es stehen viele bemittelte christliche Ehren=Leute zu Stadt und Lande parat, zu solcher Anstalt ein Erkleckliches beyzutragen. Ich offerire mich, sobald der Grund darzu geleget ist, 100 Pfund herzugeben, aber auch ein paar Waisenkinder zu recommendiren. Was nützen uns am End der Welt / Beraine, Gülten, Zins und Geld? / Wie manchen wird der Geiz beschämen / Weil geben sel'ger ist als nehmen.»

Im Jahr 1751 verkauften Esther und Hieronymus Annoni den Landsitz in Diegten. Finanzielle Gründe dürften dabei ebenso eine Rolle gespielt haben wie der Wunsch, sich zu entlasten.[380] Einnahmen brachten dem Pfarrer die Hochzeiten wohlhabender Städter und der Erlös aus seiner Landwirtschaft, insbesondere der Verkauf von Kälbern und Schweinen. Nach Esther Annonis Tod scheint sich die Tierhaltung vor allem auf Schafe und Ziegen konzentriert zu haben.

Freunde und Gegner

Mit keinem der auf Schloss Münchenstein amtierenden Landvögte scheint Annoni Schwierigkeiten gehabt zu haben. In Emanuel Faesch, der von 1749–1756 die Stelle versah, hatte er sogar einen Bewunderer. Faesch anerkannte Annonis *rühmlichen Eyfer und ohnverdrossenen Fleiss* und ersuchte um dessen *Freundschaft, Gesellschaft und nähern Umgang, in der Absicht, besser zu werden*. Er hatte Gefallen an Annonis direkter, unverschnörkelter Sprache und vertrat die Ansicht, dass alles Wortgepränge unsinnig sei.[381] Emanuel Faesch hätte Annoni nie wegen abgekürzter Titulaturen verklagt.

Zu einem Gegner Annonis entwickelte sich hingegen der einstige Studienfreund Johann Werner Huber. Als Annoni in Muttenz einzog, hatte er sich auf die Nachbarschaft mit dem gelehrten Juristen gefreut. Huber besass eine erlesene Bibliothek und Münzsammlung, deretwegen ihn viele Leute aufsuchten. Annoni schätzte ihn als Gesprächspartner. Doch, so schrieb Annoni nach Hubers plötzlichem Tod im Jahre 1755, als immer mehr Leute das Pfarrhaus aufsuchten und Huber übergingen, sei dieser eifersüchtig geworden. Vollends

---

380 Den finanziellen Fragen im Zusammenhang mit diesem Geschäft konnte nicht weiter nachgegangen werden.
381 Faesch an Annoni, Münchenstein, 17.12.1750 (F II, 175) und 07.12.1751 (F II, 176).

verbittert wurde Huber, nachdem sich sein einziger Sohn heimlich davon gemacht hatte. Huber verdächtigte seine Familie und Annoni, den Sohn dazu angestiftet zu haben.

> «Mithin ware das Feur im Dach und hätte er gerne das ganze Dorf wider mich aufrührisch gemacht. Mithin zoge er sonderlich die jungen Burschen an sich, denen er zum Sauffen und allerhand Aussgelassenheiten Anlas gegeben. Mir blieb also nichts übrig als das Seufzen und Wimmern zum Herren, dass er selbst in Gnaden steuren wolle.»[382]

Ende 1753 wurden zu Stadt und Land böse Gerüchte über Annonis Magd ausgestreut. Es hiess, sie habe *Gemeinschaft* mit einem Städter. In einem ausführlichen Schreiben an die Untersuchungsbehörde wehrte sich der Pfarrer für sie und verlangte, dass der Urheber der bösen Nachrede ausfindig gemacht werde.[383] Den Angriff auf die Magd interpretierte Annoni als einen Angriff auf seine eigene Person:

> «Mir deucht aber, die Verleumder zielen mehr auf mich als meine Magd. Denn ich habe das Glück, dass der Teufel bald alle Monate, wo nicht alle Wochen, eine Lästerung über mich aussprenget. Ich tröste mich aber meiner Unschuld und weiss mich, Gottlob! so ziemlich wohl darein zu schicken.
>
> Nur geht es mir etwas näher, wenn ich vermercke, dass wichtige Ehren-Leuthe unserer Statt und Standes dann und wann mit Zuglauben oder Calumnien [Verleumdungen] bejzufallen scheinen, mithin, will nicht sagen für meine Person und Haus, wenigstens für mein wichtiges Amt nicht das Gehörige Rechnung tragen.
>
> Es wäre mir derohalben überaus tröstlich und ein angenehmes Kennzeichen der Favor [Gunst] meiner Herren, wenn dieselben nach dem Urheber dieser Lästerung zu inquiriren [nachforschen] belieben, mithin mir zu einer rechtmässigen Satisfaction [Genugtuung] verhilflich seyn würden.
>
> Wenigstens weiss ich, dass ich meinen Herrn im Himmel habe, der mich Armen mit Amt und Haus und Bedienten zu schüzen und die Widerwärtigen zu rechter Zeit zu finden wissen wird.»

Einen Angriff ganz anderer Art hatte der Basler Gelehrte Johann Jakob Spreng auf Annoni geplant. Als ein ausgemachter Gegner der Pietisten und Herrnhuter gedachte er, eine Parodie auf Annonis fromme Reimereien in der von ihm herausgegebenen Zeitschrift *Der Eidsgenoss* zu publizieren. Als Anlass seines Spottes dienten ihm die *Personalia* und ein Trauergedicht, welche Annoni auf den 1753 jung

---

382 Nachlass B VII, S. 361–366 (über Huber); vgl. Weber-Oeri 2000.
383 Nachlass B VII, S. 313–315 (Brief an die Kommissare und Richter in Ehrsachen der Stadt und Landschaft Basel vom 16.11.1753).

verstorbenen Hans Franz Sarasin verfasst hatte.[384] In seiner Parodie machte sich Spreng sowohl über Sprache und Selbstverständnis der Herrnhuter lustig als auch über Sprachbilder und Gebaren Annonis. Beispiele aus dem *Geistlichen Passamenterlied* nahmen die von Annoni gewählten Metaphern aufs Korn. In Sprengs Parodie wird Annoni – *Bruder Wurm* genannt – als ein unduldsamer, auf sein Eigenwohl bedachter Heuchler charakterisiert. Doch noch vor Drucklegung des bereits vorhandenen Manuskripts wurde dem Autor die Weiterführung seiner Zeitschrift von der Zensur verboten.

Annoni wird als *Separatistenmacher* verdächtigt

Zu Beginn der 1740er-Jahre hatten sich wieder einige Separatisten von der Landschaft Basel bemerkbar gemacht und die schon wegen der Herrnhuter beunruhigten kirchlichen und weltlichen Behörden beschäftigt. Im Frühjahr 1748 trafen weitere alarmierende Nachrichten aus Känerkinden ein. Dort fänden nächtliche Versammlungen von Männern, Frauen und Kindern, auch aus anderen Gemeinden, statt. Die hierbei verkündeten Lehren hätten zur Folge, dass «junge Leut anfangen zu zittern und grässlich zu schreyen, ja vielmehr zu brüllen, und vorgeben, diese Gebärden, Zittern und Schreyen, seyen die Schmertzen und Anfänge der Wiedergeburt, diejenigen so schreyen, empfangen auf diese Weise den Heiligen Geist. Ja dieses Zittern und Schreyen treiben einige davon sogar in der Kirche, under dem Vorwand, wann es sie so ankomme, müssen sie so schreyen. Item bleiben diese Lehrer, so sich für Inspirirte ausgeben, nicht daheim, sondern lauffen des Nachts in andre Dörfer, halten da ihre Versammlungen und geben zu diesem Zittern und Schreyen Anlass.» Dieses Geläuf, so klagte der Dekan, verursache «Verwirrung, Zweifel, Kleinmüthigkeit, auch sogar allerhand unzüchtige und leichtfertige Händel».[385]

Diese Ärgernis und Zwietracht erregenden Umtriebe griffen über auf Rümlingen und drohten sich weiter auszudehnen. Es wurde behauptet, dass einer der beiden Hauptakteure, Martin Buser von Känerkinden, von Annoni angestiftet worden sei.[386] Somit geriet An-

---

384 Sarasin war auf dem Totenbett bekehrt worden. – Die Parodie war vorgesehen für: Der Eidsgenoss. 3. Jg. 30. Stück (1753?). (UB Basel: Ki. Ar. G X 65, Nr. 4.)
385 StA BS Kirchenarchiv A 16, Nr. 126: Friedrich Merian an Antistes J. R. Merian, Rümlingen, 09.04.1749.
386 StA BS Kirchenarchiv A 16, Nr. 186: Bericht des Dekans Friedrich Merian über die Separatisten in Rümlingen vom 31.03.1752.

noni bereits ein Jahr nach seinem Amtsantritt in Muttenz in den Verdacht, separatistische Widersetzlichkeit zu fördern. Antistes Johann Rudolf Merian verlangte daraufhin vom Muttenzer Pfarrer Auskunft über die in seiner Gemeinde abgehaltenen Privatversammlungen. Da Annoni diese – wie bereits in Waldenburg – allen gestellten Vorschriften entsprechend organisiert hatte, konnte aber nichts an ihnen ausgesetzt werden. Trotzdem wurde der Landvogt angewiesen, das Geschehen in der Gemeinde Muttenz gut zu überwachen.

Als im Dezember 1750 Jean Mainfait, ein fanatischer Separatist aus Lyon, in Basel an den Pranger gestellt und dabei von seinen Gesinnungsgenossen zum Zeichen christlicher Bruderliebe umringt wurde, gab dies den Anlass zu einem sich mehrere Jahre hinziehenden Separatisten-Prozess. Es zeigte sich, dass sowohl Söhne und Töchter aus guten Familien als auch Mägde und Knechte, sogar zwei Frauen aus dem Kreis der Luzerner Vertriebenen, zu den Unbotmässigen gehörten. Sie wurden gefangengesetzt, verhört, von Geistlichen belehrt, mit schweren Strafen bedroht, zum Teil mit Hausarrest belegt. Die 1752 fünfzehn Personen umfassende Gruppe verursachte geistlichen und weltlichen Behörden viel Arbeit und Mühe. Während die Vertreter der Geistlichkeit eher zu *Milde* und *Sanftmut* neigten, vertrat die politische Obrigkeit eine härtere Linie. Zur Sanftmut rieten die Geistlichen vor allem, weil sie keine Märtyrer schaffen wollten.

Einen Grund, Annoni auch mit diesem unleidigen Separatistenhandel in Verbindung zu bringen und ihn gar der *Separatistenmacherei* zu verdächtigen, sah man in der Tatsache, dass einige der Verhörten zuvor in Muttenz den Gottesdienst besucht hatten. Tatsächlich hatte sich Annoni nie gescheut, Umgang mit Separatisten zu pflegen, für deren Verhalten er Verständnis aufbringen konnte, es aber nicht billigte.[387]

Als ein weiterer Grund, Annoni der Missachtung der Obrigkeit zu verdächtigen, musste die Tatsache dienen, dass der Muttenzer Pfarrer wiederum die in den Kirchengebeten vorgeschriebene Titulatur verkürzte. Antistes Johann Rudolf Merian stellte den Pfarrer Anfang 1751 deswegen zur Rede. Daraufhin verfasste der Angeschul-

---

387 In Waldenburg erhielt Annoni Besuch von den Separatisten Wilhelm und Johannes (?) Brenner von Basel, Johannes Bäumler von Zürich, Markus Jetzler von Schaffhausen und von Hans Martin von Pratteln. Letzterer verbrachte einige Erholungstage im Pfarrhaus. (Nachlass B VI, S. 347 und 367; B VII, S. 4.)

digte zuhanden des Konvents ein umfangreiches *Memoriale* (Schreiben), in welchem er religiöse und medizinische Gründe für sein Tun und Lassen anführte.[388] Die Titelsucht erscheine ihm als ein Zeichen der Torheit und Eitelkeit der verdorbenen Welt, erklärte er. Innerhalb der Kirche sei sie der vom Teufel auf den guten Acker ausgeworfene Unkraut-Samen.[389] Er habe schon in Waldenburg wegen seiner Schwäche verschiedentlich abgekürzte Titel und Gebete gebraucht, zuweilen auch freie Gebete gesprochen, wie dies in Basler Kirchen auch geschehe. So habe er es auch mit gutem Gewissen in Muttenz gehalten.

«Und zwar um so mehr, als in meinem 10jährigen Predig-Amt, Gott sey Lob und Danck gesagt! kein einziger Rebell, Separatist, Fantast oder Irrgeist aufgestanden, wohl aber Leuthe, in denen dergleichen und andere schlimme Principia sich regeten, durch Gottes Gnade zurecht gebracht worden.

Was ist es nun? Ein lahmer Separatisten-Handel, der neulich in Basel ausgebrochen und welchen ich durchgehends und von ganzem Herzen missbillige, hat unsere Regenten erbittert und ist Ursach vielleicht, dass man mir (als wäre ich von gleichem Calibre oder doch sonsten ein wunderlicher Singularist) meine bisherige Methode niederlegen will.»

Scharf verurteilte Annoni das unnachgiebige Festhalten an den vorgeschriebenen Formulierungen. Hierin und in der Missachtung des Gewissens liege die Hauptursache für den Separatismus. Selbstbewusst setzte sich Annoni gegen die erhobenen Anschuldigungen zur Wehr, ohne jammerndes Ach und Weh. Seine Bitte, ihn weiterhin bei seiner Praxis gewähren zu lassen, wurde jedoch nicht erfüllt. So musste sich Annoni schweren Herzens fügen. Er reimte:

«Was war der lezte Trost? Ein höflichs Achsel-Zucken:
Wer jez will Pfarer seyn, muss schlucken und sich bucken,
Stuhnd es nicht schon im Buch, man liess es nicht mehr trucken.
Jetz hält sich Kirch und Staat an die Titulatur,
Hilf dir, so gut du kanst, doch bleibe bej der Schnur.
Ach Gott! Wann kommet doch die neue Creatur?»

Die Jahrespredigt 1752 bot Annoni die Gelegenheit, vor einer zahlreichen Zuhörerschaft seine kirchentreue Haltung darzulegen. Er

---

388 Nachlass B VII, S. 157–179. Bevor Annoni dem ihm wohlgesonnenen Antistes Merian das Memoriale schickte, schrieb er ihm einen Brief mit der Bitte um Unterstützung. (Nachlass B VII, S. 179–182.)
389 Matthäus 13.

verurteilte sowohl ein heuchlerisches Pharisäertum der Unbekehrten als auch die kirchenfeindliche Haltung der Separatisten. Trotz dieser Predigt verdächtigte man den Muttenzer Pfarrer weiterhin, ein *Separatistenmacher* zu sein.[390] Im Konvent wurde darüber diskutiert, «1. Ob man dieses Geläuff und Besuchen frembder und ausserhalb der Statt sich befindenden Kirchen als etwas Unanständiges und dem wahren Christenthum zuwider lauffende Sach ansehe könne? – 2. Wenn man die Sache so ansehe und nöthig finde dessfahls zu remediren, wie und auff [welche] Weise es geschehen solle?»[391] Es wurde beschlossen, dass die Basler Pfarrer mit ihren abtrünnigen Gemeindemitgliedern reden sollten und dass Annoni dazu angehalten werden solle, seinen Basler Gottesdienstbesuchern die Anhänglichkeit an seine Person zu nehmen.[392]

Da alle Ermahnungen nichts nützten, erliess der Kleine Rat die Anordnung, dass vom 22. September 1753 an alle Stadttore – mit Ausnahme des St. Johannstors – sonntags bis nach den Gottesdiensten geschlossen bleiben sollten, «und vermeinte man dadurch hiesige Pietisten von dem vielen Geläuff in die Kirchen nach Muttentz und Haltingen abzuhalten, so aber wenig fruchtete und den hiesig frömbden Lutheranern vielen Verdruss verursachte».[393] Als Reaktion auf diese gegen ihn gerichtete Massnahme liess Annoni seine Jahrespredigt von 1752 im Druck erscheinen.[394] Als Anhang fügte er drei Lieder aus seiner Feder hinzu, in welchen Christus um das wahre Christentum und um die christliche Vereinigung aller Religionen und Völker gebeten wird.[395] Im März 1754 wurde nach elfjähriger Pause eine Provinzialsynode für alle Landpfarrer durchgeführt, an welcher den Geistlichen nochmals gründlich eingeschärft wurde, sich

390 Vgl. StA BS Kirchenarchiv D 1, 5, S. 294.
391 Es erregte auch Anstoss, dass die in Basel beschäftigten Dienstleute sonntags in Haltingen den lutherischen Gottesdienst besuchten.
392 StA BS Kirchenarchiv D 1, 5, S. 287. Konventsprotokoll vom 07.11.1752.
393 Linder 1796 Bd.1, S. 249 (UB Basel Ki. Ar. 84a).
394 Das Kennzeichen der Wahren Christen, Vorgestellt In einer Predigt über 2 Tim. II. 19. Gehalten vor einem Jahre in den Münster zu Basel, Hernach, auf Begehren guter Freunden, zu Papyr gebracht; Nun aber (Da bald jederman glauben, reden und thun will, was ihme wohlgefällt, gleich als ob kein König noch königliches Gesätz in Israel wäre) zum Druck überlassen von Hieronymus Annoni, Pfarer zur Muttentz. Basel (Bischoffischer Buchladen) 1753.
395 1. *O Christen=Name! wie so schön!*, 2. *Herr Jesu, lass fein bald auf Erden*, 3. *O Salomo! du Friede=Macher!* (Strophe 13–15: «Ach! sieh auch die Separatisten, / Die sich zum Babel=Stürmen rüsten, / Und wo das Feur der Eigenheit / Oft manche Schwärmer=Funken streut. // Ach, mach auch sie zu rechten Zeugen, / Die sich in Sanft= und Demuth beugen, / Und so, die Wahrheit zu erhöhn, / Dem Schwal der Lugen (Laster) widerstehn. // O Salomo! lass dich erbitten! / Ach komm, und heile deine Hütten, / Und steure doch dem Secten=Streit / In der zerrissnen Christenheit.»)

in allem an die Vorschriften zu halten und keine Formulierungen oder Unterrichtsmittel eigenmächtig zu ändern.[396] Ab Juli 1754 mussten die Stadttore sonntags wieder geöffnet werden, weil deren Schliessung zu Schlägereien mit den Soldaten Anlass gegeben hatte.[397]

Um in den Separatistenhandel eine versöhnliche Note zu bringen, gab der Basler Professor Jakob Christoph Beck 1753 eine Schrift heraus, in welcher er die Thesen der Separatisten widerlegte.[398] Diese wohlgemeinte Gelehrtenschrift, die den Separatisten zugestand, nicht boshaft, sondern nur unwissend zu sein, provozierte die beiden Angeschuldigten Hans Ulrich Miville und Hieronymus Faesch zu einer gehässigen Erwiderung voller Ressentiments gegen Studierte und Etablierte. Nachdem der unbeugsame Miville schliesslich zur Galeerenstrafe verurteilt worden war, weil er trotz Landesverweisung mehrfach nach Basel zurückgekehrt war, glätteten sich die Wogen, und es wurde wieder still um die einstigen Separatisten.[399]

---

396 Vgl. «Copia der Erinnerungs-Puncten, welche in dem den 26.ten Mertz.1754. in Basel gehaltenen Synodo provinciali an alle Herren Geistliche auf der Landschaft von dem Antistite, nomine E. E. Conventus Ecclesiastici [im Namen eines sehr ehrenwerten Pfarrkonvents] gethan und den 18.ten May dieses Jahres von unsern Gehh. [geehrten Herren] kleinen Rath, mit der Erkanntnuss, dass denenselben getreulich nachgelebet werden sollte, approbiret und confirmiret [zugestimmt und bestätigt] worden.» 1. Die Pfarrer sollen, wenn sie gesund und bei Kräften sind, selbst ihre Funktionen ausüben. 2. Sie sollen sich bei den Kirchengebeten an die Agenda halten und bei den Kinderlehren die in Basel gedruckten Nachtmahl-Büchlein verwenden, die nicht beliebig geändert werden dürfen. 3. In Predigten, Kinderlehren und Privatunterricht ist auf die Gefahren des Separatismus hinzuweisen. 4. Die Pfarrer sollen auf die Schulen achtgeben, in den Nebenschulen niemanden lehren lassen, der nicht zuvor geprüft worden ist, vor allem keinen Fremden, da diese «das Gift irriger Lehren Alten und Jungen beybringen könnten.» 5. Sollen sie neben der Basler Konfession die Kirchen-Ordnung unverändert zu bestimmten Zeiten verlesen. Fehlbare sollen nicht sofort exkommuniziert, sondern durch andere Mittel von den Oberbeamten gehorsam gemacht werden. Verfehlungen sollen aber nie gänzlich ungeahndet und unbestraft bleiben. 6. Die Pfarrer sollen Vorbilder sein in der Lehre und im Wandel. – Der Konvent soll prüfen, was an der Kirchenordnung geändert und verbessert werden könne. (UB Basel, Falk 3165, Nr. 36a).
397 Linder 1796 Bd.1, S. 314 (UB Basel, Ki. Ar. 84a).
398 Beck Jakob Christoph: Ungrund des Separatismus, oder Beantwortung der fürnehmsten Ursachen, derentwegen sich die Separatisten von dem öffentlichen Gottesdienst absöndern. Basel 1753. – Antistes J. R. Merian an Annoni, Basel, 02.01.1754 (F II, 609); Merian dankt für die gedruckte Jahrespredigt mit den Liedern, aus denen ersichtlich ist, dass Annoni die Umtriebe der Basler Separatisten nicht gut heisst. Es wäre besser gewesen, Annoni hätte die Schrift gegen den Separatismus verfasst und nicht Beck, «weilen Er bey diesen Leuten in mehrerer Achtung als alle anderen Prediger stehet, auch einige ehedessen seine eifrigen Zuhörer gewesen, so wurde auch das aus seiner Feder Geflossene desto mehreren Eingang bey ihnen finden».
399 1755 sorgte das Auftauchen des Deutschen Georg Cerf nochmals für Unruhe, und zwischen 1754 und 1761 beschäftigten sich Rat und Geistliche mit dem als Deist und Fantast geltenden Schneider Hans Georg Fricker von Läufelfingen. Doch handelte es sich hier um Einzelfälle.

Nachdem die Stadttore sonntags wieder geöffnet worden waren, hatte auch das «Geläuf» auf die Landschaft wieder eingesetzt. Es zogen aber nicht nur Städter auf die Landschaft, es zogen auch Landbewohner in andere Gemeinden zum Gottesdienst oder in Privatversammlungen.[400] Das widersprach dem immer noch geltenden Parochialprinzip. Um dieser Unordnung zu begegnen, erliess der Rat im Oktober 1754 ein Mandat, welches den Kirchgang ausserhalb der eigenen Gemeinde wiederum ausdrücklich verbot. Es erlaubte hingegen Privatversammlungen, allerdings nur innerhalb der eigenen Gemeinde, ausserhalb der Gottesdienstzeiten, ohne unbefugtes Auslegen der Bibel und ohne frei formuliertes Beten. Dasselbe Mandat wiederholte sodann das bereits 1748 erlassene Verbot, fremde Lehrer zu beherbergen. Dieses Verbot richtete sich – allerdings unausgesprochen – sowohl gegen die Herrnhuter Sendboten als auch gegen allfällige fremde Separatisten, Schwärmer und Irrgeister aller Art.

Die Pfarrer waren wie üblich dazu angehalten, das Mandat von der Kanzel zu verlesen. Da es vor allem gegen ihn gerichtet war, tat es Annoni schweren Herzens. Bevor er den Text verlas, erklärte er:

> «Hier ist ein oberkeitliches Mandat, welches leider! in einigen Puncten nicht nach meinem Wunsch ausgefallen. Ich will es aber als ein gehorsamer Burger und Pfarer dennoch lesen und auch halten so gut es Gottes Wort und das Gewissen erlaubt. Mithin werde ich auch nicht ermangeln, denen, so es nöthig haben oder begehren, die weitere Erläuterung zu geben.»[401]

Das scharf formulierte Mandat wurde aber offensichtlich, wie so viele andere Mandate, kaum beachtet, weder von den Angesprochenen, noch von den Ordnungshütern. Wahrscheinlich hatten es geistliche und weltliche Behörden nach dem Separatistenprozess gründlich satt, sich mit religiösen Eiferern herumzuschlagen, zumal es sich dabei – abgesehen von den wenigen renitenten – um Leute handelte, die einen untadeligen Lebenswandel führten. Zudem mehrten sich die Stimmen, welche der Obrigkeit das Recht absprachen, in Glaubens- und Gewissensfragen über andere Menschen bestimmen zu dürfen.[402]

---

400 An der Kapitelversammlung vom 14.06.1753 hielt Johann Balthasar Bleyenstein, Pfarrer von Münchenstein, eine Predigt, deren Inhalt Annoni folgendermassen zusammenfasste: «Jetz weisst mans: Es ist Sünd und Sünd im Heilgen Geist, / Wenn man aus seiner Kirch zu einer andern (von Mönchenstein zur Kirch nach Muttenz) reisst.» (Nachlass B VII, S. 278.)

401 Nachlass B VII, S. 353. Annonis Exemplar ist mit eigenen Zusätzen versehen.

402 Vgl. das 34 Seiten umfassende Schreiben des Schultheissen Emanuel Wolleb vom 28.03.1754 «Über die Gewalt des Staates und der Kirche gegenüber den Sektireren».

Zuspruch von nah und fern

Nach Annonis Einzug in Muttenz mussten zu den Sonntagsgottesdiensten jeweils Stühle und Bänke aus den umliegenden Häusern in die Kirche gebracht werden. Anfang der 1750er-Jahre sollen es um 200 Personen gewesen sein, die nach Muttenz pilgerten.[403] Nicht alle zählten sich zu den Erweckten. Es gab auch Neugierige oder Spötter unter ihnen. Doch geschah es mehrfach, dass solche durch Annonis Predigt ergriffen und bekehrt wurden. Von einigen Bekehrungen ist aus Annonis Aufzeichnungen zu erfahren, andere überlieferten die Bekehrten selbst, zahlreicher dürften diejenigen sein, von denen keine Nachricht mehr vorhanden ist. So berichtete der Sendbote Johann Georg Wallis 1753 nach Herrnhut, dass Annoni jetzt der Mann Gottes sei, den der Heiland zu Erweckungen zu Stadt und Land gebrauche. Auch habe Annoni bereits mehr Seelen erweckt als einst Zinzendorf bei seinem Besuch in Basel.[404]

Einer der Bekehrten war der Kaufmann Hans Jakob Racine. Wie Annoni bei dessen Beerdigungsgottesdienst berichtete, war Racine etliche Jahre vor seinem Tod «mehr aus Fürwitz und Neugierigkeit als aus Begierde, erbaut zu werden» nach Muttenz gekommen.

> «Das Wort aber gieng ihme unter göttlichem Segen gleich als ein Pfeil ins Herz, und er wurde überzeugt, dass zum wahren Christenthum und Selig-Werden mehr gehöre als eine blosse menschliche Ehrbarkeit und tugendhaftes Natur-Wesen. Mithin fieng er allsobald an, mit allem Ernst den wahren Glauben zu suchen, durch fleissig und andächtiges Lesen Heiliger Schrift und andrer guten Bücher die rechte Erkantnus Gottes und göttlicher Dingen zu erlangen, durch ernstliches Beten und Singen um den überzeugenden Beifall anzuhalten, durch öfteres Seufzen, Hungern und Dürsten nach dem Vertrauen des Herzens und der Versiegelung des Heiligen Geistes zu streben.»[405]

(StA BS Kirchenarchiv T 1.) – In der 1759 herausgegeben Kirchen- und Schulordnung für die Landschaft (der diejenige von 1725 zugrunde lag) wurde nochmals der Gottesdienstbesuch in der eigenen Gemeinde angeordnet und die Beherbergung fremder Lehrer mit Strafe bedroht.

403 J. G. Wallis an Zinzendorf, Aarau, 25.12.1752 (UAH R.19.C.2.a.b.Nr. 66) «[...] sie laufen jetz zu 200 dem Herrn Annony sontags nach Mutiz in die Predigt.»

404 Wallis an Zinzendorf, Bern, 07.04.1753 (UAH R.19.C.2.a.b.Nr. 69) «[...] der Pfarrer Annony ist in grossem Seegen und sind seyd einem Jahr so viel Seelen durch seine Predigten erweckt worden, dass man die Anzahl davon vor viel grösser hält als zu Ihrer und Biefers Zeit. [...]. Die Leute lauffen scharenweise des sontags aus der Stadt nach Mutiz [Muttenz] in die Kirche [...].»

405 Nachlass B VII, S. 399–416 (Abdankungspredigt); 1753 hatte H. J. Racine Annoni mit einem Dukaten beschenkt, und 1754 beschenkte ihn Annoni mit einem Buch von Stehelin und einem Gedicht. (Nachlass B VII, S. 258 und S. 323f.)

Dieser bekehrte Mann war Anfang 1756 in der Muttenzer Kirche während der Kinderlehre verstorben. Annoni diente der denkwürdige Tod als Exempel dafür, dass der Fromme den plötzlichen Tod nicht zu fürchten brauche.

Fromme Basler Familien hielten ihre Söhne und Töchter dazu an, in Muttenz den Gottesdienst zu besuchen. 1753 befanden sich unter diesen auch die beiden für das Theologiestudium bestimmten jungen Männer Christian von Mechel und Johann Rudolf Burckhardt. Im Umgang mit Annoni klärte sich von Mechels eigentlicher Berufswunsch: er wollte Künstler werden. Der Pfarrer vermittelte ihm in Augsburg den Kontakt zu Samuel Urlsperger, durch den von Mechel mit weiteren bedeutenden Vertretern des Hallischen Pietismus in Verbindung kam. Diese Beziehungen hatten einen wesentlichen Einfluss auf von Mechels Frömmigkeit und weitere Laufbahn, wie Briefe an Annoni belegen.[406] Johann Rudolf Burckhardt hingegen wurde durch Annoni in der Wahl des Theologiestudiums offensichtlich bestärkt. Neun Jahre später zog er ins Muttenzer Pfarrhaus, um während 14 Monaten Annoni als Vikar zu dienen. Er heiratete in erster Ehe Esther de Lachenal, eine Enkelin Esther Annonis. Johann Rudolf Burckhardt war es, der nach Annonis Tod dessen Leichenpredigt hielt und Personalia verfasste. Auch verwaltete er Annonis schriftlichen Nachlass.[407] Burckhardt bezeichnete sich als einen geistlichen Sohn des Muttenzer Pfarrers.

Zahlreiche auswärtige Paare liessen sich vom Muttenzer Pfarrer trauen. Es waren häufig Mitglieder angesehener Familien, die in Muttenz Hochzeit hielten. Aber auch Paare aus anderen Landgemeinden kamen zur Trauung nach Muttenz. Zumeist waren es Nachkommen der ersten Pietistengeneration, die untereinander heirateten. Auch wenn bei diesen Hochzeiten in pietistischer Manier Prunk und Glanz vermieden wurde, so waren sie für die Dorfbevölkerung sicher bestaunenswerte Ereignisse. Zu manchen der von ihm getrauten Paare pflegte Annoni enge freundschaftliche Beziehungen, so u.a. zu den Nachkommen des Handelsherrn Johannes Zaeslin-Hagenbach und denen des Hans Franz Sarasin-Fattet.

---

406 Siehe Wüthrich 1958.
407 Burckhardt war dreimal verheiratet. Aus den beiden letzten Ehen hatte er 21 Kinder, von denen 16 das Erwachsenenalter erreichten. Vier seiner Söhne wurden Pfarrer. Von 1766–1769 war Burckhardt Helfer, von 1769–1820 Pfarrer zu St. Peter, weshalb er *Pastor Petrinus* genannt wurde.

Die *Gesellschaft guter Freunde*

Im Nachlass Annonis befindet sich ein Dossier über eine 1756 gegründete *Gesellschaft guter Freunde*, welche als Vorläuferin gelten kann für die 1780 in Basel gegründete *Deutsche Gesellschaft tätiger Beförderer reiner Lehre und wahrer Gottseligkeit*, die spätere *Christentumsgesellschaft*. Es enthält Angaben über Sinn und Zweck der auch als Sozietät bezeichneten Vereinigung und Protokolle aus den Jahren 1757–1760. Erhalten ist auch eine Liste von dreissig Büchern, die der Gesellschaft gehörten.[408]

Es ist anzunehmen, dass der Muttenzer Pfarrer die Gründung dieser Gesellschaft veranlasst hatte und deren geistliches Oberhaupt war. Die von seiner Hand niedergelegten Bestimmungen lauten:

«Im Anfang des 1756ten Jahres hat sich eine Geselschaft von guten Freunden zusammen gethan,
– In der Absicht, nach allgemeiner Christen-Pflicht, Gottes Ehre und der Neben-Menschen Heil zu befördern, und sich unter einander zu erbauen;
– Ihre Meinung ist nicht, sich in Staats- oder Kirch-Sachen zu mischen, als welches sie denen Vorstehern des Gemeinen Wesens überlassen;
– Auch nicht eine neue Religion oder Secte auszubrüten, oder Schwärmereyen aufzubringen;
– Auch nicht über andere erweckte und heilsbegierige Seelen einige Herrschaft zu suchen. Ihr Zweck ist vielmehr, in brüderlicher Liebe mit einander zu stehn, und mit Raht und That, in diesem Pilger-Leben einander zu secundiren und zur ewigen Himmels-Bürgerschaft beförderlich zu seyn;
– Auf die verschiedene frommen Gesellschaften zu Statt und Land (als deren Mitglieder sie sind) zu vigiliren {wachen} und Anstalt zu machen, damit es allenthalben ordentlich, erbaulich, friedlich zugehe;
– Gute Bücher oder Tractätlein, die in der Lehre rein und biblisch sind, und zum wahren Christenthum solide Anleitung geben, unter die Leute zu bringen;
– Denen Armen, Angefochtenen, Verfolgten, Noht-leidenden Neben-Menschen, sonderlich denen redlichen Mit-Christen, fürnemlich im Vaterlande, mit geist und leiblicher Hilfe bejzuspringen;
– Auch andern, welche in der Ferne, unter Heiden, Juden, Türcken und sectirischen Christen, an der Aussbreitung des Reiches Jesu Christi arbeiten, die Hand zu bieten;.
– Die Collectanten aber und andere, welche zu Statt und Land etwan als Lehrer oder Lehrerinnen sich melden möchten, zu grüssen, vom Herumvagiren sie abzuhalten, und wo sie als Falsarii {Verbreiter von Irrlehren} erfunden wurden, auch wohl der Oberkeit zu verzeigen, mithin auf solche Weise manchem Betrug und Lästerung vorzubiegen.

408 Nachlass E IX.

– Einander zu communiciren, was man durch Conversation oder Correspondenz Merckwürdiges vom Reiche Jesu Christi vernimmt, damit es sodenn auch denen übrigen Gesellschaften bekandt gemacht, und allenthalben offentlich und absonderlich in Bitte, Gebet, Fürbitte und Dancksagung verwandelt werde;
– Mithin auch solche Bücher, worinnen die Kirchengeschichte unserer Zeit erzehlet werden, herbej zu bringen, zu lesen und an einem schicklichen Ort zusammen zu stellen, als eine Bibliothec, zu welcher jederman Zugang haben soll, der sich legitimiret hat, dass er den Heiland suche und angehöre, und sich befleisse, sein Licht leuchten zu lassen vor den Leuten.»

Es wurde beschlossen, dass die «Glieder der kleinen Versammlungen» – d.h. der bereits bestehenden Privatversammlungen – vierteljährlich in Muttenz zusammenkommen und sich unter dem Jahr gegenseitig besuchen sollten. Man gedachte, einen eigenen Krankenwärter anzustellen. Ausserdem beabsichtigte die Gesellschaft, mit Samuel Urlsperger in Augsburg und mit Halle zu korrespondieren. Die Korrespondenz sollte Annoni übertragen werden.

Eindeutig ist die Absicht zu erkennen, mit dieser Vereinigung ein Gegengewicht zu den Herrnhutern zu schaffen. Annoni wurde eine Art Schirmherrschaft übertragen. Als weitere Mitglieder werden in den Protokollen genannt die Herren Zaeslin, Iselin, Brenner, Merian, Brand, Grunauer, Keller und Meyery. Dass es sich bei diesen Männern um abgesprungene Herrnhuter gehandelt haben soll, wie der Sendbote Johann Georg Wallis behauptete, dürfte nicht für alle stimmen. Über das weitere Schicksal der Sozietät nach 1760 ist keine Nachricht überliefert, doch scheint sie weiterhin bestanden zu haben, vermachte ihr Annoni doch seine Bibliothek und dazu einen Geldbetrag zum Ankauf weiterer Bücher.

Im Jahre 1766 taten sich nochmals zwölf bis vierzehn Personen zusammen, in der Absicht, sich gegenseitig zu erbauen.[409] Als Seelenhirte sollte ihnen der Kandidat Friedrich Meyenrock dienen.[410] Annoni wurde gebeten, Meyenrock einzusegnen. Dass diese Gruppe einen Zusammenhang mit der zehn Jahre zuvor gegründeten Sozietät hatte, wird aus den Nachlass-Dokumenten zwar nicht ersichtlich, ist jedoch anzunehmen. Sowohl Meyenrock als auch Mitglieder der Sozietät gehörten 1780 zu den Gründungsmitgliedern der *Deutschen Christentumsgesellschaft*.

---

409 Johannes Schäufelin an Annoni, Basel, 29.10.1766 (F II, 766).
410 Annoni schätzte Kandidat Meyenrock und empfahl ihn Johann Georg Im Thurn als Informator für seine Kinder. 1759/60 versah Meyenrock dann diese Stelle.

Die Herrnhuter als Konkurrenz

Seit seinem Umzug nach Muttenz musste sich Annoni in viel direkterer Weise als je zuvor mit den Herrnhutern auseinander setzen, denn nun wurde er ihnen und sie wurden ihm zur Konkurrenz – und dies sowohl in Muttenz als auch in Basel. Es entstand zumindest zeitweise eine Rivalität zwischen den Anhängern Annonis und den *Geschwistern*. Offiziell war es den Herrnhuter Sendboten zwar immer noch verboten, zu Stadt und Land als *Religions-Lehrer* aufzutreten. Da sie aber in einflussreichen Kreisen der Stadt immer mehr Rückhalt fanden, blieben sie weitgehend unbehelligt und gewannen zunehmend Anhänger auch auf der Landschaft. Es waren vor allem die bereits Erweckten, die sich ihnen anschlossen und damit den altbaslerischen Pietisten verloren gingen.

Die Sendboten registrierten aufmerksam Verhalten und Äusserungen des Muttenzer Pfarrers und meldeten ihre Beobachtungen nach Herrnhut. Annonis Haltung ihnen gegenüber galt offensichtlich als ein wichtiger Faktor für die weitere Entwicklung der Gemeine in Basel. Die Meldungen fielen recht unterschiedlich aus. Einmal erschien ihnen der Pfarrer als Konkurrent oder gar Gegner, einmal als wohlgesonnener Mitstreiter für die Sache Christi. Die widersprüchliche Beurteilung dürfte der stets ambivalenten Haltung Annonis ihnen gegenüber entsprochen haben. Die Gründung der *Gesellschaft guter Freunde* wurde von den Herrnhutern eindeutig als Konkurrenzunternehmung interpretiert.

In Muttenz selbst sollen nach dem Bericht des Sendboten Jakob Benjamin Macrait seit 1746 einige Anhänger der Herrnhuter von Basel aus betreut worden sein. «Als hernach der Pfarrer Anoni dahin kam, gabs eine grosse Erweckung, die er auch lange Zeit selbst besorgte und ihnen Versammlungen hielt. Da er aber anfieng, wider die Brüder zu reden und ihnen wehren wollte, mit den Geschwistern in Basel Umgang zu haben, so fielen viele von ihm ab. Auf ihr inständiges Bitten nahm man sich anno 56 ihrer an. Nach und nach hat sich meist alles wieder zusammen gefunden, und der Herr Pfarrer ist auch wieder unser guter Freund und wird von Zeit zu Zeit von Gemeine-Geschwistern besucht. Das dasige Häuflein besteht jezt aus 55 Personen.»[411]

411 Macrait: Kurze Nachricht von dem Anfang und Fortgang der Erweckung in Basel 1732–69 (UAH R.19.C.10.2, unpaginiert). – Als der Bruder James Hutton (Buchhändler aus London) im letzten Quartal 1758 Versammlungen in Muttenz hielt, kamen

Als Zinzendorf 1757 auf seiner letzten Schweizerreise nochmals durch Basel kam, stiess er keineswegs auf Ablehnung. Im Gegenteil, zahlreiche angesehene Persönlichkeiten der Stadt, unter ihnen auch Isaak Iselin und Emanuel Wolleb, suchten das Gespräch mit ihm. Zur versöhnlichen Stimmung mochte auch beigetragen haben, dass auf einer vorangegangenen Konferenz die Herrnhuter *Arbeiter* dazu angehalten worden waren, sich um ein einvernehmliches Verhältnis zu den örtlichen Pfarrern zu bemühen.[412] Hatte der grosse Erfolg der Herrnhuter zu Stadt und Land für Annoni zuweilen auch eine Herausforderung bedeutet, so gelang es doch beiden Seiten, zu einem guten Verhältnis zueinander zu gelangen. Auf diese Weise konnte der Muttenzer Pfarrer das letzte Lebensjahrzehnt frei von Ressentiments verbringen.

Dem grossen Einfluss der Herrnhuter auf die Basler Geistlichkeit konnte sich aber auch Annoni nicht entziehen. Dies zeigt sich am deutlichsten an seiner Sprache. Häufiger als zuvor gebrauchte er deren Schlüsselwörter und sprach vom *Heiland* und *Lamm*, vom *Blut* und von den *Wunden*. Doch vermied er die bei den Herrnhutern beliebte Verkleinerungsform. In seinen Predigten versicherte Annoni die Sünder der Gnade, sofern sie den Heiland nur aufrichtig um sein Erbarmen bäten. Mit dem Gedicht *Jesus der wahrhaftige Sünder= Freund* verkündigte er die Gnadenbotschaft in einer Weise, als hätte er die Herrnhuter hierin übertreffen wollen. Schien der Weg zur Vergebung der Sünden und Gewissheit der Gnade auch leichter begehbar geworden zu sein – vom Busskampf war nie mehr die Rede –, so glich er doch nach wie vor einem schmalen Steg über dem Abgrund ewiger Höllenstrafe.

60–80, gelegentlich sogar 100 Teilnehmer. Vor den Versammlungen besuchte Hutton stets Annoni. (Reichel 1990, S. 116.) – 1760 zählte Annoni in seiner Gemeinde allerdings nur 15 Mitglieder der Herrnhuter. (Nachlass E VIII.) Diese Zahl dürfte stimmen, denn die «Liste der Geschwister und Freunde zu Stadt und Landschaft Basel 1759.» (UAH R.19.C.Nr. 2.a 1) weist sechs Ehepaare auf.

412 Reichel 1990, S. 111: Zu den Grundregeln der Diasporaarbeit gehörte seit dieser Konferenz die Devise: «Solange ein Prediger den Namen noch hat, dass er den Heiland und sein Verdienst predigt, so muss man ihm nachgehen und Connexion unterhalten, und wenns auch nur durch ganz ordinaire visiten geschähe. Denn man kan mit seinen Leuten keine rechte ungefährliche Gemeinschaft haben, wenn man sie nicht auch mit ihm hat [...]. Und die Welt muss nie differenz und Uneinigkeiten unter Kindern Gottes wahrnehmen.»

Annonis Urteil über einen Selbstmörder und eine *unzeitige Niederkunft*

Neben den mannigfachen alltäglichen Pflichten, die es zu erfüllen galt, gab es mehr oder weniger ausserordentliche Ereignisse, die einem Pfarrer zu schaffen machten, z.B. die Abklärung eines Selbstmordes oder einer *unzeitigen Niederkunft*.

Im Februar 1749 hatte Annoni dem Landvogt über einen vorgefallenen Selbstmord zu berichten. Der Selbstmord galt als ein schweres Verbrechen. Gelang er, so wurde der Leichnam ausserhalb des Friedhofs ohne kirchlichen Segen begraben. Derjenige, dem ein Selbstmordversuch misslang, musste mit schwerer Strafe rechnen.[413] Allerdings gaben einzelne Fälle immer wieder Anlass zu differenzierten und milderen Urteilen, so wenn ein Selbstmörder unter Schwermut oder religiösen Skrupeln gelitten hatte oder unverschuldet in grösste Not geraten war.[414] Doch galt es im allgemeinen Urteil als eine Schande, einen Selbstmörder in der Familie zu haben. Im September 1741 hatte der Antistes ein Schreiben an die Pfarrer des Homburger und Waldenburger Amtes verschickt, in welchem diese dazu ermahnt wurden, den aus Schwermut begangenen Selbstmord der Untertanen zu bekämpfen, sich vermehrt der Schwermütigen und Selbstmordgefährdeten anzunehmen.[415]

---

413 Vgl. Nachlass B IX, April 1764: «Über einen frömden Handels-Bedienten, der aus Schwermuth in den Rhein gesprungen, aber wieder glücklich gerettet, im Zuchthaus danach verwahret, und endlich nach Hause gesandt worden. Er hiesse Emanuel Gerold, aus dem Wirtenbergischen». Zu diesem missglückten Selbstmordversuch in Basel verfasste Annoni einen Reim: «Du arm und blödes Schaf, bist in den Rhein gesunken [...],»

414 1729 hatte Annoni und seine Freunde der Selbstmord des frommen Kandidaten Bretschin, Senior am Basler Kollegium Erasmianum, sehr stark beschäftigt. Dessen Abschiedsbrief hatte gelautet: «Ihr alle die ihr von meinem unglücklichen Vernehmen höret, ach, urtheilet nicht fälschlich über mich. Es hat mich Ellenden hiezu nicht etwann eine Sünd, sondern lediglich ein elendes Temperament und eine bestündige Unruh in meinem kranken Leib und Gemüth gebracht. Ach, vergebet mir alle, die ich hierdurch beleidige. Ich hoffe, ich werde meine Hölle auf der Welt gehabt haben. Ach Herr, mein Gott, verzeihe mir meine Sünden.» B. Holzhalb an Annoni, Zürich, 30.01.1729 (F II, 303). – Im selben Jahr hatte sich Maria Magdalena Hebdenstreit gen. La Roche-Brandmüller im Rhein ertränkt, ein Fall, über den auch die *Geistliche Fama* berichtete (XII. Stück. 1734, S. 93–112).

415 StA BS Kirchenakten A 12, Nr. 15a: «Circulare des Antistes betreffend die Warnungen vor dem Selbstmorde, und die wachsame Aufsicht auf einreissenden Separatismus».

212 Über den Muttenzer Fall berichtete Annoni:

«Der unglückselige Pfirter, ein Mann von 63 Jahren, war ein starcker Wein- und Brantenwein-Sauffer, der sich darinnen fast alltäglich vergangen und dann mit Poltern, Fluchen und Schwören noch greulich versündiget hat. Nicht nur soll er zum öftern in seinen Reden mit dem Selbsmord gedrohet haben, sondern er wolte auch schon zu verschiedenen malen zur Sache schreiten.

Und so ist es endlich gestern morgens Ernst geworden, da er namlich vor Tag aus dem Hauss gegangen und vermuhtlich aus Ungedult (weilen er etliche Tage über Schmerzen im Leibe geklagt) sein Leben unseliger Weise in der Lettengrube geendet hat.

Er ist als ein wircklicher Selbsmörder anzusehn, der sich durch ein brutales Wesen solch böses Ende zugezogen und mithin auch seinen Angehörigen, wie vermuhtlich, mehr Schulden als Mittel zum Erbtheil hinterlassen hat.

So sehr ich nun wünsche, dass bemeldten Angehörigen zu Trost (als von welchen allen ich bissher nichts Böses vernommen) diese ärgerliche Leiche in der Stille beerdigt werde, so sehr wünsche ich doch auch, dass es nicht auf hiesigem Kirchhof geschehen möge.

Der Selbsmord ist (wie ich vernehme) in Mutenz ziemlich gemein [allgemein], wozu das unmässige Wein- und Brantenwein-Sauffen vieles contribuirt. Seit wenigen Jahren ist dies die 5te Person, die auf solche Weis in die Ewigkeit gegangen. Einer davon, namens Spenhauer, war des jezigen Delinquenten Bruder von der Muter her. Ein anderer leiblicher Bruder lebet noch und da derselbe auch schon dergleichen Sprünge gemacht und mit Sauffen, Fluchen und ärgerlichen Worten immer fortfahret, so besorget man in hiesiger Gemeinde, auch von ihme (welches der Herr Gott in Gnaden abwende) einen gleich traurigen Ausgang.

Dergleichen Umstände, zusamt der Betrachtung, dass in unserem Dorf leider! noch viele Polterer, Trunckenbolde und Übelhauser [schlechte, verschuldete Hausväter] zu finden sind (wie meinem hochgel. Herrn Landvogt besser als mir selbsten bekandt, sintemalen ich hier noch ein Neuling bin) erheischen meines unmassgeblichen Erachtens ein reiffes Aufmercken und eine hinlängliche Remedur.»[416]

Auf Anordnung des Landvogts wurde der Leichnam unter dem Galgen verlocht. Am folgenden Sonntag behandelte der Pfarrer diesen Fall in der Morgenpredigt und Kinderlehre. Es ist anzunehmen, dass er ihn seinen Zuhörern mit krassen Worten als abschreckendes Exempel vor Augen stellte mit der Schlussfolgerung: Wer sich so mit

---

[416] Nachlass B VII, S. 78–83.

Trinken und Fluchen versündige, müsse ein schlimmes Ende nehmen. Das sei die gerechte Strafe Gottes.

Kaum war der Fall um den skandalösen Selbstmord abgeklungen, musste sich Annoni vor dem Ehegericht rechtfertigen, da er einen Fall einer *unzeitigen Niederkunft* nicht gemeldet hatte. Als Hüter über die Einhaltung der Ehegerichtsordnung hatten die Pfarrer und Bannbrüder darüber zu wachen, dass den festgeschriebenen obrigkeitlichen Moralvorstellungen nachgelebt wurde. Bekannt gewordene Verstösse mussten sie anzeigen. Beim Eintrag einer Erstgeburt in das Kirchenbuch konnte auch ein Blick auf das Hochzeitsdatum aufschlussreich sein.[417]

In einem ausführlichen Schreiben nahm Annoni Stellung zu diesem Thema. Auf der Landschaft stünde es so übel, meinte er, «dass vermuhtlich wenige junge Eheleute zusammen kommen, welche sich nicht durch frühzeitigen Beischlaf versündigen. Wann denn die Fürgesezten oder Unterbeamte nicht drauf mercken, oder es nicht verzeigen, so kans ein Pfarer unmöglich wissen, es seye denn, dass eine merckliche Schwangerschaft oder ärgerliche frühzeitige Niederkunft ihm die Augen öfnet. Wozu noch kommet, dass fehlbare Leute ihr Vergehn öfters durch Copulation [Heirat] an frömden Orten zu vertuschen suchen.» Dass er seine Pflicht ernst nehme, würden seine zahlreichen Verzeigungen aus Waldenburg belegen. Allerdings, so relativierte er seine Aussage, würde er bei wenig eklatanten Fällen und bei Leuten, die ihre Sünden bereuen, keine Anzeige erstatten. So würden es seine Amtsbrüder auch handhaben.[418]

Demnach verhielt sich Annoni in dieser Frage zurückhaltend. Er wusste nur zu gut, dass selbst die Frommsten den *Begierden des Fleisches* erlagen. Immer wieder geschah es, dass Pfarrer wegen *frühen Beischlafs* für eine gewisse Zeit in ihrem Amt eingestellt wurden. Es hatte einiger Fürsprachen bedurft, bis der fehlbar gewordene Schwager Peter Dachselhofer in Biel zum Pfarramt zugelassen wurde.[419]

---

417 Vgl. Simon 1981, S. 234–250 und Schnyder-Burghartz 1992, S. 264–274.
418 Nachlass B VII, S. 84–87.
419 Matthias Pauli, Massmünster, an Annoni, 12.02.1728 (F II, 671): Frau von Planta «bezeuget insonderheit mit mir ihr hertzliches Mitleiden über der Ungelegenheit, die sich mit dessen älteren Schwester Maria Salome zugetragen». Gott liesse das Böse nicht zu, wenn er nicht das Gute damit bewirken wolle. «Dessen unendliche Gnade und innigste Erbarmung über dem Verderben seiner Geschöpfe walte auch hierinnen mächtiglich.» Der Mensch sei sündig und verderbt von Kindheit an.

Auch die Vaterschaft Beat Holzhalbs, die seinerzeit viel zu reden gegeben hatte, mochte als Warnung gedient haben, allzu rasch den Stab über Gefallenen zu brechen.

Wie er in seinem Schreiben niederlegte, befürwortete Annoni im Falle einer *unzeitigen Niederkunft* ein pragmatisches Vorgehen. Allerdings erwartete er von den Schuldigen Einsicht in ihre Sündhaftigkeit, Reue und Busse. Die städtische Obrigkeit gab den Kampf gegen die als *Unmoral* gescholtenen traditionellen Vorstellungen über Sexualität und Eheanbahnung nicht auf. Am 1. Juni 1766 mussten die Landpfarrer wieder einmal ein Verbot des Gadensteigens von den Kanzeln verlesen.[420]

Annonis Gutachten über die Ursachen dörflicher Missstände

Im Frühjahr 1765 wurden die Landpfarrer vom Antistes dazu aufgerufen, Stellung zu nehmen zur «immer mehr einreissenden Trunckenheit, woher dieses Übel entstehe und wie demselben zu steuren wäre». In seinem Gutachten[421] hielt Annoni fest, dass die Trunksucht während seiner Muttenzer Zeit nicht zugenommen habe, wohl aber die Zahl der Lumpen und Übelhauser. Für diese missliche Entwicklung nannte er zehn Ursachen, die er zum Teil in längeren Abhandlungen darlegte, nämlich:

1. Den Teufel, «der immer darnach trachtet, wie er die armen Menschen auf seinem Grund und Boden behalten, ja nach Beschaffenheit der Zeiten und Länder, je länger je mehr vereitlen und bestricken möge».

2. Den schlechten Einfluss der Städter auf die Landbevölkerung. Die Landleute würden das üble Vorbild, welches die Städter böten, imitieren.

3. Die schlechten Prediger und Schulmeister, «wenn solche ihr Handwerck nicht verstehn oder doch nicht klüglich und ernstlich treiben, ja wohl gar böse Exempel abgeben».

4. Die Landvögte, die weder Pfarrer, Schulmeister noch Unterbeamte in ihrer Aufgabe unterstützten, sondern nur auf ihr eigenes Wohl bedacht seien.

---

420 Das Gadensteigen war eine brauchtümlich geregelte Form des nächtlichen Besuchs junger Burschen bei ihrem Schatz. Es spielte eine wichtige Rolle bei der Eheanbahnung.
421 Nachlass F II, 614. Hierbei handelt es sich um ein mehrfach von Annoni korrigiertes Manuskript. – Eine Abschrift des Gutachtens – allerdings ohne Nennung des Autors – liegt auch vor in: VB Mscr. P 27 b, Nr. 4 (UB Basel).

5. «Das Aussbleiben der Hoch-oberkeitlichen Execution gegen die Fehlbarn».

6. Die Missachtung der Sonn- und Feiertags-Gebote.

7. Die Wirte und Branntweinbrenner, welche den Alkoholkonsum anheizten.

8. Die Fabriken, welche die Arbeiter zu leichtsinnigen Geldausgaben und zur Vernachlässigung der Landwirtschaft verleiteten.

9. Die verschwenderischen Hochzeiten, durch die sich die Leute auf Lebzeiten verschuldeten.

10. Die sich breitmachende Kleiderpracht, die sich auch in den neu eingeführten Uniformen zeige.

Zur Behebung der Missstände nannte Annoni zusammengefasst folgende Mittel: die Besetzung der Ämter durch wahrhaft christlich gesonnene Personen, die konsequente Durchsetzung aller Mandate und die härtere Bestrafung aller Missetäter. Das Wichtigste aber sei: «Omnia cum Deo et nihil sine eo. / Omnia cum Christo et nihil sine isto.»[422]

Seinem früheren Vikar Johann Rudolf Burckhardt berichtete Annoni über sein Gutachten: «Das Zeugnüs der Warheit, so ich neulich auf obrigkeitlichen Befehl eingelegt, haben sie empfangen. [...] Deutsch genug! Mir war lieb, einmal Gelegenheit zu haben, meinem Herzen ein wenig zu räumen. Wie ich vernommen, habens die Herren Häuptern nicht übel genommen. Herr Antistes aber war überaus content [zufrieden].» Er, Annoni, hoffe auf eine gänzliche Reformation der protestantischen Kirchgemeinden. «Doch auch hier rumort der Teufel, dessen Hörner-Stösse und Schlangen-Geyfer, samt Welt-Undank und eignen Misstritten uns dennoch den Muht nicht nemmen sollen. Courage und Geduld! Es muss also gehen.»[423]

---

422 Alles mit Gott und nichts ohne ihn. / Alles mit Christus und nichts ohne diesen.
423 Annoni an Burckhardt, Oktober 1765 (F I, 63).

Die Visitation von 1765

In den Jahren 1763–65 wurden nach langem Unterbruch die Kirchen und Schulen auf der Landschaft wieder einer Visitation, d.h. einer Prüfung, unterzogen. Dies geschah nach einem vorgegebenen Ritual und Fragenkatalog. In Muttenz fand die Visitation am 22. September 1765 unter der Leitung von Johann Jakob Wagner, Pfarrer von St. Leonhard, statt.[424] Das Protokoll führte Daniel Bruckner, Grossrat und Registrator. Anwesend war auch der damalige Landvogt Hans Bernhard Sarasin. Auskünfte wurden eingeholt über den Pfarrer, dessen Vikar Samuel Wettstein, den Lehrer Jakob Burckhardt, die Unterbeamten und die Bannbrüder. Die Visitation begann mit einer vom Vikar gehaltenen Kinderlehre, woraufhin die 80 Schulkinder examiniert wurden.

Die Prüfung der Schulkinder und aller Erwachsenen dürfte zur Zufriedenheit der Fragenden ausgefallen sein, denn keiner der Befragten hatte sich grober Verstösse gegen die Kirchenordnung schuldig gemacht. Der Vikar gestand, in den Fürbitten die Titulatur der Herren Häupter zu verkürzen, und Annoni gab zu, im Besuch der Schule etwas *liederlich* zu sein. Über die Gemeinde äusserte sich Annoni – allerdings mit Einschränkungen – positiv: «[...] wenn keine Lumpen im Dorf wären, so wäre es ein braf Dorf.» Auf die Frage, wie er den Zustand der Gemeinde im Hinblick auf das Christentum beurteile, antwortete er: «Es bestehe meistenteils in einem moralischen Wesen, aber zu einem wahren Christentum gehöre etwas Mehrers und eine wahre Liebe zum Heiland. Liederliche Leute sollten von der hohen Obrigkeit ernstlicher bestraffet werden.» Auch diejenigen, welche den Sonntag entheiligten, sollten härter bestraft werden, «sonsten gehe es nicht gut und werden keine gute und fromme Underthanenen gepflanzet.»

Die Befragung der Unterbeamten und Bannbrüder ergab, dass Leute in der Gemeinde wohnten, die seit zehn und mehr Jahren nicht mehr am Abendmahl teilgenommen hatten und dass viele Leute vor den Predigten ihren Geschäften nachgingen. Sie wünschten sich, dass die Konfirmanden eher im Winter als im Sommer unterrichtet würden, dass das Schwören sowie das Ausschenken von Branntwein vor

---

424 StA BS Kirchenakten E 3 Nr. 26. Schul- und Kirchenvisitation. – Wagner war kurze Zeit Annonis Vikar in Waldenburg gewesen. Annoni bezeichnete ihn als einen guten Freund.

der Predigt härter bestraft würden und dass der Pfarrer noch selbst predigen könne.

Die Frage, ob es Wiedertäufer, Separatisten oder Schwärmer in der Gemeinde gebe, konnte verneint werden.

Die Sorge um die Seelen

Seit dem Auftreten der Pietisten und Separatisten zu Beginn des 18. Jahrhunderts waren die Pfarrer immer wieder ernsthaft dazu ermahnt worden, vermehrt Hausbesuche durchzuführen. Diese sollten nicht nur der Seelsorge, sondern auch der Kontrolle dienen. In seinem Gutachten über die Zunahme der Übelhauser hatte sich Annoni darüber beklagt, dass es einem Pfarrer kaum noch möglich sei, dieser wichtigen Aufgabe nachzukommen. Werktags seien die Leute an der Arbeit, und sonntags, nach den zwei Gottesdiensten, seien die Männer zu militärischen Übungen aufgerufen oder sonst ausser Haus. Annoni plädierte dafür, mit der Sonntagsheiligung ernst zu machen und die militärischen Aufgebote zu reduzieren.

Annoni machte nicht nur eifrig Hausbesuche, er liess sich darüber hinaus von den Bannbrüdern über seine Gemeindemitglieder informieren. Dabei war er sich der Zwiespältigkeit seiner Funktion sowie der heiklen Rolle seiner Gewährsleute bewusst. In einer Predigt versuchte er, dem ihm und den Bannbrüdern entgegengebrachten Misstrauen zu begegnen, indem er erklärte, ein guter Pfarrer müsse sich doch erkundigen,

> «wie sich dieser und jener haltet und aufführet, und eben darum gibt man den Pfarrern Bann=Brüder zu, die auf die Gemeine Achtung geben sollen, und denn trachtet ein Pfarrer etwann auch von andern Nachricht zu bekommen, damit er nicht betrogen werde. Es ist aber erbärmlich, wenn man diejenigen vor Verräther ansiehet und einen Hass auf sie wirft, welche etwann in dem Pfarr=Hauss aus und eingehen. Wenn ich mich nach denen Umständen meiner Gemeine erkundige, warum thue ich's? Ist es nur um leibliche Güter zu thun? Ach nein, aber ich möchte euch gerne recht kennen, damit ich auch weiss, wie ich euch begegnen solle, denn was würde es euch helfen, wenn ich euch Warmes gebe und ihr hättet Kaltes vonnöthen? Wie kan ich aber wissen, was euch fehlet, wenn ich euch nicht kenne und wie kan ich es alleine erschwingen, eine so grosse Gemeine kennen zu lernen. Ich begehre euch nicht in Ungelegenheit zu bringen, und Gott behüte euch davor, dass ich euch verrathen solle, wenn ich etwann höre, dass es in ein= oder der anderen Hausshaltung nicht ordentlich zugehet. Ich möchte nur einen Haag um euch machen, dass ihr nicht in die Grube fallet. Ich rede es als vor dem all-

wissenden Gott, es ist mir nur um euer Heil zu thun, und das ist allezeit mein Zweck.»[425]

Anlässlich der Visitation wurde Annoni auch befragt, ob er bei seinen Hausbesuchen das Vorhandensein von Bibeln, Neuen Testamenten und Gebetbüchern kontrolliere. Dieses konnte er guten Gewissens bejahen. Gemeinsam mit dem Vikar würde er in alle Häuser gehen, die vorgefundenen Bücher aufschreiben und auch Bücher austeilen. Allerdings hätte er feststellen müssen, dass die angetroffenen Bücher alle staubig und schmutzig, d.h. ungebraucht, gewesen seien.

Ein im Nachlass vorhandenes Familienregister belegt des Pfarrers Aussage. Er hatte es 1760 angelegt und noch in seinem Todesjahr 1770 ergänzt.[426] Darin sind alle erwachsenen Einwohner mit Altersangabe eingetragen, Haus für Haus, Strasse für Strasse. Bei allen Haushaltungen ist die vorgefundene religiöse Literatur verzeichnet. Zudem wurde festgehalten, wenn es sich bei den Personen um Pietisten, Herrnhuter, vom Abendmahl Ausgeschlossene oder Uneheliche handelte. Vereinzelt wurden auch abgekürzte lateinische Bezeichnungen für streitsüchtig, geizig, fanatisch und dumm notiert. Annoni kannte also seine Schafe und wusste, welch geistliche Nahrung sie zu sich nahmen oder eben verstauben liessen.[427] Seine eigenen Schriften waren besonders häufig anzutreffen.

Dem Seelsorger und einstigen Informator lag die religiöse Erziehung der Jugend ganz besonders am Herzen. Dass er die Gabe besass, Kinder und Jugendliche zu überzeugen, hatte sich schon mannigfach erwiesen. Sein gründlicher Konfirmandenunterricht wurde selbst in der Stadt zur Kenntnis genommen. So schrieb der ehemalige Landvogt Linder in seine Chronik: «Sontags den 26 d. [Mai 1754] haben in Mutentz 17 Bauren Knaben und Töchtern, die willens, auf Pfingsten das Heilige Nachtmahl zu empfangen, in einem zweystündigen Examen stehend ihr Glaubens Bekantnus ablegen, daraus man hat abnehmen können, wie sehr sich Herr Annone das Heil dieser Seelen durch vielen Fleiss und Arbeit hat angelegen seyn lassen und billig nachzuahmen wäre».[428] Für den Katechismus-Unterricht hatte An-

---

425 Predigt vom 29.09.1754 über Johannes 2,22–25 (Nachlass C II 5, fol. 32r).
426 Nachlass E VIII Familien-Register der Pfarrgemeinde Muttenz.
427 Ob neben den religiösen Schriften auch profane vorhanden waren und nur nicht aufgeschrieben wurden, geht aus den Aufzeichnungen nicht hervor. Denkbar wäre auch, dass nicht erlaubte Literatur vor der Inspektion versteckt wurde.
428 Linder 1796 Bd.1, S. 306 (UB Basel Ki. Ar. 84a). – Zu Annonis Konfirmandenunterricht siehe: Burckhardt-Seebass 1975, S. 70, 79f., 82.

noni eine eigene Schrift zusammengestellt mit dem Titel *Heiliges Kinder=Spiel, Oder Erbauliche Fragen und Antworten, Reimgebetlein und Lieder, Gesammelt und zum Druck befördert für Kindliche Herzen.*[429] Allerdings durfte diese Schrift das offiziell vorgeschriebene Nachtmahlbüchlein nicht ersetzen.

Anlässlich der 1765 durchgeführten Visitation war zu erfahren, dass der Pfarrer den Konfirmandenunterricht im Beisein des Vikars selbst erteilte. Auf die Frage, wieviel Zeit man zu dieser Unterweisung anwende, lautete die Antwort: «Der Herr Pfarrer lasse sich gar keine Zeit reuen, und er erbaue sich dardurch selbsten, auch segne es Gott bey vielen». Auf die Frage: «Ob auch die Jugend wol geprüffet werde, ehe man sie zu dem Heiligen Abendmal hinzu lasse?» lautete die Antwort: «Herr Pfarrer sagt freylich Ja. Man thue alles, ärgerliche Kinder werden zurückgehalten, biss sie gerühret werden, bleiben darauf etwann ein Jahr lang feine Leute, biss sie nach und nach wider verwildern.»

Es wurde auch danach gefragt, ob der Pfarrer die Kranken besuche. Auch dies wurde bejaht. Sobald die Nachricht eintreffe, dass jemand erkrankt sei, würden Pfarrer oder Vikar die erkrankte Person aufsuchen. Auf die Frage: «Wie der Zuspruch und Gebätt bey derselben eingerichtet werden?» lautete die Antwort: «Nach des Patienten Umständen schreibe man ihme ein Recept durch Ermahnung, Zuspruch, Vorhaltung seiner Sünden und Zustandts». Sicher lagen Annoni Krankenbesuche ganz besonders am Herzen. Zu einer Zeit, in der Krankheiten oft rasch zum Tode führten, galt es nichts zu versäumen, um eine Seele zu retten.

Erkrankten aus dem Basler Freundeskreis, denen er keinen Besuch abstatten konnte, schickte Annoni üblicherweise ein Gedicht. Mit seinen Versen wünschte er den Patienten, auch Kindern, aber kaum einmal gute Besserung. Statt dessen versuchte er, sie auch auf diesem Wege auf ein seliges Sterben vorzubereiten. Er tröstete sie mit dem Gedanken, dass sie nun bald am himmlischen Hochzeitsmahl teilnehmen dürften.

Johann Rudolf Burckhardt, der ein Jahr lang als Vikar in Muttenz gewirkt hatte, würdigte anlässlich des Abdankungsgottesdienstes insbesondere Annonis Eifer als Seelsorger. «Sein Hauss und sein Hertz stund allen heilsbegierigen Seelen immer offen, und ich habe

---

429 Zu finden im Bischoffischen Buchladen, 2. Auflage 1753, 4. Auflage 1776. – Im Nachlass sind zwei von Annoni niedergeschriebene *Fragenbüchlein* und andere Unterlagen zum Katechismus-Unterricht erhalten. (Nachlass C VI 1–5.)

ihn oft gehört es beklagen, dass mehr Leute aus der Statt als aus seiner eigenen Gemeine Raht zu ihrer Seligkeit von ihme begehrten.»[430] Die Zurückhaltung der Muttenzer lag sicher in der dem Pfarrer übertragenen Kontrollfunktion begründet. Wie sehr Annoni das Seelenheil seiner ihm anvertrauten Dorfbewohner am Herzen lag, das bezeugen seine Predigten. In den Gottesdiensten hatte er die Möglichkeit, sich an alle zu wenden, auch an diejenigen, die ihm eher misstrauisch gegenüberstanden.

Die Predigten

Mit welcher Gewissenhaftigkeit Annoni seine Aufgabe als Prediger wahrnahm, lässt sich an seinen Aufzeichnungen ablesen. Von all seinen Predigten, die er zwischen 1719 und 1749 hielt, sind sorgfältig niedergeschriebene Konzepte erhalten. Dazu notierte er, wann und wo er die jeweilige Predigt gehalten hat. In dichter Folge sind die

---

430 Nachlass A II 5, fol. 12v.

Frontispiz und Titelblatt aus:
Abraham Kyburz:
Catechetische Kinder=Bibel ...
2. Auflage. Zürich 1763.
Der Pfarrer führt seinen Zuhörern das Zweiweg-Bild vor Augen, auf welchem der breite Weg zur Hölle und der schmale Weg zum himmlischen Jerusalem führt.

Muttenzer Predigten aus der Zeit zwischen 1754 und 1758 in Nach- bzw. Mitschriften überliefert, die Hans Franz Socin aus Basel anfertigte. Dieser damals zwischen dem 28. und 32. Lebensjahr stehende Kaufmann muss einen beträchtlichen Teil seiner Zeit in der Muttenzer Dorfkirche verbracht haben. Getreulich protokollierte er Sonntags-, Feiertags-, Wochentags-, Hochzeits- und Leichenpredigten, sowie zahlreiche Kinderlehren und Betstunden.[431]

Annoni bevorzugte die Zwinglische Tradition, in zusammenhängender Folge ganze biblische Bücher auszulegen. So hatte er in Waldenburg das Matthäus- und das Markus-Evangelium erklärt. In Muttenz behandelte er das Lukas-Evangelium und die Apostelgeschichte und als letzte grosse Folge zwischen 1754 und 1758 das Johannes-

---

431 Nachlass C I–IV Predigten. Das Nachlass-Verzeichnis schlüsselt den Bestand genau auf. Von Annonis Hand stammen Aufzeichnungen zu ungefähr 400 Predigten. Von H. F. Socin stammen Nachschriften von ungefähr 180 Predigten. Weitere 80 Predigtnachschriften von unbekannter Hand sind weitgehend identisch mit den Aufzeichnungen Socins.

Catechetische
Kinder-Bibel,
oder heilige
Kirchen- und Bibel-Historien,
In einem ordentlichen Zusammenhang, nebst einfaltigen Rand-Fragen, reichlichen Lehren und gottseligen Betrachtungen, sonderlich zum Dienst und Nutzen der lieben Jugend heraus gegeben von
Abraham Kyburz,
Prediger des Göttlichen Worts.
Erster Theil.
Bestehend in LXXXII. Historien Alten Testaments,
Mit einer Vorred begleitet von
Joh. Fridr. Stapfer,
Pfarrer zu Ober-Diesbach, im Canton Bern.
Zweyte, verbesserte Auflage.
Mit Hoch-Lobl. Stands Bern gnädigstem Privilegio.
Zürich, getruckt in Bürgklischer Truckerey, 1763.

Evangelium.[432] Anhand der letztgenannten Predigtreihe sollen einige charakteristische inhaltliche und stilistische Merkmale von Annonis Predigten aufgezeigt werden.[433]

Der Pfarrer gliederte seine Predigten in einen kurzen *Eingang* [Einleitung], dem dann die wesentlich längere *Verhandlung* [Auslegung] folgte.[434] Wenn er auch vom Bibeltext ausging, so gelangte er doch sehr schnell zu seinem eigentlichen Thema, das in immer wieder neuen Variationen vorgetragen wurde: die Notwendigkeit der Bekehrung. Annoni ging es allein darum, seine Zuhörer zur Umkehr zu bewegen. Der von August Hermann Francke einst vorgezeichnete Weg zur Wiedergeburt (Erkenntnis – Reue – Busskampf) erschien in Annonis Predigten nun oft um die Station des Busskampfes verkürzt. Wer sich seiner Sünden bewusst geworden sei und ein ernsthaftes Verlangen nach Jesus habe, der sei bereits auf dem rechten Weg zum Heiland.

«Ich suche nur, euch an Jesu gläubig zu machen, thut und macht sonst, was ihr wollt. Ihr gehet verlohren, wenn nicht Jesus Christus durch den Glauben in euren Hertzen wohnt. Habt ihr aber diesen Glauben, so kan euch kein Teufel verdammen, dann könnt ihr singen: Jesus, Jesus, nichts als Jesus, soll mein Wunsch seyn und mein Ziel, / jetzund mach ich ein Verbündnuss, dass ich will, was Jesus will, / denn mein Hertz mit ihm erfüllt, / ruffet nur Herr! wie du wilt.»[435]

«Es ist gut, von Tugenden und Lastern predigen, aber noch besser von Jesu. Mit anderen Sachen kann man sich lange schmücken und wird doch nicht fertig. So verwundert Euch denn nicht, wenn ich in allen Predigten von Jesu rede. Ich kann nach der Überzeugung meines Hertzens nicht anders thun. Ich trachte euch alle Feigen=Blätter wegzureissen, denn es ist kein andrer als Jesus. Sihe! heisst's hier, das ist Gottes Lamm. Anderst könnt ihr nicht selig werden, bis ihr Jesum habt und im Hertzen empfindet. Nur Eines, nur Eines, nur Eines ist Noth, zum christlichen Leben, zum seligen Tod.»[436]

---

432 Dass Annoni das Lukas-Evangelium und die Apostelgeschichte behandelt hatte, erwähnte er in seiner ersten Predigt über das Johannes-Evangelium. (Nachlass C II 30, fol. 1r.)
433 Nachlass C II 30. – Herrn Dr. phil. Nicolaj van der Meulen, Basel, danke ich herzlich dafür, dass er mir seine Transkriptionen der Johannes-Predigten zur Verfügung stellte. – Die Predigten über Johannes 1,1–42 sind publiziert in: Sammlungen für Liebhaber christlicher Wahrheit und Gottseligkeit. 13.–15. Jg., Basel 1795–1797.
434 Das klassische Predigt-Schema lautete: Einleitung (exordium) – Hauptteil (argumentatio) – Zurückweisung der Gegenargumente (refutatio) – Bezug zur Lebenswirklichkeit (applicatio) – Epilog (Nutzanwendung oder Zusammenfassung/doctrina oder peroratio).
435 Nachlass C II 5, fol. 4v. – Das Lied «Jesus, Jesus [...]» erschien im *Erbaulichen Christenschatz*. 5. Aufl. 1756, Nr. 202.
436 Nachlass C II 30, fol. 15r. – Annoni war der Verfasser des Lieds «Eines, nur Eines [...]».

Diejenigen, die sich trotz allen Lockens und Mahnens nicht auf den rechten Weg machen wollten, galt es schonungslos vor den Folgen zu warnen. Die Aussicht auf die ewigen Höllenstrafen sollte sie zur Umkehr treiben. Annoni, der schon in jungen Jahren das *scharfe* Predigen befürwortet hatte, drückte sich unmissverständlich aus. Auf die rhetorisch gestellte Frage «Wer seid ihr?» gab er zur Antwort, dass es in seiner Gemeinde vier Gruppen gäbe:

«Erstlich gibt es ganz dornige und ruchlose, böse Hämmel, die in der Wüsten herumlauffen. Diese frage ich, wer seyt ihr? Antwortet nur teutsch heraus: Höllenbrände sind wir, lachet und spottet so lang ihr wollt, es wird euch einmal gereuen.

Zweytens habe ich pharisäerische Bettler und davon nicht wenig. Das sind Leuthe, die es nicht so grob machen, die da sagen: Gott seye es unterwiesen, ich bäte, singe, gebe Almosen, gehe fleissig in die Kirche etc. Diese frage ich auch: Wer seyt ihr? Antwort: Wir sind Pharisäer [...].

Drittens gibt es ein Häufflein, denen es in der Welt nicht mehr wohl [ist] und die da mercken, dass die Welt eine Wüste ist. Diese erkennen ihr Elend, sie hungern und dürsten nach Jesu, müssen ihme nach. Diesen ruffe ich auch zu: Seyt nur allezeit gute Schäfflein. Ihr seyt zwar noch nicht selig, aber ihr seyt doch auf dem Weg der Seligkeit, fahret nur fort zu suchen, biss ihr Jesum habt, ehe ihr aus der Welt geht. Suchet nur gute Schäfflein zu Gespanen, und suchet denn miteinander den Brunnen. So wahr als Gott lebt, so wahr als die Bibel ist, so wahr ich ein Johannes bin, es wird euch gelingen.

Die vierte Gattung sind diejenigen, welche Jesum würcklich überkommen, die da gesucht und gefunden haben. Diese wissen, was seine Taufe, was seine Liebe ist und was für ein süsser Trank sein Blut ist, denen Jesus seine Weissheit, Gerechtigkeit, Heiligung und Erlösung geschencket. Dergleichen Seelen hat es auch hier, ich zweyffle nicht daran. Aber es sind derer sehr wenige. Nun, diesen ruffe ich zu: Haltet, was ihr habt und suchet immer mehr zu bekommen, machet durch einen liebreichen und erbaulichen Umgang auch andere gelustig und werdet nicht müde, an ihnen zu arbeiten. Der Herr aber würcke selbsten in uns allen alles Wollen und Volbringen nach seinem Wohlgefallen, Amen.»[437]

Es bekümmerte den Pfarrer, dass mit den Jahren der Geist der Erweckungen erloschen war:

«O, dass ich euch doch alle als meine lieben Geschwisterte ansehen könnte! Zwar ihr seyt mir alle lieb, aber wie wenige kan ich liebe Brüder, liebe Schwestern heissen. Ich habe schon länger um euch gedient als Jacob um die Rahel, aber o, wie thut mir's so wehe, da ich sehe, dass sich eine Zeit her keines mehr ergeben will, dass die Frommen mehr ab- als zunehmen. Im

---

437 Nachlass C II 30, fol. 11v–12r.

Anfang habe ich eine Freude gehabt, wenn mir jemand aus dem Dorf auf der Strasse begegnet, und sie haben auch eine Freude und Liebe zu mir bezeuget. Es hatte damalen das Ansehen, als wenn Jesus viele Seelen bekommen werde. Aber wie ist diese alte Liebe erloschen, so dass man mich fliehet, wenn man mich kommen siehet, und es hingegen derer gibt, die das Joch von sich abschütteln möchten und sich auf die hintern Füsse stellen und der Wahrheit widersprechen.»[438]

Annoni nahm in seinen Predigten immer wieder Bezug auf das dörfliche Leben, auf die konkrete Arbeitswelt seiner Muttenzer. Die biblischen Metaphern vom Säen, Pflanzen, Wässern und Ernten waren ihm besonders lieb.

«Nun, liebe Kinder! Es ist jetzt auch Zeit zu säen und zu erndten, und was soll ich sagen, ich habe schon viele Samen aussgestreut. Wollt ihr mir nicht auch die Freude machen, dass ich erndten und schneiden kan. Ich bin schon manches mal mit meinem Maden=Säcklein[439] auf diese Cantzel gestiegen an Sonntagen und in der Wochen. Warum thue ich's? Ist's nur vor die Langeweil zu schwätzen? Gott behüte mich davor. Er weiss, ich thäte gerne eines nach dem andern von meinen Pfarr=Kindern auf die Achsel nehmen und Jesu zutragen und wenns auch Schweisstropfen gebe, so wäre mir keines zu schwer, und sollte mich die Mühe nicht gereuen, ich kan es aber nicht erzwingen. Nun Gott wird mir dennoch gnädig seyn.

Fragt sich jetz noch, wie wird man aber eine Christen=Garbe? [...] Wenn ich viel solche Garben in meiner Gemeinde hätte, das wäre mir lieber, denn ein Bischoff zu seyn, der in einer Gutsche mit sechs Pferden fahrt. Ich wollte gern mit meinem Dienstlein zufrieden seyn und Gott täglich dancken [...].

Dencket aber doch an dieses Säen und Erndten. O, welch ein Segen, wer säen und schneiden kan. Wer eine gute Garbe wird, kommt gewiss in das ewige Leben, wer aber auch schneiden und erndten kan, der hat eine doppelte, ja zehnfache Seligkeit zu erwarten. Ach, darum lasset euch aufmuntern, nicht nur vor [für] euch, sondern auch vor [für] andere zu sorgen, dass sie gute Garben werden.»[440]

Annonis Sprache und Sprachbilder waren den Muttenzern verständlich. Häufig begann der Prediger seine Sätze mit den Ausrufen *Ach* oder *O*, womit er seine emotionale Ergriffenheit kund tat. Mehrfache Wiederholungen eines Wortes oder einer Redewendung sollten die Eindringlichkeit des Gesagten verstärken. Mit dem Einflechten

---

438 Nachlass C II 5, fol. 58v.
439 Pietisten liebten es, den Körper als *Madensack* zu bezeichnen.
440 Nachlass C II 5, fol. 86r und v.

ganzer Liedstrophen verlieh Annoni seiner Rede rhythmische und poetische Passagen. Er liebte es, Inhalte in Form von Fragen und Antworten zu vermitteln, so wie es der Katechismus und andere religiöse Unterrichtsmittel taten. Zuweilen wurde er so laut, dass er sich heiser schrie. Auch mit Tränen hielt er nicht zurück.

Der Pfarrer redete seine Zuhörer als seine *Kinder* an. Wie sich ein Vater um das Wohl seiner Kinder, so sorgte er sich um das Seelenheil eines jeden Einzelnen. Oder er sprach von seinen Schäflein, wohl wissend, dass dies auch Spott erregte: «Schäflein, Schäflein müsst ihr seyn, wenn ihr wollt selig werden. Ich werde desswegen meine Sprache nicht ändern. O, ihr Leute, die ihr wollt selig werden, lasset andere euch verspotten. Je mehr Spott und Verfolgung, je mehr Herrlichkeit werdet ihr erlangen.»[441] Oft sprach Annoni in der Ich-Form, wie z.B.: *Ich bitte euch um Gottes Willen – ich ruhete nicht, bis ihr alle herzugekommen – ich frage euch – ich rufe euch zu.* War er kränklich, so predigte Annoni oft mit letzter Kraft: «Ach, wenn ich mehr Kraft hätte, so wolte ich noch mehr hievon reden, ich wäre dazu unverdrossen, aber ich muss schliessen».[442]

Johann Rudolf Burckhardt rief in seiner Abdankungsrede nochmals das Bild des Predigers Annoni zurück, so wie es die Gemeinde vor dessen Rückzug von der Kanzel vor Augen gehabt hatte:

«Wie ernstlich es ihm um die Errettung verlohrener Sünder zu thun war, davon zeugen so viele tausend Mark und Bein durchdringende Worte, die er euch, so lang er noch konte, von dieser Stelle zurief. Hat er nicht um eure Seelen geeifert mit göttlichem Eifer, um euch Christo zuzuführen. Wie oft hat er euch die Sünde in aller ihrer Gefahr und Abscheulichkeit vorgestellt, wie oft hat er die Schrecken des Allmächtigen, das unselige Theil der Ungläubigen in dem mit Schwefel brennendem Pfuhl vorgestellt! Wie oft hat er euch die ewige Herrlichkeit, das Glück der Gerechten in diesem und jenem Leben vorgehalten, um das so selige Heimweh nach dem Himmel in euch zu erwecken! Wie oft hat er den Heiland euch vor Augen gemalt, wie er nach euren Seelen verlange, wie er für euch gebetten, gelitten, geschmachtet und gestorben, so lebhaft, als wäre er unter euch gecreuziget worden. Wie oft hat er sich heiser und müde geschrieen, indem er euch nöthigte herein zu kommen. Wie oft hat er euch mit Thränen gebetten, ihr möget euch retten lassen vom ewigen Verderben. O wie lieblich, wie wohlmeynend, wie väterlich hat er euch eingeladen zu dem Freund der Sünder, dass ihr euch doch möchtet samlen lassen unter seine Gnaden=Flügel. Wie hat er die Einfältigen

---

441   Nachlass C II 5, fol. 88r.
442   Nachlass C II 5, fol. 74r.

und die Kinder so geduldig berichtet [unterrichtet] über alles, was zur Seligkeit gehöret! Wie wusste er sich in die landliche Einfalt herab zu lassen und mit einer jeden Seele zu rechter Zeit und nach ihrem Begriff zu reden. Wie ein manch bekümmert Hertz ist durch seinen Zuspruch und Gebet erleichtert, wie ein mancher mit Furcht und Zweifel Ringender zurecht gewiesen und getröstet worden. Wie ein mancher von gefährlichen Meynungen und Abwegen gewarnet und wie mancher Verirrte zurecht geleitet worden. Wie eine manche Seele ist schon heimgegangen – auch Gott sey Danck aus dieser Gemeine – und aus der Statt, die ihn als das Werckzeug erkannte, dessen sich der Herr bedienet, sie auf die Wege des Lebens zu leiten. Und wie manche sind, wie ich hoffe, hier gegenwärtig, die mit mir bekennen werden, dass sie durch das Wort des Herren aus dem Munde dieses seines frommen und getreuen Knechts seyen gerühret, überzeuget und zur Erkanntnuss des Herrn Jesu, folglich auch auf den Weg zur ewigen Seligkeit geleitet, im Guten gestärcket und ermuntert worden.»[443]

Die mitgeschriebenen Predigten belegen, dass das von Johann Rudolf Burckhardt gezeichnete Bild des Predigers nicht geschönt war.

---

443 Nachlass A II 5, fol. 12v–13r. – Eine Abschrift von Burckhardts Leichenrede befindet sich auf der UB Tübingen.

Des Pfarrers Naturalien-Sammlung

Annoni besass eine bedeutende Sammlung von Versteinerungen und Mineralien, die er im Wesentlichen im Laufe seiner Waldenburger und Muttenzer Zeit zusammengetragen hatte. Sie umfasste vor allem Objekte der Landschaft Basel und vereinzelt Stücke, die er von seinen Reisen mitgebracht hatte. Das Interesse an den *figurierten Steinen* war in der Schaffhauser Zeit geweckt worden. Vor Antritt der grossen Schweizerreise 1730/31 hatte Annoni dem Zürcher Arzt und Naturforscher Johann Jakob Scheuchzer ein Ammonshorn aus Tenniken geschickt und dazu geschrieben:

> «Es ist im Übrigen dieses Theil der Natur-Historie mir zwar lieb, aber wegen Leibes-, Seckel [Geld]- und Zeit-gebrechen nicht sonderlich angelegen oder bekannt. Mein Discipulus [Schüler] aber, ein junger Junker aus dem zur Wollust und Müssiggang und groben Excessen leider gar zu sehr geneigten Schaffhausen, macht, dass ich ihn mit dergleichen Dingen zu amusiren und mithin von Anderem so gut möglich zu verwahren suche. Hoffe auch, durch göttlichen Gnaden-Segen zu reussiren [Erfolg zu haben].»[444]

Annoni gedachte also, seinen Zögling durch die Beschäftigung mit Fossilien sinnvoll beschäftigen zu können, und er bat Scheuchzer um geeignete Literatur über diese Materie. Dieser wies darauf hin, dass das Studium der Fossilien nicht nur ein schöner Zeitvertreib, sondern auch nützlich sei im Hinblick auf die Geschichte der *Sündflut* [Sintflut] und empfahl seine eigenen Werke.[445]

Auf der Schweizerreise kam für den Junker eine stattliche Sammlung von Versteinerungen und Mineralien zusammen. Vor allem aber lernte Annoni damals bedeutende Naturforscher kennen, die sich ebenfalls mit dieser Materie befassten, nämlich Louis Bourguet in Neuenburg und Karl Niklaus Lang und Moritz Anton Kappeler in Luzern. Alle drei stimmten der von Scheuchzer populär gemachten *Sündflut*-Hypothese zu, die besagte, dass es sich bei Versteinerungen um ursprünglich organische Überreste aus der vorsintflutlichen Zeit handle. Die Erscheinungen der Erd- und Naturgeschichte dienten diesen frommen Naturwissenschaftlern als *Theologia naturalis*, als eine Quelle der Gotteserkenntnis. Versteinerungen galten ihnen als Beweis für die Glaubwürdigkeit der biblischen Ge-

---

[444] Annoni an Scheuchzer, Schaffhausen, 06.01.1730 (F I, 13).
[445] Scheuchzer an Annoni, Zürich, 21.01.1730 (F II, 764).

schichte von der Sündflut. Sie waren Zeugen von Gottes Zorn und Strafe über die sündig gewordene Menschheit. Als *Fussstapfen Gottes* verkündigten sie dem Gläubigen eine Botschaft.[446]

Für sich selbst wollte Annoni zunächst keine Sammlung anlegen, denn, so schrieb er dem Frankfurter Arzt Johann Christian Senckenberg 1737: «Ein Theologus hat mehr Ursach dahin zu streben, wie er selbst ein lebendiger Stein zum Tempel des Herrn abgebe und etwan auch andere dazu anleiten möge.»[447] Doch las er auf seinen Spaziergängen allfällige Fundstücke für sich und andere auf. Auch dürfte ihm manches Stück von den Landbewohnern zugetragen worden sein. So kam im Verlaufe der Waldenburger und Muttenzer Jahre eine stattliche Sammlung von wohl über 700 Fossilien und Mineralien zusammen. In einem Katalog hielt Annoni nähere Angaben zu den einzelnen Objekten fest.[448]

Deutsche und schweizerische Sammler erbaten sich immer wieder besondere Stücke aus Annonis Beständen. Nach Möglichkeit entsprach er ihren Wünschen. Wie andere Basler Fossilien-Sammler stellte auch Annoni seine Sammlung zu Publikationszwecken zur Verfügung. Daniel Bruckner liess gewichtige Stücke aus ihr in seinem landeskundlichen Werk *Merkwürdigkeiten der Landschaft Basel* abbilden.[449] Das Muttenzer *Naturalienkabinett* konnte besichtigt werden, allerdings nicht an Sonntagen. Das hätte nach Auffassung des Pfarrers gegen das Gebot der Sonntagsheiligung verstossen.[450]

Annoni vermachte seine Sammlung der Universität. Er hoffte, dass der Professor Johann Jakob d'Anone, der eine noch viel bedeutendere Sammlung besass, weitere Stücke aus seinen Beständen hinzufügen würde.

---

446 Der Memminger Stadtphysikus Balthasar Erhardt schrieb an Annoni: Er freue sich darüber, dass «Hocherwürden die rare Eigenschaft besizen, dass Sie auch in den Steinen auf die Fussstapfen Gottes Acht geben.» (Memmingen, 04.01.1746 [F II, 166]).
447 Annoni an Senckenberg, o.O., 10.10.1738. Annoni bedachte Senckenberg, den er auf seiner Reise 1736 kennengelernt hatte, während mehrer Jahren mit Fossilien und Mineralien aus der Landschaft Basel. (Senckenbergische Bibliothek. Naturwissenschaftliche Aufzeichnungen Senckenbergs zur Mineralogie II. Notizen und Briefe. I. 2c M 101.)
448 Zur Beschreibung der Sammlung und des Katalogs siehe Wittmann 1978.
449 Bruckner 1748–1763. – Siehe auch Wittmann 1977, S. 36–38.
450 Siehe: Spiess 1960, S. 65f.

«Mein Stein Cabinet tauget für unsere Universitet. Herr Doctor Annony als ein Mitglied derselben wird solches am besten transportieren und rangieren können. Auf solche Weise fället die Blame [blamierende Aussage] weg, welcher ein fürnehmer Passagier über Basel gemacht haben soll: Basel habe eine schöne Kunst=Kammer, aber wenige Naturalia aufzuweisen, welche doch auf zugehöriger Landschaft leichtlich zu finden wären.

Herr Doctor Annony lässet sich villeicht durch mein Exempel reitzen, dereinst auss seinem Vorrath auch einen Beytrag zu thun und mithin die Ehre des Vatterlands zu befördern.»[451]

Die Hoffnung Annonis, seinen Verwandten zu einer patriotisch motivierten Schenkung veranlassen zu können, ging nicht in Erfüllung. Seine eigene bildete den Grundstein für das Naturhistorische Museum Basel.

---

451 Nachlass A III 2 und 3.

Das letzte Lebensjahrzehnt

Nach dem Tod seiner Frau im Mai 1760 waren Annonis körperlichen Kräfte erschöpft. Häufig wurde er von seinen alten Leiden, dem *Gulden Ader-Affect und den hypochondrischen Bangigkeiten* heimgesucht. Zahnschmerzen und Schwindelanfälle kamen hinzu. Der Muttenzer Barbier Ludwig Gass liess den Patienten zur Ader, liess ihn purgieren (abführen) und zog ihm Zähne. Annoni predigte nur noch selten und übertrug viele Amtsgeschäfte seinen Vikaren. Allerdings verlor er die Gemeinde nicht aus den Augen. Er führte weiterhin die Kirchenbücher, beteiligte sich am Konfirmandenunterricht und überwachte die Schule. Auch verfasste Annoni mehrere Berichte zu Handen verschiedener städtischer Gremien. Nach wie vor liessen sich Paare aus dem Basler Pietistenkreis von ihm in Muttenz trauen. Auch suchten immer noch Trost und Rat suchende Menschen das Muttenzer Pfarrhaus auf.

Die Korrespondenz hatte durch den Tod vieler Freunde und Verwandten abgenommen. Das Beziehungsnetz wurde grossmaschig, aber es bewährte sich. Von nah und fern gelangten Zeichen der Dankbarkeit und Anhänglichkeit nach Muttenz. Zu den Korrespondenten kam nun bereits die Enkelgeneration hinzu. Mit Anteilnahme verfolgte Annoni das Heranwachsen der Kinder und Jugendlichen. Er bedachte sie mit Gedichten, Büchern und Schriften. Zu dieser Gruppe gehörte u.a. der Sohn seines einstigen Zöglings Johann Georg Im Thurn.

Mit dem Zürcher Pfarrer und Historiker Johann Jakob Simmler ergab sich 1758 eine mehrjährige sporadische Korrespondenz, da sich Simmler vom Muttenzer Pfarrer Beiträge zu seiner *Sammlung alter und neuer Urkunden zur Beleuchtung der Kirchengeschichte vornemlich des Schweizerlandes* erbeten hatte:

> «Sollte Euer Liebden einige alte und neue Beyträge für sie [seine Arbeit] zu liefern wünschen, woran nicht zweifeln darf, da ich weiss, dass Ihnen in specie [besonders] die Geschichte des sogenannten Pietismi und Separatismi von ihrem Anfang her genau bekannt seyn kan, so bite mir Ihre hilfreiche Hand zu meiner Arbeit ganz höflich aus und versichere Sie, dass ich Herz und Muht genug hab, der Wahrheid und Redlichkeit auf alle Weisse Beyhilf zu leisten.»[452]

---

452 Simmler an Annoni, Zürich, 20.06.1758 (Briefentwurf oder Kopie in: ZBZH Msc. S 388) – Annoni hatte bereits 1754 einen ersten Beitrag (über die Luzerner Glaubensvertriebenen) nach Zürich geschickt.

Annoni schickte Simmler eine Liste seiner im Druck erschienenen Arbeiten und Lieder, dazu einige Basler Leichenpredigten.

Die während des letzten Jahrzehnts in den Kalendern eingetragenen Notizen bezogen sich vor allem auf seine Krankheiten und das Wetter. Die meisten Kalender beginnen mit einem Stossgebet, wie z.B. jenem von 1762:

«Mit einem allzu fetten Wangst
und einem Herzen voller Angst
Trett ich ins neue Jahr hinein;
Ach Gott! erbarm, erbarm dich mein!»

Am 30. März 1764 notierte Annoni, dass er nach einem halbjährigen Hausarrest seine erste Ausfahrt unternommen habe und dass in der Stadt das Gerücht von seinem Tod herumgegangen sei. Anlässlich seines 70. Geburtstags im September 1767 schrieb er in den Kalender:

«Der Frühling meines Lebens, die Kindheit ist vorbey.
Ach, Erb- und Kindheits-Sünden! Wer spricht und macht mich frey?
Der Sommer meines Lebens, die Jugend, ist auch hin.
O Zeit der Lust und Lasten! Ich weiss, wie schwarz ich bin.
Der Herbst von meinem Leben, die Mannheit, ist auch fort.
Wie wird die Rechnung lauten? Ach, Gott! Ein Gnaden-Wort.
Der Winter meines Lebens, das Alter, ist nun da.
Ach Heiland! sey mir Sünder mit Gnad und Hilfe nah.
O Kreuz und Pilger-Leben! O kurz und langer Traum!
Ist auch noch Heil zu hoffen? Ach ja! beim Lebens-Baum.
O Grund des Ewgen Lebens! Jetzt wart ich auf den Todt,
Ich armer, alter Bettler. Ach, Brodt! Ach, Manna-Brodt!
(oder: Ach, Trost in Todes-Noht.)»[453]

Bis zu seinem Lebensende blieb Annoni geistig präsent. Die Hungersnot, die 1770 weite Landesteile heimsuchte, bekümmerte ihn. Der Schwester Maria Sophia Dachselhofer in Biel schickte er Geld, nachdem sie ihm wegen der bevorstehenden Teuerung verzweifelte Briefe geschrieben hatte.

Am 10. Oktober 1770 starb Hieronymus Annoni nach einem zweiwöchigen Krankenlager. Über seine *letzten Stunden* berichtete Johann Rudolf Burckhardt:

«Wie ein Kind lag er in der Schoos seines Heilandes und wenn ihr seine letzten Gesinnungen wissen wollt, so hat er sich in meiner Gegenwart tags

---

453 Nachlass B IX 1767.

vor seinem Ende also erklärt, dass es ihm in seinem Christenthum und Amte ernst gewesen, wisse der Herr. Vor ihm sey alle seine Begihrde und sein Seufzen nicht verborgen. Er habe nun gar nichts, womit er sich rühmen könne. Sein gantzer Trost sey dieser, dass wir einen so guten Heiland haben, den wir zwar nicht sehen und doch lieb haben und an ihn glauben, bey welchem er hoffe, Barmhertzigkeit zu erlangen. Sein Wunsch [bald zu sterben] wurde ehender erfüllt als man dachte, indem er verwichenen Mittwoch nachmittag mit einer Frost angegriffen und zwischen 3 und 4 Uhr unter dem Gebet einiger ihn besuchenden vertrauten Freunden und Hausgenossen sanft und selig einschlief, nachdem er in diesem Leben zugebracht 73 Jahr und 28 Tage.»

Am 14. Oktober wurde Annoni auf dem Friedhof von Muttenz beigesetzt. Sein Grab erhielt einen vom Basler Bildhauer Beckel bearbeiteten Stein.[454] Vom 3. bis 5. April 1771 wurden *Hausrat und fahrende Habe* aus dem Muttenzer Pfarrhaus versteigert. Die rund 400 Positionen ergaben eine Summe von rund 567 Pfund. Als Nachfolger Annonis erwählte das Los Johann Ulrich Wagner, der 1746 Annonis Vikar in Waldenburg gewesen war.

Bereits im Sommer 1768 hatte Annoni sein Testament aufgesetzt.[455] Darin hatte er mit je tausend Pfund die beiden damals noch lebenden verwitweten Schwestern Maria Salome und Maria Sophia und die Nachkommen der bereits verstorbenen Schwester Anna Katharina bedacht. Ebenfalls tausend Pfund hatte er Maria Salome Freuler vergabt «als meiner Baas und vieljährigen Haushalterin, als welche von mir niemals einige Belohnung weder gefordert noch empfangen hat.» Seine dazumal angestellte Magd sollte fünfzig Pfund und einen halben Jahreslohn erhalten, dazu Bett und Kasten, sofern sie bei seinem Tod noch in seinen Diensten stünde. Den Armenkassen von Waldenburg und Muttenz hinterliess er je fünfzig Pfund, den Armen des Siechenhauses St. Jakob zwölf Pfund, dem Institutum Judaicum in Halle zwölf Pfund und Gotthilf August Francke für die Malabarischen Anstalten 26 Pfund. In einem separaten Zusatz zum Testament vermachte Annoni seine Bibliothek der *Gesellschaft guter Freunde* und seine Stein-Sammlung der Universität Basel. Auch weiteren Verwandten und seinem damaligen Vikar Wettstein wurde hierin etwas zugesprochen.[456]

---

454 Der Grabstein ist nicht mehr erhalten. Auch ist nicht mit Sicherheit überliefert, wo sich das Grab befand. Der einstige Friedhof innerhalb der Ringmauer wurde 1860 aufgehoben. – Mit Sicherheit wurde Annoni nicht in der Kirche beigesetzt, da dies damals bereits verboten war.
455 Nachlass A III 1.
456 Nachlass A III 3.

Als seine *einzigen und unstreitigen Haupterben und Testamentsvollzieher* hatte Annoni Christoph Iselin und Hans Franz Socin bestimmt, seine *guten und vertrauten Freunde*. Beide gehörten der *Gesellschaft guter Freunde* an. Hans Franz Socin hatte sich als fleissiger Mitschreiber von Annonis Predigten verdient gemacht. Christoph Iselin, Handelsmann und Mitglied des Grossen Rats, hatte 1757 eine pietistische Kinderschule für Arme und Waisen in Basel finanziert.[457] Bei beiden konnte Annoni sicher sein, dass sie das Ererbte in seinem Sinne *ad pias causas* (für fromme Zwecke) verwenden würden.

Das Andenken an Hieronymus Annoni blieb in Muttenz lebendig. Johannes Schmid-Linder, der achte Pfarrer nach Annoni, hielt 1861 dessen Lebenslauf – nach der Vorlage von Pfarrer Burckhardts Leichenrede – im Kirchenbuch fest.[458] Insbesondere überlieferten die Muttenzer die Tatsache, dass an Sonntagen viele Basler in ihrer Kirche den Gottesdienst besuchten und dass schliesslich sonntags die Stadttore geschlossen wurden, um dieses zu verhüten. Zu Annonis 150. Todestag im Jahre 1920 liess man eine steinerne Gedenktafel anfertigen, die ihren Platz im südlichen Tordurchgang der Ringmauer fand. In den 1930er-Jahren wurde eine Strasse nach dem einstigen Pfarrer benannt. Am 12. September 1997, zum 300. Geburtstag Annonis, hielt der Kirchenhistoriker Professor Ulrich Gäbler in der St. Arbogast-Kirche einen Vortrag mit dem Titel *Hieronymus Annoni – Ein Pietist im Zeitalter der Aufklärung*.

---

457 StA BS Kirchenarchiv D 1, 5, 05.07.1757: Der Antistes berichtete von der Pietisten-Kinderschule *im St. Albanloch*, die inzwischen aber wieder aufgelöst worden sei.
458 StA BL Kirchenbücher E 9 Muttenz 3, S. 014–015.

Würdigung

Als Annoni im Alter von 43 Jahren seine erste Pfarrstelle in Waldenburg antrat, galt er bereits als eine herausragende Persönlichkeit innerhalb des schweizerischen Pietismus. Diesen Ruf hatte er sich bei seinen Begegnungen mit pietistischen Zeitgenossen erworben. Auf seinen Reisen durch die Schweiz, die Niederlande und Deutschland war er namhaften Exponenten der religiösen Erneuerungsbewegung begegnet. Ihm waren die unterschiedlichen Richtungen des religiösen Aufbruchs nicht nur aus der Literatur, sondern auch aus der persönlichen Begegnung mit deren Wortführern bekannt geworden.

Annoni hatte gelernt, sich in adeligen und gebildeten Kreisen zu bewegen. Trotz aller pietistischen Weltverachtung hatte er sich die gesellschaftlich anerkannten Fähigkeiten und Kenntnisse erworben. Als Korrespondent war er zu einem Knotenpunkt im geographisch weitgespannten Netz der Erweckten geworden. Dies alles verschaffte ihm Ansehen auch in seinem Heimatkanton Basel. Zusätzliche Autorität verlieh ihm hier das Pfarramt. Doch all die erworbenen Fähigkeiten, Kenntnisse und Beziehungen allein hätten ihn wohl nicht zu dem segensreichen Prediger und Seelsorger gemacht, als welcher er weit über seine Heimat hinaus gerühmt wurde. Eine besondere Ausstrahlung und Überzeugungskraft muss von ihm ausgegangen sein.

Es war Annonis Verdienst, in seinen Gemeinden die Konventikel so unter Kontrolle gehalten zu haben, dass sie stets den obrigkeitlichen Vorschriften entsprachen und kein Ärgernis erregten. Damit erreichte er, dass diese Form pietistischer Frömmigkeit innerhalb der Basler Kirche geduldet und separatistischen Tendenzen vorgebeugt wurde. Doch nicht nur im Kanton Basel wirkte er unter den Pietisten als integrierende Persönlichkeit. Durch seine Fähigkeit, langfristige Freundschaften auch auf schriftlichem Wege zu pflegen, trug er dazu bei, das weitgespannte Beziehungsnetz unter den Erweckten über die Landesgrenzen hinaus aufrecht zu erhalten.

Auch in Deutschland wurde Annonis Wirken mit Anteilnahme verfolgt. Wie es aus geographischer Distanz beurteilt wurde, umschrieb der deutsche Judenmissionar Stephan Schultz, der Annoni in Waldenburg und in Muttenz besucht hatte, mit folgendem Vergleich: Annoni sei das dritte Blatt eines schweizerischen Kleeblatts erfahrener Männer. Samuel König sei an diesem Kleeblatt der Eifrige, Samuel Lutz der Sanftmütige und Hieronymus Annoni der Bedachtsame. «Alle drey arbeiten in vielem Segen. Es giebt zwar in der

Schweitz noch mehr rechtschaffene und redliche Männer, die treulich am Werk des Herrn arbeiten; aber diese drey, werden in Absicht auf den sichtbaren Segen, die Antesignani [das Elitekorps] genennet, so wie in Teutschland Arnd, Spener und August Hermann Franke.»[459]

Vor Antritt seines Pfarramtes hatte Annoni ein distanziertes Verhältnis zum Staatskirchentum gehabt. Sobald er sich jedoch in den Dienst von Kirche und Staat gestellt hatte, sah er sich zu Gehorsam und Loyalität verpflichtet. Die staatliche Ordnung und Hierarchie, in der die Untertanen als *Leibeigene* galten, stellte er nicht in Frage. In der stets beklagten Unbotmässigkeit der Untertanen sah er das Wirken des Teufels. Seine Interpretation menschlichen Handelns beruhte auf dem Begriffspaar *christlich-teuflisch*. Zur Verbesserung der Verhältnisse sah er demzufolge nur zwei Möglichkeiten: die Bekehrung eines Missetäters zum wahren Christentum oder dessen harte Bestrafung. Wie den meisten Zeitgenossen fehlte Annoni das Verständnis dafür, dass menschliches – auch von der Norm abweichendes – Verhalten immer auch gesellschaftlich bedingt ist.

Auf Schwierigkeiten und Konflikte reagierte Annoni vorwiegend mit Krankheit. Damit aber änderte er die sozialen Verhältnisse nicht, sondern trug zu deren Erhaltung bei. Er war kein Reformer, der die Gesellschaft verbessern wollte, sondern ein Seelsorger, der die Menschen bekehren wollte, um ihre Seelen zu retten. Sein Hoffen und Sehnen galt nicht dem *irdischen Jammertal*, sondern dem Erlangen der ewigen Seligkeit. Zwar hegte Annoni keine chiliastischen Vorstellungen von der baldigen Wiederkunft des Herrn, doch galt das Jüngste Gericht als Fluchtpunkt aller Gedanken und Handlungen.

Als die Herrnhuter ihre Diasporaarbeit in der Schweiz begannen und mehrere junge Schweizer Theologen ihr Vaterland verliessen und zu den Herrnhutern in die Wetterau zogen, wurde Annonis Toleranz strapaziert. Sie bestand die Bewährungsprobe. Zeitweilige Rivalitäten zwischen den Herrnhutern und dem Muttenzer Pfarrer mündeten in einem versöhnlichen Miteinander. Zahlreiche Pietisten aus Annonis Generation, vor allem aber die Erweckten der jüngeren Generation schlossen sich der Brüdersozietät an. Die eifrigsten Mitglieder der Basler Sozietät hatten zu Annonis Kreis gehört. Gegen Ende seiner aktiven Amtszeit konnte sich selbst der Muttenzer Pfarrer nicht mehr verschliessen vor der Guten Botschaft von *Jesus dem Sünder-*

---

459 Schultz 1771, S. 249.

freund, welche die Herrnhuter so erfolgreich verkündigten. Diese Botschaft wirkte befreiender und wurde begieriger aufgenommen als die von skrupelhafter Frömmigkeit geprägte, wie sie von Annoni zu hören war. Den Boden für das erfolgreiche Wirken der Brüdersozietät aber hatte massgeblich er vorbereitet. Man kann sagen, dass die Herrnhuter im Kanton Basel das ernteten, was Annoni und seine Anhänger gesät hatten. Einflussreiche Basler Familien schickten ihre Töchter und Söhne in die Herrnhuter Erziehungsanstalten Montmirail und Neuwied, wo sie eine prägende religiöse Erziehung und Ausbildung erhielten. Gegen Ende des Jahrhunderts konnte die Basler Brüdersozietät als Brunnenstube der Kirche gelten. Zwei Generationen nach Annonis Tod, zur Zeit der *Trennungswirren* der 1830er-Jahre, war der grösste Teil der Basler Geistlichkeit mit der Herrnhuter Brüdersozietät verbunden.

Auch dafür, dass die *Deutsche Christentumsgesellschaft* 1780 – zehn Jahre nach Annonis Tod – vom Augsburger Johann August Urlsperger in Basel gegründet wurde, hatte Annoni die Voraussetzungen geschaffen. Seit seinem Besuch in Augsburg 1736 hatte er stets die Verbindung zu Vater und Sohn Urlsperger aufrecht erhalten, dies auch als Gründer und Korrespondent der *Gesellschaft guter Freunde*. Diese Vereinigung kann als eine schweizerische Vorläuferin der Christentumsgesellschaft bezeichnet werden. In Basel stiess Urlsperger auf breite Untertützung bei altbaslerischen Pietisten und Mitgliedern der Brüdersozietät. In der Christentumsgesellschaft fanden sie sich vereint im gemeinsamen Bestreben, aufklärerischen Strömungen in der Theologie und atheistischen Lehren durch die *Beförderung der reinen Lehre und wahren Gottseligkeit* entgegen zu wirken. Die meisten Gründungsmitglieder der Christentumsgesellschaft hatten zu den engen Freunden Annonis gehört oder waren gar durch ihn erweckt worden. Als *geistlicher Vater* hinterliess Annoni zahlreiche *geistliche Kinder*, die das väterliche Erbe einer pietistischen Frömmigkeit in modifizierter Form weitergaben. Durch seine Gesangbücher und Lieder blieb die Erinnerung an den *Vater des baslerischen Pietismus* noch viele Jahrzehnte nach seinem Tod lebendig.

Publikationen von Hieronymus Annoni [460]

1. Eigene Arbeiten

Predigten

Die wahre Klugheit der Christen, Oder Die Weise Christlich zu leben und selig zu sterben; Vorgestellt in einer Christlichen Leich=Predigt, über Psalm XC. v. 12. Als Die Ehr= und Tugend =reiche Frau Dorothea Wolleb, gebohrene Ryhinerin, Den 14. Apr. 1738. zu ihrer Ruhstätte gebracht wurde in der Kirche zu Tennicken, Von Hieronymo Anoni, SS.M.C. (Basel 1738).

Die grosse Wichtigkeit Der Christlichen Liebe Gegen Gott und dem Nächsten, Kurtz und einfältig vorgestellet In einer Huldigungs=Predigt, In der Kirch zu Oberdorff Den 19. Septembr. 1740. Von Hieronymus Annoni, Pfar. zu Waldenburg. Basel (1740).

Das Kennzeichen der Wahren Christen, Vorgestellt In einer Predigt über 2 Tim. II. 19. Gehalten vor einem Jahre in dem Münster zu Basel, Hernach, auf Begehren guter Freunden, zu Papyr gebracht; Nun aber (Da bald jederman glauben, reden und thun will, was ihme wohlgefällt, gleich als ob kein König noch königliches Gesätz in Israel wäre) zum Druck überlassen, Von Hieronymus Annoni, Pfarer zu Muttentz. Basel 1753.

Gesangbücher

(Hieronymus Annoni Hg.) Erbaulicher Christen=Schatz oder Drey=hundert Geistliche Lieder gesammlet Auss verschiedenen schönen Gesang=Büchern zum Gebrauch Heils=Begieriger Seelen. Basel 1739.

(Hieronymus Annoni Hg.) Christliches Gesangbuch in sich haltend allerhand Fest=Gesänge und andere schöne geistliche Lieder (Basel 1743).

Verschiedenes

Traur= und Trost=Gedicht, über den seligen Abschied Des weyl. Ehrwürdig und Gelehrten Herrn Samuel Lucius, Welcher, Auf vieljährige Pfarr= und Kirch=Arbeit zu Yverdun, Amsoltingen und Diesbach im Lobl. Canton Bern, Endlich in die Ruhe und Freude Seines Principalen eingegangen Den 28sten May 1750, o.O. und o.J.

(Hieronymus Annoni Hg.) Heiliges Kinder=Spiel, Oder Erbauliche Fragen und Antworten, Reim=Gebetlein und Lieder, Gesammelt und zum

---

[460] In diese Liste wurden nur eindeutig nachgewiesene Arbeiten aufgenommen. Zu Annonis Lieder sei auf Riggenbach 1870 verwiesen. – Im Brief vom 16.03.1761 an J. J. Simmler (ZBZH, Msc. S 338) führte Annoni weitere von ihm edierte Arbeiten auf, die aber nicht nachgewiesen werden konnten, nämlich: «Fritschens [Ahasver Fritsch] Wahres Christenthum», «Das sogenannte Milchkind», Hieronymus Burckhardt: «Bottschaft für arme Sünder», Samuel Lutz: «Glaubens Gespräch» und «Unterweisung vom Heiligen Abendmahl», ohne Angabe eines Autors: «Die Nutzbarkeit der einsamen Andacht».

Druck befördert für Kindliche Herzen. Vierte und vermehrte Auflage. Basel 1776.

2. Schriften anderer Autoren, die Annoni zum Druck bzw. Nachdruck brachte

(Gottfried Arnold) Herrn Gottfried Arnolds Paradisischer Lust=Garten, Erfüllet mit Andächtigen Gebetern Für alle Zeiten, Personen, Lebens= Arten und Umstände, etc. Wobey zugleich Der Evangelische Herzens=Wecker, und verschiedene Erbauliche Gesänge. Basel 1745.

(Hieronymus Burckhardt) Predigt über die Worte, Hebr. XII Vers 15. Sehet darauf, dass nicht jemand Gottes Gnade versaume. Gehalten Donnerstags nach dem H. Pfingst=Fest, den 22. May 1755. bey dem Special-Capitul zu Prattelen, Bassler=Gebietes, Von M. Hieronymus Burckhardt, neuem Mitgliede dieses Capituls, als nunmaligem Pfarrer zu Biel=Benken. Neue und verbesserte Auflage. Basel 1757.

(Samuel Lutz) Ein Wohlriechender Straus Von schönen und gesunden Himmels=Blumen, Welche Denen Heils=begierigen Menschen=Kinderen Zur Erweckung und Ergötzung Aus seinen gedruckten und ungedruckten Schriften Durch Göttliche Gnaden=Hülfe Zusammen gelesen und geflochten Christophilus Gratianus Oder Samuel Lucius, Gärtner des Herrn Im Bernerischen Ober=Land. 1. Auflage Basel 1736, 2. Auflage Basel 1756.

(Samuel Lutz) Ein Neuer Straus Von schönen und gesunden Himmels=Blumen, Welche Denen Heyls=begierigen Menschenkindern zur Erweckung und Ergötzung aus seinen gedruckten und ungedruckten Schriften, Durch göttliche Gnadenhülf zusammen gelesen und geflochten Christophilus Gratianus Oder Samuel Lucius, Gärtner des Herrn Im Bernerischen Oberland. 1. Auflage Basel 1737, 2. Auflage Basel 1756.

(Samuel Lutz) Gute und gesunde Lämmer=Weide, Ehemals Zum Besten der Jugend, Kurtz und einfältig aufgesetzt. Jetz aber Auch zum Gebrauch der Alten vermehret und mitgetheilt, Von Samuel Lucius, Nunmehrigen Pfarrer zu Diessbach. Basel 1739.

(Samuel Lutz) Christophili Gratiani Zeugnus der Wahrheit, Oder Kurze und Kernhafte Verantwortung, auf unterschiedliche wider Ihn angegebene Lästerungen und Klagen, Ehemals Um allgemeiner Erbauung willen zu Druck befördert, Nun aber, mit Vorrede und Anhang, neuer Dingen mitgetheilt. Basel 1767.

(Gerhard Tersteegen) Die Kraft Der Liebe Christi, Angepriesen und angewiesen In einer Erweckungs=Rede, Ueber die Worte Pauli 2 Cor. 5, 14. Die Liebe Christi dringet uns also. Gehalten Den 14. October, 1751. Zu Mülheim an der Ruhr, Und Auf Verlangen verschiedener Freunde aufgeschrieben, und dem Druck übergeben, Von G. T. St. Neue und vermehrte Auflage. Basel 1753.

Hinweise

zur Transkription

Um das Lesen zu erleichtern, wurden bei Zitaten aus handschriftlichen (nicht gedruckten) Quellen folgende Änderungen vorgenommen:

– Die Gross- und Kleinschreibung sowie die Zeichensetzung wurden heutigen Gepflogenheiten angepasst. Allein bei den Briefzitaten von Samuel Lutz wurde die Kleinschreibung beibehalten, da dieser Grossbuchstaben nur bei heiligen Namen gelten liess.

– Annoni beendete einen Satz oder Satzteil häufig mit einem p, das soviel heissen sollte wie *und so weiter*. Dieser die Aussage zumeist verunklärende Zusatz wurde weggelassen.

– Abkürzungen wurden aufgelöst.

– Das Eszett wurde nach schweizerischer Schreibweise als ss, ÿ als y und eü als eu geschrieben.

– X wurde als Christus, xlich als christlich und † als Kreuz aufgelöst.

– Offensichtliche Schreibfehler wurden korrigiert.

zu den Quellenangaben

Sofern in den Anmerkungen nicht auf andere Quellen hingewiesen wird, stammen die Angaben zu Annonis Biographie aus dessen autobiographischen Aufzeichnungen. Nur längere Zitate daraus sind mit Anmerkungen versehen. Da Annonis Aufzeichnungen der Chronologie folgen, lässt sich die entsprechende Textstelle leicht auffinden. Dasselbe gilt für die Darstellung von Annonis Reisen, denen die Reiseberichte zu Grunde liegen.

zu den Personennamen

– Bei den Vornamen wurde die Schreibweise der heute üblichen angepasst, z.B. Jacob wurde zu Jakob, Catharina zu Katharina, Ester zu Esther.

– Um die Zusammengehörigkeit von Ehepaaren ersichtlich zu machen, wurde häufig als Allianzname der Frauenname mit aufgeführt, obwohl im 18. Jahrhundert die Frauen oft unter ihrem angestammten Familiennamen genannt wurden und Doppelnamen nicht üblich waren. Anna Katharina Fischer-Annoni war also eine geborene Annoni. Bei mehrfach verheirateten Personen ist im Personenregister der Name des jeweils letzten Ehepartners als Allianzname angegeben. Die Namen der vorausgegangenen Ehepartnerinnen sind in Klammer dazugesetzt, z.B. Johann Rudolf Burckhardt-Merian (-de Lachenal, -Iselin).

Abkürzungen

AGP	Arbeiten zur Geschichte des Pietismus
Bd.	Band
Bde.	Bände
fol. r	folio recto (Blattvorderseite)
fol. v	folio verso (Blattrückseite)
Hg.	Herausgeber
Ms	Manuskript
o.D.	ohne Datum
o.J.	ohne Jahr
o.O.	ohne Ort
PuN	Pietismus und Neuzeit. Ein Jahrbuch zur Geschichte des neueren Protestantismus.
QF	Quellen und Forschungen zur Geschichte und Landeskunde des Kantons Basel-Landschaft
S.	Seite
StA BL	Staatsarchiv Basel-Landschaft
StA BS	Staatsarchiv Basel-Stadt
StA SH	Staatsarchiv Schaffhausen
UAH	Unitätsarchiv Herrnhut (Archiv der Brüder-Unität Herrnhut)
UB Basel	Universitätsbibliothek Basel (Öffentliche Bibliothek Basel)
ZBZH	Zentralbibliothek Zürich

Ungedruckte Quellen

Universitätsbibliothek Basel, Handschriftenabteilung

Nachlass Hieronymus Annoni.
Daniel Bachofen (Baselhut-Macher): Kurtze Beschreibung wass sich seyt dem Seculo 1700. von den Merckwürdigsten Sachen zu Basel und sonsten In der Schweitz und benachbarten Orten hat zu getragen (Mscr. Falk 65).
Wilhelm Linder (alt Landvogt auf Homberg): Chronik. 2 Bde. 1796 (Mscr. Ki. Ar. 84 a und b).

Zentralbibliothek Zürich, Handschriftenabteilung

Litterae Variorum ad Simlerum (Msc. S 388).
Historica Ecclesiastica Nr. 8: Acta pietistica 1731 (Msc. S 352).

Senckenbergische Bibliothek in der Universitätsbibliothek Frankfurt

Naturwissenschaftliche Aufzeichnungen Senckenbergs zur Mineralogie II. Notizen und Briefe. I. 2c M 101.

Staatsarchiv Basel-Landschaft

Lade 71: Muttenz.
Kirchenbücher E 9 Muttenz 2 und 3.
Kirchenbücher E 9 Waldenburg 1a–7.

Staatsarchiv Basel-Stadt

Kirchenakten A 11:	Religionssachen 1715–1740.
Kirchenakten E 1:	Visitationen der Kirchen und Schulen auf der Landschaft 1541–1818.
Kirchenakten E 3:	Visitationen der Kirchen und Schulen auf der Landschaft 1763–1765.
Kirchenarchiv A 6:	Scandala, Lites 1594–1768.
Kirchenarchiv A 8:	Acta der Praeliminar- und Specialkapitel 1703–1797.
Kirchenarchiv A 10:	Pfarr- und Helferwahlen 1717–1795.
Kirchenarchiv A 16:	Pietisten, Separatisten, Wiedertäufer 1705–1785.
Kirchenarchiv D 1, 5:	Acta ecclesiastica 1732 October 21–1769 October 10.
Kirchenarchiv D 1, 6:	Register zu D 1,5.
Kirchenarchiv HH 14.2:	Acta des Waldenburger Kapitels 1697–1833.
Gerichtsarchiv H 18:	Schultheissengericht der mehrern Stadt.
Gerichtsarchiv U 71:	Ehegericht.

Staatsarchiv Schaffhausen

Kirche Y III (alte Signatur: Harder Nr. 108): Pietismus und Separatismus.

Archiv der Franckeschen Stiftungen, Halle

Korrespondenz Johann Heinrich Callenberg K 28 Bl. 67–69 und K 29 Bl. 410–411.

Fürstlich Sayn-Wittgenstein-Berleburgisches Archiv, Bad Berleburg

RT 3/15 Tagebuch des Graf Casimir Sayn-Wittgenstein.

Unitätsarchiv Herrnhut

R.19.C.10.2 Jakob Benjamin Macrait: Kurze Nachricht von dem Anfang und Fortgang der Erweckung in Basel 1732–69.
R.19.C.Nr.4.2.34–37 Briefe aus Basel von Hieronymus Annoni, 1735–1741.
R.19.C.2.a.c.und R.19.C.2.a.b Diarium des Johann Georg Wallis.
R.19.C.Nr.2.a.1 Liste der Geschwister und Freunde zu Stadt und Landschaft Basel 1759.
R.22.1.a.101 Diarium eines Unbekannten.
R.19.C.3.a Nr.13 Brief Samuel Lutz an Graf Zinzendorf.
R.22.1.a.101 Lebenslauf Heinrich Giller.
R.22.N.14b Lebenslauf Agnes Giller-Im Thurn.
R.19.C.2.a.b.Nr. 66 Brief Johann Georg Wallis an Zinzendorf, 25.12.1752.

Literatur

Ackva Friedhelm: Der Pietismus in Hessen, in der Pfalz, im Elsass und in Baden, in: Brecht Martin, Deppermann Klaus (Hg.): Geschichte des Pietismus. Bd. 2. Göttingen 1995, S. 198–224.

Agend=Buch Oder Christliche Kirchengebräuche und Gebätter Wie die in der Kirchen zu Basel an Sonn= und Werck=tagen bey Predigten, Kinderlehren und Bättstund... gehalten und geübet werden. Basel 1701.

Apotheker und Apotheken in Basel. Basel HAGEBA 1984.

Barth Karl: Samuel Werenfels (1657–1740) und die Theologie seiner Zeit. Antrittsvorlesung, gehalten am Mittwoch, den 6. Mai 1936, in der Aula der Universität Basel, in: Evangelische Theologie, 3. Jg., München 1936, S. 180–203.

Beck Jakob Christoph, Buxtorff August Johann: Zwei Supplementbände zu: Jacob Christoph Iselin: Historisch- und Geographisches Allgemeines Lexicon. Basel (2. Auflage) 1744.

Blaufuss Dietrich, Niewöhner Friedrich (Hg.): Gottfried Arnold (1666–1714). Mit einer Bibliographie der Arnold-Literatur ab 1714. Wiesbaden 1995 (=Wolfenbütteler Forschungen. Herzog August Bibliothek [Hg.] 61).

Brecht Martin (Hg.): Der Pietismus vom siebzehnten bis zum frühen achtzehnten Jahrhundert. In Zusammenarbeit mit Johannes van den Bergen, Klaus Deppermann, Johannes Friedrich Gerhard Goeters und Hans Schneider. Göttingen 1993 (=Geschichte des Pietismus Bd.1, hg. von Martin Brecht et al.).

Brecht Martin, Deppermann Klaus (Hg.): Der Pietismus im achtzehnten Jahrhundert. In Zusammenarbeit mit Friedhelm Ackva, Johannes van den Berg, Rudolf Dellsperger, Johann Friedrich Gerhard Goeters, Manfred Jakubowski-Friesen, Pentti Laasonen, Dietrich Meyer, Ingun Montgomery, Christian Peters, A. Gregg Roeber, Hans Schneider, Patrick Streiff und Horst Weigelt. Göttingen 1995 (=Geschichte des Pietismus Bd. 2, hg. von Martin Brecht et al.).

Brecht Martin: Einleitung, in: Ders. (Hg.): Geschichte des Pietismus. Bd. 1. Göttingen 1993, S. 1–10.

Brecht Martin: Das Aufkommen der neuen Frömmigkeitsbewegung in Deutschland, in: Ders. (Hg.): Geschichte des Pietismus. Bd. 1. Göttingen 1993, S. 113–203.

Brecht Martin: Die deutschen Spiritualisten des 17. Jahrhunderts, in: Ders. (Hg.): Geschichte des Pietismus. Bd. 1. Göttingen 1993, S. 205–240.

Brecht Martin: Philipp Jakob Spener, sein Programm und dessen Auswirkungen, in: Ders. (Hg.): Geschichte des Pietismus. Bd. 1. Göttingen 1993, S. 281–389.

Brecht Martin: August Hermann Francke und der Hallische Pietismus, in: Ders. (Hg.): Geschichte des Pietismus. Bd. 1. Göttingen 1993, S. 440–539.

Brecht Martin: Der Hallische Pietismus in der Mitte des 18. Jahrhunderts, in: Ders., Deppermann Klaus (Hg.): Geschichte des Pietismus. Bd. 2. Göttingen 1995, S. 319–357.

Brecht Martin: Der württembergische Pietismus, in: Ders., Deppermann, Klaus (Hg.): Geschichte des Pietismus. Bd. 2. Göttingen 1995, S. 225–295.

Bruckner Daniel: Versuch einer Beschreibung historischer und natürlicher Merkwürdigkeiten der Landschaft Basel. Basel 1748–1763.

Büchsel Jürgen: Gottfried Arnold. Sein Verständnis von Kirche und Wiedergeburt. Witten 1970 (=AGP. Im Auftrag der Historischen Kommission zur Erforschung des Pietismus hg. von K. Aland und M. Schmidt. Bd. 8).

Burckhardt Abel: Bilder aus der Geschichte von Basel. Fünftes Heft. Basel 1882.

Burckhardt-Seebass Christine: Konfirmation in Stadt und Landschaft Basel. Volkskundliche Studie zur Geschichte eines kirchlichen Festes. Basel 1975.

Burkardt Johannes: Lebensweg und Philosophie des Charles Hector Marquis St. George de Marsay. Ms, wird erscheinen in: Knieriem Michael und Burkardt Johannes (siehe dort).

Clark Christopher M.: The Politics of Conversion. Missionary Protestantism and the Jews in Prussia 1728–1941. Oxford 1995.

Dellsperger Rudolf: Samuel Königs «Weg des Friedens» (1699–1711). Ein Beitrag zur Geschichte des radikalen Pietismus in Deutschland, in: PuN. Bd. 9. Göttingen 1983, S. 152–179.

Dellsperger Rudolf: Die Anfänge des Pietismus in Bern. Quellenstudien. Göttingen 1984 (=AGP. Im Auftrag der Historischen Kommission zur Erforschung des Pietismus hg. von K. Aland et al., Bd. 22).

Dellsperger Rudolf: Der Pietismus in der Schweiz, in: Brecht Martin, Deppermann Klaus (Hg.): Geschichte des Pietismus. Bd. 2. Göttingen 1995, S. 588–616.

Deppermann Klaus: Pennsylvanien als Asyl des frühen deutschen Pietismus, in: PuN. Bd. 10. 1984, S. 190–212.

Eglin Jakob: Heimatkundliche Schriften über Muttenz. Im Auftrag der Gemeinde neu herausgegeben im Jahre 1983 durch die Gesellschaft für Natur- und Heimatkunde Muttenz. Muttenz 1983.

Eisler Tobias: Christlicher Unterricht von der dreifachen Zukunft Jesu Christi, insonderheit von der innern geistlichen Zukunft oder Geburt

Christi in uns [...] zum dienst der Einfältigen und Anfänger im Christenthum in frag und antwort gestellet, und dem Druck übergeben. O.O. und o.J.

Erbe Hans-Walter: Herrnhaag. Eine religiöse Kommunität im 18. Jahrhundert. Hamburg 1988.

Faust Albert Bernardt et al.: Lists of Swiss emigrants in the eighteenth century to the American colonies. 2 Bde. zusammengebunden. 2. Neudruck der Ausgabe Washington 1920/25. Baltimore 1976.

Fietz Hermann: Die Kunstdenkmäler des Kantons Zürich. Bd. 1. Die Bezirke Affoltern und Andelfingen. Mit einer Einleitung über den Kanton Zürich von Anton Largiadèr. Basel 1938.

Fischer-Homberger Esther: Hypochondrie. Melancholie bis Neurose. Krankheiten und Zustandsbilder. Bern 1970.

Francke August Hermann: Einfältiger Unterricht Wie man die heilige Schrifft zu seiner wahren Erbauung lesen solle Für diejenigen welche begierig sind ihr ganzes Christenthum auff das theure Wort Gottes zu gründen. Halle 1694.

Frauenfelder Reinhard: Die Kunstdenkmäler des Kantons Schaffhausen. Bd. 1. Die Stadt Schaffhausen. Basel 1951.

Frauenfelder Reinhard: Das Haus zur schwarzen Straussfeder, in: Schaffhauser Nachrichten, Nr. 202, vom 29.08.1942.

Freivogel Ludwig: Stadt und Landschaft Basel in der zweiten Hälfte des 18. Jahrhunderts. Basler Jahrbuch 1899, S. 171–247, 1902, S. 134–193, 1903, S. 124–171.

Freivogel Ludwig: Geschichte der Landschaft Basel von 1653–1798, in: Gauss et al.: Geschichte der Landschaft Basel und des Kantons Basellandschaft. Bd. 2. Liestal 1932, S. 3–116.

Frey-Weiss Friedrich: Heinrich Iselin von Rosenfeld und sein Geschlecht. Basel 1909.

Gauss Karl: Basilea Reformata. Die Gemeinden der Kirche Basel-Stadt und Land und ihre Pfarrer seit der Reformation bis zur Gegenwart. Basel 1930.

Geheimer Brief=Wechsel Des Herrn Grafens von Zinzendorf Mit denen Inspirirten, Woraus Dessen unevangelischer Sinn und Absichten deutlich zu ersehen sind ... Frankfurt und Leipzig 1741.

Goebel Max: Geschichte des christlichen Lebens in der rheinisch-westphälischen evangelischen Kirche. Bd. 3. Die niederrheinische reformirte Kirche und der Separatismus in Wittgenstein und am Niederrhein im achtzehnten Jahrhundert. Theodor Link (Hg.). Koblenz 1860.

Goeters Johann Friedrich Gerhard: Der reformierte Pietismus in Deutschland 1650–1690, in: Brecht Martin (Hg.): Geschichte des Pietismus. Bd. 1. Göttingen 1993, S. 241–277.

Goeters Johann Friedrich Gerhard: Der reformierte Pietismus in Bremen und am Niederrhein im 18. Jahrhundert, in: Brecht Martin, Deppermann Klaus (Hg.): Geschichte des Pietismus. Bd. 2. Göttingen 1995, S. 372–427.

Gschwind Franz: Bevölkerungsentwicklung und Wirtschaftsstruktur der Landschaft Basel im 18. Jahrhundert. Ein historisch-demographischer Beitrag zur Sozial- und Wirtschaftsgeschichte mit besonderer Berücksichtigung der langfristigen Bevölkerungsentwicklung von Stadt (seit 1100) und Landschaft (seit 1500) Basel. Liestal 1977 (=QF 15).

Hadorn Wilhelm: Geschichte des Pietismus in den Schweizerischen Reformierten Kirchen, Konstanz und Emmishofen (1901).

Hagenbach Carl Rudolph: Johann Jacob Wettstein der Kritiker und seine Gegner, in: Illgens Zeitschrift für historische Theologie. Ein Beitrag zur Geschichte des theologischen Geistes in der ersten Hälfte des 18ten Jahrhunderts. Leipzig 1839, S. 73–152.

Hahn Hans-Christoph und Reichel Hellmut: Zinzendorf und die Herrnhuter Brüder. Quellen zur Geschichte der Brüder-Unität von 1722–1760. Hamburg 1977.

Hammann Gottfried: Jean-Frédéric Osterwald. Pasteur (1663–1747), in: Schlup, Michel: Biographies neuchâteloises. Bd. 1. De saint Guillaume à la fin des Lumières. Hauterive 1996, S. 203–207.

Hanimann Thomas: Zürcher Nonkonformisten im 18. Jahrhundert. Eine Untersuchung zur Geschichte der freien christlichen Gemeinde im Ancien Régime. Dissertation. Zürich 1989. Zürich 1990.

Hartmann Benedict: Hieronymus Annoni's Reise in Graubünden. September 1731, in: Bündnerisches Monatsblatt, Chur 1927, S. 1–24.

Hauzenberger Hans: Hieronymus Annoni und der Kirchengesang in der Basler Kirche im 18. Jahrhundert, in: Musik und Gottesdienst. Zeitschrift für evangelische Kirchenmusik. Jg. 48. Zürich 1994, S. 124–128.

Hendriksen Philipp: Der heitere Tag besserer und seliger Zeiten: eine Einführung in die Eschatologie des kirchlichen Pietismus bei Samuel Lutz unter besonderer Berücksichtigung seiner Schrift «Neue Welt» von 1734. Evangelisch-theologische Akzessarbeit. Bern 1997.

Herrliberger David: Kurzer Entwurf der Heiligen Handlungen und Kirchengebräuche, welche zu Stadt und Land Basel beobachtet werden. O.O. und o.J. (Zürich und Basel 1759[?]).

Hertling Christa Elisabeth: Der Wittgensteiner Pietismus im frühen 18. Jahrhundert – Ein Beispiel sozialer Intervention. Dissertation. Köln 1980.

Hinsberg Johann Georg: Geschichte der Kirchengemeinde Berleburg bis zur Regierungszeit des Grafen Casimir (18. Jh.). Eingeleitet, herausgegeben und kommentiert von Johannes Burkardt und Ulf Lückel. Bad Berleburg 1999.

Hoffmann Barbara: «Weil man uns anderswo nicht hat dulden wollen». Radikalpietistische Frauen in Wittgenstein, in: Heide Wunder und Christina Vanja (Hg.): Weiber, Menscher, Frauenzimmer. Frauen in der ländlichen Gesellschaft 1500–1800. Göttingen 1996, 237–253.

Knieriem Michael und Burkardt Johannes: Die Gesellschaft der Kindheit Jesu-Genossen auf Schloss Hayn. Aus dem Nachlass des von Fleischbein und Korrespondenzen von de Marsay, Prueschenk von Lindenhofen und Tersteegen 1734–1742. Ein Beitrag zur Geschichte des Radikalpietismus im Sieger- und Wittgensteiner Land. Ms, wird demnächst erscheinen im Brunnen-Verlag Giessen und Basel.

Koch Eduard Emil: Geschichte des Kirchenlieds und Kirchengesangs der christlichen, insbesondere der deutschen evangelischen Kirche. Erster Haupttheil. Die Dichter und Sänger. Bd. 6. Stuttgart 1869.

Lehmann Hartmut: Religion und Religiosität in der Neuzeit. Göttingen 1996.

Leu Hans Jacob: Allgemeines helvetisches, eydgenössisches oder schweitzerisches Lexicon ... Bd. 1. Zürich 1747 und Supplement-Bd. 1. Zürich 1787.

Mattioli Aram: Noch 1747 kommt es in der Schweiz zu einem der letzten grossen Ketzerprozesse Europas, in: Die Zeit, Nr. 16, Hamburg 2001.

Meyer Dietrich: Zinzendorf und Herrnhut, in: Brecht Martin, Deppermann Klaus (Hg.): Geschichte des Pietismus. Bd.2. Göttingen 1995, S. 5–106.

Meyer Paul: Aus den Wanderjahren des Hieronymus Annoni (1697–1770). I. Aufenthalt in Neuchâtel und Schweizerreise vom 10. Juli 1730 bis 6. Oktober 1731, in: Basler Jahrbuch 1925. Basel 1926, S. 65–97.

Meyer Paul: Aus den Wanderjahren des Hieronymus Annoni (1697–1770). II. Reise durch das Elsass nach den Niederlanden und durch Hessen und einen grossen Teil Deutschlands wieder nach Basel (April–Oktober 1736), in: Basler Jahrbuch 1926. Basel 1927, S. 44–81.

Müller J. Th.: Pfarrer Annonis Besuch in Herrnhut 1736, in: Zeitschrift für Brüdergeschichte. 5. Jg. Herrnhut 1911, S. 50–92.

Nah dran, weit weg. Geschichte des Kantons Basel-Landschaft. Bd. 3. Arbeit und Glaube. 16. bis 18. Jahrhundert und Bd. 4: Dorf und Herrschaft. 16. bis 18. Jahrhundert. Liestal 2001.

Neeb Horst (Hg.): Geistliches Blumenfeld. Briefe der Tersteegen-Freunde 1737 bis 1789 in Abschriften von Wilhelm Weck. Neunter Teil. Düsseldorf 2000.

Ochs Peter: Geschichte der Stadt und Landschaft Basel. Bd. 8. Basel 1797.

Osterwald Jean Frédéric: Ursprung Der Verderbniss Und alles gottlosen Wesens So heutiges Tages unter den Christen im Schwange gehet ... (Übersetzt von M. Adam Bernd), Budissin (Bautzen) 1716.

Reichel Hellmut: Die Anfänge der Brüdergemeine in der Schweiz mit besonderer Berücksichtigung der Sozietät in Basel. Unitas Fratrum. Heft 29/30. Hamburg 1990, S. 9–127.
Riggenbach Christoph Johannes: Der Kirchengesang in Basel seit der Reformation. Mit neuen Aufschlüssen über die Anfänge des französischen Psalmengesangs. Basel 1870.
Riggenbach Christoph Johannes: Hieronymus Annoni. Ein Abriss seines Lebens sammt einer Auswahl seiner Lieder. Basel 1870.
Roth Paul: Die Organisation der Basler Landvogteien im 18. Jahrhundert. Dissertation Basel. Zürich 1922 (Schweizer Studien zur Geschichtswissenschaft. Bd. 13. Heft 1).

Sallmann Martin: Konfessionalisierung in Basel: Kirche und weltliche Obrigkeit, in: Historisches Museum Basel (Hg.): Wettstein – Die Schweiz und Europa 1648. Basel 1998, S. 52–61.
Sammlungen für Liebhaber christlicher Wahrheit und Gottseligkeit. 13.–15. Jg. Basel 1795–1797.
Schaer Jean Paul: Louis Bourguet. Philosophe et naturaliste (1678–1742), in: Biographies Neuchâteloises. Tome 1. De saint Guillaume à la fin des Lumières. Publié sous la direction de Michel Schlup. Hauterive 1996, S. 17–22.
Schalch Johann Jacob: Erinnerungen aus der Geschichte der Stadt Schaffhausen. Bd. 2. 2. Lieferung. Schaffhausen 1836.
Schelbert Leo: Von der Macht des Pietismus. Dokumentarbericht zur Auswanderung einer Basler Familie im Jahre 1736, in: Basler Zeitschrift für Geschichte und Altertumskunde. Bd. 75. Basel 1975, S. 89–119.
Schelbert Leo: Die Stimme eines Einsamen in Zion: Ein unbekannter Brief von Bruder Jaebez aus Ephrata, Pennsylvanien, aus dem Jahre 1743, in: Zeitschrift für Kirchengeschichte. Bd. 1. Stuttgart 1974, 77–92.
Schelbert Leo, Rappolt Hedwig: Alles ist ganz anders hier. Auswandererschicksale in Briefen aus zwei Jahrhunderten. Olten und Freiburg im Breisgau 1977.
Schmid-Cadalbert Christian: Heimweh oder Heimmacht. Zur Geschichte einer einst tödlichen Schweizer Krankheit, in: Schweizerisches Archiv für Volkskunde. Bd. 89. Basel 1993, S. 69–85.
Schneider Hans: Der radikale Pietismus im 17. Jahrhundert, in: Brecht Martin (Hg.): Geschichte des Pietismus. Bd. 1. Göttingen 1993, S. 391–437.

Schneider Hans: Der radikale Pietismus im 18. Jahrhundert, in: Brecht Martin, Deppermann Klaus (Hg.): Geschichte des Pietismus. Bd. 2. Göttingen 1995, S. 107–197.

Schnyder Albert: Der Landvogt im alten Basel. Amtsauffassung, Huldigungseid und Amtsantritt, in: Baselbieter Heimatblätter. 63. Jg. Liestal 1998, S. 1–11.

Schnyder-Burghartz Albert: Alltag und Lebensformen auf der Basler Landschaft um 1700. Vorindustrielle, ländliche Kultur und Gesellschaft aus mikrohistorischer Perspektive – Bretzwil und das obere Waldenburger Amt von 1690 bis 1750. Liestal 1992. (=QF 43).

Schrader Hans-Jürgen (Hg.): Werkgeschichtlicher Anhang, in: Johann Henrich Reitz: Historie Der Wiedergebohrnen. (Reprint) Vollständige Ausgabe der Erstdrucke aller sieben Teile der pietistischen Sammelbiographie (1698–1745) 4 Bde. Tübingen 1982. (=Deutsche Neudrucke, Reihe: Barock 29/2).

Schrader Hans-Jürgen: Literaturproduktion und Büchermarkt des radikalen Pietismus. Johann Henrich Reitz' «Historie Der Wiederbohrnen» und ihr geschichtlicher Kontext. Göttingen 1989 (=PALAESTRA. Untersuchungen aus der deutschen, englischen und skandinavischen Philologie. Begründet von Erich Schmidt und Alois Brandl. Hg. von Dieter Cherubim et al. Bd. 283).

Schultz Stephanus: Der Leitungen des Höchsten nach seinem Rath auf den Reisen durch Europa, Asia und Africa. Erster Theil. Halle 1771.

Simon Christian: Untertanenverhalten und obrigkeitliche Moralpolitik. Studien zum Verhältnis zwischen Stadt und Land im ausgehenden 18. Jahrhundert am Beispiel Basels. Basel, Frankfurt 1981 (=Basler Beiträge zur Geschichtswissenschaft Bd. 145).

Spiess Otto: Basel anno 1760. Nach den Tagebüchern der ungarischen Grafen Joseph und Samuel Teleki. Basel 1960.

Staehelin Adrian: Basel unter der Herrschaft der christlichen Obrigkeit, in: Basler Jahrbuch 1958, S. 19–56.

Staehelin Ernst: Von der protestantischen Orthodoxie zu den Erweckungsbewegungen, in: Historia mundi. Ein Handbuch der Weltgeschichte in zehn Bänden. Bd. VII: Übergang zur Moderne. Bern 1957, S. 227–248.

Staehelin Ernst: Die Christentumsgesellschaft in der Zeit der Aufklärung und der beginnenden Erweckung. Texte aus Briefen, Protokollen und Publikationen. Ausgewählt und kommentiert von Ernst Staehelin. Basel 1970 (=Theologische Zeitschrift. Sonderband 2).

Staehelin Martin: Der Basler Schulheiss Emanuel Wolleb und seine satirische Schrift Die Reise nach dem Concerte. Basel 1999 (=177. Neujahrsblatt).

Steinemann Ernst: Die Ablehnung der Glaubens- und Gewissensfreiheit durch die schaffhauserische Staatskirche des 18. Jahrhunderts, in: Schaffhauser Beiträge zur vaterländischen Geschichte. Hg. vom Historischen Verein des Kantons Schaffhausen. 19. Heft. Schaffhausen 1942, S. 165–218.

Tanner Fritz: Die Ehe im Pietismus. Dissertation Zürich 1952.
Thurneysen Eduard: Die Basler Separatisten im ersten Viertel des achtzehnten Jahrhunderts, in: Basler Jahrbuch 1895, S. 30–78.
Thurneysen Eduard: Die Basler Separatisten im achtzehnten Jahrhundert, in: Basler Jahrbuch 1896, S. 54–106.

Van den Berg Johannes: Die Frömmigkeitsbestrebungen in den Niederlanden, in: Brecht Martin, Deppermann, Klaus (Hg.): Geschichte des Pietismus. Bd. 2. Göttingen 1995, S. 542–587.
Vischer Lukas et al. (Hg.): Ökumenische Kirchengeschichte der Schweiz. Basel 1994.

Wackernagel Hans Georg et al. (Hg.): Die Matrikel der Universität Basel. Bd. 4: 1666/67–1725/26, Basel 1975 und Bd. 5: 1726/27–1817/18, Basel 1980.
Weber Heinrich: Geschichte von Waldenburg. Liestal 1957 (=QF 3).
Weber-Oeri Alfred R.: Der Basler Bücher- und Handschriftensammler Johann Werner Huber (1700–1755), in: Aus der Werkstatt der Amerbach-Edition. Christoph Vischer zum 90. Geburtstag. Basel 2000, S. 427–435.
Weigelt Horst: Der Pietismus im Übergang vom 18. zum 19. Jahrhundert, in: Brecht Martin, Deppermann Klaus (Hg.): Geschichte des Pietismus. Bd.2. Göttingen 1995, S. 701–754.
Wernle Paul: Der schweizerische Protestantismus im XVIII. Jahrhundert. 3 Bde. Tübingen 1923–1925. (Bd. 1: Das reformierte Staatskirchentum und seine Ausläufer [Pietismus und vernünftige Orthodoxie]).
Wittmann Otto: Frühe Paläontologie in der Landschaft Basel. Kommentar zu Daniel Bruckners Versuch einer Beschreibung historischer und natürliche Merkwürdigkeiten der Landschaft Basel, Bd. II (=Daniel Bruckner. Beiträge zur Geschichtsforschung und Wissenschaftsgeschichte im 18. Jahrhundert, hg. von Albert Bruckner). Zürich 1977.
Wittmann Otto: Ein Basler Naturalienkabinett des 18. Jahrhunderts. Die Sammlung des Pfarrers Hieronymus d'Annone (1697–1770) in Muttenz, in: Verhandlungen der Naturforschenden Gesellschaft Basel 87/88, Basel 1978, S. 1–20.
Wüthrich Lukas H.: Pietistische Briefe des jungen Christian von Mechel an den Pfarrer Hieronymus d'Annone (1753–1757), in: Scripta manent. Mitteilungsblatt der Schweizerischen Autographensammler-Gesellschaft. 3. Jg., Nr. 4, Basel 1958, S. 14–21.

(Ziegler Johann Konrad): Im Namen Jesu! Zeugnuss Der Wahrheit Von Denen abgesezten Predigern und Candidaten in Schaffhausen; Enthaltende I. Den Anlass und Verlauff ihrer Verstossung von dem Predig=Amt. II. Den Grund und Fug ihrer Absönderung von der hiesigen Kirchen. III.

Eine treuhertzige Erinnerung und Warnung 1. An die Prediger. 2. An die Obrigkeit. 3. An das Volck insgemein. Offenbah. 18:4/5. Und ich hörete eine andere Stimme.... Herausgegeben im Jahre 1721.

Zsindely Endre: Krankheit und Heilung im älteren Pietismus. Zürich/Stuttgart 1962.

Zürcher Bibel. Die Heilige Schrift des Alten und des Neuen Testaments. Hg. vom Kirchenrat des Kantons Zürich. Zürich 1955.

252 Personenregister

Allendorf, Johann Ludwig Konrad (1693–1773), 181
Anhalt-Köthen, August Ludwig Fürst von (1697–1755), 181
Annoni, Christoph (1534–1598), 22
Annoni-Zwinger, Esther siehe Zwinger, Esther
Annoni, Anna Katharina (1690–1765), 22f., 63, 232
Annoni, Maria Salome (*1699), 22f., 58, 108, 213, 232
Annoni, Maria Sophia (*1703), 22f., 231f.
Annoni-Burckhardt, Maria Salome, siehe Burckhardt, Maria Salome
Annoni-Burckhardt, Nikolaus, (1653–1703), 22f.
Annoni, Nikolaus, (1693–1698), 22f.
Anone-Burckhardt, Johann Jakob d' (1728–1804), 228f.
Arius (um 260–336), 64
Arndt, Johann (1555–1621), 44, 235
Arnold, Gottfried (1666–1714), 37f., 44, 46, 62, 184

Bachofen, Daniel 54, 56
Bäumler, Johannes (* um 1700), 200
Baxter, Richard (1615–1691), 33
Beck, Jakob Christoph (1711–1785), 203
Beck, Frau, 104
Beckel, 232
Bernières-Louvigny, Jean de (1602–1659), 129
Betz, Gotthardt, 126
Biefer, Friedrich Wilhelm (1706–1779), 133, 141
Biefer, Ehepaar 173
Bischoff-Richter, Anna Elisabeth (1686–1749), 180
Bischoff-Gottfried, Rosina siehe Gottfried, Rosina
Bischoff-Gottfried, Thomas (*1716; 1746 verschollen), 109, 179f.
Bleyenstein, Johann Balthasar (1695–1757), 204
Bodmer, Johann Heinrich (1669–1743), 75–77, 87
Böhme, Anton Wilhelm (†1722), 49
Böhme, Jakob (1575–1624), 44, 86
Bogatzky, Karl Heinrich von (1690–1750), 184
Boni (Bohni), Andreas, 94
Bourguet, Louis (1678–1742), 76, 81, 227
Bourignon de la Porte, Antoinette (1660–1680), 103

Bowe, Johannes, 166
Brand, Jonas (1696–1749), 75
Brandmüller, Jakob (†1747), 61, 99
Brandmüller Johannes (1678–1741), 100
Brenner, Hans Heinrich (1719–1805)
Brenner, Johannes (1695–1763), 104
Brenner, Johannes (1722–1791), 200
Brenner, Wilhelm (1723–1781), 200
Bretschin (†1729), 211
Bruckner, Daniel (1707–1781), 216, 228
Brunn-Stockar, Johann Jakob von (1693–1765), 66
Brunn-Stockar, Juditha von siehe Stockar, Juditha Maria Dorothea
Burckhardt, Abel (1805–1882), 14
Burckhardt-de Lachenal, Esther (1735–1771), 206
Burckhardt-Merian, Hieronymus (1715–1795), 189
Burckhardt-Frey, Hieronymus (1612–1667), 22
Burckhardt, Jakob, 216
Burckhardt, Margaretha 23, 110
Burckhardt, Maria Salome (1658–1742), 22f., 97, 99, 178
Burckhardt-Merian, Johann Rudolf (-de Lachenal, -Iselin) (1738–1820), 14, 110, 206, 215, 219, 225f., 231, 233
Burckhardt, Johannes (1691–1743), 99
Burckhardt-Frey, Sibylla (1615–1667), 22
Burgmann, Johann Gustav (1744–1795), 126
Buser, Martin, 199
Buttlar, Eva Margaretha von (1670–1721), 94

Callenberg, Johann Heinrich (1694–1760), 125
Carl, Johann Samuel (1667–1757), 57, 95f., 102, 119
Cerf, Georg, 203
Christian VI., König von Dänemark (1699–1744), 155
Court, Antoine (†1760), 77

Dachs, Jakob (1667–1744), 80
Dachselhofer-Annoni, Abraham, 23
Dachselhofer, Maria Sophia siehe Annoni, Maria Sophia
Dachselhofer-Annoni, Peter (†1763), 23, 108, 213
David, Christian (1691–1751), 90, 105
Degen, Heinrich (*1745), 154
Deggeller, Johann Kaspar (1695–1776), 41, 143
Dietsch, Jakob, 54, 77

Dippel, Johann Konrad (1673–1734), 95–97, 99
Dönhof, Graf, 80, 137

Edelmann, Johann Christian (1698–1767), 96
Eisler, Tobias (1683–1753), 52
Erhardt (Erhart, Erhard), Balthasar (†1756), 228

Faesch, Emanuel (†1796), 228
Faesch, Hieronymus (* um 1728), 203
Faesch, Remigius (1685–1745), 54
Falkeysen, Lukas, 104
Fattet-Hagenbach, Lukas (1692–1751), 54, 61, 63, 96, 100, 104, 133, 136, 140, 186, 192
Fattet-Hugo, Susanna (1661–1727), 54
Felber-Brenner, Judith (1683–1734), 54f., 75, 104
Fiechter, 168
Fischer-Annoni, Johann Jakob (1687–1756), 23, 63, 92, 100, 140, 154, 170, 179, 192
Francke, August Hermann (1663–1727) 28, 33, 37, 39–41, 76, 85, 89, 185, 222, 235
Francke, Gotthilf August (1696–1769), 136
Frensdorf-Stirn, August (1693–1755), 95f., 102, 121
Frensdorf, C. S. (†1755), 95
Frensdorf-Stirn, Katherina Maria (*1796), 95
Freuler, Maria Salome, 232
Frey, Jakob Christoph (1688–1744), 104
Frey, Johann Ludwig (1682–1759), 136
Frey-Burckhardt, Anna Maria (1671–1755), 53, 61
Frey-Burckhardt, Johann Rudolf (1659–1738), 53, 58, 107
Freylinghausen, Johann Anastasius (1670–1739), 143
Fricker, Hans Georg, 203
Friedrich Wilhelm I., König von Preussen (1713–1740), 46, 115, 137

Gass, Ludwig (1718–1788), 185, 230
Genath, Johann Jakob, 56
Genath, Familie 77, 96
Gerster, Hans Georg, 123
Giezendanner, Hans Ulrich (*1686; 1738 ausgewandert), 87, 123
Giller, Heinrich (1701–1764), 104, 175
Giller-Im Thurn, Agnes siehe Im Thurn, Agnes
Gottfried, Esther siehe Zwinger, Esther
Gottfried-Zwinger, Johann Jakob (1795–1720), 109f.
Gottfried, Maria Margaretha (1715–1760), 104, 109f.

Gottfried, Rosina (1717–1792), 109f., 118, 179, 188
Goudimel, Claude (zwischen 1514 und 1520–1572), 148
Gruber, Johann Adam, 41
Grunauer, 208
Grynäus, Johannes (1705–1744), 104, 136
Gürtler, Niklaus (1690–1739), 140
Guyon, Jeanne Marie de (1648–1717), 44, 103, 129

Haas, 80
Hadorn, Wilhelm (1869–1929), 14
Haller, Albrecht von (1708–1777), 79
Hanhart, Johann Rudolf, 49f., 182
Harscher, Niklaus (1683–1742), 140
Haug, Johann Heinrich (1680–1753), 95
Hebdenstreit gen. La Roche-Brandmüller, Johann Friedrich David (1692–1783), 61
Hebdenstreit gen. La Roche-Brandmüller, Maria Magdalena (1683–1729), 61, 107, 211
Hegner-Huser, Hans Ulrich (1718–1786), 69, 88, 118, 139
Hegner-Hegner, Salomon (1677–1763), 117
Henriette, Gräfin, 96
Henzenius, Johann Daniel, 126
Heussler-Uhl, Johann Heinrich (1698–1750), 168
Hoburg, Christian (1607–1675), 44
Hochmann von Hochenau, Ernst Christoph (1669/70–1721), 96f.
Holzhalb, Beat (*1693), 51, 66f., 88, 101, 108, 132, 211, 213
Horche, Heinrich (1652–1729), 44
Hottinger, Johann Heinrich (1881–1750), 104
Huber, Johann Werner (1700–1755), 188, 197
Huber-Zwinger, Valeria (1704–1760), 173, 179
Hugo, Ulrich, 61
Hugo, Frau, 96
Hurter, Johann Georg (1670–1721), 41, 85
Hurter, Johann Rudolf, 41
Huser, Elisabeth, 117
Hutton, James (1715–1795), 209f.

Im Thurn, Agnes (1708–1775), 29, 38, 65, 90, 93, 96, 175
Im Thurn, Bernhard (1718–1778), 118
Im Thurn, Georg Joachim (†1726), 29, 47, 49, 53
Im Thurn, Hans Konrad (1678–1734), 118
Im Thurn, Johann Georg Friedrich (1714–1779), 29, 37f., 66, 69, 74, 77, 91–93, 96, 121, 175, 208, 227, 230

Im Thurn-Stockar, Johann Friedrich (1672–1719), 29
Im Thurn-Stockar, Judith (1680–1732), 29, 42, 52, 58, 65, 90–92
Im Thurn, Familie 39, 65
Iselin, Christoph (1724–1773), 233
Iselin, Hans Lukas (1685–1774), 140
Iselin, Isaak (1728–1782), 210
Iselin, Jakob Christoph (1681–1737), 33, 104, 178

Jenni, Klaus (1678–1742), 166f.
Jenni, Klaus (1706–1743), 166f.
Jetzeler, Matthäus 41
Jetzler, Markus, 200

Kalckreuth von, 96
Kappeler, Moritz Anton (1685–1769), 81, 227
Keller, Johann Heinrich (1688–1750), 50
Keller, 80
Kessler, Johann Friedrich (1659–1740), 96
Ketterlin, Georg (1714–1792), 103, 180
Kleindienst, Frau, 104
Knecht, Johann Jakob, 94
Knecht-Zeerleder, Johann Rudolf (1682–1744), 81
König, Samuel (1670–1750), 80f., 94, 192, 234
Kyburz, Abraham (1704–1765), 67

Labadie, Jean de (1610–1674), 44
Lachenal-Gottfried, Johann Jakob de (1708–1749), 109, 192
Lachenal-Gottfried, Maria Margaretha de, siehe Gottfried, Maria Margaretha
Lambading, Madame, 78
Laminit, Johann Georg, 187
Lampe, Friedrich Adolph (Pseudonym: Philadelph Photius) (1683–1729), 49
Lang, Karl Niklaus (1670–1741), 82, 227
Lau, Samuel (1703–1746), 136, 148, 182
Lavater, Johann Kaspar (1741–1801), 66
Leade, Jane (1623–1704), 44
Lehr, Leopold Franz Friedrich (1709–1744), 181
Leucht, H. A., 24
Linder, Wilhelm, 218
Lobwasser, Ambrosius (1515–1585), 145
Lutz, Samuel (1674–1750), 43, 53, 67f., 80f., 90, 96f., 112–117, 122, 137, 144, 162, 175, 184, 186f., 192, 234

Macrait, Jakob Benjamin (1722–1773), 104, 209
Mainfait, Jean (* um 1697), 200

Marsay, Charles Hector Marquis de Saint George (1688–1753), 95, 98, 101–103, 107, 116, 119, 129
Marsay, Clara Elisabeth de, geborene von Callenberg (1675–1742), 95f.
Martin, Hans, 200
Masson, Sebastian (1689–1739), 93, 121
Mechel, Christian von (1737–1817), 206
Merian, Friedrich (1686–1760), 170, 199
Merian, Isaak, 188
Merian, Johann Rudolf (1690–1766), 127, 148, 161, 172, 190, 199f., 203
Meuter, Johann Martin, 126
Meyenrock, Jakob Friedrich (1733–1799), 208
Miville, Hans Ulrich, 203
Monod, Jean François (1674–1752), 77
Müller, Emanuel, 180
Müller, Gottfried Polykarp (†1747), 173f.
Müller, Johann Jakob, 172, 180
Müslin, Johann Heinrich (1682–1757) 80, 93f., 96, 98, 108, 129
Muralt, Beat Ludwig von (1665–1749), 75f.

Niklaus von Flüe (1417–1487), 82
Nitschmann, David, 132
Nüscheler, Heinrich (1679–1742), 47, 49, 87
Nüscheler, Familie, 66, 96

Ochs, Karl Wilhelm (1700–1753), 104, 137, 140
Osterwald (Ostervald), Jean Frédéric (1663–1747), 25, 27, 33f., 37, 40, 75, 78
Ott, Johann Jakob, 148

Paravicini, Samuel (1698–1775), 61, 123, 125, 168, 173
Pauli, Hermann Reinhold (1682–1750), 25
Pauli, Matthias (1668–1748), 26, 52, 54, 96, 107, 213
Petersen, Johann Wilhelm (1649–1726), 44, 76
Petersen, Johanna Eleonore (1644–1724), 44, 76
Peyer, Salomon (1672–1749), 41
Pfirter (†1749), 212
Planta-von Rosen, Marie-Sophie (1664–1740), 23, 26f., 54, 57, 96, 107, 136, 213
Poiret, Pierre (1646–1719), 44, 95, 129
Prätorius-Frensdorf, Friedrich, 95
Prätorius-Frensdorf, Maria Elisabeth, 95
Püntiner, Karl Anton, 94

Racine, Hans Jakob (1710–1756), 205
Raillard, Jeremias (1691–1744), 140, 173

Raillard, Peter (1718–1779), 137, 140, 173–175, 180
Ramspeck, Johann Christoph (1685–1767), 162, 170
«Rank-Marey» (†1745), 166
Rathgeb, Jakob (*1685), 48
Reitz, Johann Henrich (1655–1720), 44f., 95
Richter, Christian Friedrich (1676–1711), 185
Riggenbach, Christoph Johannes (1818–1890), 14f.
Rock, Johann Friedrich (1678–1749), 53, 97, 130
de Roll, Madame, 79
Ryhiner, Emanuel (1695–1764), 173
Ryhiner, Leonhard (1695–1774), 61f., 173–175
Ryhiner (-Eglinger), Niklaus (1663–1743), 60, 62, 69, 104, 148

Salis, Herkules von, 85
Salis, Karl von, 84
Salis, Peter von, 85
Salzmann, 101f.
Sarasin, Hans Bernhard, 216
Sarasin-Fattet, Hans Franz, (1695–1746), 54, 104, 206
Sarasin, Hans Franz, (1726–1753), 199
Sayn-Wittgenstein-Berleburg, Casimir Graf von (1687–1741), 94f., 98f., 101f.
Sayn-Wittgenstein-Berleburg, Hedwig Sophia Gräfin von (1669–1738), 95
Sayn-Wittgenstein-Hohenstein, Henriette Gräfin von (*1669)
Schade, 37
Schännis, Hans Kaspar von (†1772), 47, 49, 96–98, 101
Schäufelin, Johannes, 208
Scheuchzer, Johann Jakob (1672–1733), 71, 227
Schmid-Linder, Johannes (1797–1880), 233
Schmidlin, Jakob (1699–1747), 186
Schmidt, Georg, 105
Schmidt, Johann Friedrich, 104
Schönauer, Familie 104
Schopfer, Hans Ulrich (†1729), 87
Schulthess, Hans Heinrich (1665–1739), 88
Schultz, Stephan (1689–1760), 114, 126, 234
Schwarz, 67
Segisser, Johann, 123, 125
Senckenberg, Johann Christian (1707–1772), 228
Simmler, Johann Jakob (1716–1788), 110, 230, 237
Sinner, Johann Rudolf, 186

Socin, Hans Franz (1726–1808), 221, 233
Sozzini, F. (1539–1604), 64
Sozzini, L. (1525–1562), 64
Spenhauer, 212
Spener, Philipp Jakob (1635–1705), 18, 28, 44, 126, 235
Spreng, Johann Jakob (1699–1768), 148, 198
Sprünglin, Franz Ludwig, 59, 116, 125
Steiger, Christoph von (1651–1731), 81
Steinmetz, Johann Adam (1689–1762), 187
Stockar-Stockar, Elisabeth (1683–1751)
Stockar-Stockar, Georg (1678–1749), 77
Stockar, Juditha Maria Dorothea (1710–1801), 65f., 90, 175
Stockar, Konrad
Stocker-Roth, Anna Katharina, 104
Stöcklin, Martin Jakob, 51, 59, 61
Stolberg-Wernigerode, Heinrich Ernst Graf von (1716–1778), 86, 136f., 178, 181, 186f.
Strübin, Johann (†1744), 22f.
Sulzer, Simon (1508–1585), 16

Tabor, Gerhard (†1742), 121
Tauler, Johannes (um 1300–1361), 44
Tersteegen, Gerhard (1697–1769), 96, 128–130, 184
Thierry-Hugo, Gertrud (1676–1736), 54, 104
Thomas a Kempis (1379/80–1471), 44
Thommen, Anna (Tabea), 123
Thommen, Durs (Urs) (1679–1749), 122f.
Thommen, Johannes, 149
Thommen, Katharina, 123
Treytorrens, François-Frédéric de (1687–1737), 77
Treytorrens, Nicolas Samuel de, 94
Tscheer, Nikolaus (1682–1748), 128
Tschudi, Jakob (†1744), 165
Tuchtfeld, Viktor Christoph, 95f., 99
Turrettini, Alphonse (1671–1737), 27, 78

Ungar, Johann Konrad, 98
Urlsperger, Johann August (1728–1806), 138, 236
Urlsperger, Samuel (1685–1772), 137f., 168, 206, 208

Vester, Hermann Reinhard, 96

Wagner, Johann Jakob (1713–1792), 180, 216
Wagner, Johann Ulrich (1693–1761), 160, 162, 170–172, 232
Wagner, Leonhard, 171

Wallis, Johann Georg (*1720; 1776 nach Amerika ausgewandert), 205, 208
Wattenwyl, Albrecht von, 81
Wattenwyl, Friedrich von (Vater des folgenden), 76
Wattenwyl, Friedrich von (1700–1777), 81, 89f., 132f.
Wattenwyl, Johanna von, geborene von Zezschwitz, 89f., 132
Werenfels, Samuel (1657–1740), 25–28, 58, 62, 78, 100, 104, 136
Wernle, Paul (1872–1939), 14f., 17, 144f., 148
Wettstein, Johann Jakob (1693–1754), 63f.
Wettstein, Johann Rudolf (1663–1737), 64
Wettstein, Samuel, 216, 232
Wildermett, Johann Konrad, 148
Willading, Madame 78
Willi, Daniel (1696–1755), 67, 84–86, 101
Wolff, Christian (1679–1754), 121
Wolleb, Emanuel (1706–1788), 53, 204, 210
Wolleb, Johann Jakob (1671–1741), 60–62, 104
Woltersdorf, Albrecht Friedrich, 126

Zaeslin-Hagenbach, Johannes (1695–1740), 206
Zaff, Johann Antonius (1681–1744), 84
Zeerleder-Lutz, Margret (1674–1750), 81
Ziegler, Johann Konrad (1692–1731), 41–43, 48f., 52, 63, 67, 77, 97, 143, 148
Zinzendorf, Erdmuthe Dorothea Gräfin von, geborene Gräfin von Reuss-Ebersdorf, 136
Zinzendorf, Niklaus Ludwig Graf von (1700–1760), 76, 86, 89f., 96, 105f., 108, 115, 126, 130–137, 144, 173, 176, 178, 180, 205, 210
Zollikofer, David Anton, 94, 148
Zwinger, Esther, (1695–1760), 12, 23, 61, 104, 106f., 109–112, 140, 142, 173, 192, 195, 197, 206
Zwinger, Johann Rudolf, (1692–1777), 185
Zwinger, Johannes (1690–1777), 142
Zwinger-Burckhardt, Theodor, (1658–1724), 23, 107, 110
Zwinger-Burckhardt, Margaretha, siehe Burckhardt, Margaretha

Ortsregister **257**

Aigle, 78
Altdorf, 79, 82
Amsoldingen, 67, 80, 114, 137
Amsterdam, 125
Andelfingen, 53
Appenzell, 87
Arboldswil, 160
Arisdorf, 154, 170, 179
Arlesheim, 196
Augsburg, 118, 137f., 206, 208

Bärenwil, 160
Basel, 11–14, 16f., 21–23, 27f., 34, 41, 53, 57f., 61, 63f., 75, 77, 84, 92f., 95f., 99, 104, 117, 121, 123f., 130, 132f., 136f., 145, 148, 156, 159, 169, 173, 178, 181, 184, 186, 188, 196, 200f., 203, 205, 207, 209f., 221, 229, 233f., 236
Beatenberg, 80
Benken, 189
Bennwil, 160
Berleburg, 94–96, 98, 101
Bern, 20f., 41, 75, 79f., 128, 137
Bertholsdorf, 132
Bex, 74
Biel (BE), 179, 213, 231
Birkelbach, 98, 100, 102
Bretzwil, 160
Brunnen, 82
Bubendorf, 23f., 160
Buochs, 82
Burg (SH), 47, 53
Burgdorf, 81

Chur, 67, 79, 84f.
Colombier (NE), 75

Davos, 84f.
Diegten, 133f., 137, 142, 166, 171, 179, 197
Diessbach, 81
Diessenhofen, 47, 49f., 53, 182
Dresden, 119f.
Duisburg, 121, 128

Ebenezer (Georgia, USA), 138
Eichberg, 87
Einsiedeln, 79, 82

Frankfurt, 125, 130

Gaiss, 87
Genf, 27, 75, 78, 96
Giessen, 93f., 104, 121
Girsberg (Schloss) 29, 49, 52f., 88

Glarus, 79
Gnadenthal, 177
Grindelwald, 80

Halle, 84, 121, 125f., 132, 136, 143, 185, 208
Haltingen, 202
Heidelberg, 42, 104
Herisau, 87
Herrenteich, 176
Herrnhaag, 173, 176
Herrnhut, 76, 89, 106, 118, 131f., 176, 205, 209
Himbach, 130
Hölstein, 160
Hüningen, 104
Huttwil, 81

Jena, 121

Känerkinden, 199
Kassel, 131
Kerns, 82
Kilchberg, 142
Köthen, 137
Küsnacht, 82

Laasphe, 94
Lampenberg, 160
Langenbruck, 160
Läufelfingen, 162
Lausanne, 69, 77f.
Lauwil, 160
Leipzig, 120f.
Leuk, 78f.
Lichtensteig, 87
Liedertswil, 160
Liestal, 24, 34
Lupsingen, 160
Luzern, 79, 81, 186, 227
Lyon, 200

Magdeburg, 76
Männedorf, 87
Mannheim, 121
Marburg, 94, 121
Marienborn, 173, 175
Markirch, 172, 180
Martigny, 78
Massmünster, 54, 57
Montmirail, 76, 133f., 175f. 236
Morges, 77
Mülheim an der Ruhr, 128
Münchenstein, 188, 197

Muttenz, 124, 126, 149, 160, 168, 179, 185, 188–190, 196, 200–202, 205f., 208f., 212, 216, 218, 221, 230, 233f.

Neuenburg, 69, 74, 77, 96, 227
Niederdorf, 122, 160

Oberdorf (BL), 160, 189

Pennsylvanien, 123
Pfäfers, 58, 67, 82, 84
Pilgerruh, 176
Prag, 118, 125
Pratteln, 60, 189

Ramlinsburg, 160
Rapperswil, 87
Reichenau, 85
Reigoldswil, 160
Riehen, 188
Rijnsburg, 43
Ronneburg, 130f.
Rotterdam, 125
Rümlingen, 199

Sachseln, 82
Sarnen, 82
Schaffhausen, 24, 29, 41f., 44, 47, 49f., 52f., 58, 63, 65–67, 81, 84, 87, 104, 107, 120, 133, 143, 227
Schmerikon, 87
Schwarzenau, 94–98, 128
Schwyz, 79, 82
Sempach, 81
Sissach, 24, 39, 47, 53, 57f., 61, 107
Sitten, 78

Soglio, 86
Speicher, 87
Stammheim, 48
Stans, 82
Stein (SH), 49, 53
Strassburg, 120
St. Gallen, 87, 107
St. Maurice, 78
Sursee, 81

Tenniken, 60f., 227
Thusis, 67, 84f.
Tiefenkastel, 85
Titterten, 160
Treib, 82
Trogen, 87
Tübingen, 104

Unterseen, 80
Unterstammheim, 29f., 33, 47

Vaduz, 87

Waldenburg, 117, 126, 135, 155, 160, 166, 178, 180, 182, 185, 188f., 200f., 213, 234
Walenstadt, 84
Wattwil, 87
Wernigerode, 137, 181f.
Weesen, 84
Winterthur, 66, 88

Yverdon, 77

Ziefen, 171
Zittau, 173
Zürich, 20, 41, 49, 66, 75, 87, 104

Abbildungsnachweis

S. 9
Porträt-Sammlung der UB Basel, Inv. Nr.
F 500. – Aufnahme: Repro-Abteilung.

S. 26, 27
UB Basel, Signatur d'Ann O. b. 3. –
Aufnahme: Repro-Abteilung.

S. 29
Öffentliche Kunstsammlung Basel,
Kupferstichkabinett. Inv. Nr. 1923.184.1.
Foto: Öffentliche Kunstsammlung Basel,
Martin Bühler.

S. 30, 31
UB Basel, Signatur d'Ann D. 38. –
Aufnahme: Repro-Abteilung.

S. 34, 35
UB Basel, Signatur d'Ann C. 101. –
Aufnahme: Repro-Abteilung.

S. 44, 45
UB Basel, Signatur d'Ann M. 47. Nr. 2. –
Aufnahme: Repro-Abteilung.

S. 72, 73
Karten-Sammlung der UB Basel, Inv. Nr.
Schw. A 208.

S. 112, 113
UB Basel, Signatur d'Ann D. 54. –
Aufnahme: Repro-Abteilung.

S. 141
StA BS, Bildersammlung, Falk A 419.

S. 146, 147
UB Basel, Signatur d'Ann N. 2. Nr. 16.

S. 152, 153
UB Basel, Signatur Chr. Ar. 237 Nr. 8.

S. 155, 193 unten
Kantonale Denkmalpflege Basel-Landschaft,
Fotosammlung.

S. 156, 157
UB Basel, Signatur VB Mscr. O. 59 b.

S. 164, 165
UB Basel, Signatur d'Ann O. b. 80. –
Aufnahme: Repro-Abteilung.

S. 166, 167
UB Basel, Signatur d'Ann K. 57. –
Aufnahme: Repro-Abteilung.

S. 192, 193 oben
Ortsmuseum Muttenz, Fotosammlung.

S. 220, 221
UB Basel, Signatur d'Ann L. 16. –
Aufnahme: Repro-Abteilung.

Dank

Mein Dank gilt allen, die mich bei meiner Arbeit unterstützt haben. Genannt seien in erster Linie die Mitarbeiter und Mitarbeiterinnen der Universitätsbibliothek Basel, der Staatsarchive Basel-Stadt und Basel-Landschaft sowie des Unitätsarchivs Herrnhut. Ihnen verdanke ich es weitgehend, dass mir das Recherchieren viel Freude bereitete. Während der Phase des Schreibens erhielt ich viel Aufmunterung durch meine Familie und im Freundeskreis. Dafür sei herzlich gedankt. Für hilfreichen Gedankenaustausch und mancherlei Auskünfte danke ich insbesondere Herrn Dr. Ulrich Barth (Staatsarchiv Basel-Stadt), Herrn Dr. Michael Knieriem, Wuppertal, und Herrn Dr. Johannes Burkardt, Bad Berleburg.

Den Anstoss zu dieser Arbeit gab Herr Regierungsrat Peter Schmid. Ihm danke ich dafür, dass er sich für die Verwirklichung des Projektes eingesetzt und den Fortgang der Arbeit mit Interesse verfolgt hat. Ohne eine berufliche Verbindung zur Universität Basel zu haben, erhielt ich Unterstützung durch die Kirchenhistoriker Professor Dr. Ulrich Gäbler, Rektor der Universität Basel, Prof. Dr. Thomas Kuhn und Herrn Professor Dr. Rudolf Dellsperger, Universität Bern.

Der Kommission «Quellen und Forschungen» danke ich für die Aufnahme der Arbeit in deren Publikationsreihe und für alles wohlwollende Verständnis, mit welchem sie die Arbeit förderte. Ganz besonders danke ich Frau lic. phil. Doris Huggel und Herr Fritz Sutter für die sorgfältige Durchsicht des Manuskripts und Herrn Dr. Hans Utz für die Erstellung des Personen- und Ortsregisters. Mein Dank gilt ebenso dem Verlagsleiter Herrn Max Zoller, dem Buchgestalter Herrn Albert Gomm, der Druckerei Hochuli AG in Muttenz und der Buchbinderei Grollimund AG in Reinach.

Dankbar bin ich für die finanzielle Unterstützung, welche mir der Lotteriefonds Basel-Landschaft und die Freiwillige Akademische Gesellschaft Basel gewährten.